Das kommunale Rechnungswesen

Bestandsaufnahme und Reformbausteine

Das kommunale Rechnungswesen

Bestandsaufnahme
und
Reformbausteine

von
Dipl.-Kfm. Dipl.-Hdl. Dr. Stefan Zahradnik

IDW-Verlag GmbH
Düsseldorf 1997

Die Deutsche Bibliothek – CIP-Einheitsaufnahme

Zahradnik, Stefan:
Das kommunale Rechnungswesen : Bestandsaufnahme und Reformbausteine / von Stefan Zahradnik. – Düsseldorf : IDW-Verl., 1997
Zugl.: Frankfurt (Main), Univ., Diss., 1997
u.d.T.: Zahradnik, Stefan: Reform des kommunalen Rechnungswesens
ISBN 3-8021-0753-5

ISBN 3-8021-0753-5

Gesamtherstellung: Bercker Graphischer Betrieb GmbH, Kevelaer

Vorwort

Die Diskussion über eine Reform des öffentlichen Rechnungswesens hat – vermutlich durch die knapper gewordenen finanziellen Mittel der öffentlichen Haushalte – in den letzten Jahren enormen Anschub erfahren. Vor allem auf kommunaler Ebene wurden in Pilotprojekten erste Reformversuche gestartet. Während die Fehlsteuerung kommunalen Handelns in der Fachliteratur bislang vor allem an konzeptionellen Mängeln des Rechnungswesens festgemacht wurde (fehlende Kosteninformationen, „Dezemberfieber" etc.), deuteten Erfahrungen aus der Praxis darauf hin, daß Ursachen auch in interessenbedingten Mängeln der Umsetzung des Haushaltsrechts in die Praxis liegen dürften. Dies war Anlaß, beide Arten von Mängeln zu untersuchen und damit den Versuch einer ganzheitlichen Betrachtung des kommunalen Rechnungswesens und der bestehenden Erfordernisse für Reformmaßnahmen zu wagen.

Die vorliegende Arbeit wurde unter dem Titel „Reform des kommunalen Rechnungswesens – Die Begründung eines neuen Steuerungs- und Kontrollinstruments am Beispiel hessischer Gemeinden" vom Fachbereich Wirtschaftswissenschaften der Johann Wolfgang Goethe-Universität in Frankfurt am Main im Sommersemester 1997 als Dissertation angenommen.

Ich bedanke mich bei all denjenigen, die mich bei meiner Arbeit unterstützten. Besondere Erwähnung verdienen Herr Prof. Dr. Joachim Mitschke, der mir als Doktorvater stets mit Interesse und wertvoller Kritik zur Seite stand, sowie Herr Prof. Dr. Dr. h.c. Dr. h.c. Adolf Moxter für die Übernahme des Zweitgutachtens.
Die im Rahmen der Arbeit durchgeführten empirischen Untersuchungen waren nur durch die Bereitschaft vielzähliger Kommunalverwaltungen möglich, Haushaltspläne zur Verfügung zu stellen und Fragebögen zu beantworten. Der Rücklauf war erfreulich hoch. Allen mitwirkenden Behörden sei sehr herzlich für ihr Engagement und ihre Offenheit gedankt.
Dank gebührt auch der Konrad-Adenauer-Stiftung, von der ich bis zur Aufnahme meiner beruflichen Tätigkeit beim Rechnungsprüfungsamt des Wetteraukreises eine Promotionsförderung erhielt.
Ein besonderes Dankeschön gilt schließlich meinen Eltern Otto und Inge Zahradnik für ihre vielfältige Unterstützung, durch die ich nicht zuletzt ausreichend Zeit für die Erstellung der Arbeit hatte, sowie meiner Schwester Dipl.-Kffr. Andrea Zahradnik für ihre ständige Diskussionsbereitschaft.

Stefan Zahradnik

Inhaltsübersicht

Inhaltsverzeichnis

Verzeichnis der Abbildungen

Verzeichnis der Abkürzungen

Abs.	Absatz
Art.	Artikel
Aufl.	Auflage
AZ	Aktenzeichen
BauGB	Baugesetzbuch
Bd.	Band
BGBl.	Bundesgesetzblatt
BHO	Bundeshaushaltsordnung
BSozG	Bundessozialgericht
BStBl.	Bundessteuerblatt
BVerwG	Bundesverwaltungsgericht
DAVO	Dienstaufsichtsverordnung
Db.	Deckungsbedarf
ders.	derselbe
Diss.	Dissertation
EigBGes	Eigenbetriebsgesetz
Erl.	Erläuterung(en)
EStR	Einkommensteuerrichtlinien
etc.	et cetera
e. V.	eingetragener Verein
EW	Einwohner
ff.	fortfolgende
GemHVO	Gemeindehaushaltsverordnung
GemKVO	Gemeindekassenverordnung
GewSt	Gewerbesteuer
GmbH	Gesellschaft mit beschränkter Haftung
GMBl.	Gemeinsames Ministerialblatt
GO	Gemeindeordnung
GVBl.	Gesetz- und Verordnungsblatt
HBG	Hessisches Beamtengesetz
HGO	Hessische Gemeindeordnung
HGrG	Haushaltsgrundsätzegesetz
HKomBesV	Hessische Kommunalbesoldungsverordnung
HMdI	Hessischer Minister des Innern
Hrsg.	Herausgeber
HWB-AufwEntschG	Hessisches Wahlbeamten-Aufwandsentschädigungsgesetz
insbes.	insbesondere
i. V. m.	in Verbindung mit
Jg.	Jahrgang
KAG	Kommunalabgabengesetz
Kap.	Kapitel
KG	Kommanditgesellschaft
KGG	Gesetz über kommunale Gemeinschaftsarbeit
KGRZ	Kommunales Gebietsrechenzentrum
KGSt	Kommunale Gemeinschaftsstelle (für Verwaltungsvereinfachung)

lat.	lateinisch
Lfg.	Lieferung
MinBlFin.	Ministerialblatt des Bundesministers der Finanzen
o. J.	ohne Jahresangabe
o. V.	ohne Verfasserangabe
OVG	Oberverwaltungsgericht
Pkt.	Punkt
PPBS	Planning-Programming-Budgeting-System
RGBl.	Reichsgesetzblatt
Rl.	Rücklage
RVO	Reichsversicherungsordnung
S.	Seite
Sp.	Spalte
StAnz.	Staatsanzeiger
u. a. O.	und andere Orte
UA	Unterabschnitt
UIG	Umweltinformationsgesetz
ÜPKKG	Gesetz zur Regelung der überörtlichen Prüfung kommunaler Körperschaften
Verb. L. + L.	Verbindlichkeiten aus Lieferungen und Leistungen
VG	Verwaltungsgericht
VGH	Verwaltungsgerichtshof
vgl.	vergleiche
VO	Verordnung
VV	Verwaltungsvorschriften
z. B.	zum Beispiel
z. T.	zum Teil
ZBB	Zero-Base-Budgeting
Zf.	Zuführung
zit.	zitiert

Soweit an den Textstellen nicht ausdrücklich etwas anderes angegeben ist, beziehen sich die Abkürzungen für landesspezifische Gesetze, Verordnungen und Bekanntmachungsorgane jeweils auf das Land Hessen.

1. Einleitung

Von den Entscheidungsträgern in Politik und öffentlicher Verwaltung wird erwartet, daß sie die ihnen zur Verfügung stehenden öffentlichen Ressourcen wirtschaftlich und sparsam[1] zum Wohle der Allgemeinheit[2] einsetzen. Ungeachtet der Unbestimmtheit der unter dem Wohl der Allgemeinheit zu verstehenden Zustandsbeschreibungen einer Gesellschaft und damit des Spielraums bei der Beurteilung der gemeinwohlfördernden Wirkung des Ressourceneinsatzes werden vor allem Wirtschaftlichkeit und Sparsamkeit staatlichen Handelns vielfach bezweifelt[3]. Sicher ist dies einer der Gründe für das als „Politikverdrossenheit" bezeichnete gesellschaftliche Phänomen unserer Zeit. Dabei ist zu bedenken, daß der Staat die meisten seiner Leistungen als Monopolist erbringt und der Bevölkerung die dafür eingesetzten Ressourcen überwiegend in Form einseitig auferlegter Zwangsabgaben entzogen werden[4]. Wenn ein auf dem Markt agierendes Unternehmen wegen unwirtschaftlicher Produktion zu hohe Preise verlangt, werden seine Kunden zu Konkurrenzunternehmen wechseln. Der Belastung durch Unwirtschaftlichkeit staatlichen Handelns kann sich die Bevölkerung jedoch überwiegend nicht entziehen.

Seitdem sich die finanziellen Engpässe auf allen Ebenen des Staates seit Anfang der 90er Jahre erheblich zugespitzt haben, wird die keineswegs neue Diskussion über Ursachen staatlicher Fehlsteuerung und möglicher Auswege deutlich intensiver geführt als zuvor. Ansatzpunkte zur Problemlösung werden in unterschiedlichen Bereichen gesehen, etwa in der Privatisierung öffentlicher Leistungen[5], einer Reform des Dienst- und Besoldungsrechts[6], verwaltungsorganisatorischen Maßnahmen oder der Einführung moderner Management-Techniken[7], aber auch in einer Reform des öffentlichen Rechnungswesens.

Mit der vorliegenden Arbeit soll ein Beitrag zur Reform des Rechnungswesens auf kommunaler Ebene geleistet werden. Wie erste Pilotprojekte zeigen[8], scheinen Reformen hier am leichtesten durchsetzbar zu sein und infolgedessen Reformvorschläge am ehesten auf fruchtbaren Boden zu fallen. Die thematische Beschränkung auf das Rechnungswesen widerspricht zwar einer ganzheitlichen Problembehandlung, die vor allem wegen der Interdependenzen zwischen den oben genannten Problembereichen lohnend wäre[9]. Sie eröffnet im Rahmen einer solchen Arbeit aber die Möglichkeit, Probleme und Lösungsansätze in der gebotenen Tiefe zu behandeln.

Unter dem Begriff „Rechnungswesen" sollen für den Bereich der Kommunen - ungeachtet vieler anderer Formulierungen, die sich hierfür sicher finden ließen - die Verfahren zur systematischen Planung, Erfassung und Auswertung aller quantifizierbaren Vorgänge einer Kommune für die Zwecke der Steuerung und Kontrolle des kommunalen Geschehens verstanden

---

1) Vgl. z.B. § 6 Abs. 1 HGrG; § 7 Abs. 1 BHO; § 92 Abs. 2 HGO; im Grundgesetz indirekt durch Art. 114 Abs. 2.
2) Vgl. z.B. Art. 64 Abs. 2 GG i.V.m. Art 56 GG; § 67 Abs. 1 HBG.
3) Vgl. z. B. Janning, Hermann (1994), S. 24; Karl-Bräuer-Institut des Bundes der Steuerzahler (1995), S. 3 und 7; Mitschke, Joachim (1990), S. 13.
4) Vgl. Andel, Norbert (1992), S. 5.
5) Vgl. Miller, Manfred (1994), S. 284-285; Mitschke, Joachim (1990), S. 60; Welge, Helmut (1994), S. 15.
6) Vgl. Brückmann, Friedel (1994), S. 227-228; Mitschke, Joachim (1990), S. 79-89; ders. (1994), S. 22-23.
7) Vgl. Miller, Manfred (1994), S. 283, 185-287.
8) Zum Beispiel in Rheine, Herten, Maintal, Mühlheim am Main und Offenbach am Main; vgl. Abschnitt 6.3.
9) Mitschke weist etwa darauf hin, daß die Erneuerung des Dienst- und Besoldungsrechts eine komplementäre Umgestaltung des Haushaltsrechts und des Rechnungswesens erfordert (vgl. Mitschke, Joachim (1990), S. 73); zustimmend Freudenberg, Dierk (1996), S. 3.

werden. Dabei kann zwischen zwei unterschiedlichen Bündelungen von Verfahren, also zwei Arten des Rechnungswesens, unterschieden werden: dem traditionellen, auf die Abbildung von „Einnahmen" und „Ausgaben" ausgerichteten Rechnungswesen der Verwaltung auf Basis kameralistischer Buchführung und dem auf die Abbildung von Vermögen, Schulden, Erträgen und Aufwendungen ausgerichteten Rechnungswesen organisatorisch selbständiger kommunaler Eigenbetriebe und Gesellschaften auf Basis kaufmännischer Buchführung bzw. - als Option bei Eigenbetrieben - einer zum gleichen Ergebnis führenden Verwaltungsbuchführung[10].
Soweit in der Literatur Kritik am kommunalen Rechnungswesen geübt wird, bezieht sich diese überwiegend auf das kameralistische Rechnungswesen der Verwaltung. Grund hierfür dürfte sein, daß die Kritik vor allem den Abbildungsgegenstand dieses Rechnungswesens betrifft und als Konsequenz die Einführung einer Rechnungslegung nach kaufmännischen Grundsätzen gefordert wird, wie sie für Eigenbetriebe und Gesellschaften längst erfolgt. Hierdurch sollte nicht der Eindruck entstehen, bezüglich des Rechnungswesens der Eigenbetriebe und Gesellschaften bestünde kein Verbesserungsbedarf. So trifft beispielsweise die Kritik an der mangelnden Publizität der Rechenwerke[11] auf beide Arten des Rechnungswesens zu. Jedoch besteht unbestritten hinsichtlich des kameralistischen Rechnungswesens der Verwaltung ein vordringlicher Reformbedarf, zumal in den meisten Kommunen der überwiegende Teil des kommunalen Geschehens in dieser Art des Rechnungswesens abgebildet wird. Daher werden sich auch die folgenden Untersuchungen auf das kameralistische Rechnungswesen der Verwaltung beschränken. Weitergehende Überlegungen wären durchaus lohnend, würden jedoch den Umfang dieser Arbeit sprengen.
Eine weitere Eingrenzung des Untersuchungsgegenstands erfolgt durch den auf hessische Gemeinden bezogenen exemplarischen Charakter der Arbeit. Verantwortlich hierfür sind die kommunalrechtlichen Unterschiede, die zwischen den einzelnen Bundesländern bestehen. Am größten sind die Unterschiede in der Organisation der Kommunen. Sie gehen auf spezifische historische Entwicklungen in den Gebieten der heutigen Bundesländer sowie deren Kommunalhoheit zurück[12]. Die Unterschiede bezüglich des Rechnungswesens sind geringeren Ausmaßes, da hier im Rahmen der Reform des kommunalen Haushaltsrechts zum 01.01.1974 eine Koordinierung zwischen den Bundesländern stattgefunden hat[13]. Insgesamt sind die Unterschiede in den für diese Arbeit relevanten Rechtsnormen dennoch so groß, daß eine länderübergreifende Behandlung des Themas einer ständigen Differenzierung sowohl terminologischer, als auch inhaltlicher Art bedürfte und damit den Umfang der Arbeit ohne wesentli-

10) Vgl. § 20 Abs. 1 EigBGes.

11) Vgl. zum Beispiel Streim, Hannes (1987); Zwehl, Wolfgang von / Zupancic, G. Michael (1990b).

12) In der Literatur werden im allgemeinen die folgenden vier Grundmodelle von Kommunalverfassungen unterschieden: die *Magistratsverfassung*, die als traditionelle Organisationsform der preußischen Städte durch die Steinsche Städteordnung von 1808 entstand und heute in Hessen und den kreisfreien Städten Schleswig-Holsteins Anwendung findet; die *Süddeutsche Ratsverfassung*, die sich vor allem seit der zweiten Hälfte des 19. Jahrhunderts in Bayern und Baden-Württemberg herausbildete; die *Bürgermeisterverfassung*, die sich aufgrund der Übernahme von Elementen des französischen Gemeinderechts in den napoleonisch besetzten Rheinlanden entwickelte und heute der Grundtyp der Gemeindeverfassungen in Rheinland-Pfalz, dem Saarland und den kreisangehörigen Gemeinden Schleswig-Holsteins ist; die *Norddeutsche Ratsverfassung*, die nach dem Zweiten Weltkrieg nach dem Vorbild des englischen Local Government von der britischen Besatzungsmacht der eigenen Zone aufoktroyiert wurde und heute noch in Niedersachsen und Nordrhein-Westfalen zur Anwendung kommt. Die Kommunalverfassungen der neuen Bundesländer sind tendenziell an die Süddeutsche Ratsverfassung angelehnt. Aber auch zwischen den Kommunalverfassungen gleichen Grundmodells bestehen zum Teil große Unterschiede. Vgl. Haus, Wolfgang / Schmidt-Eichstädt, Gerd / Schäfer, Rudolf (1986), S. 68 - 75; Kanitz, Horst (1994), S. 55 - 57. Erläuterungen finden sich auch in: Bundeszentrale für politische Bildung (1983), S. 8 - 9; Bundeszentrale für politische Bildung (1994), S. 17-25.

13) Vgl. Fuchs, Manfred (1975), S. 2-3.

chen Zugewinn an reformrelevanten Erkenntnissen in die Höhe triebe. Auch aus Gründen der Verständlichkeit soll hierauf verzichtet werden. Ausschlaggebend für die Beschränkung auf ein Bundesland ist aber auch die zur vorliegenden Arbeit gehörende empirische Untersuchung zur praktischen Umsetzung des Haushaltsrechts. Deren statistische Auswertung erfordert, daß an die Untersuchungsobjekte einheitliche Maßstäbe angelegt werden können.

Unberücksichtigt bleiben zugunsten einer einheitlichen Terminologie und damit der Verständlichkeit der Arbeit auch die Landkreise als Gemeindeverbände. Deren Rechnungswesen unterliegt jedoch den gleichen rechtlich-organisatorischen Rahmenbedingungen wie das der Gemeinden, so daß die gewonnenen Erkenntnisse übertragbar sind.

Zu Beginn der Arbeit wird zunächst als Grundlage für die weiteren Arbeitsschritte die Organisation hessischer Gemeinden in ihren Grundzügen dargestellt (Kapitel 2). Mit Blick auf die Funktion des kommunalen Rechnungswesens als ein der Steuerung und Kontrolle des kommunalen Geschehens dienendes Instrument wird der Schwerpunkt der Darstellungen auf die kommunalen Entscheidungsträger und ihre Zuständigkeiten sowie die bestehenden Kontrollmechanismen gelegt. Ferner wird die Rolle des Rechnungswesens im Gesamtzusammenhang skizziert. Im nächsten Schritt wird eine ausführlichere Darstellung des rechtlich-organisatorischen Standes des zu reformierenden kameralistischen Rechnungswesens der Verwaltung vorgenommen (Kapitel 3). Dabei werden die Schwerpunkte vor allem auf den Gestaltungsmerkmalen liegen, die für die spätere Bewertung von besonderer Bedeutung sind. Hierzu gehören insbesondere die Rechengrößen des Haushalts, ihre Darbietung in den Rechenwerken sowie die Ablauforganisation von Haushaltsplanung, -vollzug und -kontrolle.

Nach erfolgter Darstellung des status quo können in den nächsten Arbeitsschritten Mängelanalyse und Begründung von Reformvorschlägen erfolgen. Wie dem bereits umfangreichen Schrifttum zum Thema entnommen werden kann, ist die Struktur der Problembehandlung bisher vorherrschend dadurch geprägt, daß einzelne Mängel des kameralistischen Rechnungswesens der Verwaltung aus der Praxis heraus festgestellt und Abhilfemöglichkeiten gesucht werden[14)]. Eine systematische Entwicklung grundlegender Anforderungen, anhand derer der derzeitige Stand des Rechnungswesens überprüft und ein Reformvorschlag entwickelt werden könnte, fehlt jedoch weitgehend[15)]. Im Unterschied zu Löw, der diese Lücke für die externe Rechnungslegung der öffentlichen Verwaltung durch die Ableitung von Anforderungen aus bestehenden Rechtsnormen, das heißt dem verfassungsrechtlichen Grundrahmen und weiteren gesetzlichen Rechnungslegungsnormen ohne Verfassungsrang, gefüllt hat,[16)] sollen die Überlegungen im Rahmen der vorliegenden Arbeit von den grundlegenden Organisationsstrukturen und Funktionsprinzipien der kommunalen Selbstverwaltung und den sich daraus ergebenden Aufgaben des Rechnungswesens ausgehen. Sie werden exemplarisch mit Hilfe der Agency-Theorie und der Kybernetik strukturiert (Kapitel 4).

Sind die Anforderungen definiert, stellt sich das Problem der Überprüfung des derzeitigen Standes des Rechnungswesens (Kapitel 5). Im einfachsten Fall sollte davon auszugehen sein, daß sich die Praxis im Rahmen des vorgegebenen Rechts bewegt. Dann könnte die erforderliche Überprüfung weitgehend auf einen Vergleich der Anforderungen mit den derzeitigen rechtlichen Normen zum Rechnungswesen beschränkt werden (Abschnitt 5.1.). Einige Indizi-

14) Wird zum Beispiel erkannt, daß die Verwaltung im Einsatz der finanziellen Mittel nicht ausreichend flexibel ist, führt dies zu der Forderung, die Bindungswirkungen des Haushaltsplans zu lockern.

15) Dies stellte bereits Löw anläßlich einer Arbeit über die externe Rechnungslegung der öffentlichen Verwaltung fest (vgl. Löw, Edgar (1994), S. 5).

16) Vgl. Löw, Edgar (1994), insbes. S. 5 und 12.

en sprechen jedoch dafür, daß die Praxis von den rechtlichen Normen zum Teil erheblich abweicht[17]. Eine vollständige Überprüfung des derzeitigen Standes des Rechnungswesens erfordert daher die Erfassung und Analyse der Praxis. Dies soll in der vorliegenden Arbeit mit Hilfe einer umfangreichen empirischen Untersuchung erfolgen (Abschnitt 5.2.). Dabei ist auch der Frage nach den Ursachen für Abweichungen der Praxis von den rechtlichen Normen nachzugehen und zu klären, welche Schlußfolgerungen daraus für die Reform des kommunalen Rechnungswesens zu ziehen sind.

Unter Berücksichtigung der Erkenntnisse aus den von einigen Kommunen - vor allem auf Grundlage des von der Kommunalen Gemeinschaftsstelle für Verwaltungsvereinfachung (KGSt) vorgestellten „Neuen Steuerungsmodells" - bereits begonnenen Reformprojekten (Kapitel 6) besteht die Aufgabe der vorliegenden Arbeit abschließend darin, auf Grundlage der entwickelten Anforderungen Vorschläge für die Reform des Rechnungswesens vorzustellen und zu begründen (Kapitel 7).

---

17) Vgl. Schreiben des Bundes der Steuerzahler Hessen e.V. vom 05.01.93 und Schreiben der Aufsichtsbehörde beim Landrat des Wetteraukreises vom 19.02.93 - AZ I/2-051-901-40/12, beide zitiert in Abschnitt 5.2.; über die Einhaltung des Grundsatzes der Vorherigkeit in Gemeinden in Schleswig-Holstein vgl. Borchert, Hartmut (1976), S. 89.

Abbildung 1-1: Die Vorgehensweise im Überblick

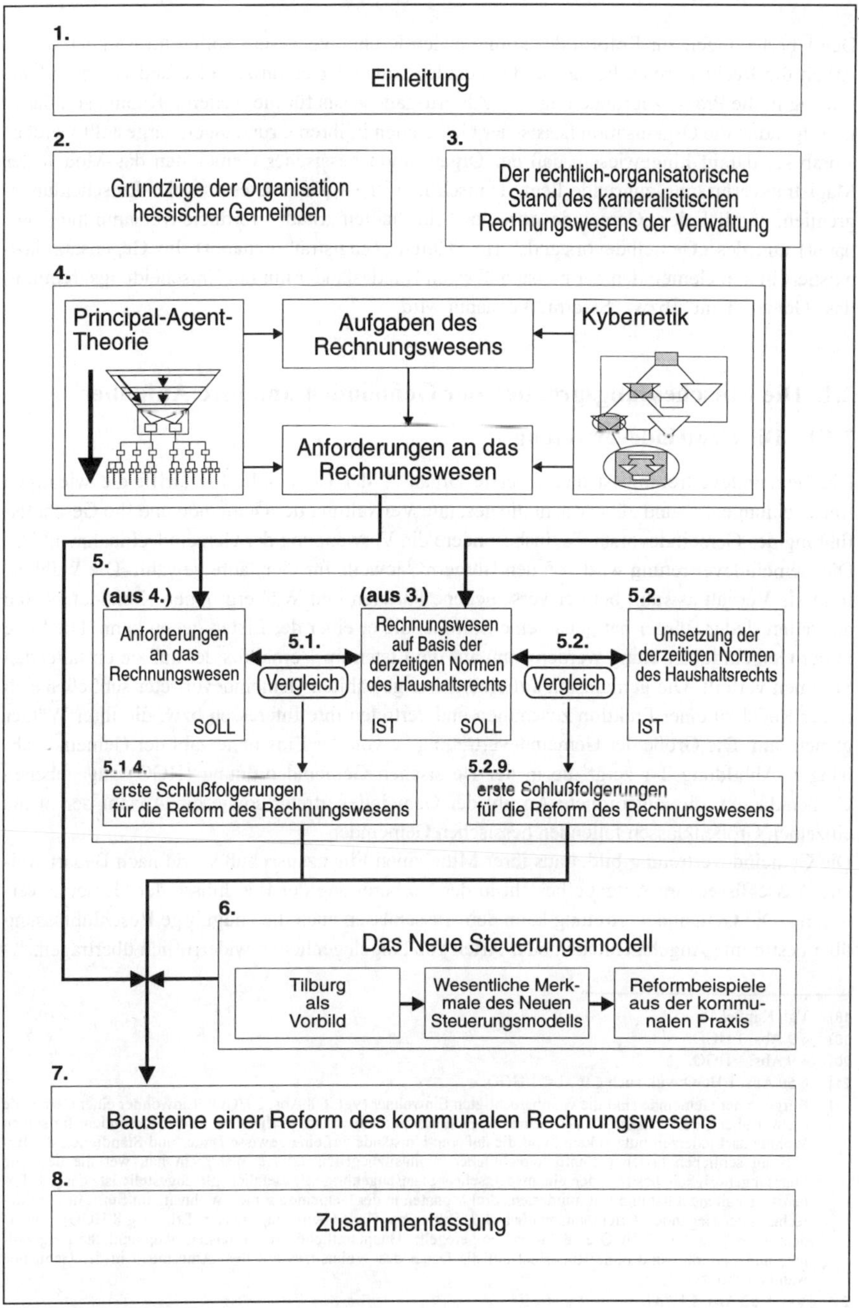

2. Grundzüge der Organisation hessischer Gemeinden

Den Überlegungen zur Reform des kommunalen Rechnungswesens sollen im Rahmen dieser Arbeit die Rechtsnormen hessischer Gemeinden sowie der empirische Befund zu deren Umsetzung in die Praxis zugrunde liegen[18)]. Als Ausgangsbasis für die weiteren Kapitel soll daher im folgenden die Organisation hessischer Gemeinden in ihren Grundzügen dargestellt werden. Vorab sei darauf hingewiesen, daß der Organisation hessischer Gemeinden das Modell der Magistratsverfassung zugrunde liegt. Typisch hierfür ist die Existenz zweier Entscheidungsgremien, nämlich der „Gemeindevertretung" (in Städten „Stadtverordnetenversammlung" genannt) und des „Gemeindevorstands" (in Städten „Magistrat" genannt). Im Gegensatz dazu existiert in den Gemeinden der meisten übrigen Bundesländer nur ein Entscheidungsgremium, das „Gemeinderat" (bzw. „Stadtrat") genannt wird.

2.1. Die Entscheidungsgremien der Gemeinden und ihre Aufgaben

2.1.1. Die Gemeindevertretung

Die Gemeindevertretung ist das „oberste Organ"[19)] der Gemeinde. Sie „trifft die wichtigen Entscheidungen"[20)] und „überwacht die gesamte Verwaltung der Gemeinde und die Geschäftsführung des Gemeindevorstands, insbesondere die Verwendung der Gemeindeeinnahmen"[21)].
Die Gemeindevertretung wird von den Bürgern[22)] jeweils für vier Jahre gewählt. Die Wahl erfolgt als Verhältniswahl, bei der verschiedene Parteien und Wählergruppen Kandidatenlisten aufstellen. Jeder Bürger hat genau eine Stimme, die er einer der Listen geben kann. Die Sitze in der Gemeindevertretung werden dann auf die Listen im Verhältnis der auf sie entfallenden Stimmen verteilt. Die gemeinsam auf einer Liste gewählten Gemeindevertreter schließen sich in der Regel zu einer Fraktion zusammen und vertreten ihre Interessen bzw. die ihrer Wähler gemeinsam. Die Größe der Gemeindevertretung ist von der Einwohnerzahl der Gemeinde abhängig. Abbildung 2-1 zeigt die in der Hessischen Gemeindeordnung (HGO) angegebenen Größenklassen, die zugeordnete Anzahl der Gemeindevertreter sowie die Anzahl der in die einzelnen Größenklassen fallenden hessischen Gemeinden.
Die Gemeindevertretung bildet aus ihrer Mitte einen Finanzausschuß sowie nach Bedarf weitere Ausschüsse. Ihre Aufgabe besteht in der Vorbereitung der Beschlüsse der Gemeindevertretung. Die Gemeindevertretung kann den Ausschüssen auch die endgültige Beschlußfassung über bestimmte Angelegenheiten oder Arten von Angelegenheiten widerruflich übertragen.[23)]

---

18) Vgl. Kapitel 1.

19) § 9 Abs. 1 HGO.

20) § 9 Abs. 1 HGO.

21) § 50 Abs. 1 HGO; vgl. auch § 9 Abs. 1 HGO.

22) Bürger einer Gemeinde sind die wahlberechtigten Einwohner (vgl. § 8 Abs. 2 HGO). Einwohner einer Gemeinde ist, wer über eine Wohnung in der Gemeinde rechtlich und tatsächlich verfügt, sie also insbesondere für seinen Wohnbedarf jederzeit nutzen kann, und die äußeren Umstände auf eine gewisse Dauer und Ständigkeit der Benutzung schließen lassen (öffentlich rechtlicher Wohnsitzbegriff); aktives Wahlrecht hat, wer die deutsche Staatsangehörigkeit besitzt oder einem deutschen Staatsangehörigen gesetzlich gleichgestellt ist, das 18. Lebensjahr vollendet hat und seit mindestens drei Monaten in der Gemeinde seinen Wohnsitz im Sinne des Melderechts (überwiegender Aufenthaltsort) hat (vgl. Schlempp, Hans / Schlempp, Dieter: Erl. zu § 8 HGO). Außerdem ist in § 30 Abs. 2 HGO eine Ausnahme geregelt: "Hauptamtliche Bürgermeister, hauptamtliche Beigeordnete und Landräte sind ohne Rücksicht auf die Dauer des Wohnsitzes mit dem Amtsantritt in der Gemeinde wahlberechtigt."

23) Vgl. § 62 Abs. 1 HGO.

Abbildung 2-1: Anzahl der Gemeindevertreter nach Größenklassen der Gemeinden[24)]

Anzahl der Einwohner einer Gemeinde	Anzahl der Gemeindevertreter	Anzahl der betroffenen Gemeinden	
- 3.000	15	32	
3.001 - 5.000	23	83	
5.001 - 10.000	31	146	
10.001 - 25.000	37	131	
25.001 - 50.000	45	22	
50.001 - 100.000	59	8	
100.001 - 250.000	71	3	(Darmstadt, Kassel, Offenbach)
250.001 - 500.000	81	1	(Wiesbaden)
500.001 - 1.000.000	93	1	(Frankfurt am Main)
1.000.001 -	105	0	
Summe		426	

In § 51 HGO wurde ein Katalog von wichtigen Entscheidungen aufgenommen, die zwingend von der Gemeindevertretung zu treffen sind und nicht an ein anderes Organ delegiert werden können. Hierzu gehören zum Beispiel der Erlaß, die Änderung und Aufhebung von Satzungen, allgemeine Grundsätze für die Führung der Verwaltung und die Anstellung, Beförderung, Entlassung und Besoldung der Mitarbeiter, die Festsetzung öffentlicher Abgaben und die Übernahme neuer Aufgaben, für die keine gesetzliche Verpflichtung besteht[25)]. Zu diesem Aufgabenkatalog gehört auch die Beschlußfassung über einige später noch ausführlich darzustellende Bestandteile des Rechnungswesens.

Soweit Angelegenheiten nicht in die durch Gesetz bestimmte ausschließliche Zuständigkeit anderer Organe fallen, obliegt die Bewertung der „Wichtigkeit" einer Entscheidung der Gemeindevertretung selbst. Nicht zuletzt aufgrund der Ehrenamtlichkeit ihrer Mitglieder tagt die Gemeindevertretung nicht täglich, sondern zumeist in Abständen mehrerer Wochen. Da die Verwaltung jedoch täglich handeln muß, versteht sich von selbst, daß die Gemeindevertretung nicht alle Entscheidungen selbst treffen kann, sondern vieles dem Gemeindevorstand bzw. der Verwaltung überlassen muß[26)]. Insofern unterliegt sie einer natürlichen Selbstbeschränkung.

2.1.2. Der Gemeindevorstand

Der Gemeindevorstand ist die „Verwaltungsbehörde der Gemeinde" und „besorgt nach den Beschlüssen der Gemeindevertretung im Rahmen der bereitgestellten Mittel die laufende Verwaltung der Gemeinde"[27)]. Neben vielen durch Gesetz ausschließlich ihm zugewiesenen Aufgaben[28)] enthält § 66 Abs. 1 eine beispielhafte, aber unvollständige Aufzählung von Angelegenheiten der laufenden Verwaltung. Für Entscheidungen, die sich diesem Katalog nicht zu-

24) Vgl. § 38 HGO. Die Anzahl der betroffenen Gemeinden wurde errechnet aus der Hessischen Gemeindestatistik 1993 des Hessischen Statistischen Landesamtes.

25) Der Katalog der in § 51 HGO festgelegten ausschließlichen Zuständigkeiten der Gemeindevertretung umfaßt insgesamt 19 Punkte. Die hier nicht erwähnten Entscheidungen können an der angegebenen Stelle nachgelesen werden.

26) Vgl. Schmidt-Eichstaedt, Gerd (1985), S. 20.

27) § 66 Abs. 1 HGO.

28) Zum Beispiel in der HGO: § 21 Abs. 2, § 23 Abs. 1 Satz 2 i. V.m. § 21 Abs. 2, § 25 Abs. 3, § 26 Satz 4, § 47, § 63, § 66 Abs. 2, § 71, § 72, § 73, § 96 Abs. 1, § 97 Abs. 1, § 100 Abs. 1, § 101 Abs. 3, § 107, § 112 Abs. 2 und § 113 (vgl. Foerstemann, Friedhelm (1993), S. 187-188).

ordnen lassen, führt Foerstemann die Rechtsprechung interpretierend aus, daß sich für die Bedürfnisse der täglichen Praxis als Angelegenheiten der laufenden Verwaltung solche Entscheidungen definieren lassen, die in der betrachteten Gemeinde häufig wiederkehren und routinemäßig bearbeitet werden sowie von geringer wirtschaftlicher Bedeutung und von geringer politischer Bedeutung für diese Gemeinde sind; trifft auch nur eine dieser Voraussetzungen nicht zu, so gehört die Entscheidung nicht zur laufenden Verwaltung, sondern ist „wichtige Entscheidung" und muß der Gemeindevertretung vorgelegt werden[29].

Der Gemeindevorstand besteht aus hauptamtlichen und ehrenamtlichen Mitgliedern. Die ehrenamtlichen Mitglieder werden jeweils zu Beginn einer Wahlzeit der Gemeindevertretung für vier Jahre durch Verhältniswahl gewählt. In ihnen spiegeln sich somit ungefähr die Mehrheitsverhältnisse in der Gemeindevertretung wieder. Die hauptamtlichen Mitglieder werden jeweils auf sechs Jahre durch Mehrheitswahl gewählt. Der Bürgermeister wird seit 1993 durch die Bürger direkt, alle anderen Mitglieder werden durch die Gemeindevertretung gewählt.

Die Mitglieder des Gemeindevorstands sind untereinander weitgehend gleichberechtigt, auch hinsichtlich ihrer Informationsmöglichkeiten. So haben alle Gemeindevorstandsmitglieder, auch die ehrenamtlichen, das Recht auf Einsicht in alle Akten, soweit es auf diese bei objektiver Betrachtung zur Beschlußfassung im Gemeindevorstand ankommt.[30]

Der Gemeindevorstand tagt zwar häufiger als die Gemeindevertretung, in der Regel wöchentlich; selbstverständlich wäre aber auch er überfordert, wenn er alle Entscheidungen selbst treffen wollte. Daher regelt § 70 Abs. 2 HGO, daß die laufenden Verwaltungsangelegenheiten von dem Bürgermeister und den zuständigen Beigeordneten selbständig erledigt werden, „soweit nicht auf Grund gesetzlicher Vorschrift oder Weisung des Bürgermeisters oder wegen der Bedeutung der Sache der Gemeindevorstand im ganzen zur Entscheidung berufen ist". Daß sich der Gemeindevorstand im ganzen mit bestimmten Angelegenheiten befaßt, kann außerdem nach § 69 Abs. 1 HGO ein Viertel seiner Mitglieder verlangen.

Welcher Beigeordneter für welches Arbeitsgebiet zuständig ist, entscheidet in der Regel der Bürgermeister[31]. In den meisten hessischen Gemeinden werden die Arbeitsgebiete, auch als Dezernate bezeichnet, nur unter den hauptamtlichen Mitgliedern des Gemeindevorstands verteilt. Dies mag damit zusammenhängen, daß die eigenverantwortliche Leitung eines Dezernats der Verwaltung in vielen Fällen ehrenamtlich Tätige überfordern würde, zumal sie für die Führung von Verwaltungsgeschäften meist nicht ausgebildet sind[32].

Die Dezernenten werden von weiteren Gemeindebediensteten unterstützt, deren Anstellung, Beförderung und Entlassung durch den Gemeindevorstand vorgenommen wird. Dienstvorgesetzter aller Beamten, Angestellten und Arbeiter der Gemeinde mit Ausnahme der Beigeordneten ist der Bürgermeister.[33] Die gesamte Hierarchie der Gemeindebediensteten einschließlich der Mitglieder des Gemeindevorstands wird im folgenden als „Gemeindeverwaltung" oder kurz „Verwaltung" bezeichnet.

---

29) Vgl. Foerstemann, Friedhelm (1993), S. 189-190.

30) Vgl. VGH Kassel: Beschluß vom 12.12.88; VG Wiesbaden: Beschluß vom 30.07.93; VG Gießen: Urteil vom 22.07.87.

31) Vgl. § 70 Abs. 1 HGO. Ausgenommen sind Arbeitsgebiete, für die hauptamtliche Beigeordnete von der Gemeindevertretung besonders gewählt sind.

32) Vgl. Baltzer, Klaus (1989), S. 4. Daß die Verteilung von Dezernaten an ehrenamtliche Mitglieder des Gemeindevorstands aber durchaus möglich ist, zeigt als Beispiel die Praxis der Stadt Bad Nauheim (Wetteraukreis).

33) Vgl. § 73 HGO.

2.2. Partizipation der Bürger

Bis 1993 bestand die gesetzlich geregelte Entscheidungskompetenz der Bürger ausschließlich in der Wahl der Gemeindevertreter. Zum 01.04.1993 traten zahlreiche Änderungen der Hessischen Gemeindeordnung in Kraft[34)], darunter auch die Einführung der Bürgermeister-Direktwahl sowie des Bürgerentscheids[35)].

Mit dem Bürgerentscheid wurde vom Gesetzgeber die Möglichkeit geschaffen, wichtige Angelegenheiten der Gemeinde unmittelbar durch Votum der Bürger zu entscheiden. Der Bürgerentscheid hat die Wirkung eines endgültigen Beschlusses der Gemeindevertretung und kann durch diese frühestens nach Ablauf von drei Jahren abgeändert werden[36)]. Der Bürgerentscheid ist jedoch an enge Voraussetzungen geknüpft. So muß der als „Bürgerbegehren" bezeichnete Antrag auf einen Bürgerentscheid von mindestens 10 % der bei der letzten Wahl zur Gemeindevertretung Wahlberechtigten unterzeichnet sein. Richtet sich das Bürgerbegehren gegen einen Beschluß der Gemeindevertretung, muß es innerhalb von sechs Wochen nach Bekanntgabe des Beschlusses der Gemeindevertretung eingereicht sein[37)]. Im übrigen enthält § 8b Abs. 2 HGO einen Katalog von Angelegenheiten, die ausdrücklich nicht im Rahmen eines Bürgerentscheids entschieden werden können. Für den Fortgang dieser Arbeit ist wichtig, daß die in die Zuständigkeit der Gemeindevertretung fallende Beschlußfassung über einige später noch ausführlich darzustellende Bestandteile des Rechnungswesens zu diesen Angelegenheiten gehört und demnach nicht unmittelbar durch die Bürger erfolgen kann.

2.3. Kontrollmechanismen

2.3.1. Kontrolle durch die Bürger

Bestandteil des Demokratieprinzips ist die Möglichkeit der Kontrolle der Gemeindevertretung durch die Bürger[38)]. Die Gesetze enthalten vielfältige Regelungen, die diese Möglichkeit gewährleisten sollen. Zu nennen ist hier vor allem der in § 52 Abs. 1 HGO festgelegte Grundsatz der Öffentlichkeit der Sitzungen der Gemeindevertretung. Hierdurch soll die Bevölkerung „eine auf eigener Kenntnis und Beurteilung beruhende Grundlage für sachgerechte Kritik sowie für ihre Entscheidung bei künftigen Wahlen erhalten"[39)]. Die Sitzungsöffentlichkeit soll darüber hinaus die dauernde Kommunikation zwischen Gemeindevertretung und Bevölkerung ermöglichen, indem den Gemeindevertretern ständig die Tatsache ihrer Stellung als delegierte Vertreter der Bevölkerung bewußt gemacht und ihr Verantwortungsbewußtsein berührt wird[40)]. Damit unterliegen die Gemeindevertreter der allgemeinen Kontrolle der Öffentlichkeit[41)].

34) Vgl. Gesetz zur Änderung kommunalrechtlicher Vorschriften vom 20. Mai 1992.

35) Die Partizipation der Bürger durch einen Bürgerentscheid oder ähnliche Instrumente ist in den einzelnen Bundesländern unterschiedlich ausgestaltet. Ein Vergleich kann nachgelesen werden bei: Stargardt, Hans-Joachim (1994a), S. 275-283; Stargardt, Hans-Joachim (1994b), S. 407-418.

36) Vgl. § 8b Abs. 7 HGO.

37) Vgl. § 8b Abs. 3 HGO.

38) Foerstemann, Friedhelm (1993), S. 136, in Auslegung von Art. 20 Abs. 1 GG i. V.m. Art 28 GG.

39) Foerstemann, Friedhelm (1993), S. 136.

40) Vgl. OVG Münster: Urteil vom 19.12.78.

41) Vgl. Foerstemann, Friedhelm (1993), S. 136.

Weitere in der HGO vorgesehene Informationsquellen sind die Bürgerversammlung nach § 8a HGO, öffentliche Rechenschaftsberichte des Gemeindevorstands nach § 66 Abs. 2 HGO sowie eine Reihe von Pflichtveröffentlichungen, wie zum Beispiel alle von der Gemeindevertretung beschlossenen Satzungen[42)], Aufstellungsbeschlüsse für Bauleitpläne[43)] sowie einige später noch ausführlich darzustellende Bestandteile des Rechnungswesens.
In der kommunalen Praxis ist die unmittelbar durch die einzelnen Bürger stattfindende Nutzung dieser gesetzlich vorgesehenen Informationsquellen jedoch nur schwach ausgeprägt. Grund hierfür dürften die hohen Opportunitätskosten der Informationsbeschaffung sein. Als Medium für die Vermittlung der Informationen spielen daher Lokalzeitungen sowie Publikationen der örtlichen Parteien und Wählergruppen eine bedeutende Rolle.

2.3.2. Kontrolle durch die Gemeindevertretung

Eine der Aufgaben der Gemeindevertretung besteht in der Überwachung der gesamten Verwaltung und der Geschäftsführung des Gemeindevorstands[44)]. Die HGO enthält einige Regelungen, die diese Kontrolle ermöglichen sollen.
Neben dem Anspruch auf Informationen aus dem später noch ausführlich darzustellenden Rechnungswesen ist hier die Verpflichtung des Gemeindevorstands zu nennen, die Gemeindevertretung über die wichtigen Verwaltungsangelegenheiten laufend zu unterrichten[45)]. Ergänzend kann die Gemeindevertretung durch Mehrheitsbeschluß verlangen, daß die Ergebnisniederschriften der Sitzungen des Gemeindevorstands an den Vorsitzenden der Gemeindevertretung und die Vorsitzenden der Fraktionen übersandt werden[46)].
Bestimmte Informationen können nach § 50 Abs. 2 HGO bereits von Teilen der Gemeindevertretung verlangt werden. So muß die Einsicht in die Akten der Verwaltung durch einen von der Gemeindevertretung gebildeten oder bestimmten Ausschuß erfolgen, wenn es ein Viertel der Gemeindevertreter oder eine Fraktion verlangt. Außerdem hat jeder einzelne Gemeindevertreter das Recht, Anfragen an den Gemeindevorstand zu stellen, die dieser zu beantworten hat[47)]. Sowohl für die Akteneinsicht als auch für das Fragerecht sind Voraussetzung, daß diese Instrumente der Überwachung der gesamten Verwaltung der Gemeinde oder der Geschäftsführung des Gemeindevorstands dienen[48)].

42) Vgl. § 50 Abs. 3 HGO.
43) Vgl. § 2 Abs. 1 BauGB.
44) Vgl. § 50 Abs. 1 HGO; Abschnitt 2.1.1.
45) Vgl. § 50 Abs. 3 HGO. Eine explizite Benennung wichtiger Verwaltungsangelegenheiten findet sich zum Beispiel in § 50 Abs. 3 HGO, § 100 Abs. 1 HGO, § 28 GemHVO.
46) Vgl. § 50 Abs. 2 HGO.
47) Die Pflicht zur Beantwortung von Anfragen wurde zum 01.04.93 ausdrücklich in § 50 Abs. 2 aufgenommen. Aber bereits früher wurde diese Pflicht durch den VGH Kassel eindeutig festgestellt (vgl. VGH Kassel: Beschluß vom 25.05.87).
48) Vgl. Foerstemann, Friedhelm (1993), S. 198-199; Schlempp, Hans / Schlempp, Dieter: Erl. III zu § 50 HGO; bejahend Bennemann, Gerhard (1994), S. 325.

2.3.3. Kontrolle durch die Aufsichtsbehörde

Die organisatorischen Grundstrukturen der Selbstverwaltung hessischer Gemeinden sind *in funktionaler Hinsicht* mit denen auf Bundes- und Länderebene vergleichbar: Auf allen Ebenen existieren Versammlungen von politisch legitimierten Vertretern, die aus allgemeinen, unmittelbaren, freien, gleichen und geheimen Wahlen hervorgehen. Dennoch sind die Gemeinden *in rechtlicher Hinsicht* keine mit allgemeinen politischen Befugnissen ausgestatteten Körperschaften, sondern Bestandteile mittelbarer Staatsverwaltung. Sie sind im Organisationsaufbau des Staates Teil der Landesverwaltung. Mithin sind Gemeindevertretungen keine für die parlamentarisch-politische Gesetzgebung zuständigen Legislativorgane, sondern als Exekutivorgane Teil der die Gesetze vollziehenden Verwaltung. Die durch die Gemeindevertretung erlassenen Satzungen haben die Rechtsqualität von Rechtsverordnungen.[49)]
Um sicherzustellen, „daß die Gemeinden im Einklang mit den Gesetzen verwaltet werden und daß die im Rahmen der Gesetze erteilten Weisungen ... befolgt werden“[50)], übt die Landesverwaltung eine Aufsicht über die Gemeinden aus. Die Aufsicht soll nach § 135 HGO so gehandhabt werden, „daß die Entschlußkraft und die Verantwortungsfreudigkeit der Gemeinden nicht beeinträchtigt werden“.
Welche Behörde die Aufsichtsbehörde für eine Gemeinde ist, hängt von deren Größe bzw. Status ab. Bei Gemeinden unter 50.000 Einwohner sind der Landrat Aufsichtsbehörde, der Regierungspräsident obere Aufsichtsbehörde und der Hessische Minister des Innern oberste Aufsichtsbehörde[51)].
Die Aufsichtsbehörde hat das Recht, „sich jederzeit über die Angelegenheiten der Gemeinde zu unterrichten; sie kann an Ort und Stelle prüfen und besichtigen, mündliche und schriftliche Berichte anfordern sowie Akten und sonstige Unterlagen einsehen. Sie kann an den Sitzungen der Gemeindevertretung, ihrer Ausschüsse, des Gemeindevorstands und des Ortsbeirats teilnehmen; sie kann auch verlangen, daß diese Organe und Hilfsorgane zur Behandlung einer bestimmten Angelegenheit einberufen werden.“[52)] Ferner kann die Aufsichtsbehörde „Beschlüsse und Anordnungen der Gemeindevertretung, ihrer Ausschüsse, des Gemeindevorstands und des Ortsbeirats, die das Recht verletzen, innerhalb von sechs Monaten nach der Beschlußfassung aufheben und verlangen, daß Maßnahmen, die auf Grund derartiger Beschlüsse getroffen worden sind, rückgängig gemacht werden.“[53)] Neben einer Reihe weiterer Kompetenzen[54)] ist die Aufsichtsbehörde für die Genehmigung bestimmter Satzungen, Beschlüsse und sonstiger Maßnahmen zuständig. Sie ist auch Dienstvorgesetzte der Mitglieder des Gemeindevorstands[55)].

---

49) Vgl. Baltzer, Klaus (1989), S. 1.

50) § 135 HGO. Nach § 4 HGO können den Gemeinden „durch Gesetz Aufgaben zur Erfüllung nach Weisung übertragen werden; das Gesetz bestimmt die Voraussetzungen und den Umfang des Weisungsrechts und hat gleichzeitig die Aufbringung der Mittel zu regeln. Die Weisungen sollen sich auf allgemeine Anordnungen beschränken und in der Regel nicht in die Einzelausführung eingreifen.“

51) Vgl. § 136 HGO. Bei Gemeinden mit mehr als 50.000 Einwohnern sind der Regierungspräsident Aufsichtsbehörde und der Hessische Minister des Innern obere Aufsichtsbehörde. Aufsichtsbehörde der Landeshauptstadt Wiesbaden und der Stadt Frankfurt am Main ist der Hessische Minister des Innern.

52) § 137 HGO.

53) § 138 HGO.

54) Vgl. §§ 139-143 HGO.

55) Vgl. § 2 DAVO.

2.4. Besondere Organisationsformen

2.4.1. Zweckverbände

Zweckverbände sind Zusammenschlüsse von Gemeinden und Gemeindeverbänden (zum Beispiel Landkreisen) zur gemeinsamen Erfüllung einzelner Aufgaben[56)]. Grund für die Bildung eines Zweckverbandes sind vor allem wirtschaftliche Vorteile, die in einer Zusammenarbeit gesehen werden. Typisches Beispiel hierfür sind Kläranlagen, die von mehreren Gemeinden gemeinsam betrieben werden, so daß Größenvorteile entstehen, beispielsweise in Form eines geringeren Bedarfs an Aufsichtspersonal.

Oberstes Organ eines Zweckverbands ist die Verbandsversammlung. Sie entscheidet über die „wichtigen" Angelegenheiten des Verbands[57)]. Verwaltungsbehörde des Zweckverbands und damit zuständig für die „Geschäfte der laufenden Verwaltung" und die Vertretung des Zweckverbands ist der Verbandsvorstand[58)]. Die Mitglieder beider Organe werden von den Organen der Mitgliedsgemeinden gewählt bzw. entsandt. Die Grundprinzipien der inneren Organisation des Zweckverbands entsprechen weitgehend denen der Gemeinden. Für Zweckverbände werden eigene Rechnungen geführt.

2.4.2. Eigenbetriebe

Das Eigenbetriebsgesetz legt den Gemeinden die Verpflichtung auf, ihre wirtschaftlichen Unternehmen ohne eigene Rechtspersönlichkeit als Eigenbetriebe zu führen. Eigenbetriebe sind sowohl organisatorisch als auch rechnungsmäßig selbständig. Die für Eigenbetriebe maßgeblichen Organe sind die Gemeindevertretung, die Betriebskommission und die Betriebsleitung:

Die Gemeindevertretung entscheidet über die Grundsätze, nach denen die Eigenbetriebe der Gemeinde gestaltet und wirtschaftlich geleitet werden sollen; so ist sie zum Beispiel für den Erlaß und die Aufhebung der Betriebssatzung und die Festsetzung der Tarife zuständig[59)]. § 5 EigBGes enthält einen Katalog weiterer Entscheidungen, die ausschließlich der Gemeindevertretung vorbehalten sind.

Die Betriebskommission wird durch den Gemeindevorstand berufen. Ihr gehören neben dem Bürgermeister oder in seiner Vertretung einem von ihm bestimmten Mitglied des Gemeindevorstands mindestens zwei weitere Mitglieder des Gemeindevorstands, zwei Mitglieder des Personalrats des Eigenbetriebs sowie Mitglieder der Gemeindevertretung an.[60)] Die Betriebskommission überwacht die Betriebsleiter und bereitet die Beschlüsse der Gemeindevertretung vor[61)]. § 7 Abs. 3 EigBGes legt weitere Angelegenheiten fest, die in die ausschließliche Zuständigkeit der Betriebskommission fallen.

---

56) Vgl. § 5 Abs. 1 KGG.

57) Vgl. § 15 Abs. 1 KGG.

58) Vgl. § 16 Abs. 1 KGG.

59) Vgl. § 5 EigBGes.

60) Die Beigeordneten werden durch den Gemeindevorstand, die Gemeindevertreter durch die Gemeindevertretung nach den Grundsätzen der *Verhältniswahl* in die Betriebskommission gewählt. Die Mitglieder des Personalrates und die weiteren wirtschaftlich oder technisch erfahrenen Personen werden von der Gemeindevertretung nach den Grundsätzen der *Mehrheitswahl* in die Betriebskommission gewählt. Die Anzahl der Beigeordneten, der Gemeindevertreter und der technisch oder wirtschaftlich besonders erfahrenen Personen bestimmt die durch die Gemeindevertretung zu beschließende Betriebssatzung (vgl. § 6 Abs. 2-3 EigBGes).

61) Vgl. § 7 Abs. 1 EigBGes.

Die Betriebsleitung leitet den Eigenbetrieb auf Grund der Beschlüsse der Gemeindevertretung und der Betriebskommission in eigener Zuständigkeit und Verantwortung[62]. Die Betriebsleiter werden - ebenso wie die übrigen beim Eigenbetrieb Beschäftigten - nach Anhörung der Betriebskommission durch den Gemeindevorstand als Bedienstete der Gemeinde eingestellt. Dienstvorgesetzter der beim Eigenbetrieb Beschäftigten ist der Bürgermeister[63].

2.4.3. Kapitalgesellschaften

Manche Gemeinden sind zur Wahrnehmung bestimmter Aufgaben an Kapitalgesellschaften beteiligt. Diese Rechtsformen sind organisatorisch selbständig und verfügen, im Gegensatz zu Eigenbetrieben, über eine eigene Rechtspersönlichkeit. Für sie gelten auch nicht die Bestimmungen des öffentlichen Rechts, sondern die des Privatrechts. Gesellschaften, die vollständig der Gemeinde gehören, werden als „Eigengesellschaften"[64] bezeichnet. Die Vertretung der Gemeinde in Gesellschaften erfolgt durch den Gemeindevorstand[65]. Zur inneren Organisation von Kapitalgesellschaften sei auf die einschlägigen gesetzlichen Bestimmungen verwiesen.

2.5. Das Rechnungswesen der Gemeinden

2.5.1. Das kameralistische Rechnungswesen der Verwaltung

Die bedeutendste Rolle in der Praxis spielt das kameralistische Rechnungswesen der Verwaltung, dessen Vorläufer im 18. Jahrhundert durch das entstehende Beamtentum zur Rechnungslegung der Kamera, der fürstlichen Schatzkammer, entwickelt wurde. Einhergehend mit der Entwicklung der Demokratie und der Einschränkung der Rechte der absolutistischen Fürsten durch die Vertretung der Bürgerschaft wurde es im 19. Jahrhundert durch Planungsrechnungen ergänzt, um die Notwendigkeit der Steuererhebung beurteilen und auf Umfang und Art der Ausgaben Einfluß nehmen zu können.[66] Heute sind der Haushaltsplan und die Haushaltsrechnung die wichtigsten Bestandteile dieser Form des Rechnungswesens. Beide Teilrechnungen werden zusammen auch vereinfachend als „Haushalt" bezeichnet[67].
Der Haushaltsplan geht jedem Haushaltsjahr als Planungsrechnung voraus. Er wird festgesetzt durch die Haushaltssatzung, die durch die Gemeindevertretung erlassen wird. Grundlage für die Beratung und Beschlußfassung über Haushaltssatzung und Haushaltsplan stellt ein Entwurf des Gemeindevorstands dar. Durch den Haushaltsplan erhält die Verwaltung finanzwirtschaftliche Vorgaben für das Haushaltsjahr. Sowohl der Entwurf als auch die endgültig festgesetzte Fassung des Haushaltsplans werden veröffentlicht, um eine Kontrolle von Gemeindevorstand und Gemeindevertretung durch die Bevölkerung zu ermöglichen.
Die Haushaltsrechnung ist Bestandteil der Jahresrechnung, die jeweils nach Abschluß einer Planungsperiode erstellt wird. Sie dient der Dokumentation der finanzwirtschaftlichen Vor-

---

62) Vgl. § 4 Abs. 1 EigBGes.
63) Vgl. § 9 Abs. 1 EigBGes, § 9 Abs. 3 EigBGes.
64) Vgl. § 125 Abs. 1 HGO.
65) Vgl. § 125 Abs. 1 HGO.
66) Vgl. Fuchs, Manfred (1975), S. 1.
67) Vgl. Pagenkopf, Hans (1976), S. 301.

gänge der abgelaufenen Periode und ermöglicht durch Vergleich mit der Planungsrechnung die Kontrolle der Verwaltung durch die Gemeindevertretung und die Bevölkerung.
Gegenstand der Planung, Dokumentation und Kontrolle im Rahmen des kameralistischen Rechnungswesens der Verwaltung sind vor allem die Rechengrößen „Einnahmen" und „Ausgaben", auf deren Bedeutung später noch ausführlich einzugehen sein wird.

2.5.2. Das kaufmännische Rechnungswesen besonderer Organisationsformen

Eigenbetriebe und Kapitalgesellschaften verfügen über ein eigenständiges Rechnungswesen. Sie stellen für den Schluß eines jeden Jahres einen Jahresabschluß nach den Vorschriften des Dritten Buches des Handelsgesetzbuches auf. Während diese Vorschriften für Kapitalgesellschaften unmittelbar gelten, regelt § 22 EigBGes deren sinngemäße Anwendung auf Eigenbetriebe. In einzelnen Punkten erfolgt durch das Eigenbetriebsgesetz eine Ergänzung der Vorschriften.
Das Eigenbetriebsgesetz erlaubt dem Eigenbetrieb die Führung seiner Rechnungen sowohl nach den Regeln der kaufmännischen Buchführung als auch den Regeln einer entsprechenden Verwaltungsbuchführung[68)]. In jedem Fall muß durch die Art der Buchungen „die zwangsläufige Fortschreibung der Vermögens- und Schuldenteile"[69)] sichergestellt sein. Dies ist schließlich Voraussetzung für die Entwicklung des Jahresabschlusses aus der Buchführung.
Die Planung des Wirtschaftsjahres erfolgt bei Eigenbetrieben durch einen Wirtschaftsplan, der aus einem Erfolgsplan, einem Vermögensplan und einer Stellenübersicht besteht[70)]. Der Unterschied zu einem Haushaltsplan besteht im wesentlichen darin, daß im Wirtschaftsplan keine „Einnahmen" und „Ausgaben", sondern Erträge und Aufwendungen sowie erfolgsneutrale Vermögens- und Schuldenveränderungen geplant werden. Der Wirtschaftsplan wird durch die Betriebsleitung entworfen und - versehen mit einer Stellungnahme der Betriebskommission - dem Gemeindevorstand zur Weiterleitung an die Gemeindevertretung vorgelegt[71)]. Die Gemeindevertretung beschließt schließlich über den Wirtschaftsplan[72)]. Seine Vorgaben sind für Betriebskommission und Betriebsleitung verbindlich[73)].
Für Gesellschaften, an denen die Gemeinde mit mehr als 50 vom Hundert der Anteile beteiligt ist, hat sie darauf hinzuwirken, daß in sinngemäßer Anwendung der für Eigenbetriebe geltenden Vorschriften ein Wirtschaftsplan aufgestellt wird[74)].
Für Zweckverbände besteht ein Wahlrecht zwischen beiden Arten des Rechnungswesens, soweit ihre Hauptaufgabe der Betrieb eines wirtschaftlichen Unternehmens ist[75)]; ansonsten ist die Anwendung des kameralistischen Rechnungswesens der Verwaltung bindend.

---

68) Vgl. § 20 Abs. 1 EigBGes.
69) § 20 Abs. 1 EigBGes.
70) Vgl. § 15 Abs. 1 EigBGes.
71) § 4 Abs. 1 EigBGes, § 7 Abs. 3 Nr. 1 EigBGes.
72) § 5 Nr. 4 EigBGes.
73) § 4 Abs. 1 EigBGes, § 7 Abs. 3 Nr. 3 EigBGes.
74) § 122 Abs. 3 HGO.
75) § 18 Abs. 1-2 KGG.

Abbildung 2-2: Institutionelle Ausgestaltung der kommunalen Selbstverwaltung

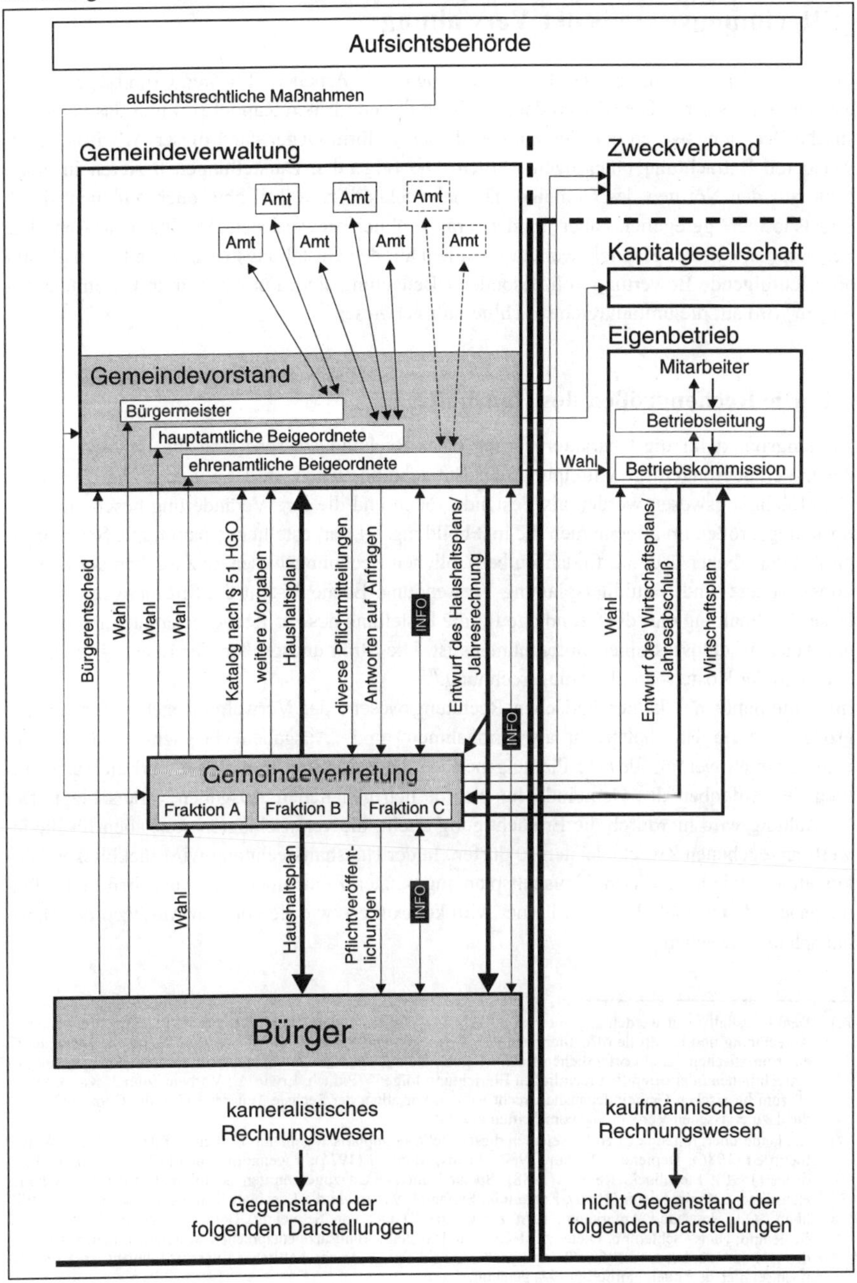

3. Der rechtlich-organisatorische Stand des kameralistischen Rechnungswesens der Verwaltung

Im zweiten Kapitel wurden die für den Fortgang dieser Arbeit wichtigsten Grundzüge der Organisation hessischer Gemeinden dargestellt. In diesem dritten Kapitel soll nun das kameralistische Rechnungswesen der Verwaltung, dessen Reform Gegenstand dieser Arbeit ist, einer genaueren Betrachtung unterzogen werden. Die folgenden Darstellungen basieren in erster Linie auf den Normen des Gemeindehaushaltsrechts[76)], zum Teil aber auch auf nicht durch Rechtsnormen geregelten, aber in der Praxis üblich gewordenen Verfahrensweisen. Die Schwerpunkte dieses Kapitels werden vor allem auf den Gestaltungsmerkmalen liegen, die für die nachfolgende Bewertung von besonderer Bedeutung sind. Für detaillierte Gesamtdarstellungen wird auf die umfangreiche Fachliteratur verwiesen[77)].

3.1. Die Rechengrößen des Haushalts

Ausgangspunkt für die Charakterisierung eines Rechnungswesens sind die Bestandsgrößen, deren Veränderungen im Mittelpunkt der Betrachtung stehen. In der Literatur zum betrieblichen Rechnungswesen werden als Bestandsgrößen und die ihre Veränderung beschreibenden Strömungsgrößen im allgemeinen die in Abbildung 3-1 dargestellten genannt. Die Strömungsgrößen der Ebenen 1 und 2 finden im betrieblichen Rechnungswesen zu Zwecken der Investitions-, Finanz- und Liquiditätsplanung Verwendung. Ebene 3 stellt die Strömungsgrößen der Finanzbuchhaltung dar, die Grundlage für die Erstellung des zur Rechenschaftslegung dienenden Jahresabschlusses eines Unternehmens ist. Die Strömungsgrößen der Ebene 4 dienen zu Zwecken der Kosten- und Leistungsrechnung.[78)]
Im Mittelpunkt des kameralistischen Rechnungswesens der Verwaltung stehen Strömungsgrößen, die im Haushaltsrecht als „Einnahmen" und „Ausgaben" bezeichnet werden. Im Haushaltsplan werden für eine Planungsperiode die erwarteten Einnahmen und die zur Erfüllung der Aufgaben der Gemeinde für erforderlich gehaltenen Ausgaben veranschlagt. Der Verwaltung wird hierdurch die Ermächtigung erteilt, die veranschlagten Ausgaben für die jeweils angegebenen Zwecke leisten zu dürfen. In der Haushaltsrechnung wird rückblickend dokumentiert, wie hoch die im Haushaltsplan angesetzten Einnahmen und Ausgaben in der Planungsperiode tatsächlich waren. Ferner wird kontrolliert, wie sie von den Ansätzen des Haushaltsplans abweichen.

---

76) Dem Haushaltsrecht werden allgemein alle Rechtsvorschriften zugerechnet, „welche die Planung, Verwendung, Abrechnung und Kontrolle öffentlicher Mittel, Vermögen und Schulden sowie sonstige finanzielle Maßnahmen einer juristischen Person öffentlichen Rechts regeln, die aus einer mit ihrem Haushalt zusammenhängenden privatrechtlichen oder öffentlich rechtlichen Einrichtung folgen" (Piduch, Erwin A.: Vorbem. zum 3. Kap.). Speziell zum hessischen Gemeindehaushaltsrecht werden vor allem der Sechste Teil der HGO, die GemHVO sowie die dazu erlassenen Verwaltungsvorschriften gezählt.

77) Als länderübergreifende Literatur seien an dieser Stelle exemplarisch genannt: Berkenhoff, Hans Albert / Wenig, Siegfried (1986); Depiereux, Stefan (1982); Fuchs, Manfred (1975); Pagenkopf, Hans (1976); Schmid, Hansdieter (1990); Steenbock, Reimer (1988). Speziell auf Hessen zugeschnitten ist folgende Literatur: Schmid, Hansdieter / Mäule, Dieter (1990); Zahradnik, Stefan (1993) sowie die Loseblatt-Kommentare von Jordan, Wilhelm / Ott, Hans und Amerkamp, Kurt zur GemHVO und von Schneider, Gerhard / Jordan, Wilhelm und Schlempp, Hans / Schlempp, Dieter zur HGO. Die Haushaltsgrundsätze entsprechen weitgehend denen des Bundes und der Länder, so daß hierfür eine große Anzahl finanzwissenschaftlicher Literatur relevant ist. Exemplarisch sei hierfür Andel, Norbert (1992) genannt.

78) Vgl. Steger, Johann (1996), S. 34-39; Weber, Helmut Kurt (1993), S. 3-7; Wöhe, Günter (1990), S. 964-982.

Abbildung 3-1: Bestands- und Strömungsgrößen des betrieblichen Rechnungswesens[79)]

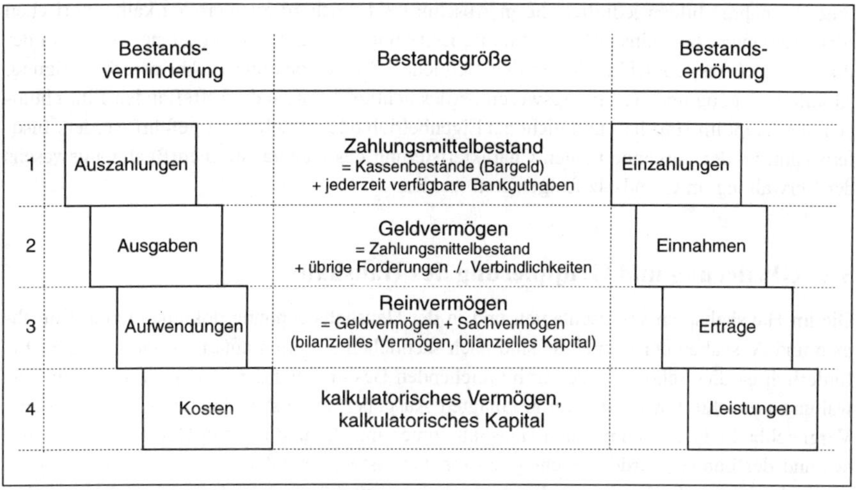

Wenn, wie hier, unter Bezugnahme auf das Haushaltsrecht die Begriffe „Einnahmen" und „Ausgaben" Verwendung finden, darf jedoch nicht verkannt werden, daß sich diese Strömungsgrößen von denen die gleichen Bezeichnungen tragenden Strömungsgrößen des betrieblichen Rechnungswesens unterscheiden: So werden im Haushaltsplan nur die Einnahmen und Ausgaben veranschlagt, die in der Planungsperiode voraussichtlich kassenwirksam werden[80)], also zugleich Einzahlungen bzw. Auszahlungen darstellen. Für die Haushaltsrechnung gilt hingegen das Fälligkeitsprinzip, wonach die Einnahmen und Ausgaben in den Rechnungen der Jahre nachzuweisen sind, in denen sie fällig werden[81)]. Auch die Voraussetzungen für die Entstehung von Einnahmen und Ausgaben können sich unterscheiden: So entsteht zum Beispiel bei der Abwicklung eines Kaufvertrages im betrieblichen Rechnungswesen eine Einnahme oder Ausgabe regelmäßig mit der einseitigen Erfüllung des Vertrages[82)]. Im kommunalen Haushaltsrecht ist die Entstehung einer Einnahme oder Ausgabe dagegen an formale Kriterien, zum Beispiel die Ausstellung einer Kassenanordnung, gebunden. Es existieren eine Reihe weiterer feiner Unterschiede[83)], die für die grundsätzliche Kategorisierung der Rechengrößen aber unerheblich sind und daher an dieser Stelle nicht näher beleuchtet werden sollen. Zusammenfassend kann festgestellt werden, daß die Rechengrößen des kameralistischen Rechnungswesens der Verwaltung sich auf die Beschreibung von Veränderungen des Kassen- und von Teilen des Geldvermögensbestandes beschränken. Dieses Merkmal des Rechnungswesens wird auch als „Geldverbrauchskonzept"[84)] bezeichnet. Eine Dokumentation des Rein- bzw. Gesamtvermögens oder des für eine bestimmte Aufgabe notwendigen Vermögens und

79) Vgl. Wöhe, Günter (1990), S. 974, ergänzt um Kosten und Leistungen in Anlehnung an Steger, Johann (1996), S. 39; Weber, Helmut Kurt (1993), S. 6.

80) Vgl. § 7 Abs. 1 GemHVO, Nr. 1 der VV zu § 7 GemHVO.

81) Vgl. § 41 Abs. 1 GemHVO, VV zu § 41 GemHVO.

82) Vgl. Gabele, Eduard (1996), S. 16; Moxter, Adolf (1986), S. 38-39.

83) Eine systematische Darstellung der Rechengrößen ist zu finden in: Zahradnik, Stefan (1995a).

84) Vgl. KGSt (1995a), KGSt (1995b).

seiner Veränderungen („Ressourcenverbrauchskonzept“[85]) ist grundsätzlich nicht vorgesehen. Eine Ausnahme bilden lediglich die in Abschnitt 3.4. noch zu erläuternden kalkulatorischen Abschreibungen und Zinsen für bestimmte Einrichtungen der Gemeinde. Jene werden in der Praxis jedoch fast ausschließlich in den Bereichen Wasserversorgung, Abwasserbeseitigung, Abfallbeseitigung und Bestattungswesen berücksichtigt[86], sofern die betreffenden Einrichtungen überhaupt im Haushalt und nicht als Eigenbetrieb oder Gesellschaft geführt werden. Insofern kann an der vorgenommenen Charakterisierung des kameralistischen Rechnungswesens der Verwaltung im Grundsatz festgehalten werden.

3.2. Gliederung und Gruppierung des Haushalts

Die im Haushaltsplan veranschlagten und in der Haushaltsrechnung dokumentierten Einnahmen und Ausgaben der Gemeinde sind nach sachlichen Kriterien unterteilt und geordnet. Erforderlich ist dies schon alleine zur hinreichenden Bestimmung der Zwecke, für die die Verwaltung ermächtigt wird, die veranschlagten Ausgaben zu leisten. Im Interesse einer guten Vergleichbarkeit der kommunalen Haushalte untereinander und mit den Haushalten des Bundes und der Länder wurde zwischen den Innenministern der Länder eine einheitliche Systematik abgestimmt[87]. Danach werden die Einnahmen und Ausgaben einerseits in Aufgabenbereiche, andererseits in Einnahme- bzw. Ausgabearten unterteilt.

Abbildung 3-2: Einzelpläne in kommunalen Haushalten

Einzelplan 0:	Allgemeine Verwaltung
Einzelplan 1:	Öffentliche Sicherheit und Ordnung
Einzelplan 2:	Schulen
Einzelplan 3:	Wissenschaft, Forschung, Kulturpflege
Einzelplan 4:	Soziale Sicherung
Einzelplan 5:	Gesundheit, Sport, Erholung
Einzelplan 6:	Bau- und Wohnungswesen, Verkehr
Einzelplan 7:	Öffentliche Einrichtungen, Wirtschaftsförderung
Einzelplan 8:	Wirtschaftliche Unternehmen, allgemeines Grund- und Sondervermögen
Einzelplan 9:	Allgemeine Finanzwirtschaft

Die Unterteilung in Aufgabenbereiche wird als „Gliederung“ bezeichnet. Oberste Ebene dieser Gliederung sind die in Abbildung 3-2 dargestellten Einzelpläne. Diese werden weiter unterteilt in Abschnitte, indem der Ziffer des jeweiligen Einzelplans eine weitere Ordnungsziffer angefügt wird. Durch Anfügen weiterer Ordnungsziffern werden Unterabschnitte gebildet. Durch den zur GemHVO gehörenden Gliederungsplan ist den Gemeinden eine Mindestgliederung verbindlich vorgeschrieben[88], die nach dem individuellen Bedarf der Gemeinde erweitert werden kann. Abbildung 3-3 zeigt die vollständige Gliederung eines Haushalts am Beispiel der Gemeinde Biblis.

85) Vgl. KGSt (1995a), KGSt (1995b).

86) Vgl. Ergebnisse der in Kapitel 5 beschriebenen empirischen Untersuchung: In 100 untersuchten Gemeindehaushalten fanden sich insgesamt nur 34 über die Bereiche Wasserversorgung, Abwasserbeseitigung, Abfallentsorgung und Bestattungswesen hinausgehende Einrichtungen, bei denen kalkulatorische Kosten veranschlagt waren.

87) Vgl. Nr. 1 VV Gliederung und Gruppierung.

88) Die Mindestgliederung ist dargestellt in Muster 10 zur GemHVO.

Abbildung 3-3: Unterabschnitte am Beispiel der Gemeinde Biblis[89)]

UA	Beschreibung	UA	Beschreibung
000	Gemeindevertretung	610	Ortsplanung, Bebauungspläne
001	Gemeindevorstand	612	Vermessung
008	Verfügungsmittel	620	Förderung des Wohnungsbaus
020	Hauptverwaltung	621	Förderung von Energiesparmaßnahmen
030	Finanzabteilung	622	Förderung des sozialen Wohnungsbaus
031	Gemeindekasse	630	Gemeindestraßen
034	Steueramt	670	Straßenbeleuchtung
035	Liegenschaftsamt	675	Straßenreinigung
050	Standesamt	690	Wasserläufe, Wasserbau
052	Wahlen	700	Gemeindeentwässerung und Kläranlage
063	Zentrale Beschaffung	701	Grundwassersanierung
110	Ordnungsamt	720	Abfallbeseitigung
114	Einwohnermeldeamt	732	Märkte
115	Ortsgericht	750	Friedhöfe
116	Schiedsmann	760	Anschlagwesen
117	Feldschutz	761	Dorfzentrum Wattenheim
130	Feuerwehren	762	Riedhalle
140	Katastrophenschutz	763	Wartehallen
292	Übrige schulische Aufgaben	766	Waagen
300	Partnerschaftspflege	770	Fuhrpark
321	Gemeindearchiv	771	Bauhof
340	Sonstige Kunstpflege	780	Feldwege
350	Volkshochschule	781	Zuchttierhaltung
352	Öffentliche Büchereien	784	Bach- und Flußregulierung
355	Kommunales Kino	810	Elektrizitätsversorgung
360	Heimatpflege	815	Wasserversorgung
365	Natur- und Landschaftspflege	817	Beteiligung Südhess. Gas u. Wasser AG
371	Kirchen	855	Gemeindewald
400	Sozialamt	871	Beteiligung an Kreditinstituten
430	Altenpflege	872	Kies- und Sandgruben
451	Jugendarbeit	874	Sonstige wirtschaftliche Unternehmen
460	Kinderspielplätze	880	Bebaute Grundstücke
464	Kindergärten	881	Unbebaute Grundstücke
468	Einrichtungen der Jugendhilfe	885	Jagd- und Fischereirechte
496	Kindergeld	900	Gemeindesteuern
500	Gesundheitsverwaltung	901	Steueranteile
540	Sonst. Einricht. der Gesundheitspflege	903	Schlüsselzuweisung
542	DRK	905	Steuern, allg. Zuweisungen und allg. Umlagen
551	Förderung des Sports		
561	Sportplätze	912	Schuldendienst
562	Kultur- und Sporthalle Nordheim	913	Kalkulatorische Kosten
5621	Pfaffenau-Halle	914	Deckungsreserve
570	Badesee	915	Sonst. allg. Finanzwirtschaft
582	Park- und Gartenanlagen	916	Zinsen aus Geldanlagen
595	Grillhütte	920	Abwicklung der Vorjahre
600	Bauverwaltung		

Die zu einem Unterabschnitt gehörenden Einnahmen und Ausgaben werden weiter unterteilt in einzelne Einnahme- und Ausgabearten. Dies wird als „Gruppierung" bezeichnet. Oberste Ebene dieser Gruppierung sind die in Abbildung 3-4 dargestellten Hauptgruppen. Analog zur Unterteilung der Einzelpläne wird auch bei den Hauptgruppen verfahren: Durch Anhängen weiterer Gruppierungsziffern werden Gruppen und Untergruppen gebildet.

89) Vgl. Haushaltsplan 1994 der Gemeinde Biblis.

Auch hier ist den Gemeinden eine Mindestgruppierung verbindlich vorgeschrieben[90]. Die Bedeutung der Gruppierungsziffern gilt einheitlich für alle Unterabschnitte. Die kleinste Aggregationsebene der auf diese Weise gegliederten und gruppierten Einnahmen und Ausgaben wird als Haushaltsstelle bezeichnet.

Abbildung 3-4: Hauptgruppen in kommunalen Haushalten

Hauptgruppe 0:	Steuern, allgemeine Zuweisungen
Hauptgruppe 1:	Einnahmen aus Verwaltung und Betrieb
Hauptgruppe 2:	Sonstige Finanzeinnahmen
Hauptgruppe 3:	Einnahmen des Vermögenshaushalts
Hauptgruppe 4:	Personalausgaben
Hauptgruppe 5:	Sächlicher Verwaltungs- und Betriebsaufwand
Hauptgruppe 6:	Sächlicher Verwaltungs- und Betriebsaufwand
Hauptgruppe 7:	Zuweisungen und Zuschüsse
Hauptgruppe 8:	Sonstige Finanzausgaben
Hauptgruppe 9:	Ausgaben des Vermögenshaushalts

In der Literatur werden zum Teil die Gliederungen mit „Kostenstellen“ und die Gruppierungen mit „Kostenarten“ verglichen[91]. Die Art und Weise der Zuordnung von Rechengrößen zu „Stellen“ und „Arten“ erfolgt tatsächlich ähnlich einer Kostenrechnung. Es sei aber ausdrücklich darauf hingewiesen, daß die Rechengrößen, wie in Abschnitt 3.1. erörtert, eben keine Kosten, sondern Einnahmen und Ausgaben darstellen.

3.3. Sicherung der stetigen Aufgabenerfüllung

Nach § 92 Abs. 1 HGO hat die Gemeinde ihre Haushaltswirtschaft so zu planen und zu führen, „daß die stetige Erfüllung ihrer Aufgaben gesichert ist“. Das kommunale Haushaltsrecht beinhaltet einige Vorschriften, die genau dieses sicherstellen sollen. Das Vorhandensein derartiger Vorschriften ist nicht etwa ausschließlich für den kommunalen Haushalt charakteristisch. Eine Parallele existiert in der Bilanzierung erwerbswirtschaftlicher Unternehmen: Wird den Anteilseignern die Zielsetzung der (kurzfristigen) Entnahmemaximierung unterstellt, so wirken die Ansatz- und Bewertungsvorschriften als Restriktionen, die sicherstellen, daß nur soviel ausgeschüttet werden kann, wie vertretbar ist, um nicht den Fortbestand des Unternehmens zu gefährden oder die Interessen der Gläubiger zu beeinträchtigen[92].

Im kommunalen Haushalt soll die Möglichkeit einer stetigen Erfüllung der Aufgaben durch folgende Regelungen sichergestellt werden:

Haushaltsplan und Haushaltsrechnung werden jeweils unterteilt in einen Verwaltungs- und einen Vermögenshaushalt. Die dem Verwaltungshaushalt zugeordneten Einnahmen und Ausgaben sind solche Einnahmen und Ausgaben, die unter Verwendung der Terminologie des betrieblichen Rechnungswesens zugleich einen Ertrag bzw. Aufwand darstellen, also erfolgswirksam sind; dies sind die Einnahmen der Hauptgruppen 0 bis 2 sowie die Ausgaben der

90) Die Mindestgruppierung ist dargestellt in Muster 11 zur GemHVO.

91) Vgl. zum Beispiel Schmid, Hansdieter (1990), S. 34, der diese Begriffe aber ausdrücklich in Anführungszeichen setzt.

92) Vgl. Moxter, Adolf (1984), S. 93 - 97 zur Ausschüttungssperre als Bilanzaufgabe. Vgl. auch Beisse, Heinrich (1994), S. 15; Heinen, Edmund (1986), S. 166; Schildbach, Thomas (1992), S. 29-30, 36-38.

Hauptgruppen 4 bis 8. Dem Vermögenshaushalt werden die nicht erfolgswirksamen Einnahmen und Ausgaben zugeordnet; dies sind die Einnahmen der Hauptgruppe 3 und die Ausgaben der Hauptgruppe 9.[93]
Wie der einschlägigen Literatur mehrfach zu entnehmen ist, soll die Bezeichnung „Vermögenshaushalt" verdeutlichen, daß hier die „vermögenswirksamen" Geschäfte veranschlagt werden[94]. Aus Sicht der betriebswirtschaftlichen Terminologie müssen diese Erklärungen ebenso irreführend erscheinen wie die Bezeichnung „Vermögenshaushalt" selbst: Während die im Vermögenshaushalt veranschlagten Geschäfte das Vermögen in der Regel nur umschichten (z. B. von Geld in Sachanlagen), findet gerade bei den im Verwaltungshaushalt veranschlagten Geschäften eine Erhöhung oder Verminderung des (Geld-)Vermögens statt. Daß hier dennoch der Begriff „Vermögenshaushalt" Verwendung findet, hängt damit zusammen, daß im haushaltsrechtlichen Sinne der Kassenbestand, die Haushaltseinnahmereste sowie geringwertige Wirtschaftsgüter nicht zum „Vermögen" gehören[95].

Abbildung 3-5: Verwaltungs- und Vermögenshaushalt

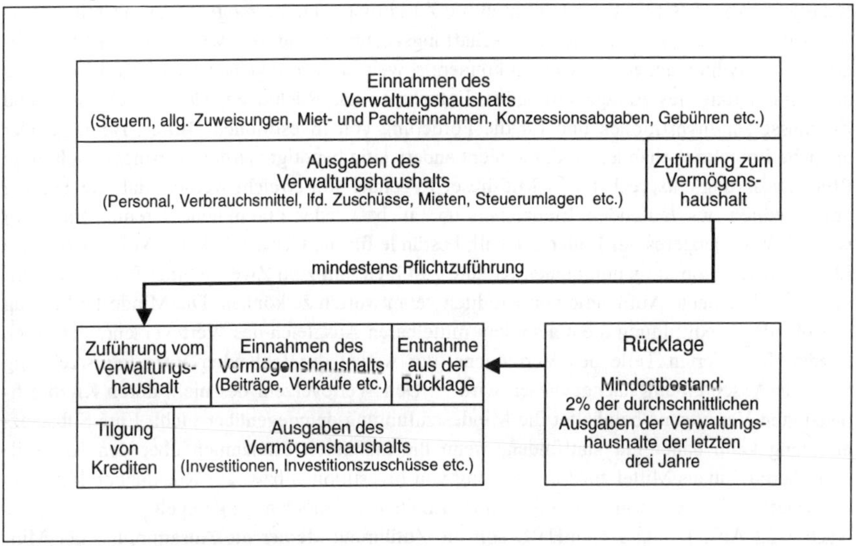

Der sich im Verwaltungshaushalt in der Regel ergebende Einnahmeüberschuß wird in den Vermögenshaushalt überführt. Der sich nun im Vermögenshaushalt ergebende Saldo stellt die Veränderung der Rücklage dar. Ist der Saldo - wie in Abbildung 3-5 - negativ, findet eine Entnahme aus der Rücklage statt, ist er positiv, werden der Rücklage Finanzmittel zugeführt. Diese buchungstechnische Konstruktion wird nun durch folgende Restriktionen ergänzt:

93) Vgl. § 1 GemHVO. Welche Einnahmen und Ausgaben im einzelnen zu welchem Teil des Haushalts gehören, wurde durch die VV Gliederung und Gruppierung konkretisiert. Soweit sich bei Hochbaumaßnahmen Grenzfälle ergeben, wird hierin auf die sinngemäße Anwendung der Regeln in Abschnitt 157 der Einkommensteuerrichtlinien verwiesen.

94) Vgl. Bothe, Klaus (1989), S. 27; Fuchs, Manfred (1975), S. 18; Oettle Karl (1987), S. 174; Pagenkopf, Hans (1976), S. 273; Richter, Heinz (1990), S. 31; Schmid, Hansdieter (1990), S. 88.

95) Vgl. Friedl, Uwe (1981), S. 64. Zum dargestellten Zusammenhang vgl. auch Wilmer, Lothar (1979), S. 37.

Nach § 20 Abs. 2 GemHVO muß in der Rücklage „ein Betrag vorhanden sein, der sich in der Regel auf mindestens zwei vom Hundert[96)] der Ausgaben des Verwaltungshaushalts nach dem Durchschnitt der drei dem Haushaltsjahr vorangehenden Jahre beläuft". Hierdurch soll die Liquidität der Gemeinde sichergestellt werden und damit die Möglichkeit, die Ausgaben rechtzeitig leisten zu können[97)]. Es soll vermieden werden, daß infolge eines Auseinanderfallens von Einnahmen und Ausgaben in der Kasse eine Unterdeckung eintritt, die durch einen Kassenkredit überbrückt werden muß[98)].

Nach § 20 Abs. 3 GemHVO sollen in der Rücklage „ferner Mittel zur Deckung der Ausgaben im Vermögenshaushalt künftiger Jahre angesammelt werden". Damit soll erreicht werden, daß bei der Durchführung von größeren Projekten innerhalb eines kurzen Zeitraums nicht erhebliche Kredite aufgenommen werden müssen. Die Rücklage hat also eine Ausgleichsfunktion für die im Zeitablauf bedingten Schwankungen der Investitionstätigkeit. Diese können technisch bedingt, aber auch Ursache eines antizyklischen Verhaltens der Gemeinde sein. Letzteres dient der Förderung eines gesamtwirtschaftlichen Gleichgewichts, wozu die Gemeinde nach § 92 Abs. 1 HGO verpflichtet ist.[99)]

Nach § 22 Abs. 1 Satz 2 GemHVO muß die Zuführung zum Vermögenshaushalt mindestens so hoch sein, daß mit ihr die Kreditbeschaffungskosten (Disagio) sowie die planmäßige Tilgung von Krediten abgedeckt werden können; soweit im Vermögenshaushalt Einnahmen aus der Veränderung des Anlagevermögens, Entnahmen aus Rücklagen oder Zuweisungen und Zuschüsse für Investitionen und für die Förderung von Investitionen Dritter, Beiträge oder ähnliche Entgelte vorhanden sind, die nicht anderweitig benötigt werden, verringert sich diese Pflichtzuführung entsprechend[100)]. Mit dieser Regelung soll erreicht werden, daß die Tilgung von Krediten aus laufenden Einnahmen und nicht wieder durch neue Kredite finanziert wird[101)]. Wäre letzteres auf Dauer der Fall, bestünde für die Gemeinde keine Möglichkeit, die für eine Investition aufgenommenen Kredite zu tilgen, um zum Zwecke einer Erneuerungsinvestition die erneute Aufnahme von Krediten verantworten zu können. Die Mindestzuführung in Höhe der Kredittilgung dient also dem mittelbaren Ausgleich des Werteverzehrs der durch Kredite finanzierten Teile des Vermögens, der wegen der fehlenden Vermögensrechnung nicht als Abschreibung nachgewiesen wird[102)]. Den Werteverzehr des nicht durch Kredite finanzierten Vermögens beinhaltet die Mindestzuführung demgegenüber nicht. Eine Substanzerhaltung kann daher nur stattfinden, wenn die laufenden Einnahmen über den Kredittilgungsbetrag hinaus Mittel zur Finanzierung von Investitionen bzw. zur Rücklagenbildung erwirtschaften[103)]. Dies ist im kommunalen Haushaltsrecht jedoch nicht geregelt.

Nach § 22 Abs. 1 Satz 3 GemHVO soll die Zuführung „ferner die Ansammlung der Mindestrücklage ermöglichen und insgesamt mindestens so hoch sein wie die aus Entgelten ge-

---

96) In den Ländern Bayern, Niedersachsen, Rheinland-Pfalz und Sachsen-Anhalt beträgt die Mindestrücklage 1 %, in den Ländern Mecklenburg-Vorpommern, Saarland und Schleswig-Holstein 1,5 % und in Hessen und den übrigen Ländern 2 % (vgl. Goebel, Eberhard (1993), S. 30).

97) Vgl. Bothe, Klaus (1989), S. 66; Depiereux, Stefan (1982), S. 83.

98) Vgl. Berkenhoff, Hans Albert/Wenig, Siegfried (1986), S. 191.

99) Vgl. Fuchs, Manfred (1975), S. 100-101.

100) Vgl. VV zu § 22 GemHVO.

101) Vgl. Bothe, Klaus (1989), S. 21-22; Depiereux, Stefan (1982), S. 67; Fuchs, Manfred (1975), S. 20.

102) Vgl. Brommer, Harald (1984), S. 1. Es wird also hilfsweise eine gleiche Entwicklung von Werteverzehr und Kredittilgungen unterstellt.

103) Vgl. Brommer, Harald (1984), S. 1.

deckten Abschreibungen“[104]. Letzteres soll gewährleisten, daß zumindest die zur Abdeckung der im Verwaltungshaushalt veranschlagten kalkulatorischen Abschreibungen eingenommenen Entgelte nicht im Verwaltungshaushalt aufgebraucht werden, sondern im Vermögenshaushalt zur Kredittilgung und zur Finanzierung neuer Investitionen bereitstehen[105].

3.4. Nachweis der Kostendeckung kostenrechnender Einrichtungen

In § 93 Abs. 2 HGO hat der Gesetzgeber festgelegt, daß bei der Beschaffung der für die Erfüllung der Gemeindeaufgaben erforderlichen Einnahmen spezielle Entgelte, also Gebühren und Beiträge, „soweit vertretbar und geboten“ Vorrang vor Steuern haben. Dies wird als eine zwingende Rangfolge angesehen, die nicht nur programmatischen Charakter hat[106]. Hiermit wollte der Gesetzgeber verhindern, daß der Einzelne eine ihm besonders zugute kommende Leistung der Gemeinde zu Lasten der Allgemeinheit, also den Steuerzahlern, in Anspruch nimmt[107]. Wie in den Verwaltungsvorschriften zu § 93 HGO ausgeführt wird, ist „bei der Entscheidung, ob ein Abweichen vom Grundsatz der Deckung durch spezielle Entgelte vertretbar und geboten ist, ... ein strenger Maßstab anzulegen. Dabei sind die finanzwirtschaftlichen und die sozialen Gesichtspunkte gegeneinander abzuwägen.“

Ergänzend zu § 93 Abs. 2 HGO wird durch § 10 Abs. 2 des Kommunalabgabengesetzes gefordert, daß die Gebühren, die für die Inanspruchnahme öffentlicher Einrichtungen der Gemeinde erhoben werden, in der Regel deren Kosten decken sollen. Dieses Gebot der Kostendeckung bedeutet nach verwaltungsgerichtlicher Rechtsprechung auch, daß die Gemeinde die Gebühren nicht von vornherein so hoch ansetzen darf, daß die Kosten nachhaltig und wesentlich durch das Gebührenaufkommen überschritten werden[108]. In den vergangenen Jahren wurde durch Verwaltungsgerichte mehrfach bestätigt, daß bereits eine geringfügige Überschreitung zur Rechtswidrigkeit der Gebührensätze führt[109].

Es bedarf keiner besonderen Erläuterung, daß eine im Sinne des Kostendeckungsgebots ordnungsmäßige Kalkulation der Gebührensätze zunächst die Ermittlung der Kosten erfordert. Bis zur Reform des kommunalen Haushaltsrechts im Jahr 1973 war dies nur durch eine Nebenrechnung möglich, da im Haushalt ausschließlich Einnahmen und Ausgaben, nicht jedoch Kosten ausgewiesen wurden. Abgesehen von dem nicht unerheblichen Arbeitsaufwand, den diese Nebenrechnungen für die Verwaltung erforderten, waren sie für die Öffentlichkeit wenig durchschaubar[110]. Daher beabsichtigte der Gesetzgeber bei der Reform des kommunalen Haushaltsrechts, die Einhaltung des Kostendeckungsgebots im Haushalt transparent zu ma-

---

104) Aufgrund der Formulierung können sich Zweifel ergeben, „ob die Soll-Zuführung zum Vermögenshaushalt zusätzlich zur Pflichtzuführung mindestens so hoch sein soll wie die aus speziellen Entgelten gedeckten Abschreibungen oder ob die Zuführung insgesamt (also einschließlich der Pflichtzuführung) mindestens so hoch sein soll wie die aus speziellen Entgelten gedeckten Abschreibungen“ (Leue, Rudolf (1979), S. 84). In der Literatur hat sich vor allem aufgrund der strengen Auslegung am Wortlaut der Vorschrift („insgesamt“) die zweite Auffassung durchgesetzt (vgl. z. B. Amerkamp, Kurt: Erl. 4. zu § 22 GemHVO; Leue, Rudolf (1979), S. 84; Steenbock, Reimer (1988), S. 43), während z. B. Welge einer Beispielrechnung die erste Auffassung, die der Substanzerhaltung stärker Rechnung tragen würde, zugrundelegt (vgl. Welge, Helmut (1982), S. 49).

105) Vgl. Depiereux, Stefan (1982), S. 67, Schmid, Hansdieter (1990), S. 95.

106) Vgl. Schneider, Gerhard / Jordan, Wilhelm: Erl. Nr. 2 zu § 93 HGO; OVG Münster: Urteil vom 20.09.79.

107) Vgl. Schneider, Gerhard / Jordan, Wilhelm: Erl. Nr. 2 zu § 93 HGO; Schlempp, Hans / Schlempp, Dieter: Erl. Nr. XXVI zu § 93 HGO.

108) Vgl. VGH Kassel: Urteil vom 17.03.77, zit. nach Schmid, Hansdieter (1991), S. 126.

109) Das OVG Münster befand zum Beispiel in seinem viel beachteten Urteil vom 05.08.94 Gebührensätze für rechtswidrig, die um ca. 5 % über den Kosten lagen. Als Toleranzgrenze betrachtet das Gericht 3 %.

110) Vgl. Jordan, Wilhelm / Ott, Hans: Erl. zu § 12 GemHVO, S. 3.

chen[111], was ihm jedoch - soviel sei vorweggenommen - nur ansatzweise gelungen ist. So wurde die Veranschlagung von angemessenen Abschreibungen und einer angemessenen Verzinsung des Anlagekapitals in den Verwaltungshaushalt eingeführt[112], allerdings strikt auf solche Einrichtungen beschränkt, die in der Regel und überwiegend aus Entgelten finanziert werden, sogenannte „kostenrechnende Einrichtungen“[113]. Der Gesetzgeber hat zudem eine kostengerechte Periodisierung unberücksichtigt gelassen.

In engem Zusammenhang mit kostenrechnenden Einrichtungen steht auch die Veranschlagung interner Verrechnungen zwischen Unterabschnitten des Verwaltungshaushalts. Diese kann dann vorgenommen werden, wenn zwischen den einzelnen Zweigen der Verwaltung ein Austausch von Leistungen stattfindet[114] und ist erforderlich, um die Kosten von Einrichtungen vollständig zu ermitteln. Nach § 14 Abs. 3 GemHVO soll die Veranschlagung der Erstattung von Verwaltungskosten und sonstigen Gemeinkosten jedoch nur in solchen Fällen vorgenommen werden, in denen es für Kostenrechnungen erforderlich ist. Da die Veranschlagung von Kosten ausschließlich bei kostenrechnenden Einrichtungen erfolgen darf, ist auch die Veranschlagung der Erstattung von Verwaltungskosten und sonstigen Gemeinkosten grundsätzlich auf solche Einrichtungen beschränkt. Im Falle des § 14 Abs. 3 GemHVO handelt es sich im Gegensatz zu § 12 Abs. 1 GemHVO jedoch um eine Soll-Vorschrift, so daß besondere Gründe eine Veranschlagung auch für andere Verwaltungszweige rechtfertigen können[115].

Abbildung 3-6: Deckungsgrade kommunaler Einrichtungen[116]

Aufgabenbereich	Deckungsgrad 1992	Gewicht 1991
Abwasserbeseitigung	88,0 %	45,3 %
Abfallbeseitigung	89,6 %	37,2 %
Friedhöfe	63,4 %	5,2 %
Straßenreinigung	70,8 %	3,4 %
Bäder	22,7 %	2,3 %
Theater	11,3 %	2,3 %
Kindergärten	10,2 %	2,0 %
Volkshochschulen	25,2 %	1,2 %
Schlachthöfe	66,2 %	0,7 %
Museen	8,5 %	0,3 %
Büchereien	2,5 %	0,1 %

111) Vgl. Berkenhoff, Hans Albert / Wenig, Siegfried (1986), S. 102 - 103; Depiereux, Stefan (1982), S. 47 - 51; Fuchs, Manfred (1975), S. 72-76; Schmid, Hansdieter (1991), S. 70-71.

112) Damit diese Beträge, die streng genommen keine „Ausgaben“ darstellen, den Haushaltsausgleich nicht beeinflussen, werden sie gleichzeitig im Einzelplan 9 des Verwaltungshaushalts als „Einnahmen“ ausgewiesen.

113) Vgl. § 12 GemHVO. Erst seit 1996 sollen auch andere Einrichtungen wie kostenrechnende Einrichtungen geführt werden (vgl. Art. 1 Nr. 3 der VO zur Änderung der GemHVO vom 8. Juli 1996).

114) Vgl. Amerkamp, Kurt: Erl. Nr. 4. zu § 12 GemHVO; Fuchs, Manfred (1975), S. 70.

115) Die Ergebnisse der in Kapitel 5 dargestellten empirischen Untersuchung machen deutlich, daß manche Gemeinden die Erstattung von Verwaltungskosten und sonstigen Gemeinkosten auch für Verwaltungszweige vornehmen, bei denen es sich nicht um kostenrechnende Einrichtungen handelt.

116) Die Zahlen sind entnommen aus Karrenberg, Hans / Münstermann, Engelbert (1994), S. 182 und stellen die Ergebnisse einer Umfrage bei unmittelbaren Mitgliedstädten des Deutschen Städtetages in den alten Bundesländern dar. Der jeweils angegebene Deckungsgrad ergab sich aus dem Anteil der Benutzungsgebühren und ähnlicher Entgelte an den Ausgaben des Verwaltungshaushalts dieser Einrichtungen im Jahr 1992. Das Gewicht stellt den Anteil der jeweiligen Gebührenhaushalte am gesamten Gebührenaufkommen der untersuchten Bereiche gemäß Rechnungsstatistik 1991 dar. Kritisch ist anzumerken, daß zum Teil kalkulatorische Kosten berücksichtigt sind und zum Teil nicht - je nach Deckungsgrad und Praxis der einzelnen Gemeinden. Dies führt zu Problemen hinsichtlich der Vergleichbarkeit der Deckungsgrade.

Ein Blick in die kommunale Praxis (Abbildung 3-6) zeigt, daß nur sehr wenige Einrichtungen der Gemeinde kostenrechnende Einrichtungen sind und daher eine Veranschlagung kalkulatorischer Kosten und interner Verrechnungen in der Regel nur in einigen wenigen Unterabschnitten des Haushalts vorgenommen wird. Dies wird darauf zurückgeführt, daß hinsichtlich der Nutzung vieler Einrichtungen das öffentliche Interesse dominiert, so daß die niedrigen Kostendeckungsgrade und die damit verbundenen hohen Bedarfe an allgemeinen Deckungsmitteln von den Entscheidungsträgern der Gemeinden als gerechtfertigt angesehen werden[117)].

3.5. Haushaltsgrundsätze

Um die Funktionen des Haushalts möglichst vollkommen zu gewährleisten, wurden in der Finanzwissenschaft sogenannte Haushaltsgrundsätze entwickelt[118)], die in den meisten Kulturstaaten Eingang in die Gesetzgebung gefunden haben[119)], so auch in das kommunale Haushaltsrecht. Synonym werden in der Literatur Haushalte auch als Budgets und die Haushaltsgrundsätze daher auch als Budgetgrundsätze bezeichnet[120)]. Wie Andel zutreffend feststellt, sind die Budgetgrundsätze „meist unmittelbar einleuchtende Voraussetzungen der Erfüllung der Budgetfunktionen, sie mögen dem Leser sogar zuweilen banal vorkommen. Wie jedoch ein Blick in die Praxis und wie insbesondere die Auseinandersetzungen bei den Budgetberatungen oft zeigen, ist die Versuchung für die Verantwortlichen sehr groß, sich an den Budgetgrundsätzen ‘vorbeizumogeln’“[121)].
Im folgenden werden die sich aus dem kommunalen Haushaltsrecht ergebenden Haushaltsgrundsätze dargestellt.

3.5.1. Organisatorische Grundsätze

Der *Grundsatz der Jährlichkeit* verlangt, daß die Planungsperiode jeweils einem Jahr, dem sogenannten Haushaltsjahr, entspricht; Haushaltsjahr ist das Kalenderjahr[122)]. Mit dem Grundsatz der Jährlichkeit werden drei Ziele verfolgt: Erstens dient die zeitliche Begrenzung der Übersichtlichkeit der Planung (technische Jährlichkeit); zweitens ist sie mit dem Ziel verbunden, daß in angemessenen Zeitabständen einerseits die Gemeindevertretung Informationen über die Umsetzung der Planungen erhält, die in die erneuten Planungsentscheidungen einfließen können, und es andererseits der Bevölkerung ermöglicht wird, von der Finanzwirtschaft der Gemeinde Kenntnis zu nehmen, um sie einer Wertung unterziehen zu können (politische Jährlichkeit); drittens wird durch die Jährlichkeit erreicht, daß innerhalb kurzer Perioden die Belastung der Abgabepflichtigen im Einklang mit dem Finanzbedarf steht, so daß die Gemeinde die Abgabepflichtigen nicht über Gebühr belastet, um den Finanzbedarf späterer Jahre

117) Vgl. Karrenberg, Hans / Münstermann, Engelbert (1994), S. 182.
118) Vgl. Neumark, Fritz (1952), S. 572.
119) Vgl. Pagenkopf, Hans (1976), S. 283.
120) Vgl. Andel, Norbert (1992), S. 52, 54; Erkes, Hubert (1988), S. 26. Zuweilen wird auch von „Etat“ gesprochen.
121) Andel, Norbert (1992), S. 54. Daß die von Andel wohl vor allem im Hinblick auf die Erfahrungen auf Bundes- und Länderebene getroffene Feststellung auch auf die Gemeindeebene zutrifft, läßt sich durch die Ergebnisse der in Kapitel 5 beschriebenen empirischen Untersuchung belegen.
122) Vgl. § 94 Abs. 1 und 4 HGO.

zu befriedigen (rechtliche Jährlichkeit)[123]. Der Gemeindevertretung ist allerdings auch die Möglichkeit eingeräumt, eine Haushaltssatzung für zwei Jahre zu erlassen[124]. Da die Festsetzungen in diesem Fall aber für beide Jahre getrennt vorzunehmen sind, bleiben zumindest die technische und die rechtliche Jährlichkeit gewahrt, während die politische Jährlichkeit eingeschränkt wird. In der Praxis wird diese Möglichkeit jedoch nur selten wahrgenommen[125] und kann daher im folgenden unberücksichtigt bleiben.

Der *Grundsatz der Vorherigkeit* verlangt, die Haushaltssatzung bereits vor Beginn des Haushaltsjahres zu erlassen. „Diese Forderung ergibt sich aus dem Plancharakter des Budgets und aus dem Begriff der Planung, die auf die Gestaltung künftigen Geschehens abzielt.“[126] Sie liegt also „im Wesen eines Haushaltsplans begründet“ [127]. Der Grundsatz der Vorherigkeit ergibt sich indirekt aus § 94 Abs. 3 HGO. Hierin wird bestimmt, daß die Haushaltssatzung mit Beginn des Haushaltsjahres in Kraft tritt. Dies setzt voraus, daß sie zuvor beschlossen wurde. Ferner wird in § 97 Abs. 4 HGO bestimmt, daß die Vorlage der beschlossenen Haushaltssatzung an die Aufsichtsbehörde spätestens einen Monat vor Beginn des Haushaltsjahres erfolgen soll[128].

Der *Grundsatz der Öffentlichkeit* verlangt, das Verfahren der Haushaltsplanung so durchzuführen, daß den Einwohnern ermöglicht wird, von der Haushaltswirtschaft der Gemeinde Kenntnis zu nehmen und sie einer Wertung zu unterziehen[129]. Dies ist dadurch gewährleistet, daß die Gemeindevertretung ihre Beschlüsse nach § 52 HGO grundsätzlich in öffentlicher Sitzung faßt; gleiches gilt für ihre Ausschüsse. Zwar ist in § 52 HGO auch geregelt, daß die Öffentlichkeit für einzelne Angelegenheiten ausgeschlossen werden kann; dies ist aber nur dann zulässig, wenn „aus Gründen des allgemeinen Wohles oder zum Schutze berechtigter Interessen Einzelner die Vertraulichkeit gewahrt bleiben muß“[130]. Dieses wird bei den Haushaltsberatungen regelmäßig nicht der Fall sein. Überdies regelt § 97 Abs. 3 HGO zumindest für die Gemeindevertretung, nicht aber für die Ausschüsse, daß die Beratung und Beschlußfassung über den Entwurf der Haushaltssatzung in öffentlicher Sitzung stattzufinden hat. Hierdurch ist die Öffentlichkeit in jedem Fall garantiert. Der Grundsatz der Öffentlichkeit kommt auch darin zum Ausdruck, daß der Entwurf von Haushaltssatzung und Haushaltsplan vor der Beschlußfassung durch die Gemeindevertretung öffentlich auszulegen ist und nach Beschlußfas-

---

123) Vgl. Pagenkopf, Hans (1976), S. 289-291. Die rechtliche Jährlichkeit spielt insbesondere auch für die Kontrolle der Gebührenbemessung kostenrechnender Einrichtungen eine besondere Rolle.

124) Vgl. § 94 Abs. 3 HGO.

125) Daß Haushaltssatzungen für zwei Jahre für die Praxis kaum relevant sind, belegen die Ergebnisse der in Kapitel 5 beschriebenen empirischen Untersuchung: Von den 414 gemäß § 97 Abs. 4 HGO bei den Landräten eingereichten Haushaltssatzungen für das Jahr 1994 wurden nur fünf fristgerecht eingereicht. Daraus kann geschlossen werden, daß die Zahl der Doppelhaushalte 1993/1994 maximal fünf (das entspricht 1,2 % der 414 Haushalte) betragen haben kann. Der Grund hierfür mag darin liegen, daß die Entwicklung für zwei Jahre im voraus nur schwer absehbar ist und der Arbeitsvorteil durch die geringere Anzahl von Aufstellungsverfahren meist durch einen gesteigerten Bedarf an Nachtragssatzungen verloren geht (vgl. Bothe, Klaus (1989), S. 12-13; Schmid, Hansdieter (1990), S. 28).

126) Andel, Norbert (1992), S. 58.

127) Schmid, Hansdieter (1990), S. 28.

128) § 97 Abs. 4 HGO ist als Soll-Vorschrift formuliert, wie eine Reihe anderer Vorschriften des kommunalen Haushaltsrechts auch. Eine derartige Soll-Vorschrift ist nach verwaltungsgerichtlicher Rechtsprechung ebenso verbindlich wie eine Muß-Vorschrift, wenn die Verwaltung nicht besondere Umstände dartun und beweisen kann, die ausnahmsweise ein Abweichen von der Regel zulassen (vgl. BVerwG, Urteil vom 02.12.59; Welge, Helmut (1982), S. 22; Nr. 3 VV zu § 92 HGO).

129) Vgl. Pagenkopf, Hans (1976), S. 290.

130) Vgl. Schlempp, Hans/Schlempp, Dieter: Erl. Nr. IV zu § 52 HGO.

sung die Haushaltssatzung öffentlich bekanntzumachen und der Haushaltsplan öffentlich auszulegen ist[131]. Ebenso ist die beschlossene Jahresrechnung öffentlich auszulegen[132].

Der *Grundsatz der Einheit* verlangt, daß die Gemeinde nur einen einzigen Haushaltsplan aufstellen darf. In ihm werden alle Einnahmen und Ausgaben zusammengefaßt. Dieser Grundsatz, der von der Finanzwissenschaft mit der Übersichtlichkeit der Haushaltswirtschaft begründet wird, ist dem kommunalen Haushaltsrecht nicht expressis verbis zu entnehmen. Er ergibt sich aber daraus, daß HGO und GemHVO stets von einem Haushaltsplan sprechen und in den §§ 115 ff. HGO für Sondervermögen ausdrücklich die Aufstellung besonderer Haushaltspläne geregelt ist. Daraus ergibt sich im Umkehrschluß, daß Nebenhaushalte in allen anderen Fällen unzulässig sein müssen.[133]

3.5.2. Veranschlagungsgrundsätze

Der *Grundsatz des Haushaltsausgleichs* verlangt, die Einnahmen und Ausgaben so zu veranschlagen, daß ein Ausgleich zwischen Einnahmen und Ausgaben erzielt wird[134]. Hierdurch soll die Deckung des aus den Ausgaben resultierenden Finanzbedarfs gewährleistet sein. Dies ist notwendig, um die stetige Erfüllung der Aufgaben der Gemeinde zu sichern[135]. Pagenkopf spricht von der Notwendigkeit dieses Grundsatzes für die „Aufrechterhaltung der Ordnung der gemeindlichen Finanzwirtschaft" und führt weiter aus: „Es bedarf keiner besonderen Begründung, daß das nicht mehr der Fall sein würde, wenn die Ausgaben in größerem Umfang oder wiederholt die erzielbaren Einnahmen überschreiten. Der Grundsatz des Haushaltsausgleichs muß deshalb als ein besonders tragender Grundsatz des gemeindlichen Haushaltsrechts angesprochen werden."[136]

Der *Grundsatz der Vollständigkeit* verlangt, daß der Haushaltsplan alle Einnahmen und alle Ausgaben enthält, die im Haushaltsjahr voraussichtlich eingehen bzw. zu leisten sind[137]. Pagenkopf führt zur Begründung des Grundsatzes aus: „Die Veranschlagung aller Ausgaben im Haushaltsplan erweist sich als notwendig, um das Entstehen eines ungedeckten Ausgabebedarfs im Verlauf des Haushaltsjahres zu vermeiden, der zwangsläufig in Erscheinung treten muß, wenn nur für unvollständig ausgewiesene Ausgaben die haushaltsmäßige Deckung beschafft worden ist. Auf der anderen Seite ist die vollständige Veranschlagung aller Einnahmen erforderlich, um einen Überblick über die finanzielle Deckung für die erforderlichen Ausgaben zu gewinnen und Haushaltsüberschüsse, die in einem fehlsamen Verhalten ihren Grund haben, zu vermeiden."[138]
Ausnahmen vom Grundsatz der Vollständigkeit gelten bei Kassenkrediten und der Anlage von Kassenbeständen[139] ebenso wie bei durchlaufenden Geldern und für fremde Mittel[140].

---

131) Vgl. § 97 Abs. 2 und 5 HGO; Abschnitt 3.6.2.
132) Vgl. § 114 Abs. 2 HGO; Abschnitt 3.6.5.
133) Vgl. Pagenkopf, Hans (1976), S. 286.
134) Vgl. § 92 Abs. 3 HGO.
135) Vgl. Schmid, Hansdieter (1990), S. 31. Der Grundsatz des Haushaltsausgleichs ist Bedingung dafür, daß die in Abschnitt 3.3. beschriebenen Restriktionen zur Sicherung einer stetigen Aufgabenerfüllung greifen können.
136) Pagenkopf, Hans (1976), S. 287.
137) Vgl. § 95 Abs. 2 HGO; § 7 Abs. 1-2 GemHVO.
138) Pagenkopf, Hans (1976), S. 285.
139) Vgl. Fuchs, Manfred (1975), S. 62.
140) Vgl. § 13 GemHVO.

Der Grundsatz der Vollständigkeit beinhaltet auch das Bruttoprinzip[141)], wonach die Einnahmen und Ausgaben getrennt voneinander zu veranschlagen sind, also nicht saldiert werden dürfen - auch dann nicht, wenn sie sachlich eng zusammenhängen. Von den Einnahmen dürfen also vorweg keine Ausgaben abgezogen und auf Ausgaben vorweg keine Einnahmen angerechnet werden[142)]. Ausnahmen vom Bruttoprinzip gelten bei Preisnachlässen, da sie den eigentlichen Kaufpreis reduzieren, und bei der Veranschlagung des Jahresabschlußergebnisses von Eigenbetrieben oder Gesellschaften[143)]. Ausnahmen gelten auch bei Abgaben, abgabeähnlichen Entgelten und allgemeinen Zuweisungen, die die Gemeinde zurückzuzahlen hat. Sie sind bei den Einnahmen abzusetzen, auch wenn sie sich auf Einnahmen der Vorjahre beziehen[144)].

Der *Grundsatz der Kassenwirksamkeit* verlangt, daß im Haushaltsplan nur diejenigen Einnahmen und Ausgaben veranschlagt werden, die im Haushaltsjahr voraussichtlich kassenwirksam werden[145)]. Dieser Grundsatz wurde mit der Reform des kommunalen Haushaltswesens im Jahr 1973 eingeführt und löste das zuvor geltende Fälligkeitsprinzip ab. Damit wurde auch die Gesamtveranschlagung von Mehrjahresvorhaben des Vermögenshaushalts abgeschafft. Die Gesetzgeber begründeten dies damit, „daß durch dieses Veranschlagungsverfahren vor allem im Vermögenshaushalt die bisher notwendige Aufblähung der Haushalte durch die Gesamtveranschlagung einzelner Investitionsmaßnahmen ... vermieden wird“[146)].
Da es im Hinblick auf einen stetigen und kontinuierlichen Ablauf von Bauvorhaben notwendig sein kann, die Aufträge für Lieferungen und Leistungen schon in einem früheren Haushaltsjahr zu erteilen, als die hierfür notwendigen Ausgaben kassenwirksam werden, wurde das Instrument der Verpflichtungsermächtigungen eingeführt[147)]. Diese können bei den Haushaltsstellen für Investitionen und Investitionsförderungsmaßnahmen veranschlagt werden, „wenn die Finanzierung der aus ihrer Inanspruchnahme entstehenden Ausgaben in den künftigen Haushaltsjahren gesichert erscheint“[148)]. Sie gestatten der Verwaltung, für den angegebenen Zweck Verpflichtungen in der angegebenen Höhe einzugehen.
Ausgenommen vom Grundsatz der Kassenwirksamkeit sind im Dezember eines Jahres zu leistende Zahlungen für Personal für den Januar des Folgejahres[149)] sowie kalkulatorische Kosten[150)].

---

141) Vgl. Andel, Norbert (1992), S. 55.

142) Vgl. Amerkamp, Kurt, Erl. zu § 7 GemHVO, S. 5. Ein Beispiel hierfür ist nachzulesen bei Welge, Helmut (1982), S. 57: Es wird ein neuer Dienstwagen angeschafft, und der alte Wagen wird dafür in Zahlung gegeben. Wenngleich der Händler Einnahmen und Ausgaben direkt aufrechnet und eine einzige Zahlung stattfindet, sind die Ausgaben für den Kauf des neuen Wagens und die Einnahmen aus dem Verkauf des alten Wagens getrennt zu veranschlagen. Auf diese Weise wird dokumentiert, welche Ausgaben zur Erfüllung der Aufgaben notwendig sind und durch welche Einnahmen diese gedeckt werden (vgl. Scheel, Werner / Steup, Johannes: Anmerkung I zu § 7 GemHVO, Zahradnik, Stefan (1993), S. 53-54.). Weitere Beispiele werden genannt in: Berkenhoff, Hans Albert/Wenig, Siegfried (1986), S. 95-96.

143) Vgl. Amerkamp, Kurt: Erl. zu § 7 GemHVO, S. 5; Andel, Norbert (1992), S. 55.

144) Vgl. § 14 Abs. 2 GemHVO.

145) Vgl. § 7 Abs. 1 GemHVO; Nr. 1 der VV zu § 7 GemHVO.

146) Pagenkopf, Hans (1976), S. 295, der auf die Drucksache 7/1143 des Landtages vom Nordrhein-Westfalen vom 12.10.71, S. 27 und die Drucksache 7/124 des Landtages von Schleswig-Holstein vom 06.11.71, S. 20 verweist. Vgl. auch Schmidt-Sicking, Karl-Dieter (1978), S. 97.

147) Vgl. Schmid, Hansdieter (1984), S. 206.

148) § 102 HGO Abs. 2.

149) Vgl. § 14 Abs. 4 HGO.

150) Vgl. Erläuterungen zu den kalkulatorischen Kosten in Abschnitt 3.4.

Der *Grundsatz der Haushaltsklarheit* verlangt, den Haushalt klar zu gliedern und die einzelnen Haushaltsansätze so zu kennzeichnen, daß ein klares Bild über den Haushalt ermöglicht wird[151]. Hierzu werden die Ansätze nach Aufgabenbereichen gegliedert und nach Einnahme- bzw. Ausgabearten gruppiert, wie es in Abschnitt 3.2. dargestellt wurde. Dem Grundsatz der Haushaltsklarheit dienen auch die zwingend vorgeschriebenen Erläuterungen bestimmter Sachverhalte[152]. Dabei liegt „das Schwergewicht der Erläuterungspflicht bei solchen Ansätzen ..., bei denen eine Erklärung zum Verständnis des Haushaltsplans und seiner Durchführung notwendig erscheint"[153]. Im Zusammenhang mit dem Grundsatz der Haushaltsklarheit ist auch die Vorschrift des § 7 Abs. 4 GemHVO zu sehen, wonach für denselben Zweck Ausgaben nicht an verschiedenen Stellen im Haushaltsplan veranschlagt werden sollen. Dies würde die Übersichtlichkeit beeinträchtigen. Wird ausnahmsweise anders verfahren, so muß ein gegenseitiger Verweis auf die Ansätze angebracht werden[154].

Der *Grundsatz der Einzelveranschlagung* steht in engem Zusammenhang mit dem Grundsatz der Haushaltsklarheit. Er verlangt, daß alle Einnahmen einzeln nach ihrem Entstehungsgrund, alle Ausgaben nach ihrem Einzelzweck getrennt zu veranschlagen sind[155]. Der Haushaltsklarheit dient vor allem der Gliederungs- und Gruppierungsplan[156], der für die Gemeinden eine verbindliche Mindestgliederung nach Aufgabenbereichen und eine verbindliche Mindestgruppierung nach Einnahme- bzw. Ausgabearten vorschreibt.

Der *Grundsatz der Haushaltswahrheit*, treffender auch als *Grundsatz der Genauigkeit* bezeichnet,[157] verlangt, daß die Haushaltsansätze „mit größtmöglicher Genauigkeit"[158] anzugeben sind. So müssen nach § 7 Abs. 1 GemHVO die Haushaltsansätze in erster Linie errechnet, und erst, wenn dies nicht möglich ist, geschätzt werden. Ungenaue Haushaltsansätze können mehrere Auswirkungen haben: Werden die Ausgaben zu niedrig angesetzt, können bereits im Laufe des Haushaltsjahres Schwierigkeiten bei der Erfüllung notwendiger Aufgaben eintreten, die dann durch außer- oder überplanmäßige Ausgaben[159] behoben werden müssen. Im übrigen täuschen zu niedrig angesetzte Ausgaben ebenso wie zu hoch angesetzte Einnahmen einen in Wahrheit nicht vorhandenen Haushaltsausgleich vor und können dann beim Rechnungsabschluß einen Fehlbetrag verursachen[160]. Sind die Ausgaben zu hoch angesetzt, entstehen „stille Reserven". Damit werden die Abgabepflichtigen stärker belastet, als es dem Finanzbedarf der Gemeinde innerhalb des Planungszeitraumes entspricht, womit die Intention der

---

151) Vgl. Andel, Norbert (1992), S. 62.

152) Vgl. Bothe, Klaus (1975), S. 18; Pagenkopf, Hans (1976), S. 193; Schmid, Hansdieter (1990), S. 32.
§ 15 GemHVO: „(1) Es sind zu erläutern 1. die größeren Einnahmen und Ausgaben des Verwaltungshaushalts, die von den Ansätzen des Vorjahres erheblich abweichen, 2. neuere Maßnahmen des Vermögenshaushalts, ... 3. Notwendigkeit und Höhe der Verpflichtungsermächtigungen, 4. Ausgaben zur Erfüllung von Verträgen, die die Gemeinde über ein Jahr hinaus zu erheblichen Zahlungen verpflichten, 5. die von den Bediensteten aus Nebentätigkeiten abzuführenden Beträge, 6. besondere Bestimmungen im Haushaltsplan, z. B. Sperrvermerke, Zweckbindung von Einnahmen. (2) Die übrigen Einnahmen und Ausgaben sind, soweit erforderlich, zu erläutern."

153) Pagenkopf, Hans (1976), S. 293.

154) Vgl. § 7 Abs. 4 GemHVO.

155) Vgl. § 7 Abs. 3 GemHVO.

156) Muster 10 und 11 zur GemHVO; VV Gliederung und Gruppierung.

157) Dieser Grundsatz wird in der Literatur zum kommunalen Haushaltsrecht überwiegend als „Grundsatz der Haushaltswahrheit" bezeichnet, so zum Beispiel bei Berkenhoff, Hans Albert / Wenig, Siegfried (1986), S. 94; Fuchs, Manfred (1975), S. 60; Müskens, Egon Th. (1990), S. 62; Schmid, Hansdieter (1990), S. 32. Eine treffendere Bezeichnung verwendet Andel, der vom „Grundsatz der Genauigkeit" spricht; vgl. Andel, Norbert (1992), S. 56.

158) Schmid, Hansdieter / Mäule, Dieter (1990), S. 35.

159) Zur Erklärung über- und außerplanmäßiger Ausgaben siehe Abschnitt 3.5.3.

160) Vgl. Berkenhoff, Hans Albert / Wenig, Siegfried (1986), S. 94.

rechtlichen Jährlichkeit unterlaufen würde. Diese Auswirkungen sollen durch den Grundsatz der Genauigkeit vermieden werden.
Im Zusammenhang mit dem Grundsatz der Genauigkeit ist auch die Vorschrift des § 10 Abs. 3 GemHVO zu sehen, wonach vor der Veranschlagung von Ausgaben für Bauvorhaben Pläne und Kostenberechnungen vorliegen müssen[161)].

Der *Grundsatz der Gesamtdeckung*[162)] verlangt, daß „alle Einnahmen für alle Ausgaben zur Verfügung stehen“[163)]. Es fließen also „alle Einnahmen in „einen Topf, aus dem dann wiederum alle Ausgaben bestritten werden“[164)]. Dieser Grundsatz ist § 16 GemHVO zu entnehmen. Hier ist formuliert, daß „1. die Einnahmen des Verwaltungshaushalts insgesamt zur Deckung der Ausgaben des Verwaltungshaushalts, 2. die Einnahmen des Vermögenshaushalts insgesamt zur Deckung der Ausgaben des Vermögenshaushalts“ dienen. Der Grundsatz der Gesamtdeckung ist in der grundsätzlichen Gleichwertigkeit aller öffentlichen Aufgaben begründet[165)]. Es soll verhindert werden, daß je nach Entwicklung bestimmter Einnahmearten einzelne, diesen zugeordnete Ausgaben sich in sachlich ungerechtfertigter Weise entsprechend entwickeln[166)].
Zweckgebundene Einnahmen sind als Ausnahmen vom Grundsatz der Gesamtdeckung nur dann zulässig, wenn dies durch Gesetz vorgeschrieben ist oder sich zwingend aus der Herkunft oder der Natur der Einnahme ergibt[167)]. Dies trifft zum Beispiel auf Gebühren, Beiträge, Kurabgaben oder Zuwendungen Dritter mit Zweckbindung zu[168)].

3.5.3. Ausführungsgrundsätze

Der *Grundsatz der Spezialität* verlangt, daß die Ausgaben „jeweils nur in der vorgesehenen Höhe (quantitative Spezialität), nur für den jeweiligen Zweck (qualitative Spezialität) und ausschließlich innerhalb des Bewilligungszeitraums (zeitliche Spezialität) durchgeführt werden dürfen“[169)].

Der *Grundsatz der qualitativen Spezialität*[170)] und der *Grundsatz der quantitativen Spezialität* sind notwendige Voraussetzungen für die Wirkung des Haushaltsplans als Instrument zur Bindung der Verwaltung an die Vorgaben der Gemeindevertretung. In Verbindung mit der aus dem Grundsatz der Haushaltsklarheit und dem Grundsatz der Einzelveranschlagung folgenden starken Gliederung der Ausgaben wird verhindert, daß die Verwaltung „mit Hilfe großer Pauschalausgabeblöcke unkontrolliert Ausgabeverpflichtungen ohne hinreichende Ermächtigung im Haushaltsplan eingehen kann“[171)]. Vielmehr schreibt § 26 Abs. 1 GemHVO vor, daß die im

161) Vgl. Schmid, Hansdieter (1991), S. 32.
162) Diese Bezeichnung lehnt sich an die Wortwahl des § 16 GemHVO an. Andel und Pagenkopf benennen diesen Grundsatz als „Grundsatz der Nonaffektation“ bzw. als „Non-Affektationsprinzip“; vgl. Andel, Norbert (1992), S. 63; Pagenkopf, Hans (1976), S. 298.
163) Andel, Norbert (1992), S. 62.
164) Schmid, Hansdieter (1990), S. 34.
165) Vgl. Pagenkopf, Hans (1976), S. 298.
166) Vgl. Andel, Norbert (1992), S. 62.
167) Vgl. § 17 Abs. 1 GemHVO.
168) Vgl. Pagenkopf, Hans (1976), S. 299.
169) Andel, Norbert (1992), S. 59.
170) Dieser Grundsatz wird in der Literatur zum kommunalen Haushaltsrecht auch als Grundsatz der sachlichen Bindung bezeichnet. Vgl. Schmid, Hansdieter/Mäule, Dieter (1990), S. 38.
171) Schmid, Hansdieter (1990), S. 32.

Haushaltsplan zur Verfügung gestellten Mittel so verwaltet werden müssen, „daß sie zur Deckung aller Ausgaben im Haushaltsjahr ausreichen, die unter die einzelnen Zweckbestimmungen fallen“ [172].
Eine Einschränkung erfährt der Grundsatz der qualitativen Spezialität durch die Deckungsfähigkeit von Haushaltsstellen im Haushaltsplan. Deckungsfähigkeit bedeutet, daß die bei einer Haushaltsstelle nicht ausgeschöpften Mittel zur Deckung des Mehrbedarfs bei anderen Haushaltsstellen verwendet werden dürfen. Dies soll die Flexibilität der Verwaltung erhöhen. Die Deckungsfähigkeit ist jedoch auf Haushaltsstellen beschränkt, die in einer gewissen Beziehung zueinander stehen, und bedarf in jedem Fall der Billigung durch die Gemeindevertretung im Rahmen der Beschlußfassung über die Haushaltssatzung[173].
Weitere Ausnahmen von der qualitativen und quantitativen Spezialität sind während der Ausführungsphase des Haushaltsplans nur zulässig, wenn die Ausgaben „unvorhergesehen und unabweisbar sind und die Deckung gewährleistet ist. Sind die Ausgaben nach Umfang oder Bedeutung erheblich, bedürfen sie der vorherigen Zustimmung der Gemeindevertretung“[174]. Die Voraussetzung der Deckung trägt dem Grundsatz des Haushaltsausgleichs Rechnung. Von überplanmäßigen Ausgaben wird dann gesprochen, wenn für den betreffenden Zweck zwar Ausgaben veranschlagt sind, der Ansatz aber nicht ausreicht. In diesem Fall wird der Grundsatz der quantitativen Spezialität durchbrochen. Außerplanmäßige Ausgaben liegen dann vor, wenn für den betreffenden Zweck im Haushaltsplan des betreffenden Haushaltsjahres keine Ausgaben veranschlagt sind. In diesem Fall wird der Grundsatz der qualitativen Spezialität durchbrochen.

Nach dem *Grundsatz der zeitlichen Spezialität*[175] dürfen Ausgaben nur in dem Haushaltsjahr vorgenommen werden, für das sie bewilligt wurden; die Mittel, die bis zum Ende des Haushaltsjahres nicht ausgegeben wurden, verfallen[176]. Hiervon ausgenommen sind die Ausgabeansätze des Vermögenshaushalts. Sie bleiben „bis zur Fälligkeit der letzten Zahlung für ihren Zweck verfügbar, bei Baumaßnahmen und Beschaffungen längstens jedoch zwei Jahre nach Schluß des Haushaltsjahres, in dem der Bau oder der Gegenstand in seinen wesentlichen Teilen benutzt werden kann“[177]. Ferner können Ausgabeansätze des Verwaltungshaushalts durch Vermerk im Haushaltsplan für übertragbar erklärt werden, allerdings nur für maximal ein Jahr und auch nur dann, wenn die Übertragbarkeit eine sparsame Bewirtschaftung der Mittel fördert[178]. Die übertragenen Mittel stellen sogenannte „Haushaltsreste“ dar. Ob von der Übertragbarkeit von Mitteln Gebrauch gemacht wird, entscheidet der Gemeindevorstand im Rahmen der Beschlußfassung über die Jahresrechnung[179].

---

172) § 26 Abs. 1 GemHVO.

173) § 18 GemHVO sieht die Deckungsfähigkeit von Ausgaben in den Sammelnachweisen und für Personalausgaben vor, wenn im Haushaltsplan nichts anderes bestimmt wird. Alle übrigen Deckungsfähigkeiten müssen ausdrücklich durch Vermerk festgelegt werden; sie sind im Verwaltungshaushalt auf sachlich eng zusammenhängende Ausgaben beschränkt, im Vermögenshaushalt auf die Ausgaben innerhalb der kleinsten nach dem Gliederungsplan verbindlich vorgeschriebenen Gliederungseinheit.

174) § 100 Abs. 1 HGO.

175) Dieser Grundsatz wird in der Literatur zum kommunalen Haushaltsrecht auch als Grundsatz der zeitlichen Bindung bezeichnet. Vgl. Fuchs, Manfred (1975), S. 67; Richter, Heinz (1990), S. 33; Schmid, Hansdieter (1990), S. 36.

176) Vgl. Andel, Norbert (1992), S. 61.

177) § 19 Abs. 1 GemHVO.

178) Vgl. § 19 Abs. 2 GemHVO.

179) Vgl. Schneider, Gerhard / Jordan, Wilhelm: Erl. zu § 112 HGO, S. 8. Vgl. auch Ausführungen zur Rechnungslegungsphase des Haushaltskreislaufs in Abschnitt 3.6.4.

3.6. Der Haushaltskreislauf

Unter dem Haushaltskreislauf wird der Ablauf der einzelnen Phasen verstanden, die der zu einem Haushaltsjahr gehörende Haushalt durchläuft[180)]. Hierzu gehören 1. die Entwurfsphase, 2. die Beratungs- und Beschlußphase, 3. die Ausführungsphase, 4. die Abrechnungsphase, 5. die Kontrollphase[181)]. Anhand des Haushaltskreislaufs sollen im folgenden Ablauf und Verknüpfung von Planung, Dokumentation und Kontrolle transparent gemacht werden. Einen Überblick über den Haushaltskreislauf gibt Abbildung 3-7.

Abbildung 3-7: Der Haushaltskreislauf

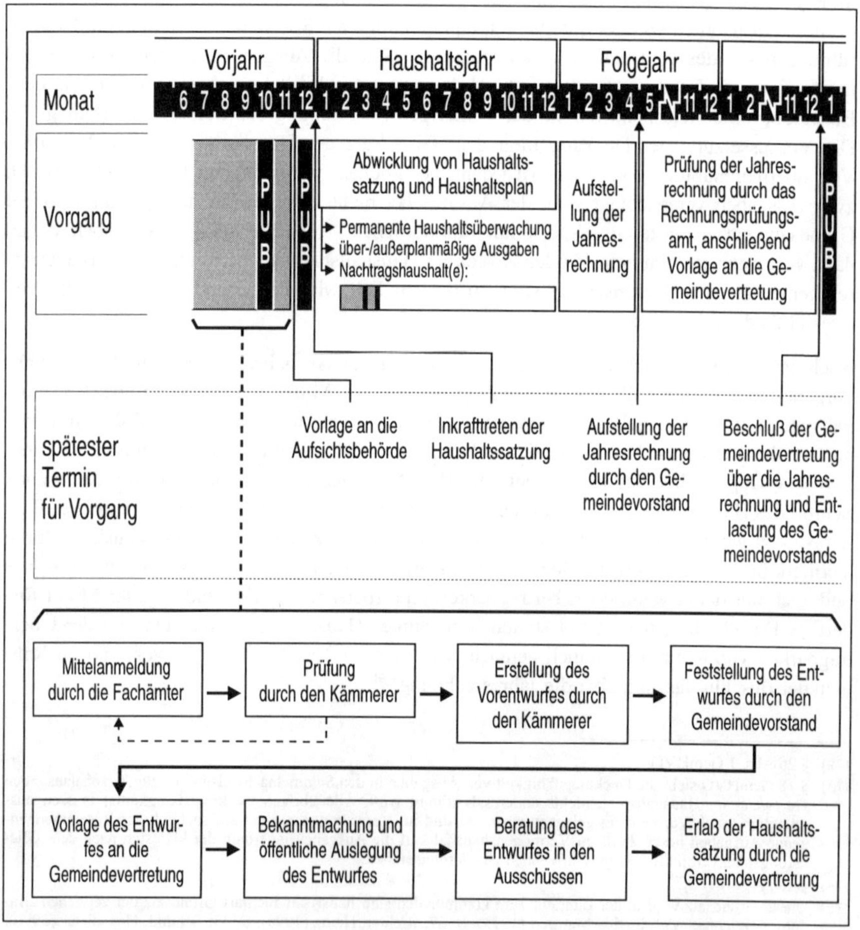

---

180) Vgl. Erkes, Hubert (1988), S. 26-27; Pagenkopf, Hans (1976), S. 300-301; Richter, Heinz (1990), S. 45.

181) Diese Gliederung erfolgt ungefähr in Anlehnung an Erkes, Hubert (1988), S. 26-27. Ähnliche Gliederungen enthalten Pagenkopf, Hans (1976), S. 300-301; Richter, Heinz (1990), S. 45.

3.6.1. Entwurfsphase

Am Anfang des Haushaltskreislaufs steht die Entwurfsphase, die mehrere Monate in Anspruch nimmt[182]: Zunächst werden die Fachämter der Verwaltung durch das für das Finanzwesen zuständige Mitglied des Gemeindevorstands, den Kämmerer, aufgefordert, ihren Bedarf für das Haushaltsjahr zu melden. Hierbei werden oft bereits „interne Zielvorstellungen hinsichtlich der Veränderungen von Ansätzen bzw. der Neuaufnahme bestimmter Festsetzungen auf der Ausgabenseite"[183] als Eckdaten vorgegeben. Die Kämmerei als die dem Kämmerer zuarbeitende Abteilung der Verwaltung nimmt die Mittelanmeldungen entgegen, kontrolliert sie hinsichtlich rechtlicher und finanzieller Vorgaben, ermittelt den aus ihnen resultierenden Finanzbedarf und prüft seine Deckung[184]. Der sich daraus ergebende Vorentwurf von Haushaltssatzung und Haushaltsplan wird mit den Fachämtern beraten und abgestimmt. Gerade in Zeiten knapper Finanzmittel kommt es vor, daß die Wünsche der Ämter nicht in vollem Umfang berücksichtigt werden können. Die Etatberatungen zwischen der Kämmerei und den Fachämtern stellen ein „wesentliches Instrument zu einer vernünftigen und ausgewogenen Ansatzermittlung in der Vorbereitungsphase dar, weil sie allen Beteiligten die Möglichkeit bieten, die fachlichen und finanzwirtschaftlichen Argumente in die Debatte einzubringen"[185].

Die Entscheidungen über die Ansätze des Vorentwurfs obliegen nach § 97 Abs. 1 HGO jedoch letztendlich dem Kämmerer. Dieser legt den Vorentwurf nach der Beratung mit den Fachämtern dem Gemeindevorstand vor. Der Gemeindevorstand berät den Vorentwurf und hat das Recht, Änderungen vorzunehmen. Schließlich stellt er den Entwurf von Haushaltssatzung und Haushaltsplan fest und legt ihn der Gemeindevertretung vor.[186]

Nach Vorlage an die Gemeindevertretung wird der Entwurf an sieben Tagen öffentlich ausgelegt. Die öffentliche Auslegung muß nach § 97 Abs. 2 HGO spätestens am zwölften Tag vor der Beschlußfassung durch die Gemeindevertretung beginnen und zuvor öffentlich bekanntgemacht werden. Hierdurch erhalten die Einwohner die Möglichkeit, von dem Vorschlag des Gemeindevorstands Kenntnis zu nehmen und ihn einer Wertung zu unterziehen. In den Gemeindeordnungen der Bundesländer Baden-Württemberg, Bayern und Nordrhein-Westfalen ist vorgesehen, daß die Bürger gegen die Haushaltssatzung Einwendungen erheben können, über die die Gemeindevertretung in öffentlicher Sitzung zu entscheiden hat[187]. Eine solche Regelung existiert in Hessen jedoch nicht, so daß den Bürgern nur die Möglichkeit der Kontaktaufnahme mit einzelnen Gemeindevertretern verbleibt. Ob die Gemeindevertretung sich mit einer Einwendung beschäftigt, hängt dann letztlich davon ab, ob ein oder mehrere Gemeindevertreter die Einwendung übernehmen und in den Sitzungen der Gemeindevertretung oder ihrer Ausschüsse vorbringen.

---

182) Das im folgenden beschriebene Verfahren der Entwurfserstellung ist nicht in jeder Hinsicht durch Rechtsnormen festgeschrieben. Es entspricht aber der gängigen Praxis in den Gemeindeverwaltungen.

183) Erkes, Hubert (1988), S. 27.

184) Vgl. Stargardt, Hans-Joachim (1991), S. 65; Müskens, Egon Th. (1990), S. 97-98.

185) Erkes, Hubert (1988), S. 27.

186) Vgl. § 97 Abs. 1 HGO.

187) Vgl. § 81 Abs. 1 GO Baden-Württemberg, Art. 65 Abs. 2 GO Bayern, § 66 Abs. 3 GO Nordrhein-Westfalen; Pagenkopf, Hans (1976), S. 221; Dabringhausen, Gerhard (1993), S. 201-204.

3.6.2. Beratungs- und Beschlußphase

Der Entwurf von Haushaltssatzung und Haushaltsplan wird zunächst in den Ausschüssen der Gemeindevertretung eingehend beraten. Anschließend berät und beschließt die Gemeindevertretung die Haushaltssatzung in öffentlicher Sitzung[188)]. Während in den Sitzungen der Gemeindevertretung und ihrer Ausschüsse normalerweise nur dem Bürgermeister oder einem von ihm bestimmten Mitglied des Gemeindevorstands das Recht zusteht, die Auffassung des Gemeindevorstands zu vertreten, enthält § 97 Abs. 1 und 3 HGO für die Haushaltsberatungen eine Sonderregelung: Der mit der Verwaltung des Finanzwesens betraute Beigeordnete ist berechtigt, seine abweichende Auffassung zu dem Entwurf des Gemeindevorstands zu vertreten[189)].

Nach der Beschlußfassung durch die Gemeindevertretung wird die Haushaltssatzung mit ihren Anlagen der Aufsichtsbehörde vorgelegt. Dies soll nach § 97 Abs. 4 HGO „spätestens einen Monat vor Beginn des Haushaltsjahres", also bis zum 30. November des Vorjahres, erfolgen. Soweit die Haushaltssatzung genehmigungsbedürftige Teile, wie zum Beispiel Verpflichtungsermächtigungen oder die Aufnahme von Krediten, beinhaltet, muß die Gemeinde nun abwarten, bis die erforderliche Genehmigung der Aufsichtsbehörde vorliegt[190)]. Sobald diese Genehmigung vorliegt oder, soweit keine Genehmigung erforderlich ist, ohne Verzögerung wird die Haushaltssatzung öffentlich bekanntgemacht, und der Haushaltsplan wird an sieben Tagen öffentlich ausgelegt; auf die Auslegung wird in der Bekanntmachung hingewiesen[191)]. Die Einwohner erhalten hierdurch abermals die Möglichkeit, sich zu informieren, und können Haushaltssatzung und Haushaltsplan einer Wertung unterziehen.

3.6.3. Ausführungsphase

Mit Beginn des Haushaltsjahres tritt die Haushaltssatzung in Kraft, und der Haushaltsplan kann ausgeführt werden. Voraussetzung hierfür ist allerdings, daß die öffentliche Bekanntmachung der Haushaltssatzung bereits erfolgt ist. Andernfalls dürfen bis zur öffentlichen Bekanntmachung nur Geschäfte im Wege der sogenannten „Vorläufigen Haushaltsführung" vorgenommen werden. Das bedeutet, daß die Gemeinde nur solche Ausgaben leisten darf, „zu deren Leistung sie rechtlich verpflichtet ist oder die für die Weiterführung notwendiger Aufgaben unaufschiebbar sind; sie darf insbesondere Bauten, Beschaffungen und sonstige Lei-

---

188) Vgl. § 97 Abs. 3 HGO. Als Planungsrechnung wurde bisher stets der Haushaltsplan genannt. Gegenstand der Beschlußfassung ist jedoch die Haushaltssatzung. Sie stellt die Rechtsnorm der Gemeinde dar, die den Haushaltsplan festsetzt. Der Haushaltsplan stellt eine Anlage zur Haushaltssatzung dar. Zum Begriff der Satzung siehe Stargardt, Hans-Joachim (1987), S. 537.

189) Dies wird vor allem dann der Fall sein, wenn der Gemeindevorstand den Vorentwurf des mit der Verwaltung des Finanzwesens betrauten Beigeordneten in abgeänderter Form als Entwurf beschlossen hat.
In den meisten Gemeinden ist der Bürgermeister mit der Verwaltung des Finanzwesens betraut, da er häufig das einzige hauptamtliche Mitglied des Gemeindevorstands ist. Nach dem Wortlaut des § 97 Abs. 1 und 3 HGO steht das Recht einer abweichenden Stellungnahme zum Haushaltsplanentwurf nur einem Beigeordneten zu, nicht aber dem Bürgermeister. Dieser vom Gesetzgeber so sicher nicht beabsichtigte Unterschied ist mit der Einführung der Direktwahl der Bürgermeister nicht mehr relevant, da der direkt gewählte Bürgermeister nun nach dem neuen Satz 4 des § 59 bei allen Beratungsgegenständen das Recht hat, eine von der Auffassung des Gemeindevorstands abweichende Meinung zu vertreten.

190) Von den 414 gemäß § 97 Abs. 4 HGO bei den Landräten eingereichten Haushaltssatzungen für das Jahr 1994 enthielten 348 (das entspricht einem Anteil von 84,1 %) genehmigungsbedürftige Teile (vgl. Ergebnisse der in Kapitel 5 beschriebenen empirischen Untersuchung). Daß die Gemeinde eine Genehmigung abwarten muß, stellt also statistisch den Regelfall dar.

191) Vgl. § 97 Abs. 5 HGO.

stungen des Vermögenshaushalts fortsetzen, für die im Haushaltsplan eines Vorjahres Beträge vorgesehen waren“ [192]. Im übrigen dürfen die Gemeindesteuern nach den Sätzen der Haushaltssatzung des Vorjahres erhoben und Kredite umgeschuldet[193] sowie Ausgaben aufgrund von Verpflichtungsermächtigungen für das Haushaltsjahr geleistet werden[194]. Im Idealfall sollten die Bestandteile des soeben geschilderten Verfahrens daher nicht nur aus grundsätzlichen Erwägungen (Vorherigkeit des Haushaltsplans), sondern auch aus praktischen Gründen so terminiert werden, daß die Haushaltssatzung der Aufsichtsbehörde rechtzeitig vorgelegt und noch vor Beginn des Haushaltsjahres bekanntgemacht werden kann[195].

Wie an anderen Stellen mehrfach ausgeführt[196], besteht einer der Zwecke der Planungsrechnung in der Bindung der Verwaltung an Vorgaben der Gemeindevertretung. So fordert § 26 Abs. 1 GemHVO, die Mittel so zu verwalten, „daß sie zur Deckung aller Ausgaben im Haushaltsjahr ausreichen, die unter die einzelnen Zweckbestimmungen fallen“. Um dieses zu erreichen, ist eine permanente Überwachung der Ausschöpfung der Haushaltsmittel erforderlich. Diese erfolgt durch Haushaltsüberwachungslisten oder auf andere geeignete Weise; in jedem Fall müssen die noch zu Verfügung stehenden Mittel der einzelnen Haushaltsstellen stets zu erkennen sein[197]. Heute ist es üblich, daß derartige Überwachungsfunktionen durch das EDV-gestützte Buchführungssystem erledigt werden, so daß das traditionelle Führen von Karteikarten oder Papierlisten entfällt.[198]

Die Ausführung des Haushaltsplans vollzieht sich durch die Erteilung sogenannter Kassenanordnungen und die Erteilung von Aufträgen. Eine schriftliche Kassenanordnung ist Voraussetzung dafür, daß die Gemeindekasse Einnahmen annehmen und Ausgaben leisten und die damit verbundenen Buchungen vornehmen darf; welche Mitarbeiter der Verwaltung befugt sind, solche Kassenanordnungen auszustellen, regelt der Bürgermeister[199]. Bevor eine Kassenanordnung erteilt wird, muß die sachliche und rechnerische Richtigkeit der Zahlung geprüft werden[200]. Ebenso sind die haushaltsrechtlichen Voraussetzungen zu prüfen[201]; bei Ausgaben ist also insbesondere festzustellen, ob eine Ermächtigung zu deren Leistung besteht. Dies erfolgt durch die Haushaltsüberwachungslisten, in denen die Kassenanordnungen vermerkt werden. In vielen Fällen gehen den eigentlichen Zahlungen Bestellungen bzw. Auftragsvergaben voraus. Diese stellen haushaltsrechtlich bereits eine Inanspruchnahme von Ausgabeansätzen dar und werden daher ebenfalls sachlich und rechnerisch geprüft und in die Haushaltsüberwachungslisten eingetragen.[202]

---

192) § 99 Abs. 1 Nr. 1 HGO.

193) Vgl. § 99 Abs. 1 Nr. 2-3 HGO.

194) Vgl. § 102 Abs. 3 HGO. Sobald die Haushaltssatzung öffentlich bekanntgemacht ist, verlieren die Verpflichtungsermächtigungen für das Haushaltsjahr ihre Gültigkeit (vgl. Steenbock, Reimer (1977), S. 173).

195) Ein Blick in die Realität zeigt jedoch, daß die Vorläufige Haushaltsführung zu Beginn eines Haushaltsjahres „vielerorts schon zur Regel wurde“ (Kelling, Otto (1984), S. 204, der sich mit dieser Aussage auf Nordrhein-Westfalen bezieht), auch in Hessen: Von den 414 gemäß § 97 Abs. 4 HGO bei den Landräten eingereichten Haushaltssatzungen für das Jahr 1994 wurden 366 (das entspricht einem Anteil von 88,4 %) erst während des Haushaltsjahres eingereicht. Bezogen auf die 348 Haushaltssatzungen mit genehmigungspflichtigen Teilen wurden 183 (das entspricht einem Anteil von 52,6 %) erst im zweiten oder dritten Quartal des Haushaltsjahres genehmigt (vgl. Ergebnisse der in Kapitel 5 dargestellten empirischen Untersuchung).

196) Vgl. Abschnitte 2.5.1., 3.1. und 3.5.3.

197) Vgl. § 26 Abs. 2 GemHVO.

198) Vgl. Depiereux, Stefan (1982), S. 76; Pagenkopf, Hans (1976), S. 306.

199) Vgl. § 6 Abs. 1-2 GemKVO.

200) Vgl. § 11 GemKVO.

201) Vgl. § 6 Abs. 3 GemKVO.

202) Vgl. Erkes, Hubert (1988), S. 152, Steenbock, Reimer (1977), S. 172.

Abbildung 3-8: Die Ausführungsphase im Überblick[203)]

Die Buchführung der Gemeindekasse hält alle kassenmäßigen Vorgänge fest. Alle Einzahlungen und Auszahlungen werden im sogenannten „Zeitbuch" mit laufender Nummer gebucht und in das sogenannte „Sachbuch" des Jahres der Fälligkeit übernommen (Ist-Einnahmen bzw. Ist-Ausgaben). Im „Sachbuch", das nach der Ordnung des Haushaltsplans gegliedert und gruppiert ist und die Grundlage für die Entwicklung der Haushaltsrechung am Jahresende darstellt, werden außerdem die Kassenanordnungen (Soll-Einnahmen bzw. Soll-Ausgaben) gebucht. Ferner überwacht die Gemeindekasse den Eingang von Einnahmen und führt, falls erforderlich, Mahn- und Beitreibungsverfahren durch oder leitet Zwangsvollstreckungen ein.[204)]
Die Gemeindekasse ist im übrigen für die Verwaltung der Kassenmittel zuständig. Zu diesem Zweck wird häufig eine unterjährige Liquiditätsplanung durchgeführt, deren Ziel darin besteht, „die Einnahmen so zu beschaffen und zu verwalten, daß die Ausgaben rechtzeitig zu den Fälligkeitsterminen geleistet werden können"[205)].
Wenngleich der Haushaltsplan einen kurzfristigen Plan darstellt, wird es immer wieder zu Situationen kommen, die Ausgaben erfordern, die während des Aufstellungsverfahrens nicht vorhersehbar waren. Oft bilden sich während des Haushaltsjahres aber auch neue Ziele im politischen Willensbildungsprozeß heraus, deren Verwirklichung durch den Haushaltsplan nicht abgedeckt ist, aber noch während des Haushaltsjahres erfolgen soll. Um derartigen Situatio-

203) Entnommen aus: Erkes, Hubert (1988), S. 153.
204) Vgl. Erkes, Hubert (1988), S. 153.
205) Erkes, Hubert (1988), S. 153. Eine EDV-unterstützte Methode der kurzfristigen Liquiditätsplanung ist beschrieben in Paptistella, Adolf/Steinmann, Horst (1977), S. 242-251.

nen flexibel begegnen zu können, existieren zwei Instrumente, die sich hinsichtlich ihres Grades an Flexibilität und hinsichtlich des Verfahrensumfangs grundlegend unterscheiden: über- bzw. außerplanmäßige Ausgaben einerseits und Nachtragshaushaltssatzungen andererseits.
Überplanmäßige und außerplanmäßige Ausgaben[206] sind nach § 100 Abs. 1 HGO nur zulässig, „wenn sie unvorhergesehen und unabweisbar sind und die Deckung gewährleistet ist. Über die Leistung dieser Ausgaben entscheidet der Gemeindevorstand, soweit die Gemeindevertretung keine andere Regelung trifft. Sind die über- oder außerplanmäßigen Ausgaben nach Umfang oder Bedeutung erheblich, bedürfen sie der vorherigen Zustimmung der Gemeindevertretung; im übrigen ist der Gemeindevertretung davon alsbald Kenntnis zu geben." Die an über- und außerplanmäßige Ausgaben geknüpften restriktiven Voraussetzungen sollen „verhindern, daß Ausgaben, die bei der Beschlußfassung über den Haushaltsplan bekannt und trotzdem nicht berücksichtigt wurden, später im Wege der Haushaltsüberschreitung durch den Gemeindevorstand bewilligt werden"[207].
Liegen diese Voraussetzungen nicht vor, besteht die einzige Möglichkeit in der Beschlußfassung einer „Nachtragshaushaltssatzung". Diese ändert die Haushaltssatzung bzw. setzt Änderungen des Haushaltsplans fest. Für das Verfahren zur Aufstellung einer Nachtragssatzung gelten die Regelungen für die Aufstellung der Haushaltssatzung, einschließlich der Bekanntmachungs- und Offenlegungsvorschriften, sowie die Veranschlagungsgrundsätze sinngemäß. Aufgrund des aufwendigen Verfahrens sind die Gemeinden meist bestrebt, sich auf eine Nachtragssatzung pro Haushaltsjahr, die im Spätsommer beraten und beschlossen wird, zu beschränken.
Unter bestimmten Voraussetzungen ist die Aufstellung einer Nachtragssatzung nach § 98 Abs. 2 HGO zwingend vorgeschrieben, zum Beispiel wenn „sich zeigt, daß trotz Ausnutzung jeder Sparmöglichkeit ein erheblicher Fehlbetrag entstehen wird und der Haushaltsausgleich nur durch eine Änderung der Haushaltssatzung erreicht werden kann".

3.6.4. Abrechnungsphase

Nach Abschluß des Haushaltsjahres stellt der Gemeindevorstand innerhalb von vier Monaten die Jahresrechnung auf[208]. Die Vorbereitungen hierfür trifft die Kämmerei. Hierzu gehören auch eine Reihe von Abschlußarbeiten, wie zum Beispiel Berichtigungsbuchungen, die Auflösung von Sammelnachweisen und die Ermittlung und Buchung von kalkulatorischen Abschreibungen, kalkulatorischen Zinsen und inneren Verrechnungen[209].
Der Gemeindevorstand beschließt über die Jahresrechnung und über die Übertragung von Ansätzen in das Folgejahr[210], die unter bestimmten Voraussetzungen[211] zulässig ist. Die Jahresrechnung besteht aus dem kassenmäßigen Abschluß und der Haushaltsrechnung, die jedem

206) Zur Unterscheidung überplanmäßiger Ausgaben von außerplanmäßigen Ausgaben siehe Abschnitt 3.5.3.
207) Vgl. VV zu § 100 HGO.
208) Vgl. § 112 Abs. 2 HGO. Die Frist von vier Monaten ist spezifisch für Hessen. In den meisten anderen Bundesländern beträgt diese Frist nur drei Monate (vgl. Steenbock, Reimer (1988), S. 1).
209) Vgl. Erkes, Hubert (1988), S. 154; Rose, Joachim (1993), S. 128.
210) Vgl. Schneider, Gerhard / Jordan, Wilhelm: Erl. zu § 112 HGO, S. 8. Vgl. auch Ausführungen zum Grundsatz der zeitlichen Spezialität in Abschnitt 3.5.3.
211) Vgl. § 19 GemHVO; Vgl. auch Ausführungen zum Grundsatz der zeitlichen Spezialität in Abschnitt 3.5.3.

Ansatz des Haushaltsplans das Ergebnis gegenüberstellt; die Jahresrechnung ist durch eine Reihe von Anlagen zu ergänzen[212].
Mit der Jahresrechnung legt der Gemeindevorstand der Gemeindevertretung und der Öffentlichkeit Rechenschaft über die Ausführung des Haushaltsplans ab. Die Jahresrechnung stellt insofern das „Gegenstück" zum Haushaltsplan dar[213]. Die Information der Gemeindevertretung und der Öffentlichkeit über die Jahresrechnung erfolgt jedoch nicht unmittelbar im Anschluß an die Aufstellung, sondern erst nach abgeschlossener Prüfung der Jahresrechnung. Soweit diese nicht mehr im selben Jahr abgeschlossen wird, besteht die Möglichkeit für die Gemeindevertretung, Informationen über den Inhalt der Jahresrechnung zu erlangen, nur durch eine gezielte Ausübung des Anfragerechts sowie im Rahmen der Beratungen des Haushaltsplans für das folgende Jahr: In diesem werden die - in diesem Fall ungeprüften - Rechnungsergebnisse für die einzelnen Ansätze des Vorjahres ausgewiesen[214].

3.6.5. Kontrollphase

Die Prüfung der Jahresrechnung erfolgt durch das Rechnungsprüfungsamt. Während größere Gemeinden ein eigenes Rechnungsprüfungsamt unterhalten, ist für kleinere Gemeinden das Rechnungsprüfungsamt des Landkreises zuständig[215]. Der Gemeindevorstand darf ihm nach § 130 Abs. 1 HGO keine Weisungen hinsichtlich des Umfangs, der Art und Weise oder des Ergebnisses der Prüfung erteilen[216].
Geprüft wird im einzelnen, ob „1. der Haushaltsplan eingehalten ist, 2. die einzelnen Rechnungsbeträge sachlich und rechnerisch vorschriftsmäßig begründet und belegt sind, 3. bei den Einnahmen und Ausgaben nach den geltenden Vorschriften verfahren ist, 4. die Anlagen zur Jahresrechnung vollständig und richtig sind. ... Das Rechnungsprüfungsamt faßt das Ergebnis seiner Prüfung in einem Schlußbericht zusammen."[217] Dieser wird der Gemeindevertretung zusammen mit der Jahresrechnung zur Beratung und Beschlußfassung vorgelegt. HGO und GemHVO treffen keine Aussagen darüber, bis wann die Prüfung abgeschlossen sein soll. § 114 Abs. 1 HGO bestimmt jedoch, daß die Gemeindevertretung „bis spätestens 31. Dezember des zweiten auf das Haushaltsjahr folgenden Jahres" über die geprüfte Jahresrechnung zu beschließen hat.
Mit dem Beschluß über die Jahresrechnung entscheidet die Gemeindevertretung zugleich über die Entlastung des Gemeindevorstands. Die Entlastung erstreckt sich auf die gesamte durch den Gemeindevorstand verantwortete Haushaltswirtschaft des betreffenden Haushaltsjahres. Soweit festgestellte Mängel auf einer unzureichenden Mitwirkung der Gemeindevertretung beruhen, werden sie durch die Entlastung geheilt. In Betracht kommen hier vor allem Maßnahmen der Vorläufigen Haushaltsführung sowie über- und außerplanmäßige Ausgaben.[218]

---

212) Zur Ausgestaltung der Jahresrechnung siehe Abschnitt 3.8.
213) Vgl. Schmid, Hansdieter (1990), S. 66, Steenbock, Reimer (1988), S. 1.
214) Zur Ausgestaltung des Haushaltsplans siehe Abschnitt 3.7.
215) Von den 426 Jahresrechnungen der hessischen Gemeinden für das Jahr 1992 wurden 398 (das entspricht einem Anteil von 93,4 % durch das Rechnungsprüfungsamt des Landkreises geprüft (vgl. Ergebnisse der in Kapitel 5 dargestellten empirischen Untersuchung).
216) Ob dies die in § 130 Abs. 1 HGO ebenfalls genannte Unabhängigkeit des Rechnungsprüfungsamtes garantiert, darf bezweifelt werden. Siehe hierzu Abschnitt 5.1.
217) § 128 HGO.
218) Vgl. Schlempp, Hans / Schlempp, Dieter: Erl. Nr. III zu § 114 HGO.

Im übrigen hat die Gemeindevertretung nach § 114 Abs. 1 HGO die Gründe anzugeben, falls sie die Entlastung verweigert oder nur mit Einschränkungen ausspricht.
Nachdem über die Jahresrechnung beraten und beschlossen wurde, findet die Information der Öffentlichkeit statt: Der Beschluß über die Jahresrechnung und die Entlastung werden öffentlich bekanntgemacht, und die Jahresrechnung wird mit dem Erläuterungsbericht an sieben Tagen öffentlich ausgelegt. Im übrigen ist der Beschluß über die Jahresrechnung und die Entlastung mit dem Schlußbericht des Rechnungsprüfungsamtes unverzüglich der Aufsichtsbehörde vorzulegen.[219)]

3.7. Der Haushaltsplan

Aus den bisherigen Darstellungen wurde deutlich, daß der Haushaltsplan im wesentlichen zur Veranschlagung von Einnahmen und Ausgaben dient. Dies erfolgt in den Unterabschnitten der Einzelpläne, die im Mittelpunkt der Haushaltsberatungen stehen und gewissermaßen den Kern des Haushaltsplans darstellen[220)]. Außer den Einzelplänen sind jedoch noch der Gesamtplan, die Sammelnachweise und der Stellenplan Bestandteile des Haushaltsplans. Außerdem gehören zum Haushaltsplan noch eine Reihe von Anlagen. Abbildung 3-9 gibt einen Überblick über die Bestandteile und Anlagen. Ihr Aufbau und ihre Funktionen sollen im folgenden erläutert werden.

3.7.1. Einzelpläne

In den Einzelplänen des Verwaltungs- und Vermögenshaushalts erfolgt die Veranschlagung der Einnahmen nach ihrem einzelnen Entstehungsgrund und der Ausgaben nach einzelnen Zwecken. Außer dem Planansatz für das Haushaltsjahr sind für jede Haushaltsstelle auch der Planansatz des Vorjahres und das Rechnungsergebnis des zweiten dem Haushaltsjahr vorangehenden Jahres angegeben[221)]. Dies soll die Veränderungen im Zeitablauf deutlich machen[222)]. Gegebenenfalls ist bei der Haushaltsstelle eine Erläuterung nach Maßgabe des § 15 GemHVO zu ergänzen, soweit diese nicht an zentraler Stelle erfolgt[223)]. Im Vermögenshaushalt werden ferner bei Maßnahmen, die sich über mehrere Jahre erstrecken, der Gesamtausgabebedarf und die bisher bereitgestellten Mittel angegeben. Außerdem werden die Verpflichtungsermächtigungen veranschlagt, soweit solche erforderlich sind.
Die Unterteilung der Einzelpläne in Unterabschnitte und die Bildung von Haushaltsstellen innerhalb der Unterabschnitte erfolgt entsprechend des verbindlich vorgeschriebenen Gliederungs- und Gruppierungsplans. Soweit dieser nicht ausreicht, um dem Grundsatz der Einzelveranschlagung gerecht zu werden, ist eine weitere Aufschlüsselung der Einnahmen und Ausgaben erforderlich[224)]. Für jeden Unterabschnitt, Abschnitt und Einzelplan wird ein sogenann-

219) Vgl. § 114 Abs. 2 HGO.
220) Schmid bezeichnet die Einzelpläne als „den eigentlichen Haushaltsplan“ (vgl. Schmid, Hansdieter (1990), S. 49).
221) Vgl. § 5 Abs. 4 GemHVO.
222) Vgl. Depiereux, Stefan (1982), S. 35.
223) Vgl. Anmerkungen in Muster 12 zur GemHVO.
224) Dies ist zum Beispiel im Vermögenshaushalt erforderlich, wenn im Unterabschnitt 630 („Gemeindestraßen“) Ausgaben für mehrere voneinander unabhängige Straßenbauprojekte veranschlagt werden sollen. Die gemeinsame Veranschlagung in einer Haushaltsstelle unter der Bezeichnung Tiefbaumaßnahmen (zum Beispiel Untergruppe 950) wäre hierfür nicht ausreichend (vgl. § 7 Abs. 3 GemHVO).

Abbildung 3-9: Bestandteile und Anlagen des Haushaltsplans

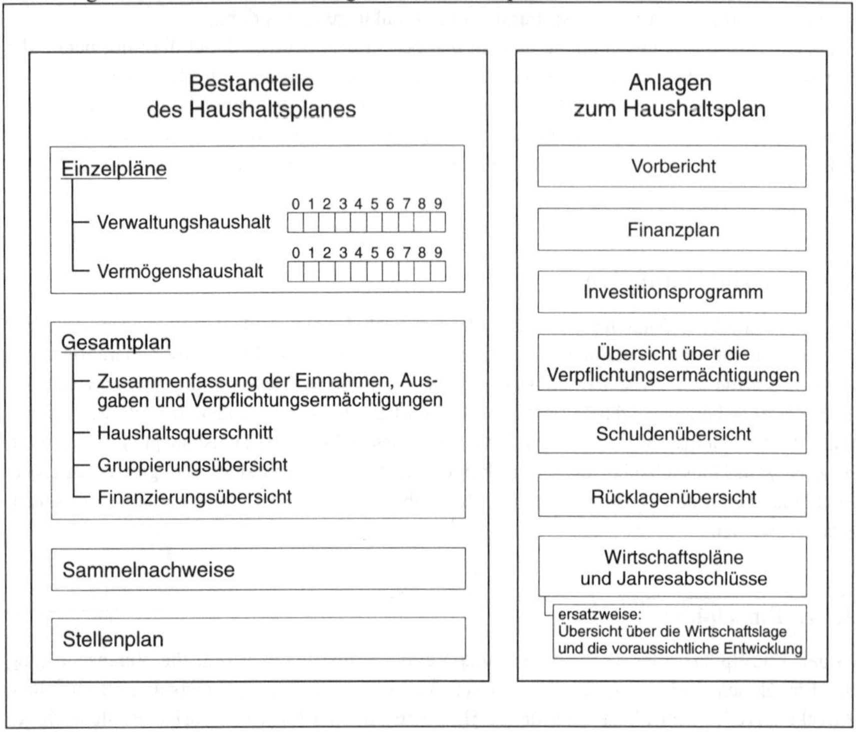

ter „Teilabschluß“ ausgewiesen. Das bedeutet, daß bezogen auf die jeweilige Gliederungsebene die Einnahmen den Ausgaben gegenübergestellt werden und die Differenz als Überschuß bzw. Fehlbetrag ermittelt wird.

3.7.2. Gesamtplan

Der Gesamtplan stellt eine Aggregation der Informationen dar, die den Einzelplänen zu entnehmen sind. Daher wird durch ihn keine zusätzliche Bindung der Verwaltung bewirkt. Er dient lediglich dazu, einen schnellen Überblick über die wichtigsten Daten des Haushaltsplans zu ermöglichen. Der Gesamtplan besteht aus der Zusammenstellung der Einnahmen, Ausgaben und Verpflichtungsermächtigungen, dem Haushaltsquerschnitt, der Gruppierungsübersicht und der Finanzierungsübersicht.

Die Zusammenfassung der Einnahmen, Ausgaben und Verpflichtungsermächtigungen faßt die Abschlüsse der zehn Einzelpläne getrennt nach Verwaltungs- und Vermögenshaushalt zusammen und weist jeweils einen Gesamtabschluß für die beiden Teile des Haushalts aus. Der Haushaltsquerschnitt stellt eine Liste dar, die für jeden Abschnitt der Einzelpläne die Einnahmen und Ausgaben nach Hauptgruppen zusammengefaßt ausweist. Die Gruppierungsübersicht weist die Summen der Einnahmen und Ausgaben aus, die zu den nach dem Gruppierungsplan verbindlich vorgeschriebenen Gruppen und Untergruppen gehören. Die Finanzierungsübersicht stellt dar, durch welche besonderen Finanzierungsvorgänge (Fehlbeträge, Kreditaufnahme/-tilgung, Rücklagenentnahme/-zuführung etc.) der Ausgleich des Haushalts erreicht wurde. Hierdurch wird sichtbar, inwieweit die Einnahmen und Ausgaben des Haushaltsjahres durch periodenfremde Vorgänge beeinflußt werden[225)].

3.7.3. Sammelnachweise

Einnahmen und Ausgaben des Verwaltungshaushalts, die zu gleichen Gruppen gehören oder die sachlich eng zusammenhängen, können nach § 8 GemHVO in sogenannten „Sammelnachweisen" veranschlagt werden. Diese fassen die Ansätze der betreffenden Haushaltsstellen zum Zweck der gemeinsamen Bewirtschaftung zusammen[226)]. Die innerhalb eines Sammelnachweises veranschlagten Ausgaben sind nach § 18 Abs. 1 GemHVO gegenseitig deckungsfähig, soweit im Haushaltsplan nichts anderes bestimmt ist.

Die in Sammelnachweisen veranschlagten Einnahmen und Ausgaben sind entweder einzeln oder zusammengefaßt in die Unterabschnitte zu übernehmen[227)]. Letzteres kann als Vorteil für die Übersichtlichkeit des Haushaltsplans angesehen werden, da die Anzahl der Haushaltsstellen innerhalb der Unterabschnitte hierdurch abnimmt[228)]. Werden zum Beispiel Personalausgaben in einem Sammelnachweis veranschlagt, kann im Unterabschnitt unmittelbar deren Summe abgelesen werden, ohne daß hierzu erst die Ausgaben für die einzelnen Personalausgabearten addiert werden müssen. Mit einem Informationsverlust ist dies nicht verbunden, da die Details den Sammelnachweisen entnommen werden können. Neben der Übersichtlichkeit der Finanzwirtschaft wird der Vorteil von Sammelnachweisen auch in der Vereinfachung der Verwaltungsarbeit gesehen[229)]: Sammelnachweise sind „vorläufige Verbuchungsstellen", zu deren Lasten Rechnungen, die mehrere Unterabschnitte gemeinsam betreffen, zunächst gebucht werden können. Die Verteilung auf die Unterabschnitte braucht erst am Ende des Jahres zu erfolgen[230)]. Dabei ist es zulässig, die in den Sammelnachweisen veranschlagten Einnahmen und Ausgaben nach wirklichkeitsnahen Maßstäben auf die Unterabschnitte zu verteilen[231)].

---

225) Die abgebildeten Vorgänge sind anderen Haushaltsjahren zuzurechnen: Zum Beispiel wird bei der Entnahme aus den Rücklagen auf Haushaltsmittel zugegriffen, die in früheren Jahren erwirtschaftet wurden, und Kredite müssen in den Folgejahren zurückgezahlt werden (vgl. Depiereux, Stefan (1982), S. 34). Bastiansen geht davon aus, daß die Finanzierungsübersicht als Grundlage zur Ermittlung der finanziellen Leistungsfähigkeit der Gemeinde gedacht war, hierfür jedoch ungeeignet ist, „da sie nur ein (zu) enges Teilgebiet der gemeindlichen Finanzsituation umfaßt und nichts darüber aussagt, ob die zukünftigen Haushalte die vorgesehene Neuverschuldung tragen können" (Bastiansen, Bruno (1978), S. 1).

226) Vgl. Schmid, Hansdieter (1990), S. 80.

227) Vgl. § 8 GemHVO.

228) Vgl. Berkenhoff/ Wenig (1986), S. 73; Bothe, Klaus (1989), S. 41.

229) Vgl. Koglin, Heinz (1978), S. 190.

230) Vgl. Berkenhoff/ Wenig (1986), S. 73; Bothe, Klaus (1989), S. 41.

231) Vgl. § 8 GemHVO. Koglin empfiehlt die Verteilung nach wirklichkeitsnahen Maßstäben zum Beispiel für Personalausgaben (so, daß allen gleichen Besoldungs- oder Vergütungsgruppen die gleichen Ausgaben zugerechnet werden), zentral beschafften Bürobedarf, zentral verausgabtes Porto, Reiskosten, Unterhaltung des Verwaltungsgebäudes (vgl. Koglin, Heinz (1978), S. 190-191).

3.7.4. Stellenplan

Der Stellenplan stellt ein Verzeichnis der für das Haushaltsjahr erforderlichen Stellen der Beamten und der nicht nur vorübergehend beschäftigten Angestellten und Arbeiter der Gemeinde dar. Die Stellen sind unter Angabe der Besoldungs-, Vergütungs- bzw. Lohngruppen getrennt nach Abschnitten bzw. Unterabschnitten ausgewiesen. Ebenso sind für jede Besoldungs-, Vergütungs- und Lohngruppe sowie für jeden Abschnitt bzw. Unterabschnitt die Gesamtzahl der Planstellen des Vorjahres sowie der am 30. Juni des Vorjahres tatsächlich besetzten Stellen angegeben.[232)]

Da der Stellenplan den für die Einstellung des Personals zuständigen Gemeindevorstand[233)] bindet, ist er ein Instrument zur Begrenzung der Ausgabenwirtschaft der Gemeinde. Anders als in Nordrhein-Westfalen, wo der Stellenplan nur eine Anlage zum Haushaltsplan darstellt, ist er in den übrigen Bundesländern, also auch in Hessen, Bestandteil des Haushaltsplans[234)]. Daher ist bei Änderungen des Stellenplans zwingend eine Nachtragssatzung erforderlich[235)].

3.7.5. Anlagen zum Haushaltsplan

Mit Ausnahme des Gesamtplans, der lediglich aggregierte Darstellungen der Einzelpläne beinhaltet, entfalten die Bestandteile des Haushaltsplans unmittelbare Wirkung auf die Geschäftsführung des Gemeindevorstands. Dagegen haben die Anlagen zum Haushaltsplan ausschließlich Informationscharakter. Dies mindert keineswegs die Bedeutung der Anlagen im Planungsprozeß: Sie werden als unabdingbare Voraussetzungen zur Vermittlung eines umfassenden Bildes der Finanzlage der Gemeinde betrachtet[236)]. Neben den in § 2 Abs. 2 GemHVO aufgeführten und im folgenden dargestellten Pflichtanlagen, ist es der Gemeinde freigestellt, weitere Anlagen beizufügen[237)].

Der *Vorbericht* hat die Aufgabe, einen Überblick über die Entwicklung und den Stand der Haushaltswirtschaft der Gemeinde zu geben. Wie es in den Verwaltungsvorschriften zur GemHVO heißt, genügt es hierfür, „die für die Beurteilung der Haushaltswirtschaft wichtigsten Daten aus dem Haushaltsplan und dessen Anlagen in ihren Zusammenhängen in konzentrierter Form darzustellen." In den Verwaltungsvorschriften wird außerdem empfohlen, von der Möglichkeit tabellarischer und grafischer Darstellungen Gebrauch zu machen.

Der Vorbericht wird als besonders wichtige Anlage zum Haushaltsplan betrachtet, da er vor allem für die Gemeindevertretung und die Öffentlichkeit ein geeignetes Unterrichtungsmittel

---

232) Vgl. § 6 Abs. 1-2 GemHVO.

233) Vgl. § 73 Abs. 1 HGO.

234) Vgl. Depiereux, Stefan (1982), S. 36; Pagenkopf, Hans (1976), S. 278.

235) Vgl. Berkenhoff, Hans Albert / Wenig, Siegfried (1986), S. 74-75; Depiereux, Stefan (1982), S. 32; Pagenkopf, Hans (1976), S. 278. In Nordrhein-Westfalen kann der Stellenplan durch einfachen Beschluß des Gemeinderates geändert werden, so daß kein formelles Verfahren mit Öffentlicher Auslegung etc. erforderlich ist, wie bei der Änderung einer Haushaltssatzung. Soweit die Änderung des Stellenplans mit zusätzlichen Ausgaben verbunden ist, die durch den Haushaltsplan nicht abgedeckt sind, wird jedoch auch in Nordrhein-Westfalen die Aufstellung einer Nachtragssatzung erforderlich sein.

236) Vgl. Fuchs, Manfred (1975), S. 53.

237) Vgl. Nr. 8 der VV zu § 2 GemHVO. Weitere Unterlagen können zum Beispiel sein: „ein Bewirtschaftungsplan nach § 35 Abs. 2 GemHVO, eine Übersicht über den Stand des Vermögens, eine Übersicht über die einzelnen aufgenommenen Kredite unter Angabe des Zinssatzes, der Tilgung, Restlaufzeit usw., eine Übersicht über die bestehenden Beteiligungen an Gesellschaften und Zweckverbänden mit geeigneten Detailangaben" (Amerkamp, Kurt: Erl. Nr. 6 zu § 2 GemHVO).

darstellt[238]: Denn nur eine begrenzte Anzahl der an der Haushaltsplanung Beteiligten ist mit der Materie der Haushaltswirtschaft eng verbunden. Die meisten Adressaten, insbesondere die Bürger der Gemeinde, sind hiermit kaum vertraut und sollen durch den Vorbericht auf einfache Weise die Möglichkeit erhalten, sich über die Haushaltswirtschaft der Gemeinde zu informieren[239]. Im Vorbericht wird auch eine wesentliche Beurteilungsgrundlage für die finanzielle Leistungsfähigkeit der Gemeinde im Haushaltsjahr und für die Finanz- und Wirtschaftskraft in den folgenden Jahren gesehen[240]. Pagenkopf urteilt: „Eine Gemeindevertretung, der eine solche Beurteilungsgrundlage nicht zur Verfügung steht, kann mit der ihr obliegenden Verantwortlichkeit Beschlüsse mit wesentlicher Tragweite für Gegenwart und Zukunft nicht fassen."[241]

Welche Darstellungen im einzelnen notwendig sind, um der Funktion des Vorberichts gerecht zu werden, hängt von der individuellen Situation der Gemeinde ab. Daher machen die Gemeindehaushaltsverordnungen keine erschöpfenden Angaben über den Inhalt des Vorberichts. Sie schreiben den Gemeinden lediglich einen Mindestinhalt vor (Abbildung 3-10).

Abbildung 3-10: Mindestinhalt des Vorberichts[242]

Im Vorbericht soll mindestens dargestellt werden:

- wie sich die wichtigsten Einnahme- und Ausgabearten, das Vermögen und die Schulden mit Ausnahme der Kassenkredite in den dem Haushaltsjahr vorangehenden beiden Haushaltsjahren entwickelt haben und im Haushaltsjahr voraussichtlich entwickeln werden,
- wie sich die Zuführungen vom Verwaltungshaushalt und die Rücklagen in den dem Haushaltsjahr folgenden drei Jahren entwickeln werden und in welchem Verhältnis sie zu dem Deckungsbedarf nach dem Finanzplan stehen,
- welche Investitionen und Investitionsförderungsmaßnahmen im Haushaltsjahr geplant sind und welche finanziellen Auswirkungen hieraus sich für die folgenden Jahre ergeben,
- in welchen wesentlichen Punkten der Haushaltsplan vom Finanzplan abweicht,
- wie sich die Kassenlage im Vorjahr entwickelt hat und in welchem Umfang Kassenkredite in Anspruch genommen worden sind,
- wie sich die Wirtschaftslage der Eigenbetriebe in den dem Haushaltsjahr vorangehenden beiden Haushaltsjahren entwickelt hat und im Haushaltsjahr voraussichtlich entwickeln wird.

Bei diesen Informationen handelt es sich zum Teil um solche, die lediglich aus dem Haushaltsplan und den übrigen Anlagen zusammengetragen sind. Teilweise sind diese Informationen jedoch auch ausschließlich Bestandteil des Vorberichts: Hierzu gehören die sich für die folgenden Jahre ergebenden finanziellen Auswirkungen der Investitionen, deren Kenntnis als

238) Vgl. Berkenhoff, Hans Albert / Wenig, Siegfried (1986), S. 74; Depiereux, Stefan (1982), S. 37; Kirsten, Karl (1954), S. 40.

239) Vgl. Goebel, Eberhard (1992), S. 160.

240) Vgl. Pagenkopf, Hans (1976), S. 279.

241) Pagenkopf, Hans (1976), S. 279.

242) Vgl. § 3 GemHVO. Der Mindestinhalt des Vorberichts wurde in den einzelnen Bundesländern unterschiedlich festgelegt. Eine vergleichende Darstellung ist zu finden in: Goebel, Eberhard (1993). Den umfangreichsten Mindestinhalt enthält die GemHVO des Landes Brandenburg. Hier werden ergänzend zu den hessischen Vorschriften unter anderem Übersichten über die wirtschaftlichen Ergebnisse der kostenrechnenden Einrichtungen im Vorjahr und im Haushaltsjahr, über die Verwendung der allgemeinen Schlüsselzuweisungen, über die Schulen, Schülerzahlen und Personalkosten nach Unterabschnitten, über die Kinderbetreuungseinrichtungen, Anzahl der Kinder, Betreuungspersonal und Personalkosten nach Unterabschnitten, über die (Betriebsmittel-)Zuschüsse/ Zuwendungen für den ÖPNV und über die Entwicklung der Gebühren, Entgelte und zweckgebundenen Abgaben verlangt.

unabdingbare Voraussetzung für das Treffen von Investitionsentscheidungen gesehen wird[243]. Ferner gehört hierzu die Entwicklung der Kassenlage, die die Strömungsgrößen des Haushalts durch Bestandsgrößen ergänzt und eine Beurteilung des Finanzmanagements der Verwaltung im abgelaufenen Jahr ermöglicht.

Finanzplan und Investitionsprogramm stellen eine mittelfristige Planung der Haushaltswirtschaft dar. Aus dem Finanzplan läßt sich die voraussichtliche Entwicklung der Einnahmen und Ausgaben des Verwaltungs- und Vermögenshaushalts in den nächsten fünf Jahren entnehmen. Er ist nach der für die Gruppierungsübersicht geltenden Ordnung und nach Jahren gegliedert und soll ebenso wie der Haushaltsplan in Einnahmen und Ausgaben ausgeglichen sein. Grundlage für den Finanzplan ist das Investitionsprogramm, das durch die Gemeindevertretung zu beschließen ist. Es enthält alle im fünfjährigen Planungszeitraum vorgesehenen Investitionen und Investitionsförderungsmaßnahmen.[244] Da für das Investitionsprogramm im Rahmen seines Aufstellungsverfahrens keine öffentliche Auslegung vorgesehen ist[245], erhält durch dessen Einbeziehung in die Anlagen zum Haushaltsplan auch die interessierte Öffentlichkeit die Möglichkeit zur Einsichtnahme.
Finanzplan und Investitionsprogramm stellen im Gegensatz zu Haushaltssatzung und Haushaltsplan keine verbindlichen Normen dar, sondern nur eine Zusammenstellung der auf die jeweiligen Jahreszeiträume projizierten Einnahmeerwartungen und Ausgabeverpflichtungen[246]. Diese mittelfristigen Planungen sind notwendig, um rechtzeitig, zum Beispiel bereits im zu planenden Haushaltsjahr, geeignete Maßnahmen treffen zu können, die erforderlich sind, um eine geordnete Entwicklung des Haushalts der Gemeinde unter Berücksichtigung ihrer voraussichtlichen Leistungsfähigkeit in den einzelnen Planungsjahren zu sichern; hierzu sind die Gemeinden nach § 101 Abs. 6 HGO verpflichtet. Insofern stellen Finanzplan und Investitionsprogramm wesentliche Grundlagen zur Beurteilung der Finanzlage der Gemeinde dar und sind daher unverzichtbare Anlagen zum Haushaltsplan. Adressat ist vor allem auch die Aufsichtsbehörde, die die mittelfristige Planung zur Beurteilung der Genehmigungsfähigkeit von Krediten und Verpflichtungsermächtigungen heranzieht[247].

Die *Übersicht über die Verpflichtungsermächtigungen* stellt dar, wie sich die Verpflichtungsermächtigungen des zu planenden Haushaltsjahres und der Vorjahre auf die dem Haushaltsjahr folgenden Jahre verteilen. Damit ergänzt sie den Finanzplan, in dem die Verpflichtungsermächtigungen nicht gesondert ausgewiesen sind.
Diese Darstellung ist für die Entscheidung, ob die Haushalte dieser Jahre eine Vorausbelastung überhaupt zulassen, bedeutsam. Im übrigen ist sie Hilfsmittel zur Beurteilung der Genehmigungsfähigkeit der Verpflichtungsermächtigungen durch die Aufsichtsbehörde.[248]

---

243) Vgl. Berkenhoff, Hans Albert / Wenig, Siegfried (1986), S. 100 - 101; Depiereux, Stefan (1982), S. 46; Fuchs, Manfred (1975), S. 67-68.

244) Vgl. § 101 HGO; § 24 GemHVO.

245) Vgl. § 101 HGO; § 24 GemHVO.

246) Vgl. Pagenkopf, Hans (1976), S. 256.

247) Nach § 103 Abs. 2 HGO soll die Genehmigung von Krediten „nach den Grundsätzen einer geordneten Haushaltswirtschaft erteilt oder versagt werden ... Die Genehmigung ist in der Regel zu versagen, wenn festgestellt wird, daß die Kreditverpflichtungen nicht mit der dauernden Leistungsfähigkeit der Gemeinde im Einklang stehen." Dies gilt nach § 102 Abs. 2 HGO für Verpflichtungsermächtigungen entsprechend.

248) Vgl. Bothe, Klaus (1989), S. 44; Pagenkopf, Hans (1976), S. 281; Schmid, Hansdieter / Mäule, Dieter (1990), S. 28.

Schuldenübersicht und Rücklagenübersicht vermitteln Informationen über die durch die Strömungsgrößen von Haushaltsplan und Haushaltsrechnung beeinflußten Bestandsgrößen. Diese sind zur Beurteilung der Haushaltswirtschaft einer Gemeinde unentbehrlich. In der Schuldenübersicht sind der Stand der Schulden zu Beginn des Vorjahres und der voraussichtliche Stand zu Beginn des Haushaltsjahres angegeben. Dabei wird eine Aufschlüsselung der Kredite auf Gläubigerarten (Bund, Land, Kreditmarkt etc.) vorgenommen. Anzugeben sind auch Schulden aus Vorgängen, die Kreditaufnahmen wirtschaftlich gleichkommen, zum Beispiel Leasing-Verträge oder Schuldübernahmen[249)], sowie die Schulden der Sondervermögen mit Sonderrechnung, zum Beispiel Eigenbetriebe. In der Rücklagenübersicht sind der Stand der Rücklagen zu Beginn des Vorjahres und der voraussichtliche Stand zu Beginn des Haushaltsjahres angegeben. Ausgewiesen ist auch die Berechnung der Mindestrücklage, so daß deren Einhaltung unmittelbar anhand der Rücklagenübersicht kontrollierbar ist.

Nach § 2 Abs. 2 Nr. 5 GemHVO sind dem Vorbericht als Anlagen die *Wirtschaftspläne und Jahresabschlüsse* der Sondervermögen, für die Sonderrechnungen geführt werden, beizufügen. „Das gleiche gilt für die Unternehmen und Einrichtungen mit eigener Rechtspersönlichkeit, an denen die Gemeinde mit mehr als 50 vom Hundert beteiligt ist; anstelle der Jahresabschlüsse und Wirtschaftspläne kann eine kurzgefaßte Übersicht über die Wirtschaftslage und die voraussichtliche Entwicklung der Unternehmen und Einrichtungen beigefügt werden.“ Die Beifügung dieser Unterlagen zum Haushaltsplan wird als notwendig erachtet, um einen Gesamtüberblick über die finanzwirtschaftliche Lage der Gemeinde zu ermöglichen[250)]. Aufgrund des von der Gemeinde gegebenen Stammkapitals besteht nicht zuletzt eine enge Verbindung der Einrichtungen und Unternehmen mit der Haushaltswirtschaft der Gemeinde. Schließlich ist die Gemeindevertretung dafür zuständig, Gewinnabführungen oder Verlustabdeckungen in ihren Haushaltsplänen zu veranschlagen, wozu eine fundierte Kenntnis der Vermögens-, Finanz- und Ertragslage der Einrichtungen und Unternehmen unabdingbar ist[251)].

3.8. Die Jahresrechnung

Ähnlich wie der Haushaltsplan läßt sich auch die Jahresrechnung nicht nur auf die tabellarische Darstellung der Rechnungsergebnisse der Haushaltsstellen reduzieren: Die Jahresrechnung umfaßt den kassenmäßigen Abschluß und die Haushaltsrechnung. Als Anlagen sind ihr eine Vermögensübersicht, eine Übersicht über die Schulden und Rücklagen, ein Rechnungsquerschnitt und eine Gruppierungsübersicht, ein Verzeichnis der beim Jahresabschluß unerledigten Vorschüsse und Verwahrgelder und ein Erläuterungsbericht beizufügen.

3.8.1. Kassenmäßiger Abschluß und Haushaltsrechnung

Der sogenannte „*Kassenmäßige Abschluß*“ ist eine Tabelle, die die Soll-Einnahmen und -Ausgaben[252)], die Ist-Einnahmen und -Ausgaben[253)] und als deren Differenz die Kassen-

249) Vgl. Nr. 6 der VV zu § 103 HGO.

250) Vgl. Amerkamp, Kurt: Erl. Nr. 3.5 zu § 2 GemHVO.

251) Vgl. Zahradnik, Stefan (1993), S. 40.

252) Soll-Einnahmen und -Ausgaben sind Kassenanordnungen auf Haushaltsansätze des Haushaltsjahres und auf Haushaltsreste aus Vorjahren sowie nicht ausgebuchte Kassenreste aus Vorjahren; vgl. auch Ausführungen zur Ausführungsphase des Haushaltskreislaufs in Abschnitt 3.6.3.

Einnahmereste und Kassen-Ausgabereste insgesamt und je gesondert für den Verwaltungs- und den Vermögenshaushalt sowie für die Vorschüsse und Verwahrgelder darstellt[254]. Vorschüsse und Verwahrgelder sind durchlaufende Gelder[255] sowie Einnahmen bzw. Ausgaben, die noch nicht endgültig im Haushalt gebucht werden können, zum Beispiel weil „trotz gewissenhafter Prüfung die zuständige Haushaltsstelle nicht ermittelt werden kann oder die Bücher für das in Frage kommende Jahr noch nicht geöffnet sind“[256]. Die Differenz zwischen der Summe der Ist-Einnahmen und der Summe der Ist-Ausgaben wird als „buchmäßiger Kassenbestand“ ausgewiesen[257].

Die *Haushaltsrechnung* stellt das Gegenstück zu den Einzelplänen des Haushaltsplans dar. In ihr werden die Soll-Einnahmen und -Ausgaben, die Ist-Einnahmen und -Ausgaben sowie die sich ergebenden Kassen-Einnahme- und Kassen-Ausgabereste für die einzelnen Haushaltsstellen nach der Ordnung des Haushaltsplans nachgewiesen.
Den Soll-Einnahmen und -Ausgaben werden die entsprechenden Haushaltsansätze gegenübergestellt. Ferner werden die über- und außerplanmäßigen Ausgaben dargestellt und die durch Beschluß des Gemeindevorstands in das nächste Haushaltsjahr übertragenen Ausgabemittel (Haushaltsausgabereste) vermerkt.[258]
Abbildung 3-11 zeigt die als Anlage zur GemHVO abgedruckten Muster für die Haushaltsrechnung. Auf der Ausgabenseite wurde exemplarisch kenntlich gemacht, durch welche Rechenoperationen die Werte in den einzelnen Spalten miteinander verknüpft sind.
Das Haushaltsrecht kennt außerdem den Begriff der „bereinigten Soll-Ausgaben“. Dies ist die Summe aus den Soll-Ausgaben (Spalte 10) und den neuen Haushaltsausgaberesten (Spalte 14), abzüglich den aufgelösten Haushaltsausgabe- und Kassenausgaberesten der Vorjahre (Spalten 3 und 6)[259]. Die „bereinigten Soll-Einnahmen“ werden sinngemäß berechnet. Die bereinigten Soll-Einnahmen und -Ausgaben sind in der Haushaltsrechnung nach Muster 16 zur GemHVO nicht ausdrücklich ausgewiesen, dagegen aber im Rechnungsquerschnitt und der Gruppierungsübersicht sowie als „Rechnungsergebnis“ im Haushaltsplan des zweiten auf das Haushaltsjahr folgenden Jahres[260]. Wie der Haushaltsplan hinsichtlich der geplanten Einnahmen und Ausgaben, so muß das Rechnungsergebnis hinsichtlich der bereinigten Soll-Einnahmen und -Ausgaben ausgeglichen sein. Ein eventueller Überschuß der Einnahmen über die Ausgaben wird daher noch vor Abschluß der Jahresrechnung der allgemeinen Rücklage zugeführt[261] und kann dieser dann in den folgenden Jahren entnommen werden.

---

253) Ist-Einnahmen und -Ausgaben sind die im Haushaltsjahr fälligen Einzahlungen und Auszahlungen der Kasse; vgl. auch Ausführungen zur Ausführungsphase des Haushaltskreislaufs in Abschnitt 3.6.3.

254) Vgl. § 39 GemHVO.

255) Vgl. § 45 Nr. 29 GemHVO.

256) VV zu § 29 GemHVO.

257) Der „buchmäßige Kassenbestand“ stimmt nicht mit den Kassenmitteln überein. Denn bei den Kassenmitteln sind die Zahlungen für das neue Haushaltsjahr bereits berücksichtigt, während der buchmäßige Kassenbestand lediglich aus den Zahlen des abgelaufenen Haushaltsjahres ermittelt wird (vgl. Steenbock, Reimer (1988), S. 5).

258) Vgl. § 40 GemHVO.

259) Vgl. Muster 17 zur GemHVO. Haushalts- und Kassenreste werden aufgelöst, wenn sich herausstellt, daß die Mittel nicht mehr benötigt werden bzw. bereits angeordnete Zahlungen nicht mehr geleistet werden brauchen. Vgl. auch Steenbock, Reimer (1988), S. 19-21.

260) Vgl. Steenbock, Reimer (1988), S. 36.

261) Vgl. § 40 Abs. 3 GemHVO.

Abbildung 3-11: Haushaltsrechnung (Muster 16 zur GemHVO)

Haushaltsrechnung
DM

Einnahmen

Haus-halts-stelle	Kasseneinnahmereste vom Vorjahr		Haushaltseinnahmereste vom Vorjahr 1)			Ist-Einnahmen	Neue Kasseneinnahmereste	Soll-Einnahmen (Anordnungen auf Haushaltsansatz)	Haushaltsansatz	Mehr/Weniger Soll-Einnahmen	Neue Haushaltseinnahmereste
	insgesamt	in Abgang	insgesamt	Anordnungen	in Abgang (Sp. 4 ./. 5)						
1	2	3	4	5	6	7	8	9	10	11	12

Ausgaben

Haus-halts-stelle	Kassenausgabereste vom Vorjahr		Haushaltsausgabereste vom Vorjahr				Ist-Ausgaben	Neue Kassenausgabereste	Soll-Ausgaben (Anordnungen auf Haushaltsansatz)	Haushaltsansatz	Mehr/Weniger Soll-Ausgaben	Vom Mehrbetrag sind üpl. oder apl. bewilligt oder nach § 17 GemHVO gedeckt	Vom Weniger-Betrag sind als neue Haushaltsausgabereste zu übertragen
	insgesamt	in Abgang	insgesamt	Anordnungen	in Abgang	ins nächste Haushaltsjahr zu übertragen 1)							
1	2	3	4	5	6	7	8	9	10	11	12	13	14
	⊕	⊖		⊕			⊖	=	⊕				
			⊕	⊖	⊖	=							

Anmerkung: 1) Nur Vermögenshaushalt

3.8.2. Anlagen zur Jahresrechnung

Die *Vermögensübersicht* stellt den Stand des Vermögens zu Beginn und am Ende des Haushaltsjahres dar. Im haushaltsrechtlichen Sinne gehören zum Vermögen jedoch nur Forderungen aus Geldanlagen und Darlehen, Beteiligungen, Wertpapiere sowie Sachen und grundstücksgleiche Rechte, die kostenrechnenden Einrichtungen dienen[262)]. Dies ist in der Regel ein Bruchteil dessen, was nach der Terminologie des betrieblichen Rechnungswesens in erwerbswirtschaftlichen Unternehmen als Vermögen zu verstehen wäre[263)].
Die Forderungen aus Geldanlagen und Darlehen sowie die Beteiligungen und Wertpapiere werden in der Vermögensübersicht nach Arten, die Sachen und grundstücksgleichen Rechte nach Abschnitten bzw. Unterabschnitten gegliedert[264)].

Schuldenübersicht und Rücklagenübersicht stellen die Gegenstücke zu den entsprechenden Anlagen zum Haushaltsplan dar. Es sind jeweils die Stände der Schulden und Rücklagen zu Beginn und am Ende des Haushaltsjahres ausgewiesen[265)].
Die Schulden sind nach Gläubigerarten (Bund, Land, Kreditmarkt etc.) gegliedert. Wie beim Haushaltsplan sind auch bei der Jahresrechnung die Schulden aus Vorgängen, die Kreditaufnahmen wirtschaftlich gleichkommen, sowie die Schulden der Sondervermögen mit Sonderrechnungen anzugeben[266)].

Rechnungsquerschnitt und Gruppierungsübersicht stellen das Gegenstück zu den gleichnamigen Bestandteilen des Gesamtplans dar. In der Jahresrechnung gehören sie jedoch nur zu den Anlagen. Die Gliederung und Gruppierung des Rechnungsquerschnitts und der Gruppierungsübersicht erfolgt wie beim Haushaltsplan[267)]. Dargestellt werden jeweils die bereinigten Soll-Einnahmen und -Ausgaben.

Das *Verzeichnis der unerledigten Vorschüsse und Verwahrgelder* ist eine hessische Spezialität, die in den meisten anderen Bundesländern nicht vorgeschrieben ist[268)]. Es weist die unerledigten Vorschüsse und Verwahrgelder einzeln aus. Zur Erläuterung empfiehlt Steenbock, den Tag der Einzahlung oder Auszahlung, die Bezeichnung des Einzahlers oder Empfängers, den Grund der Einzahlung oder Auszahlung und die Gründe, die die Abwicklung bisher verhindert haben sowie den voraussichtlichen Zeitpunkt der Abwicklung anzugeben[269)].

Der *Erläuterungsbericht* soll die wichtigsten Ergebnisse der Jahresrechnung und erhebliche Abweichungen der Rechnungsergebnisse von den Haushaltsansätzen erläutern und einen Überblick über die Haushaltswirtschaft im abgelaufenen Jahr geben[270)]. Angesichts des umfangreichen Zahlenwerks der Jahresrechnung, vor allem in größeren Gemeinden, und „der für den Laien komplizierten Materie ist eine ausführliche Erläuterung der verschiedenen Daten in leichtverständlicher Darstellung von besonderem Wert, wenn der Bericht seine Aufgabe ge-

262) Vgl. § 42 Abs. 1 GemHVO i.V.m. § 37 Abs. 1-2 GemHVO.
263) Vgl. Ausführungen zu den Rechengrößen des Haushalts in Abschnitt 3.1.; vgl. auch Fußnote 93.
264) Vgl. § 42 Abs. 1 GemHVO; Muster 18 zur GemHVO.
265) Vgl. § 42 Abs. 2 GemHVO; Muster 19 und 20 zur GemHVO.
266) Vgl. Ausführungen zur Schuldenübersicht und Rücklagenübersicht als Anlagen zum Haushaltsplan in Abschnitt 3.7.5.
267) Vgl. hierzu die Ausführungen über den Gesamtplan des Haushaltsplans in Abschnitt 3.7.2.
268) Vgl. Steenbock, Reimer (1988), S. 7.
269) Vgl. Steenbock, Reimer (1988), S. 8.
270) Vgl. § 42 Abs. 4 GemHVO.

genüber der ... Gemeindevertretung und später gegenüber den zur Einsichtnahme ... berechtigten Einwohnern der Gemeinde erfüllen soll“[271]. In den VV zu § 42 GemHVO wird näher beschrieben, welche Ergebnisse mindestens zu den zu erläuternden „wichtigsten Ergebnissen“ gehören und auf welche Punkte in dem Überblick über die Haushaltswirtschaft im abgelaufenen Jahr mindestens eingegangen werden soll (Abbildung 3-12).

Abbildung 3-12: Mindesterläuterungen im Erläuterungsbericht[272]

Zu den zu erläuternden wichtigsten Ergebnissen gehören mindestens:

- Gesamtsummen der bereinigten Soll-Einnahmen und -Ausgaben, getrennt nach Verwaltungs- und Vermögenshaushalt und für beide zusammen,
- Zuführung zwischen Verwaltungs- und Vermögenshaushalt und ihre Gründe,
- Verhältnis der Mindestzuführungen zum Vermögenshaushalt zu den tatsächlichen Zuführungen,
- Veränderungen der Rücklagen, der Schulden und des Anlagevermögens und ihre Auswirkung auf die Ergebnisse der Haushaltsrechnung,
- Haushalts-Einnahme- und Ausgabereste, Gründe für ihre Bildung und voraussichtliche Abwicklung,
- Bereinigung der Kasseneinnahmereste und die Gründe dafür,
- Inanspruchnahme der Kreditermächtigungen nach der Haushaltssatzung durch den rechtsgültigen Abschluß von Kreditverträgen.

Im Überblick über die Entwicklung der Haushaltswirtschaft im vergangenen Jahr sollte mindestens auf folgende Punkte eingegangen werden:

- Einwirkung besonderer Ereignisse auf die Haushaltswirtschaft, z. B. konjunkturpolitische Maßnahmen des Bundes oder des Landes,
- Änderungen im Finanzausgleich,
- Auswirkungen der Steuergesetzgebung,
- Inbetriebnahme von Einrichtungen,
- Abschluß von großen Investitionsmaßnahmen, ihre Gesamtkosten und deren Finanzierung sowie ihre Auswirkungen auf die Haushalte der folgenden Jahre (Folgekosten).

271) Pagenkopf, Hans (1976), S. 329-330.

272) Vgl. VV zu § 42 GemHVO.

4. Anforderungen an ein kommunales Rechnungswesen

In Kapitel 3 wurde der rechtlich-organisatorische Stand des kameralistischen Rechnungswesens der Verwaltung dargestellt. Um diesen einer kritischen Bewertung unterziehen zu können, ist es zunächst erforderlich, als Bewertungsmaßstab einige grundlegende Anforderungen an ein kommunales Rechnungswesen zu definieren. Dies wird in diesem Kapitel erfolgen. Als argumentative Basis für die Entwicklung der Anforderungen sind grundsätzliche Überlegungen zur spezifischen Organisationsstruktur und dem daraus erwachsenden Bedarf an Steuerung und Kontrolle erforderlich. Diese Überlegungen sollen exemplarisch mit Hilfe der Agency-Theorie und der Kybernetik strukturiert werden.

4.1. Grundlagen der Agency-Theorie

Die Agency-Theorie befaßt sich mit Auftragsbeziehungen zwischen Wirtschaftssubjekten. Hierbei wird der Auftraggeber als „Principal" und der Beauftragte oder Auftragnehmer als „Agent" bezeichnet. Derartige Auftragsbeziehungen exisitieren im Wirtschaftsleben in vielfältiger Weise, zum Beispiel zwischen Kapitalgebern und Investoren, zwischen Eigentümern und Managern oder zwischen Vorgesetzten und Untergebenen. Auftragsbeziehungen resultieren vor allem aus den ökonomischen Vorteilen einer Arbeitsteilung (Funktions-Spezialisierung)[273] sowie aus der Knappheit der Zeit[274]: Jede Tätigkeit eines Wirtschaftssubjekts verbraucht Zeit. Diese ist knapp und hat daher ihren Preis in Form von Opportunitätskosten für die beste alternative Verwendungsmöglichkeit der Zeit. Je knapper die Zeit ist, desto höher ist ihr Preis und desto attraktiver ist es, Aufträge an andere Wirtschaftssubjekte zu erteilen und diese für die zeitliche Entlastung zu entlohnen.

Das generelle Principal-Agent-Problem besteht in der Sicherstellung einer bestmöglichen Aufgabenerfüllung des Agenten im Sinne der Interessen des Principals. Diese kann durch fachliche Inkompetenz oder Faulheit des Agenten oder durch seine Möglichkeit, abweichende eigene Interessen auf Kosten des Principals zu verfolgen, in Frage gestellt werden.[275] Die Agency-Theorie geht also von der Gültigkeit des Eigennutz-Axioms aus. Dieses besagt, daß sich Individuen ihren eigenen Interessen mehr verpflichtet fühlen als den Interessen anderer. So formulierte bereits Adam Smith: „Der Mensch braucht fortwährend die Hilfe seiner Mitmenschen, und er würde diese vergeblich von ihrem Wohlwollen allein erwarten. ... Nicht von dem Wohlwollen des Fleischers, Brauers oder Bäckers erwarten wir unsere Mahlzeit, sondern von ihrer Bedachtnahme auf ihr eigenes Interesse. Wir wenden uns nicht an ihre Humanität, sondern an ihre Eigenliebe, und sprechen ihnen nie von unseren Bedürfnissen, sondern von ihren Vorteilen."[276] John C. Calhoun formulierte etwas allgemeiner: „Jene Beschaffenheit unserer Natur, der zufolge wir intensiver fühlen, was uns direkt berührt, als was uns indirekt über andere angeht, führt mit Notwendigkeit zu Konflikten zwischen den Individuen. Jeder ist daher um seine eigene Sicherheit und sein eigenes Glück mehr besorgt als um die Sicherheit

273) Vgl. Streitferdt, Lothar/Kruse, Jörn (1988), S. 322.
274) Vgl. Kuhn, Thomas/Maurer, Andrea (1995), S. 16; Laux, Helmut/Liermann, Felix (1990), S. 128.
275) Vgl. Streitferdt, Lothar/Kruse, Jörn (1988), S. 322.
276) Smith, Adam (1908), S. 18-19.

oder das Glück anderer; und wo diese in Gegensatz treten, ist er bereit, die Interessen anderer seinen eigenen zu opfern."[277)]

Die Funktionsfähigkeit von Principal-Agent-Beziehungen hängt von der Ausprägung der formalen Einflußmöglichkeiten und von den Informationsmöglichkeiten des Principals ab: Zu den formalen Einflußmöglichkeiten des Principals gehören die Möglichkeit, bestimmte Entscheidungen anstelle des Agenten selbst zu treffen, und die Möglichkeit, das Verhalten des Agenten direkt zu sanktionieren, indem er die Erreichung von Individualzielen des Agenten (Einkommen, Karriere, Macht, Prestige etc.) beeinflußt, zum Beispiel durch Einstellung und Entlassung, Gehaltsfestsetzung oder Beförderung. Zu den Informationsmöglichkeiten gehören die Möglichkeit, alle aus dem Tätigkeitsbereich des Agenten stammenden, relevanten Informationen[278)] verläßlich zu erhalten, und die von fachlicher Kompetenz abhängende Möglichkeit des Principals, Fehlverhalten des Agenten aufgrund der verfügbaren Informationen zu erkennen, um es sanktionieren zu können.[279)]

Im Rahmen der Agency-Theorie wird vor allem unterstellt, daß der Principal die Handlungen des Agenten und die eingetretenen, den Erfolg dieser Handlungen bestimmenden Umweltzustände nicht kostenlos und nicht vollständig überwachen kann.[280)] Es liegt also eine asymmetrische Verteilung der Informationen zugunsten des Agenten vor. Unter Zugrundelegung des Eigennutz-Axioms wird in der beschriebenen Situation typischerweise davon ausgegangen, daß der Agent Handlungsspielräume zu seinem eigenen Vorteil nutzt[281)] und damit dem Principal schaden kann, ohne daß dieser das Fehlverhalten des Agenten nachweisen und sanktionieren kann. Treten schlechte Ergebnisse ein, hat der Agent die Möglichkeit, diese gegenüber dem Principal mit dem Eintritt ungünstiger Umweltzustände zu rechtfertigen[282)].

Das Ziel der Agency-Überlegungen besteht in der Suche nach einer aus Sicht des Principals optimalen Ausgestaltung der Rahmenbedingungen der Principal-Agent-Beziehung[283)]. Als Konsequenz hieraus wird zum einen die Implementierung eines Anreizsystems gesehen, das unter Ausnutzung des Eigeninteresses des Agenten sicherstellen soll, daß die durch ihn zu treffenden Entscheidungen den Interessen des Principals möglichst weitgehend Rechnung tragen; zum anderen wird ein Informationssystem für wichtig erachtet, das dem Principal neben der reinen Ergebnisbeobachtung ermöglicht, eine mittelbare Kontrolle des Agenten durchzuführen[284)]. Im übrigen kann der Principal Anreize und Kontrollen nur insoweit einsetzen, wie sie nicht dazu führen, daß der Agent aufgrund des niedrigeren für ihn aus der vertraglichen Beziehung realisierbaren Nutzens die Beziehung aufkündigt und bessere auf dem Markt befindliche Alternativangebote annimmt[285)].

277) Calhoun, John C. (1954), zit. nach Downs, Anthony (1968), S. 26.

278) Mit („relevanten") Informationen ist hier, wie auch an allen anderen Stellen dieser Arbeit, solches Wissen gemeint, das sich auf die vorliegende Problematik der Steuerung und Kontrolle bezieht. Es handelt sich also um „zweckorientiertes Wissen" im Sinne der Wittmann'schen Definition des Begriffs „Informationen" (vgl. Ballwieser, Wolfgang (1985), S. 23; Kiener, Stefan (1990), S. 7; Wittmann, Waldemar (1959), S. 14).

279) Vgl. Streitferdt, Lothar / Kruse, Jörn (1988), S. 323-324.

280) Vgl. Elschen, Rainer (1988), S. 248.

281) Vgl. Wenger, Ekkehard / Terberger, Eva (1988), S. 506.

282) Vgl. Elschen, Rainer (1988), S. 249.

283) Wenger, Ekkehard / Terberger, Eva (1988), S. 506.

284) Vgl. Elschen, Rainer (1988), S. 249.

285) Vgl. Elschen, Rainer (1988), S. 249.

In größeren Organisationen und bei institutionellen Zusammenhängen ist ein Agent häufig seinerseits Principal für einen oder mehrere nachgeordnete Agenten. Hierdurch besteht eine mehr oder minder lange „Delegationskette“[286].

4.2. Principal-Agent-Beziehungen in der Gemeinde

Die klassische Principal-Agent-Beziehung in der ökonomischen Literatur ist die Beziehung zwischen Kapitaleignern und Managern in einem Unternehmen[287]. Principal-Agent-Beziehungen bestehen aber auch in vielen anderen Bereichen. Hierzu gehören zum Beispiel die Beziehungen zwischen Autoproduzenten und Zulieferfirmen, zwischen Patienten und Ärzten, zwischen Kunden und Finanzdienstleistern u.s.w.
Aber auch Beziehungen zwischen Bürgern und Politikern sowie zwischen Politikern und der Verwaltung können als Principal-Agent-Beziehungen interpretiert werden[288]. Die Bürger fungieren als Principal. Sie delegieren die Wahrnehmung ihrer Interessen über den demokratischen Wahlprozeß an Politiker als Agenten. Zugleich sind die Politiker aber Principal gegenüber der Verwaltung, über deren Handlungsrahmen sie entscheiden. Die Verwaltung erfüllt die öffentlichen Aufgaben, die aus den in Form von öffentlichen Zielen konkretisierten Interessen der Bürger abgeleitet werden (Abbildung 4-1). Innerhalb der Verwaltung exisitieren - wie in privatwirtschaftlichen Unternehmen auch - vielfältige Principal-Agent-Beziehungen zwischen Vorgesetzten und Untergebenen.

Abbildung 4-1: Zusammenhang zwischen Interessen, Zielen und Aufgaben[289]

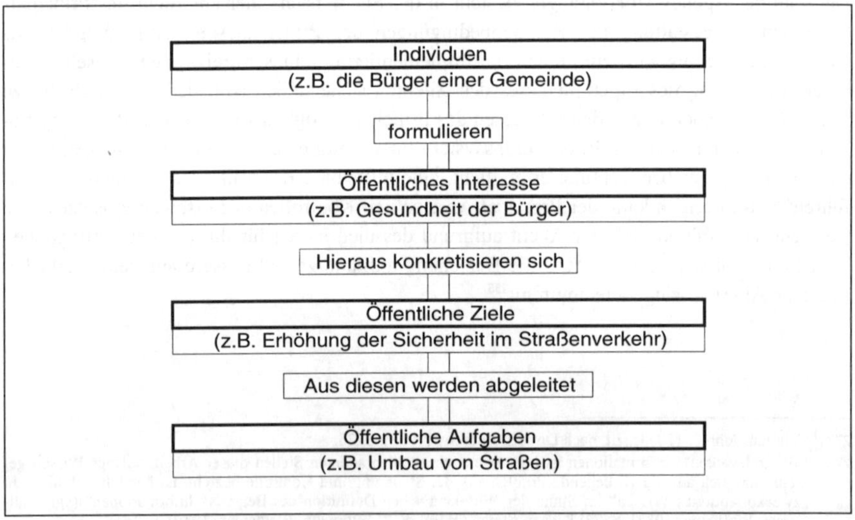

286) Vgl. Streitferdt, Lothar/Kruse, Jörn (1988), S. 322.
287) Vgl. Streitferdt, Lothar/Kruse, Jörn (1988), S. 322.
288) Vgl. Elschen, Rainer (1988), S. 250; Streitferdt, Lothar/Kruse, Jörn (1988), S. 322.
289) Das Schaubild wurde entnommen aus Weber, Jürgen (1990), S. 249, jedoch mit einem auf die kommunale Ebene passenden Beispiel versehen.

Diese allgemeine Erkenntnis über Principal-Agent-Beziehungen im demokratischen Staat läßt sich konkret auf die Organisation der Gemeinden übertragen; Abbildung 4-2 zeigt die in hessischen[290)] Gemeinden bestehende Delegationskette und die daraus resultierenden Principal-Agent-Beziehungen in vereinfachter Form: Die Bürger wählen die Gemeindevertretung und den Bürgermeister. Die Gemeindevertretung wählt die übrigen Mitglieder des Gemeindevorstands und faßt Beschlüsse, die für diesen bindend sind. Der Gemeindevorstand besorgt die laufende Verwaltung der Gemeinde. Seine Beschlüsse binden die ihm angehörenden Dezernenten, die wiederum Aufgaben an ihre Mitarbeiter delegieren. Der „'eigentliche' Principal"[291)] ist die Gesamtheit der Bürger, die die Leistungen der Verwaltung finanzieren (durch Steuern, Gebühren etc.).

Abbildung 4-2: Delegationskette in hessischen Gemeinden

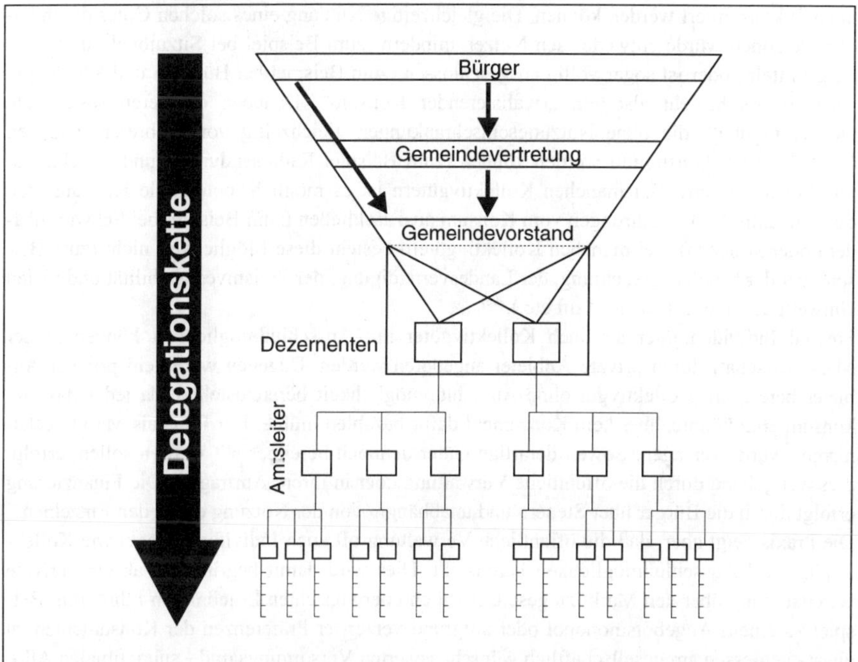

Daß die Gemeinde ein geradezu idealtypischer Fall für das Auftreten von Principal-Agent-Problemen ist, wird die Darstellung der Interessensunterschiede und der Informationsasymmetrie in den folgenden Abschnitten zeigen. Das Ziel der Agency-Überlegungen sollte dann darin bestehen, die institutionellen Rahmenbedingungen, insbesondere die Rechtsnormen, so zu gestalten, daß Gemeindevertretung und Verwaltung durch ihr Verhalten den Interessen der Bürger möglichst weitgehend Rechnung tragen.

290) In Bundesländern, in denen nur *ein* kollektives Entscheidungsgremium, der Gemeinderat, existiert, ist die Delegationskette entsprechend verkürzt.

291) Streitferdt, Lothar / Kruse, Jörn (1988), S. 322.

4.3. Das Auftreten von Interessensunterschieden

Als Ursache für die Existenz von Principal-Agent-Problemen wurde die Unterschiedlichkeit der Interessen von Principals und Agenten genannt. Im folgenden sollen diese Unterschiede charakterisiert werden, indem die Interessen der Bürger, der Kommunalpolitiker und der Verwaltungsmitarbeiter getrennt einer Analyse unterzogen werden. Die Unterschiede werden dabei offensichtlich.

4.3.1. Die Interessen der Bürger

Menschen haben Bedürfnisse, die sie durch den Konsum von Gütern[292] befriedigen können. Viele Güter sind sogenannte „Individualgüter", die nur von einer einzelnen Person (= „Individuum") konsumiert werden können. Die gleichzeitige Nutzung eines solchen Gutes durch andere Personen würde entweder den Nutzen mindern (zum Beispiel bei Sitzmöbeln und Nahrungsmitteln) oder ist sogar völlig ausgeschlossen (zum Beispiel bei Büchern und Kleidungsstücken). Es besteht also ein „rivalisierender Konsum". Daneben existieren sogenannte „Kollektivgüter", die ohne Nutzungseinschränkungen gleichzeitig von mehreren Personen (= „Kollektiv") konsumiert werden können (zum Beispiel Radiosendungen und Leuchtfeuer von Leuchttürmen). Bei manchen Kollektivgütern ist es möglich, potentielle Konsumenten durch technische Vorkehrungen vom Konsum auszuschließen (zum Beispiel bei Schwimmbädern oder Brücken), bei manchen Kollektivgütern besteht diese Möglichkeit nicht (zum Beispiel bei der Straßenbeleuchtung, der Landesverteidigung, der Preisniveaustabilität und vielen Umweltgütern, wie sauberer Luft etc.).[293]

Sowohl Individualgüter als auch Kollektivgüter mit Ausschlußmöglichkeit können in der Marktwirtschaft durch private Anbieter angeboten werden. Dagegen wäre kein privater Anbieter bereit, ein Kollektivgut ohne Ausschlußmöglichkeit bereitzustellen, da jeder das Gut konsumieren könnte, aber kein Konsument dafür bezahlen müßte. Der Preis als Marktmechanismus würde versagen. Soweit derartige Güter dennoch bereitgestellt werden sollen, erfolgt dies weitgehend durch die öffentliche Verwaltung oder in ihrem Auftrag[294]. Die Finanzierung erfolgt durch die Bürger über Steuern und unabhängig von der Nutzung durch den Einzelnen.

Die Praxis zeigt aber, daß die öffentliche Verwaltung oft auch Individualgüter sowie Kollektivgüter mit Ausschlußmöglichkeit bereitstellt. Dies wird damit begründet, daß eine private Bereitstellung über den Markt zu gesellschaftlich unerwünschten Ergebnissen führt, zum Beispiel zu einem Angebotsmonopol oder aufgrund verzerrter Präferenzen der Konsumenten zu einer - gemessen am gesellschaftlich wünschenswerten Versorgungsgrad - suboptimalen Allokation dieser Güter (zum Beispiel bei der Erziehung)[295]. Dabei ist auch zu berücksichtigen, daß der „gesellschaftlich wünschenswerte Versorgungsgrad" und damit das Aufgabenfeld der

292) Als Gut werden alle Mittel zur Bedüfnisbefriedigung verstanden. Hierzu gehören nicht nur Waren, sondern auch Dienstleistungen, Sicherheit, Umwelt, Gerechtigkeit etc.

293) Vgl. Helms, Fritz P. (1983), S. 69.

294) Röck nennt einige (Ausnahme-)Situationen, in denen Kollektivgüter ohne Ausschlußmöglichkeit durch private Wirtschaftssubjekte angeboten werden (vgl. Röck, Werner (1995), S. 73).

295) Vgl. Buckhorst, Jutta K. (1986), S. 5-6; Helms, Fritz P. (1983), S. 70.

öffentlichen Verwaltung von Politikern definiert wird[296], die, soweit sie Stimmenmaximierung betreiben, daran interessiert sein können, bestimmte Gesellschaftsgruppen besonders zu unterstützen[297]. Die Güter, die „nach dem Urteil der politischen Entscheidungsträger in größerem Umfang bereitgestellt werden, als es den manifesten Präferenzen der Bürger entspricht“[298], werden als „meritorische Güter“ bezeichnet.

Auf kommunaler Ebene sind viele Aufgaben der Verwaltung durch übergeordnete Ebenen (Bund und Länder) vorgegeben und stehen daher im politischen Entscheidungsprozeß innerhalb der Gemeinde nicht zur Disposition[299]. Sofern jedoch die Entscheidungskompetenz bei der Gemeinde liegt, wird das Interesse jedes einzelnen Bürgers darin bestehen, daß die Verwaltung genau die Güter bereitstellt, die er zu konsumieren beabsichtigt oder gesellschaftlich für wichtig erachtet. Die sich daraus konkretisierenden Ziele, die das konkrete Leistungsprogramm der Verwaltung beschreiben, werden in der organisationstheoretischen Literatur als „Sachziele“ bezeichnet[300]. Das Maß der Erreichung der gesetzten Sachziele wird als Effektivität, synonym auch Wirksamkeit, bezeichnet[301].

Die Präferenzen der Bürger hinsichtlich der Sachziele, die in der Gemeinde verfolgt werden, sind sehr unterschiedlich. Dies wird am Ergebnis einer repräsentativen Befragung der deutschen Bevölkerung ab 16 Jahre, die Anfang 1993 vom Institut für Demoskopie Allensbach durchgeführt wurde, deutlich (siehe Abbildung 4-3)[302]. Der Wähler wird seine Wahlentscheidung an seinen Präferenzen und den Erwartungen, die er mit der Wahl der Kandidaten verknüpft, ausrichten.

So unterschiedlich die Interessen der einzelnen Bürger hinsichtlich der Sachziele auch sein mögen, so übereinstimmend ist das Interesse an einigen allgemeinen „Formalzielen“. Dies sind Ziele, bei denen der Endzustand „nicht explizit, sondern implizit durch die Eigenschaft charakterisiert [wird], daß er im Sinne des angestrebten Ziels ... nicht mehr verbessert werden kann“[303]. Einer Differenzierung nach der Aufgabenstellung, also den Sachzielen, bedürfen die Formalziele nicht[304]. Neben der Legalität und der Bürgerfreundlichkeit der Verwaltung gehört hierzu vor allem die Wirtschaftlichkeit, synonym auch als Effizienz bezeichnet.

„Unbeschadet aller speziellen Ausprägungen und unterschiedlichen Sprachregelungen“ ist darunter „das Gebot zu verstehen, entweder ein bestimmtes Handlungsergebnis mit möglichst geringem Einsatz von Mitteln oder mit einem bestimmten Einsatz von Mitteln das bestmögli-

---

296) In der Literatur werden Kriterien für das Erfordernis der Wahrnehmung von Aufgaben durch die öffentliche Verwaltung genannt (vgl. zum Beispiel Mitschke, Joachim (1990), S. 25 - 61). Die Praxis zeigt jedoch, daß solche Kriterien oft keine Beachtung finden. „Statt dessen ist davon auszugehen, daß eine Aufgabe ... dann in das Aufgabenfeld der öffentlichen Verwaltung fällt, wenn dies durch ein politisch verantwortliches Gremium beschlossen wurde. Die Politik bestimmt also schließlich und letztlich, was Verwaltung tut, und was nicht.“ (Jann, Werner (1984), S. 39) Vgl. auch Röck, Werner (1995), S. 73.

297) Im Gegensatz zu einem privaten Gut, bei dem der Nutzer einen Preis pro Mengeneinheit des Gutes zahlt, ist der Nutzer eines öffentlichen Gutes letztlich in Höhe seines Anteils an der Finanzierung des Budgets an den Gesamtkosten beteiligt; dieses kann aus der individuellen Sicht vieler Nutzer für sie billiger sein als die Nutzung des privaten Gutes (vgl. Röck, Werner (1995), S. 75). Es ist naheliegend, daß solche Nutzer die öffentliche Gütererstellung befürworten werden und - bei einem ausreichend großen Stimmenpotential - politisch durchsetzen können. Zur Zielsetzung der Stimmenmaximierung siehe Abschnitt 4.3.2.

298) Andel, Norbert (1992), S. 387.

299) Vgl. Marcus, Paul (1987), S. 20-21.

300) Vgl. Deckert, Klaus (1991), S. 6; Laux, Helmut / Liermann, Felix (1990), S. 41.

301) Vgl. Miller, Manfred (1994), S. 282; Reding, Kurt (1989), Sp. 227-278; Schmidberger, Jürgen (1993), S. 122.

302) Das Ergebnis einer ähnlichen Umfrage des Meinungsforschungsinstituts Emnid Ende 1993 ist veröffentlicht in: Tacke, Walter (1993), S. 878-879. Diese Umfrage ergab auch, daß sich die Aufgabenpräferenzen in Abhängigkeit der Parteipräferenzen stark unterscheiden.

303) Laux, Helmut / Liermann, Felix (1990), S. 41.

304) Vgl. Mitschke, Joachim (1990), S. 62.

Abbildung 4-3: Beispiele für gewünschte Aufgaben der Verwaltung[305)]

Frage: „Einmal angenommen, Sie könnten festlegen, um welche Aufgaben sich die Stadt oder Gemeinde hier in den nächsten Jahren vor allem kümmern sollte und was man erst einmal zurückstellen kann, wo man jetzt sparen sollte. Hier auf diesen Karten stehen Aufgaben, worum sich die Städte und Gemeinden kümmern. Bitte verteilen Sie die Karten auf dieses Bildblatt hier, Sie sehen ja, was da steht. Karten, bei denen Sie sich nicht entscheiden können, legen Sie bitte einfach beiseite." (Vorlage eines Kartenspiels und eines Bildblattes)

Das ist mir persönlich wichtig, darum sollte sich die Stadt/Gemeinde jetzt vor allem kümmern	West in %	Ost in %
Für ausreichenden Wohnraum sorgen	75	79
Daß die Straßen nachts wieder sicherer werden, daß man nicht mehr so viel Angst vor Überfällen oder anderen Verbrechen haben muß	69	86
Daß für jedes Kind ein Kindergartenplatz zur Verfügung steht	64	56
Daß die Verwaltung und die Ämter bürgerfreundlicher werden	64	72
Den öffentlichen Personennahverkehr verbessern	60	49
Daß nicht so viele Asylanten in die Stadt/Gemeinde kommen	57	56
Den Umweltschutz hier vor Ort verbessern	55	65
Die Müllentsorgung sicherstellen	49	43
Krankenhäuser und Altenheime ausbauen	47	66
Für ein gutes Angebot an Schulen sorgen	46	46
Dafür sorgen, daß sich Industrie- und Gewerbebetriebe ansiedeln	43	72
Mehr Treffpunkte für Jugendliche einrichten	40	64
Den innerstädtischen Verkehr durch Umgehungsstraßen entlasten	40	66
Genügend Bauland ausweisen	38	38
In Wohngebieten flächendeckend Tempo 30 einführen	37	50
Selbsthilfegruppen unterstützen	35	34
Daß mehr verkehrsberuhigte Zonen geschaffen werden	33	49
Neue Grünflächen, Parks anlegen	28	34
In der Innenstadt mehr Parkplätze schaffen	27	42
Mehr Fußgängerzonen einrichten	25	37
Straßen durch Bodenwellen, Fahrbahnverengungen oder Blumenkübel so umbauen, daß nicht so schnell gefahren werden kann	24	36
Neue Sporteinrichtungen wie Schwimmbäder, Turnhallen u.ä. bauen	18	32
Theater, Kunst und Kultur fördern	16	29
Den Fremdenverkehr fördern	16	34
Eine eigenständige Energieversorgung einrichten	14	14
Sich für Partnerstädte/-gemeinden einsetzen	11	11
Die Stadt durch Brunnen, Kunstwerke und ähnliches verschönern	10	15

305) Entnommen aus: Köcher, Renate (1993). Gefragt wurde hier nach „Aufgaben", um die sich die Verwaltung kümmern sollte. Kritisch ist hierzu anzumerken, daß die vorgegebenen Antworten zum Teil *Ziele* („für ausreichenden Wohnraum sorgen") darstellen, zum Teil Aufgaben im Sinne von *Mitteln* zur Erreichung von Zielen. So zielt zum Beispiel Verkehrsberuhigung auf eine Verminderung von Lärm- und Abgasemissionen sowie Gefährlichkeit ab. Die in der Untersuchung genannte flächendeckende Einführung von Tempo 30 in Wohngebieten ist lediglich ein Mittel, mit dem man glaubt, die Ziele zu erreichen. Dennoch läßt sich aus der Untersuchung auf die Vielfältigkeit potentieller Sachziele schließen.

che Ergebnis zu erzielen"[306]. Dies liegt im Interesse der Bürger, da jene das Budget der öffentlichen Verwaltung durch Abgaben finanzieren, womit ein Verzicht auf private Güter einhergeht. Welche Auswirkungen Effizienzsteigerungen haben können, läßt sich an folgendem einfachen Modell der mikroökonomischen Haushaltstheorie erläutern:

Abbildung 4-4: Auswirkungen von Effizienzsteigerungen

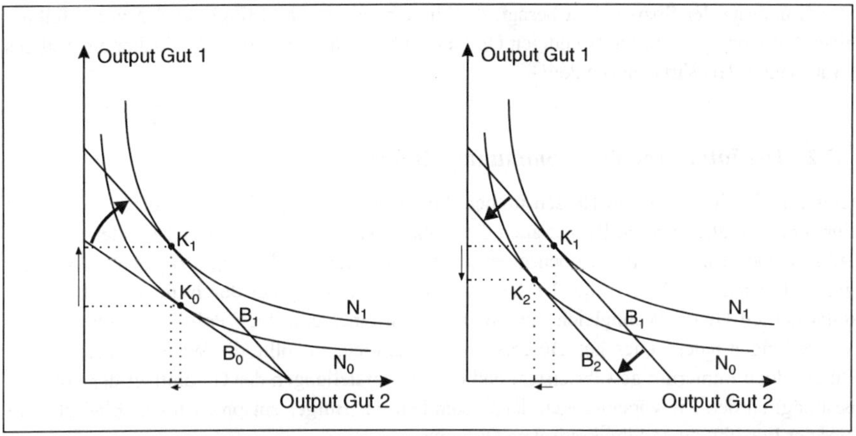

Es wird ausgegangen von einer öffentlichen Verwaltung, die zwei verschiedene Güter bereitstellt. Auf den Koordinatenachsen in Abbildung 4-4 wird der Output der Güter abgetragen. Hierbei kann es sich sowohl um Mengen als auch um Qualitätsniveaus handeln. Der öffentlichen Verwaltung steht das Budget B zur Verfügung. Es stellt den gemeinsamen Input für den Prozeß der Gütererstellung dar. Die Budgetgerade B_0 gibt alle Kombinationen der beiden Güter an, die sich mit Hilfe des Budgets verwirklichen lassen. Die Indifferenzkurven N_0 und N_1 stellen exemplarisch zwei Kurven aus einer Schar dar, die jeweils alle Kombinationen der beiden Güter beinhalten, die den Bürgern den gleichen Nutzen stiften. Der Nutzen der Kombinationen auf der Kurve N_1 ist größer als der Nutzen der Kombinationen auf N_0. Wenn die öffentliche Verwaltung nach einem möglichst hohen Nutzen für die Bürger strebt, dann wird die Kombination K_0 realisiert werden.

Wenn es nun gelingt, das Verhältnis von Output zu Input für das Gut 1 zu erhöhen, dann dreht sich bei konstantem Budget die Budgetgerade nach oben. Dann wird die Güterkombination K_1 realisiert werden, die den Bürgern bei gleichbleibendem Verzicht auf private Güter einen höheren Nutzen stiftet (Abbildung 4-4 links). Ist weiterhin das Nutzenniveau N_0 erwünscht, kann das Budget und damit der Verzicht der Bürger auf private Güter gesenkt werden (Abbildung 4-4 rechts). Prinzipiell kommen alle Kombinationen aus Nutzenniveau und Budgetvolumen in Betracht, die zwischen diesen beiden Extremfällen liegen. Optimal ist letztendlich die Kombination, bei der der Grenznutzen zusätzlicher öffentlicher Güter den Grenzkosten für den zusätzlichen Verzicht an privaten Gütern entspricht.

306) Mitschke, Joachim (1990), S. 20. Vgl. auch Krüger, Ingo (1992), S. 26; Rau, Thomas (1994b), S. 54; Rieger, Martin (1985), S. 132; Schmalen, Helmut (1990), S. 27; Zwehl, Wolfgang von / Zupancic, G. Michael (1990a), S. 229.

In jedem Fall aber profitieren die Bürger an der Effizienzsteigerung. Eine Übertragung des Modells in die Praxis bedeutet, daß ein Mehr an Wirtschaftlichkeit einer öffentlichen Verwaltung die Erreichung der Sachziele verbessert bzw. die Abgaben der Bürger senkt. Beides liegt sachzielunabhängig im Interesse der Bürger.
Das Ziel der Wirtschaftlichkeit hat Eingang in die Hessische Gemeindeordnung gefunden: Nach § 92 Abs. 3 HGO ist die Haushaltswirtschaft „sparsam und wirtschaftlich" zu führen. Der Grundsatz der Sparsamkeit besagt, daß die einzusetzenden Mittel auf den zur Erfüllung einer Aufgabe unbedingt notwendigen Umfang zu beschränken sind, und ist daher ein Teil des Grundsatzes der Wirtschaftlichkeit[307)].

4.3.2. Die Interessen der Kommunalpolitiker

Kommunalpolitiker sind in Hessen immer Bürger der Gemeinde[308)] und in dieser „privaten" Funktion wie alle anderen Bürger auch daran interessiert, daß die öffentliche Gütererstellung effektiv und effizient erfolgt. Ebenso hat jeder Kommunalpolitiker seine eigenen Zielvorstellungen hinsichtlich der Art, des Umfanges und der Verteilung der durch die Verwaltung bereitgestellten Güter. Wenngleich die Vorstellungen eines einzelnen Politikers nicht mit den Vorstellungen jedes beliebigen Bürgers übereinstimmen, so sollte die Wahlentscheidung der Bürger doch immerhin gewährleisten, daß die Zielvorstellungen der Gesamtheit der Politiker bestmöglich den Zielvorstellungen der Gesamtheit der Bürger entsprechen - zumindest wäre dies der Idealfall einer demokratischen Ordnung.
Die Politiker verbindet mit der Gemeinde aber nicht nur die Tatsache, daß sie aus dem Konsum der durch die Verwaltung bereitgestellten Güter einen Nutzen ziehen und an der Finanzierung der Gütererstellung durch Abgaben beteiligt sind. Politiker realisieren aufgrund ihrer Tätigkeit einen zusätzlichen Nutzen. Dieser ist Motiv dafür, daß sie sich überhaupt politisch engagieren.
Dieser zusätzliche Nutzen fällt zum einen in Form einer offiziellen Bezahlung für die Tätigkeit an: Für ehrenamtlich Tätige sieht § 27 HGO den Ersatz des Verdienstausfalls, den Ersatz der tatsächlich entstandenen und nachgewiesenen Fahrtkosten und eine Aufwandsentschädigung vor. Die Wortwahl läßt bereits erkennen, daß es von der Konzeption her nicht darum geht, die ehrenamtliche Tätigkeit zu vergüten, sondern lediglich die durch diese Tätigkeit entstehenden Nachteile auszugleichen. Dies betrifft auch Kostenrisiken, die durch die Ausübung der Tätigkeit entstehen: So steht den Mitgliedern der Gemeindevertretung und den ehrenamtlichen Beigeordneten nach § 539 RVO gesetzlicher Unfallversicherungsschutz bei der Ausübung ihrer Tätigkeit zu[309)]. Die Höhe der Aufwandsentschädigungen wird von der Gemein-

307) Vgl. Arnim, Hans Herbert von (1988), S. 49; Krüger, Ingo (1992), S. 29; Reichard, Christoph (1987), S. 11; Rieger, Martin (1985), S. 132. Zur Definition des Begriffs „Sparsamkeit" vgl. auch Nr. 1.1 VV zu § 7 BHO, da sich in den Verwaltungsvorschriften zur HGO keine derartige Definition befindet.

308) Gemeindevertreter oder ehrenamtlicher Beigeordneter kann nach § 32 Abs. 1 HGO bzw. § 39a HGO i. V. m. § 32 HGO nur werden, wer in der Gemeinde wahlberechtigt ist. Hauptamtliche Mitglieder des Gemeindevorstands sind nach § 30 Abs. 2 HGO mit dem Amtsantritt in der Gemeinde wahlberechtigt.

309) Der Unfallversicherungsschutz erstreckt sich nicht nur auf die Teilnahme an Sitzungen, sondern auf alle Verrichtungen, die sich aus dem Ausüben der Tätigkeit ergeben, zum Beispiel die Vorbereitung von Sitzungen. So hat das Bundessozialgericht in einem Fall den Versicherungsschutz zugesprochen, in dem ein Gemeindevertreter, der wegen einer Kur an drei Sitzungen eines Ausschusses nicht hatte teilnehmen können, auf dem Wege zu seiner Vertreterin, bei der er sich über das Geschehene informieren und die ihr von ihm für die Tätigkeit im Ausschuß überlassenen Unterlagen zurückholen wollte, tödlich verunglückte (vgl. BSozG: Urteil vom 31.03.80, zit. nach Foerstemann, Friedhelm (1993), S. 50-51).

devertretung in einer Satzung festgelegt[310]. Hauptamtliche Mitglieder des Gemeindevorstands erhalten eine Beamtenbesoldung und eine steuerfreie Dienstaufwandsentschädigung. Beide sind abhängig von der Einwohnerzahl der Gemeinde und vom hessischen Gesetzgeber festgelegt[311].

Bei hauptamtlichen Politikern ist die Bezahlung durch die Gemeinde sicher ein Motiv für die Ausübung ihrer Tätigkeit. Dies kann aber kaum auf die ehrenamtlich Tätigen zutreffen, da hier nur eine Entschädigung vorgesehen ist. Daß es dennoch Menschen gibt, die sich auf ehrenamtlicher Basis politisch engagieren, zeigt, daß die Erzielung unmittelbarer monetärer Nutzen nicht das einzige Motiv für politisches Engagement sein kann.

Neben dem Drang nach Macht und Prestige kann das Ziel in der Erhöhung des beruflichen Einkommens bestehen. So gibt es freiberuflich Tätige und selbständige Gewerbetreibende, die hierdurch ihren Bekanntheitsgrad erhöhen und mit Kundenzugewinn rechnen können. Ebenso gibt es ehrenamtlich Tätige, die eine hauptberufliche politische Karriere anstreben; für sie stellt die ehrenamtliche Tätigkeit in der Gemeinde eine Art Durchgangsstation dar, die erfolgreich bewältigt werden muß, um aufzusteigen. In Betracht zu ziehen ist aber vor allem, daß die Beteiligung an kommunalen Entscheidungsprozessen die Möglichkeit eröffnet, in allen Phasen des Entscheidungsprozesses Einfluß auszuüben und so dafür zu sorgen, daß eigene Ziele, die dem Politiker wichtig sind, erreicht werden.[312]

Diese Ziele von Politikern lassen sich unter das zentrale Ziel der Maximierung der Stimmen ihrer Partei bei den Wahlen subsumieren. Denn Politiker können weder Einfluß, Macht oder Prestige noch irgendeinen sonstigen Nutzen realisieren, wenn sie nicht gewählt werden.[313]

Zum Regieren ist aber keine maximale Stimmenzahl erforderlich, sondern nur eine ausreichende, im allgemeinen knapp über 50 % der Stimmen. Soweit Parteien oder Wählergruppen kandidieren, die an der „5 %-Hürde" scheitern, reichen oft auch weniger als 50% der Stimmen. Gerade auf Gemeindeebene ist es nicht gerade selten der Fall, daß eine einzige Partei deutlich mehr Stimmen erhält, als zum Regieren erforderlich sind. Dann kann es auch Ziel sein, nicht eine maximale, sondern lediglich eine ausreichende Stimmenzahl zu erhalten. Vor allem für kleinere Parteien und Wählergruppen ist es meist sogar ausreichend, nur soviel Stimmen zu erhalten, wie erforderlich ist, um als Koalitionspartner an der „Regierung" teilhaben zu können[314]. Dies schafft in begrenztem Rahmen Freiräume für Handlungen, die Wählerstimmen kosten[315]. Ein solches Ziel kommt weniger für solche Politiker in Betracht, die

---

310) Die Aufwandsentschädigung wird als monatliche Pauschale und/oder pro Sitzung als sogenanntes „Sitzungsgeld" gewährt. Einen Überblick über die Höhe von Sitzungsgeldern verschafft eine im Jahr 1989 von Lavies durchgeführte empirische Untersuchung (vgl. Lavies, Ralf-Rainer (1989), S. 192).

311) Der Bürgermeister erhält eine Besoldung zwischen Besoldungsgruppe A 13 (bei bis zu 2.000 Einwohnern) und Besoldungsgruppe A 16 (bei 10.001 bis 15.000 Einwohnern) sowie zwischen B 2 (bei 15.001 bis 20.000 Einwohnern) und B 10 (bei über 500.000 Einwohnern). Die steuerfreie Dienstaufwandsentschädigung liegt je nach Einwohnerzahl zwischen 375,00 DM/Monat und 875,00 DM/Monat. Das Amt eines hauptamtlichen Ersten Beigeordneten ist eine Besoldungsgruppe, die Ämter weiterer hauptamtlicher Beigeordneter sind zwei Besoldungsgruppen niedriger eingestuft. Die Dienstaufwandsentschädigung eines hauptamtlichen Ersten Beigeordneten sowie in Gemeinden mit mehr als 30.000 Einwohnern des für das Finanzwesen bestellten Beigeordneten beträgt 60 %, die der übrigen hauptamtlichen Beigeordneten 40 % der Dienstaufwandsentschädigung des Bürgermeisters. Vgl. § 2 HKomBesV, § 2-3 HWB-AufEntschG.

312) Vgl. Gassmann, Uwe (1993), S. 133. Exemplarisch finden sich Ausführungen über konkrete praktische Fälle in der Stadt Köln in: Scheuch, Erwin K. / Scheuch, Ute (1992), S. 72-108; Rossa, Kurt (1991), S. 3-5. Die dort beschriebenen Vorfälle, an denen die Vorteilsnahme festgemacht wird, sind von Art und Ausmaß zum Teil großstadtspezifisch; die Grundprinzipien dürften aber auch auf kleinere (hessische) Gemeinden übertragbar sein.

313) Vgl. Downs, Anthony (1968), S. 30.

314) Vgl. Röck, Werner (1995), S. 76.

315) Vgl. Gassmann, Uwe (1993), S. 45.

das Engagement ausschließlich nutzen, um sich für eine hauptamtliche Tätigkeit zu profilieren, als vielmehr für solche, denen es darum geht, Einfluß zu haben und möglichst lange Mitglied der Gemeindevertretung zu bleiben. Eine solche Strategie bedeutet, daß den Interessen der Bürger in geringerem Umfang Rechnung getragen wird, als dies möglich wäre. Das Bemühen, sich so zu verhalten, steigt mit abnehmender Gemeindegröße, da die Einflußmöglichkeit steigt und sich in der Regel weniger „Berufspolitiker" tummeln.[316)]
Im übrigen ist es für Politiker immer dann möglich, eigene Interessen denen der Bürger vorzuziehen, wenn dies durch die Bürger aufgrund von Informationsasymmetrie nicht erkannt und damit auch nicht sanktioniert werden kann. Diese bedeutsame Problematik wird in Abschnitt 4.4. noch genauer zu untersuchen sein.

4.3.3. Die Interessen der Verwaltungsmitarbeiter

Für die Verwaltungsmitarbeiter können als Ziele vor allem intrinsische und extrinsische Belohnungen angesehen werden[317)]. Die intrinsischen Belohnungen resultieren daraus, daß ein Mitarbeiter durch seine Tätigkeit als solche und/oder die unmittelbar damit erzielten Ergebnisse, zum Beispiel die Lösung eines schwierigen Problems, eine eigenständige Befriedigung erfährt; die Belohnungen resultieren also unmittelbar aus der Aufgabenerfüllung[318)]. Soweit einem Mitarbeiter Handlungsspielräume hinsichtlich seiner Betätigung offenstehen, ist naheliegend, daß er sie zugunsten intrinsischer Belohnungen ausnutzt. Daß heißt, er wird die Aufgaben fördern, deren Wahrnehmung ihm Befriedigung verschafft und bestrebt sein, andere Aufgaben zurückzudrängen. Extrinsische Belohnungen sind solche, die sich auf Bedürfnisse außerhalb des jeweiligen Arbeitsbereiches beziehen; hierzu gehören die durch die Aufgabenerfüllung erreichten „Gratifikationen" wie z. B. Einkommenszuwachs, Beförderung und Anerkennung durch andere[319)].
Der Maximierung des persönlichen Einkommens liegt eine langfristige Betrachtungsweise zugrunde. So kann ein Mitarbeiter durchaus bereit sein, ein geringes aktuelles Einkommen in Kauf zu nehmen, wenn ihm dies einen hohen Erwartungswert bezüglich der zukünftigen Einkommen sichert. Dieser hohe Erwartungswert kann zum einen aus einem niedrigen oder ganz fehlenden Kündigungsrisiko resultieren, zum anderen mit dem mit zunehmendem Alter steigenden Einkommen zusammenhängen.[320)]
Während sich die Entlohnung von Mitarbeitern in privatwirtschaftlichen Unternehmen maßgeblich an der Leistung der Mitarbeiter orientiert und sich Aufstiegschancen auch ohne formale Befähigungsnachweise bieten, orientieren sich Gehalt und Beförderung im Bereich der öffentlichen Verwaltung nach erstmaliger Laufbahn- oder Tarifeingruppierung vorrangig am Dienstalter[321)]. Insofern hat der Erfolg eines Mitarbeiters hinsichtlich der Erreichung der Ziele der Bürger kaum Auswirkungen auf sein Einkommen. Eine selektive Belohnung oder Bestra-

---

316) Vgl. Gassmann, Uwe (1993), S. 133-134.

317) Ausführlicher zu intrinsischen und extrinsischen Belohnungen vgl. Laux, Helmut / Liermann, Felix (1990), S. 510-512.

318) Vgl. Laux, Helmut/Liermann, Felix (1990), S. 510.

319) Vgl. Laux, Helmut/Liermann, Felix (1990), S. 511.

320) Diese langfristige Betrachtung ist sicher einer der Gründe dafür, daß Menschen, die behaupten, in der freien Wirtschaft (kurzfristig betrachtet) mehr verdienen zu können, dennoch bereit sind, in der öffentlichen Verwaltung zu arbeiten.

321) Vgl. Mitschke, Joachim (1994), S. 18.

fung findet allenfalls durch eine Beförderung oder die Verweigerung derselben statt. Hierüber entscheiden jedoch nicht die Bürger, sondern der Gemeindevorstand, in der Regel auf Vorschlag des Bürgermeisters oder eines anderen hauptamtlichen Mitglieds des Gemeindevorstands. Es liegt auf der Hand, daß der Mitarbeiter Anreize hat, den oben dargestellten Zielen der hauptamtlichen Kommunalpolitiker mehr Rechnung zu tragen als denen der Bürger. Hierzu gehört angepaßtes Verhalten, das darauf abzielt, den hauptamtlichen Kommunalpolitikern nicht „in die Quere zu kommen". Hinzu kommt noch, daß die Endstufen einer Laufbahn oft weit vor dem Ruhestandsalter erreicht werden[322], so daß bei solchen Bediensteten Anreize so gut wie gar nicht mehr gegeben sind.

Selbst wenn man aber unterstellt, daß die hauptamtlichen Kommunalpolitiker ausschließlich die Ziele der Bürger verfolgen und die Endstufe einer Laufbahn noch nicht erreicht ist, bedeutet das aber nicht, daß die Mitarbeiter ihren Eigennutz in gleichem Maße hinten anstellen. Denn auch innerhalb der Verwaltung gibt es Informationsasymmetrien, die den Verwaltungsmitarbeitern Spielräume für unentdecktes eigennütziges Verhalten schaffen.[323]

4.4. Das Auftreten von Informationsasymmetrie

In Abschnitt 4.3. wurde aufgezeigt, daß die Entscheidungsträger der verschiedenen Organisationsstufen der Gemeinde unterschiedliche Interessen haben. Voraussetzung zur Vermeidung von daraus für die Gemeinde erwachsenden Schäden ist eine selektive Belohnung der Agenten. Bedingung hierfür sind in jedem Falle Informationen des jeweiligen Principals über die Verfolgung oder Erreichung der Ziele durch seine Agenten. Jede Informationsasymmetrie zugunsten eines Agenten eröffnet diesem Möglichkeiten zu Handlungsweisen, die den Zielen des Principals widersprechen, aber unbemerkt und damit unsanktioniert bleiben.[324] Daß in der Gemeinde eine erhebliche Informationsasymmetrie herrscht, insbesondere zwischen den hauptamtlichen Politikern und der Verwaltung einerseits und den ehrenamtlichen Politikern andererseits, geht aus zahlreichen Gemeindestudien hervor und soll im folgenden dargestellt werden.

4.4.1. Informationsdefizite der ehrenamtlichen Politiker

Die Hessische Gemeindeordnung geht, wie auch die Gemeindeordnungen der anderen Bundesländer, von ehrenamtlichen Mandatsträgern aus. Diese Konstruktion ist auf solche Problemlagen zugeschnitten, die von Kommunalpolitikern am Feierabend bewältigt werden können. Angesichts der in den letzten Jahrzehnten stark gewachsenen Fülle, Kompliziertheit und

322) Vgl. Mitschke, Joachim (1994), S. 18.

323) Die angesprochene Problematik ist seit langem bekannt und wird in der wirtschafts- und verwaltungswissenschaftlichen Literatur intensiv diskutiert. Hier wird unter anderem vorgeschlagen, das Entlohnungssystem so zu reformieren, daß sich Leistung bezahlt macht. Wenngleich diese Überlegung hier nicht weiter verfolgt werden soll, da diese Arbeit lediglich das Instrument des Rechnungswesens, nicht aber das Entlohnungssystem zum Gegenstand haben soll, bleibt festzuhalten, daß eine solche Reform nur dann gelingen kann, wenn Informationen über die Leistung vorliegen, an denen eine Entlohnung ausgerichtet werden könnte. Die im Rahmen dieser Arbeit thematisierte Reform des Rechnungswesens ist daher auch Grundbedingung für eine entsprechende Reform des Entlohnungssystems. Zum Zusammenhang zwischen Verwaltungsmodernisierung und notwendigen Änderungen des Dienstrechts vgl. z. B. Löhr, Ulrike/Schöneich, Michael (1995).

324) Vgl. Abschnitt 4.1.; Wenger, Ekkehard/Terberger, Eva (1988), S. 506.

Komplexität der Aufgaben der Gemeinden und ihrer Vertretungskörperschaften[325] und der wissenschaftlichen Durchdringung zahlreicher Entscheidungsprozesse[326] sieht die Wirklichkeit der kommunalen Selbstverwaltung jedoch anders aus. Die Arbeit der ehrenamtlichen Mandatsträger ist heute mit einem erheblichen Zeitaufwand verbunden. Der „Freizeitpolitiker“ ist vor allem in größeren Gemeinden inzwischen zum „Teilzeitpolitiker“ geworden.[327] Da aber die Zahl der ehrenamtlichen Kommunalpolitiker unterproportional zur Gemeindegröße wächst, die Aufgaben aber überproportional ansteigen, ist der Zeitmangel hier erheblich[328]. Die ehrenamtliche Betätigung zehrt die gesamte Freizeit auf und stellt den Mandatsträger „somit vor erhebliche Mühen, Beruf, Privatleben und Mandat miteinander zu kombinieren, ohne einen Bereich zu vernachlässigen“[329]. Indiz hierfür ist unter anderem die Tatsache, „daß vor allem solche Personen als Kommunalpolitiker tätig sind, die keiner geregelten Berufstätigkeit nachgehen (z. B. Rentner, Hausfrauen, Studenten), Mandat und Beruf miteinander verbinden (z. B. Immobilienmakler, Architekten, hauptamtliche Partei- und Verbandsfunktionäre) oder zwei verschiedenartige „Halbtagstätigkeiten“ (Beruf und Mandat) miteinander vereinbaren können“[330]. Im Gegensatz zu großen Gemeinden sind in kleinen Gemeinden für die Parteikandidaten nicht so sehr Techniken sozialer Kommunikation und rhetorische Fähigkeiten wichtig[331]. Hier erfolgt die Auswahl der Kandidaten oft nach der Dauer der Ortszugehörigkeit, dem Bekanntheitsgrad, der Zugehörigkeit zu einer alten Familie oder der Mitgliedschaft in Vereinen[332]. Ehrenamtliche Politiker gehören hier oft zur sogenannten „Honoratiorenschicht“ oder haben in der Gemeinde noch andere Funktionen, zum Beispiel die eines Vereinsvorsitzenden, inne. Dies geht einher mit einer erheblichen zeitlichen Belastung, so daß die aufwendige Beschaffung von Informationen häufig kaum möglich ist oder zugunsten anderer Aktivitäten vernachlässigt werden muß.

Aber selbst wenn Kommunalpolitiker berufliches Engagement oder persönliche Freizeit opfern, um ihre ehrenamtliche Tätigkeit gewissenhaft auszuüben, so verfügen sie im Gegensatz zu den hauptamtlichen Politikern nicht über einen gut ausgestatteten Apparat zur Verarbeitung kommunalpolitischer Informationen.[333]

Hinzu kommt noch, daß die Einarbeitung neu gewählter Kommunalpolitiker fast ausschließlich durch die Wahrnehmung der Aufgaben selbst erfolgt. Eine Ausbildung gibt es für diese Tätigkeit im Gegensatz zu fast allen Berufen nicht. Die Aufgaben sind heute so komplex, daß die informationelle Durchdringung der Sachverhalte allein mit politischem Talent von ehrenamtlichem Personal kaum bewältigt werden kann.[334]

Den durch die beschränkte Zeitkapazität bedingten Problemen ehrenamtlich Tätiger, sich selbst zu informieren, steht dann häufig noch eine sehr restriktive Informationspolitik der gesamten Verwaltung, einschließlich und insbesondere der hauptamtlichen Kommunalpolitiker,

---

325) Vgl. Christner, Thomas (1991), S. 259 und 263.

326) Vgl. Schnoor, Herbert (1989), S. 364.

327) Vgl. Frey, Rainer (1989), S. 127; Holler, Wolfgang / Naßmacher, Karl-Heinz (1977), S. 68 - 69; die Bezeichnung „Feierabendparlament“ verwendet Hartung, Sven (o. J.).

328) Vgl. § 38 HGO; Fürst, Dietrich (1975), S. 75.

329) Christner, Thomas (1991), S. 262.

330) Vgl. Holler, Wolfgang / Naßmacher, Karl-Heinz (1977), S. 88.

331) Vgl. Gassmann, Uwe (1993), S. 127.

332) Vgl. Gassmann, Uwe (1993), S. 124.

333) Vgl. Frey, Rainer (1989), S. 127; Holler, Wolfgang / Naßmacher, Karl-Heinz (1977), S. 88.

334) Vgl. Henning, Max (1972), S. 2; Holler, Wolfgang / Naßmacher, Karl-Heinz (1977), S. 88 - 89, Neuffer, Martin: Entscheidungsfeld Stadt, Stuttgart 1973, S. 231 - 239.

die als Dezernenten an deren Spitze stehen, gegenüber. Derartige Organisationen sind meist bestrebt, von ihrer Umwelt unabhängig zu werden, also den Einfluß der Gemeindevertretung zurückzudrängen und sich deren Kontrolle so gut wie möglich zu entziehen.[335)] Die Angehörigen dieses Systems haben in erster Linie berufliche Interessen. Hierzu kann festgestellt werden: „Sofern der Einzelne auf Prestige- und Statussymbole konditioniert ist und ein Ehrgeiz auf die Bahn fixiert ist, die ihm die Organisation nicht versperrt: Machtstreben und Karrieredenken, ist er empfindlich für alles, was seinen Status in dieser Beziehung verändern kann - er wittert überall Angriffe auf seine Kompetenz, ist in seiner Informationspolitik vorsichtig, pflegt Kontakte strategisch, kooperiert nur, wenn er von der Sache, dem Vorgesetzen oder eigenen Vorteilsüberlegungen dazu gezwungen wird etc."[336)] Typisch sind dabei „Strategien, ... Geheimniskrämerei zu treiben, teure Informationsbeschaffungsverfahren als unabdingbar darzustellen, den Informationsaufwand zu übertreiben etc."[337)], kurz, ein Informationsmonopol zu erhalten.

Die ehrenamtlichen Kommunalpolitiker verfügen zwar über Informationsrechte. Diese unterliegen aber sowohl hinsichtlich der Informationsbeschaffung als auch hinsichtlich ihrer Verwendung erheblichen rechtlichen und ökonomischen Einschränkungen:

Ehrenamtliche Beigeordnete haben beispielsweise das Recht, Akten der Verwaltung einzusehen, allerdings nur solche, auf die es bei objektiver Betrachtung zur Beschlußfassung im Gemeindevorstand ankommt[338)]. So sind die Vorlagen der Verwaltung häufig fast die einzigen Primärinformationen, die ihnen regelmäßig zugehen. Da die ehrenamtlichen Mitglieder des Gemeindevorstands meistens weder ein Kleindezernat besetzen, noch als Kodezernenten fungieren, sind sie den hauptamtlichen Mitgliedern weit unterlegen[339)].

Gemeindevertreter haben das Recht, Anfragen zu stellen, die durch den Gemeindevorstand zu beantworten sind. Eine zielgerichtete Fragestellung erfordert aber bereits spezifische Informationen; denn ein Gemeindevertreter hat aufgrund des begrenzten Zeitbudgets nicht die Möglichkeit, wahllos Anfragen zu stellen. Hier kann die Verwaltung auch oft darauf vertrauen, „daß ihre Opponenten mangels Sachkenntnis nicht die „richtigen" Fragen stellen können"[340)]. Eine andere Möglichkeit der Gemeindevertreter besteht darin, einen Akteneinsichtsausschuß zu verlangen. Bis Ende 1992 wurde dieser nur dann eingerichtet, wenn die Mehrheit der Gemeindevertretung dies beschloß. Seit der Änderung der HGO zum 01.01.1993 muß der Akteneinsichtsausschuß bereits dann eingerichtet werden, wenn ein Viertel der Mitglieder der Gemeindevertretung oder eine Fraktion dieses verlangt[341)]. Gleichwohl entsteht den nach Informationen strebenden Gemeindevertretern hierdurch ein erheblicher Zeitaufwand, der die Informationen sehr „teuer" macht. Außerdem gilt auch hier: Voraussetzung für den Nutzen des Ausschusses ist, daß Gemeindevertreter genau wissen, bei welchen Akten sich die Einsicht im Hinblick auf die Zielsetzung der Informationsgewinnung lohnt. Genau dieses Wissen fehlt aber sehr oft.

---

335) Vgl. Fürst, Dietrich (1975), S. 35.

336) Fürst, Dietrich (1975), S. 67.

337) Fürst, Dietrich (1975), S. 164.

338) Vgl. Abschnitt 2.2.3. Vgl. VGH Kassel: Beschluß vom 12.12.88; VG Wiesbaden: Beschluß vom 30.07.93; VG Gießen: Urteil vom 22.07.87.

339) Derlien, Hans Ulrich / Gürtler, Christoph / Holler, Wolfgang / Schreiner, Hermann Josef (1976), S. 56.

340) Fürst, Dietrich (1975), S. 77.

341) Vgl. § 50 Abs. 2 HGO.

4.4.2. Informationsdefizite der Bürger

Die überwiegende Mehrzahl der Bürger ist nicht politisch engagiert. Die Möglichkeiten der Information aus Primärquellen, zum Beispiel durch Besuch öffentlicher Sitzungen oder Einsichtnahme in den öffentlich ausgelegten Haushaltsplan, wird von diesen Bürgern in der Praxis kaum genutzt. Unter der Annahme, daß die Bürger ökonomisch rational handelnde Menschen sind, ist dieses Phänomen durchaus erklärbar: Die Beschaffung der Informationen aus diesen Primärquellen ist mit Opportunitätskosten durch verlorene Arbeitszeit oder Freizeit verbunden; sie lohnt sich nur dann, wenn der aus ihr zu ziehende Nutzen die Opportunitätskosten übersteigt. Soweit der einzelne Bürger, der nur über eine von sehr vielen Wählerstimmen verfügt, seinen Einfluß auf das kommunale Geschehen als äußert gering bewertet, wird er hohe Opportunitätskosten kaum aufzuwenden bereit sein.

Die Information der Bürger erfolgt daher überwiegend aus Sekundärquellen, vor allem aus Lokalzeitungen und Publikationen der örtlichen Parteien und Wählergruppen, die den Bürgern direkt ins Haus geliefert werden.

In den Publikationen der örtlichen Parteien und Wählergruppen spiegelt sich die Konkurrenz zwischen Mehrheiten und Minderheiten und zwischen den das Verwaltungshandeln billigenden und ablehnenden Kräften wider. Zwar ist eine scharfe Trennung zwischen Regierung und Opposition auf kommunaler Ebene oft nicht möglich[342)], zweifelsfrei liegt es aber im Interesse der nach Stimmenmaximierung strebenden Politiker, wenn ihr eigenes Wohlverhalten und das durch ihre Konkurrenten zu verantwortende Fehlverhalten publiziert und damit den Bürgern bekannt wird. Dies erfolgt durch parteieigene Schriften ebenso wie durch Zuleitung der hierfür erforderlichen Informationen an die Lokalzeitungen.

Lokalzeitungen stellen Informationssysteme dar, die privatwirtschaftlich organisiert und finanziert sind. Sie sammeln Informationen, die sie ihren Lesern zur Verfügung stellen. Die hohen Fixkosten der Informationsgewinnung und -verarbeitung müssen durch die Bezieher einer Zeitung gemeinsam getragen werden. Daß Lokalzeitungen als Individualgüter marktfähig sind, zeigt, daß der Nutzen der durch sie vermittelten Informationen aus Sicht der Bezieher den zu zahlenden Preis rechtfertigt. Dabei ist allerdings zu berücksichtigen, daß Lokalzeitungen oft überregionale Teile und Anzeigenteile beinhalten, die ebenso für den Kauf der Zeitung maßgeblich sein können. Im Hinblick auf den Nutzen von Lokalzeitungen zum Abbau von Informationsasymmetrie darf an dieser Stelle nicht unerwähnt bleiben, daß den bereitgestellten Informationen nicht unbedingt das Zielsystem der Benutzer zugrundeliegt. Untersuchungen über die Rolle von Lokalzeitungen in Gemeinden zeigen, daß gerade Zeitungen mit geringer Auflage sehr stark auf Anzeigen angewiesen sind. Daher nimmt mit sinkender Gemeindegröße der angepaßte, unkritische Charakter einer Zeitung zu, denn: Kritisiert die Zeitung einen Verein, fühlen sich davon häufig zahlreiche Honoratioren betroffen, die sich dafür an anderer Stelle bewußt oder unbewußt revanchieren, indem sie Informationen über lo-

---

342) Auf Bundes- und Länderebene ist die Unterteilung in „Regierung" und „Opposition" eindeutig. Die Übertragung dieser Terminologie auf die Gemeindeebene bereitet jedoch einige Schwierigkeiten: So können hier aufgrund unterschiedlicher Wahlzeiten von hauptamtlichen und ehrenamtlichen Politikern sowie der Direktwahl des Bürgermeisters unterschiedliche Mehrheitsverhältnisse in Gemeindevorstand und Gemeindevertretung entstehen. Ebenso kann es aufgrund der restriktiven Abwahlmöglichkeiten hauptamtlicher Gemeindevorstandsmitglieder, vor allem in Gemeinden unter 50.000 Einwohnern, und der dadurch eingeschränkten Sanktionsmöglichkeiten für koalitionsschädliches Verhalten sehr leicht zu ständig wechselnden Mehrheiten kommen. Dann läßt sich nicht generell sagen, welche Politiker zur „Regierung" und welche zur „Opposition" gehören. Es ist daher zweckmäßig, die Regierungs- und Oppositionsrolle jeweils getrennt an den einzelnen Entscheidungen festzumachen und diejenigen als „Opposition" zu definieren, die eine Entscheidung mißbilligen, diese aber auf Grund der hierfür individuellen Mehrheitssituation nicht verhindern konnten, also nicht zu verantworten haben.

kale Ereignisse sperren, Annoncen entziehen oder Abonnements kürzen.[343] Das trifft auf den politischen Bereich in gleicher Weise zu. Mit wachsender Gemeindegröße wird diese „Kartellierung" schwächer und der Einfluß auf die Zeitung sinkt, und es wird für die Zeitung „lukrativer, sich an den Erwartungen ihrer Leserschaft als an den Restriktionen der Machtstruktur zu orientieren"[344].

Unzweifelhaft ist, daß auch örtliche Parteien und Wählergruppen sowie Lokalzeitungen für ihre Veröffentlichungen nur auf solche Informationen zurückgreifen können, die ihnen selbst zugänglich sind. Informationen, die dem Monopol der Verwaltung unterliegen und nicht preisgegeben werden, vermögen sie nicht zu vermitteln. Jegliche Informationsdefizite der ehrenamtlichen Politiker schlagen also vollständig auf die Bürger durch. Darüber hinaus wird die Informationsasymmetrie durch den trotz Existenz der dargestellten Medien verbleibenden Rest an Opportunitätskosten der Informationsbeschaffung verstärkt.

4.5. Die Aufgaben des Rechnungswesens im Lichte der Agency-Theorie

Die Funktionsfähigkeit von Principal-Agent-Beziehungen hängt, wie in Abschnitt 4.1. dargestellt wurde, von den formalen Einflußmöglichkeiten und den Informationsmöglichkeiten des Principals ab. In der Gestaltung eben jener Faktoren liegen die wichtigsten Aufgaben des Rechnungswesens. Dabei ist zu unterscheiden zwischen solchen Rechnungen, die dem Verwaltungshandeln vorausgehen und solchen, die das Verwaltungshandeln rückblickend dokumentieren. Die vorausgehenden Rechnungen, die derzeit vor allem in Gestalt des Haushaltsplans auftreten, werden im folgenden allgemein als „Planungsrechnungen" bezeichnet. Die rückblickenden Rechnungen, die derzeit in der Gestalt der Jahresrechnung auftreten, werden im folgenden allgemein als „Kontrollrechnungen" bezeichnet. Soweit unabhängig von dem rechtlich-organisatorischen Stand des derzeitigen kameralistischen Rechnungswesens allgemeine Aufgaben des kommunalen Rechnungswesens dargestellt und Anforderungen entwickelt werden sollen, wird auf die Terminologie des derzeitigen Gemeindehaushaltsrechts bewußt nicht zurückgegriffen.

Eine Aufgabe des Rechnungswesens besteht in der Einflußnahme der Gemeindevertretung als Principal auf das Verhalten der Verwaltung bzw. ihrer Teileinheiten als Agenten. Diese Aufgabe wird insbesondere durch Planungsrechnungen wahrgenommen. Unter Bezugnahme auf den derzeitigen Haushaltsplan wird in der Literatur die Übertragung der politischen Entscheidungen in ein festes Programm, gewissermaßen in ein „Regierungsprogramm in Zahlen", genannt. Die dadurch bewirkten Vorgaben bilden einen Rahmen für das Handeln der Verwaltung.

Die Planungsrechnungen sind zugleich Maßstab für die auf Grundlage der später vorliegenden Kontrollrechnungen erfolgende Bewertung des Verhaltens der Agenten. Daß dieser Maßstab den Agenten zuvor bekannt ist, ist wichtige Voraussetzung dafür, daß sie Wohlverhalten von Fehlverhalten zu unterscheiden in der Lage sind.

Die durch das Rechnungswesen erfolgende Einflußnahme braucht jedoch keineswegs darauf beschränkt sein, gegenüber den Agenten verbindliche Vorgaben zu formulieren. Durch das Zusammenspiel von Planungs- und Kontrollrechnungen kann auch eine systemimmanente

343) Vgl. Fürst, Dietrich (1975), S. 107-108; Ellwein, Thomas (1971), S. 11-25.

344) Fürst, Dietrich (1975), S. 108.

Sanktionierung des Verhaltens der Agenten erfolgen, wenngleich diese derzeit eher schwach ausgeprägt sein mag. Beispiel hierfür ist etwa eine Regelung, nach der einem Mitarbeiter für ein Jahr zugeteilte, aber nicht in Anspruch genommene Ressourcen wenigstens teilweise im folgenden Jahr zusätzlich zur Verfügung stehen, so daß der Mitarbeiter durch die Erweiterung seines Handlungsrahmens belohnt wird. Durch diese Anreize zur Sparsamkeit wird das Verhalten des Mitarbeiters beeinflußt, ohne daß Sparsamkeit verbindlich vorgegeben sein muß.

Eine weitere Aufgabe des Rechnungswesens besteht in der Vermittlung von aus dem Tätigkeitsbereich der Agenten stammenden Informationen. Hierzu gehören sowohl Informationen über die Handlungsergebnisse der Agenten als auch über Umweltzustände, unter deren Einfluß das Verhalten der Agenten steht. Im Mittelpunkt dieser Aufgabe stehen die Kontrollrechnungen. Neben einer Grundlage für zukünftige Planungsentscheidungen der Gemeindevertretung sollten sie Rückschlüsse auf Wohl- und Fehlverhalten der Verwaltung bzw. ihrer Teileinheiten zulassen. Als Maßstab für die Bewertung jener Informationen zum Zwecke der Sanktionierung können unter anderem die Vorgaben der Planungsrechnungen dienen. Dem derzeitigen kameralistischen Rechnungswesen der Verwaltung liegt eine sehr enge Beziehung zwischen Planungs- und Kontrollrechnungen zugrunde: Die Jahresrechnung wird in der Literatur als „Gegenstück zum Haushaltsplan“[345)] bezeichnet. Mit ihr legt der Gemeindevorstand Rechenschaft über die Ausführung des Haushaltsplans ab.
Der Information des Principals dienen jedoch auch die Planungsrechnungen und der Ablauf ihrer Beratung und Beschlußfassung durch die Gemeindevertretung. Hierdurch erhalten die Bürger als Principal die Möglichkeit, das Verhalten der von ihnen unmittelbar gewählten Agenten zu überwachen und im Rahmen ihrer Wahlentscheidungen zu sanktionieren.

4.6. Die Aufgaben des Rechnungswesens im Lichte der Kybernetik

Zwischen den im Lichte der Agency-Theorie dargestellten Aufgaben des Rechnungswesens bestehen - wie bereits dargestellt - enge Beziehungen: Durch Planungsrechnungen nehmen Principale Einfluß auf das Verhalten ihrer Agenten. Die Handlungsergebnisse und die Umweltzustände werden durch die Principale beobachtet, unter anderem durch Kontrollrechnungen. Die so gewonnenen Informationen fließen in die Entscheidungen der Principale ein und bestimmen deren Einflußnahme auf das Verhalten der Agenten mit. Beziehungen dieser Art werden in der Kybernetik als „Regelkreis“ bezeichnet. Da sich die Kybernetik unter anderem mit der Analyse und Gestaltung solcher Strukturen befaßt, ist es an dieser Stelle angebracht, die Aufgaben des Rechnungswesens auch im Lichte der Kybernetik zu betrachten[346)].
Der Begriff „Kybernetik“ ist sowohl unter Laien als auch unter Fachleuten mit den verschiedensten Vorstellungen verbunden[347)]. Dies mag vor allem mit der zunehmenden Ausbreitung

345) Steenbock, Reimer (1988), S. 1.

346) Auf den kommunalen „Regelkreis“ weisen auch die Kommunale Gemeinschaftsstelle (vgl. KGSt (1991), S. 18) und Stockel-Veltmann (vgl. Stockel-Veltmann, Christoph (1994), S. 29-30) hin, ebenso Klages auf den „Steuerkreis“ (vgl. Klages, Helmut (1995), S. 210-211).

347) Vgl. von Cube, Felix (1971), S. 11. Während zum Beispiel Wiener im Jahre 1948 „das gesamte Gebiet der Regelungstechnik und der Informationstheorie, ob bei Maschine oder Lebewesen,“ (Wiener, Norbert: Cybernetics (1948), S. 39, zit. nach von Cube, Felix (1971), S. 34) mit dem Begriff „Kybernetik“ belegte, bezeichnete von Cube im Jahre 1971 die Kybernetik als „die mathematische und konstruktive Behandlung allgemeiner Strukturen, Funktionen und Theorien, die verschiedenen Wirklichkeitsbereichen gemeinsam sind“ (von Cube, Felix (1971), S. 11) und betonte, daß zweifellos nicht alle Wissenschaftler dieser „allgemeinsten Auffassung dieses Begriffs“ zustimmen (vgl. von Cube, Felix (1971), S. 11).

und der Verallgemeinerung der ursprünglich technischen Ansatzpunkte der Kybernetik zusammenhängen[348]. Ungeachtet der vielzähligen übrigen Definitionen, die sich in der Literatur finden lassen, kann als Gegenstand der Kybernetik für die folgenden Betrachtungen verstanden werden: „die Erklärung und Gestaltung stabiler dynamischer Systeme, die in der Lage sind, unter Anwendung verschiedenartiger kybernetischer Instrumentarien (Steuerung, Regelung, Rückkopplung) gegenüber einer möglichst umfangreichen Klasse von Störungen ihr Gleichgewicht zu wahren bzw. selbständig in den Zustand des Gleichgewichts zurückzukehren“[349].

Eine sehr wichtige Grundlage der Kybernetik ist die Regelungslehre[350]. Das Prinzip der „Regelung“ läßt sich am Beispiel einer durch Thermostat gesteuerten Heizungsanlage beschreiben: Der Thermostat schaltet die Wärmequelle ein, wenn die Raumtemperatur unter einen vorgegebenen Wert sinkt und schaltet die Wärmequelle wieder aus, wenn der vorgegebene Wert erreicht ist. Auf diese Weise wird die Raumtemperatur trotz äußerer Einflüsse weitgehend konstant gehalten.[351] Zur Erläuterung des Regelungsprinzips wird (in Anlehnung an Plutarch) oft auch das Bild einer Schiffsbesatzung herangezogen: Der Kapitän bestimmt das anzusteuernde Ziel des Schiffes. Der Lotse vergleicht diese Soll-Position mit der aktuellen Ist-Position und leitet daraus den auf das Ziel hin zu steuernden Kurs ab. Der Steuermann ordnet diesem Kurs Steuerstellungen zu, die von dem Antriebssystem umgesetzt werden. Hierdurch ändert sich die Ist-Position, so daß gegebenenfalls der Kurs zu korrigieren ist. Der Lotse greift solange korrigierend ein, bis das Schiff den gewünschten Hafen erreicht hat.[352]

Ähnlich sind auch die Abläufe in der Gemeinde strukturiert: Die Bürger haben spezifische Interessen, die Ihre Entscheidungen bei Wahlen und Bürgerentscheiden bestimmen. Ob der Zustand der Gemeinde und das diesen bestimmende Verhalten von Gemeindevertretung und Verwaltung ihren Interessen entspricht, nehmen sie durch die Nutzung verschiedener Informationsinstrumente wahr. Hierzu gehören zum Beispiel Lokalzeitungen, amtliche Bekanntmachungen und die öffentlich zugänglichen Teile des Rechnungswesens. Im einfachsten Fall erfolgt die Information aber auch durch die Signale, die den Bürgern ihre Sinnesorgane beim Spaziergang durch die Gemeinde oder bei der Teilnahme an Kommunikationsereignissen jeglicher Art (öffentliche Veranstaltungen, Gespräche im Bekanntenkreis etc.) mehr oder weniger zufällig liefern. Die erhaltenen Informationen setzen die Bürger dann wiederum in Entscheidungen bei Wahlen und Bürgerentscheiden um, so daß sich der Kreis an dieser Stelle schließt.

Ein ähnlicher Prozeß erfolgt in der Beziehung zwischen Gemeindevertretung und Verwaltung: Die Gemeindevertretung setzt die aus den Interessen der Bürger abgeleiteten Ziele in konkrete Entscheidungen um und bindet damit die Verwaltung, insbesondere durch Planungsrechnungen. Die Gemeindevertreter bedienen sich, auch unter Ausnutzung der ihnen gesetzlich zustehenden Informationsrechte, unterschiedlichster Instrumente, unter anderem der Kontrollrechnungen, um sich über den Zustand der Gemeinde und das diesen bestimmende Verhalten ihrer Agenten zu informieren. Diese Informationen werden bei ihrer Entscheidungsfindung in der Folgezeit berücksichtigt, so daß sich auch hier der Kreis schließt.

348) Vgl. von Cube, Felix (1971), S. 11.
349) Lehmann, Helmut: Kybernetik, in: HWB, Bd. 2, Stuttgart 1975, Sp. 2413.
350) Vgl. von Cube, Felix (1971), S. 15.
351) Vgl. von Cube, Felix (1971), S. 15, 13-24.
352) Vgl. von Cube, Felix (1971), S. 24-25.

Ebenso können innerhalb der Verwaltung Regelungsprozesse durch das Rechnungswesen unterstützt werden. Unter Bezugnahme auf das derzeitige kameralistische Rechnungswesen der Verwaltung nennt Stockel-Veltmann als Beispiel die Abwicklung eines Bauprojekts[353]: Der für die Entscheidung über den Mitteleinsatz zuständigen Instanz (dem Gemeindevorstand oder einem der Bediensteten) ist durch die Gemeindevertretung ein bestimmter Umfang finanzieller Mittel zugebilligt worden. Stellt die Instanz im Rahmen der Haushaltsüberwachung fest, daß das Bauprojekt teurer zu werden droht, zum Beispiel durch eine wetterbedingte Verteuerung eines Bauabschnitts, kann sie reagieren, um das Erreichen der Vorgabe noch zu gewährleisten. Hierzu könnten beispielsweise Einsparungen für nachfolgende Bauabschnitte initiiert werden.

Im Lichte der Kybernetik kann das Rechnungswesen also als Instrument zur Unterstützung von Regelungsprozessen verstanden werden. Das Anliegen der Kybernetik ist diesbezüglich vor allem darin zu sehen, die durch das Rechnungswesen bedingten kybernetischen Funktionsprinzipien der Gemeinde zu erkennen und zu analysieren und Änderungen bzw. Ergänzungen so zu gestalten, daß die Erreichung der Interessen der Bürger bzw. der durch die Gemeindevertretung daraus abgeleiteten Ziele möglichst resistent gegen äußere Einflüsse ist[354].

Voraussetzung für die Funktion des Regelungsprinzips ist in jedem Fall die Rückkopplung. Ist diese nicht gewährleistet, muß versucht werden, mögliche Störgrößen vorauszusehen und im Rahmen der Planung zu berücksichtigen. Ein Vergleich zwischen dem angestrebten und dem tatsächlich erzielten Ergebnis findet jedoch nicht statt. Unerwartete Störungen lösen damit auch keine Korrektur des Prozeßablaufs aus. Dieses Funktionsprinzip wird als „Steuerung" bezeichnet.[355] Insbesondere aufgrund der dargestellten Interessensunterschiede und der oft schwierigen Vorhersehbarkeit von Veränderungen von Umweltzuständen ist das Prinzip der Regelung dem Prinzip der Steuerung unzweifelhaft überlegen.

353) Vgl. Stockel-Veltmann, Christoph (1994), S. 29.

354) Vgl. Mock, Arno (1986), S. 8. Mock bezieht sich hier auf Unternehmen, „als dynamische Systeme begriffen ..., die in ihrer Struktur sehr komplex und durch Zielbündel geprägt sind" (Mock, Arno (1986), S. 8). Das Anliegen der Kybernetik sei in diesem Bereich vor allem darin zu sehen, vorhandene kybernetische Funktionsprinzipien des Systems „Unternehmen" zu erkennen und zu analysieren und Änderungen bzw. Ergänzungen von kybernetischen Funktionsprinzipien so zu gestalten, daß die Erreichung des Zielbündels möglichst resistent gegen äußere Einflüsse ist (vgl. Mock, Arno (1986), S. 8). Diese Ausführungen lassen sich sinngemäß auf das System „Gemeinde" übertragen.

355) Vgl. Mitschke, Joachim (1990), S. 67; Mock, Arno (1986), S. 8.

Abbildung 4-5: Regelungsprozesse in der Gemeinde

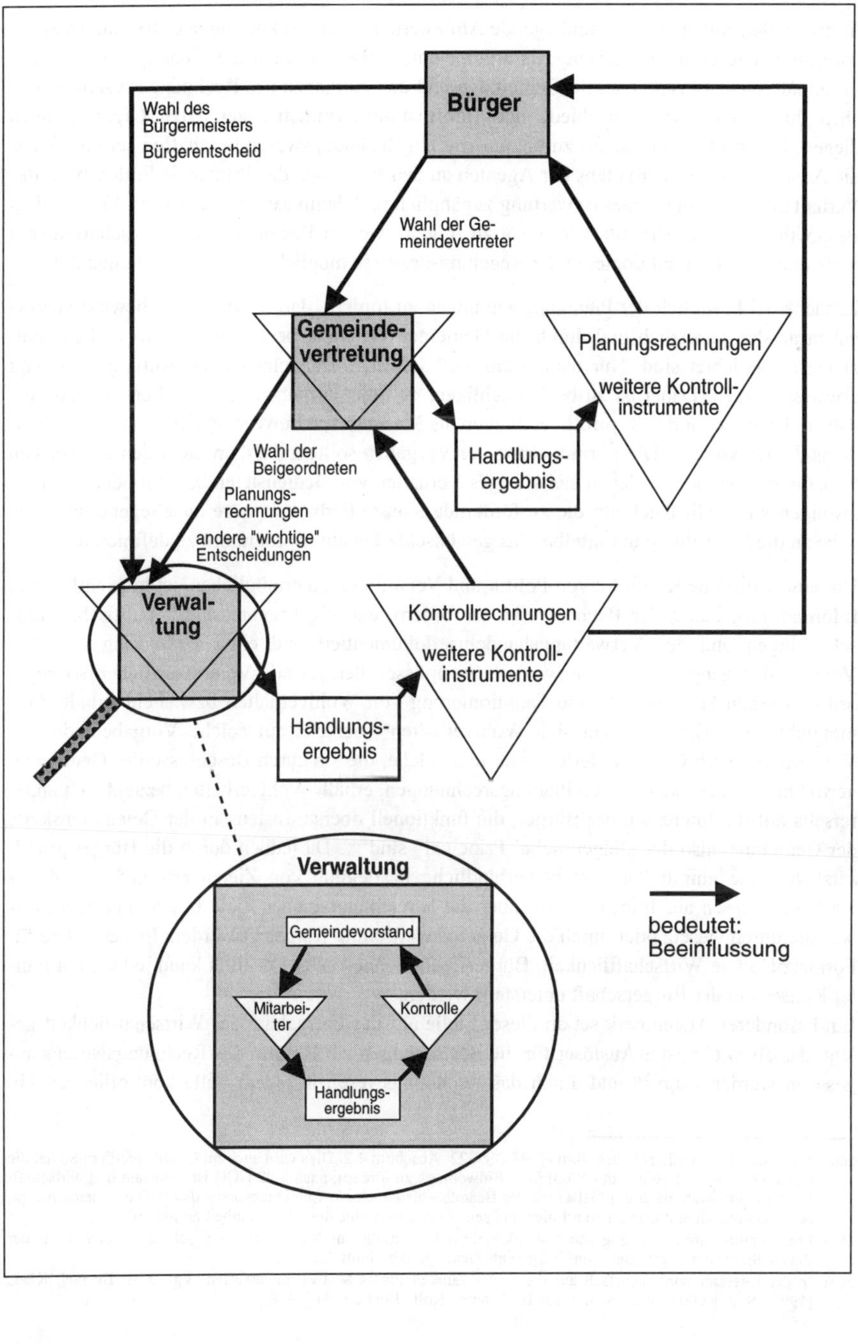

4.7. Entwicklung der Anforderungen

Im folgenden sollen einige grundlegende Anforderungen an das kommunale Rechnungswesen dargestellt und erläutert werden. Als argumentative Basis werden die Überlegungen zu den Principal-Agent-Beziehungen in Gemeinden und den Aufgaben des Rechnungswesens in solchen durch Interessenunterschiede und Informationsasymmetrie geprägten Organisationen dienen. Demnach ist vor allem zu klären, wie ein Rechnungswesen beschaffen sein muß, das die Ausrichtung des Verhaltens der Agenten an den Interessen des Principals fördert bzw. das Verhalten der Agenten einer Bewertung zugänglich und damit sanktionierbar macht. Aus dem Blickwinkel der Kybernetik wäre etwa zu fragen, wie ein Rechnungswesen beschaffen sein muß, damit es das Funktionieren der Regelungsprozesse möglichst weitreichend unterstützt.

Zunächst ist bezüglich der Planungsrechnungen zu fordern, daß die durch sie bewirkten Vorgaben an den gesetzlich und durch die Gemeindevertretung bestimmten Sach- und Formalzielen ausgerichtet sind. Nur dann kann zielkonformes Handeln der Verwaltung überhaupt erwartet werden. Dabei ist zu berücksichtigen, daß die Vorgaben so formuliert sein sollten, daß sie im Rahmen der Kontrollrechnungen als Maßstab zur Bewertung des Verwaltungshandelns dienen können. Die Formulierung der Vorgaben sollte außerdem nicht den Eintritt von Situationen zulassen, in denen zielwidriges Verhalten von Bediensteten belohnt oder sogar erzwungen wird. Mit Blick auf die zu fordernde Kontrollierbarkeit wäre naheliegend, als Vorgabe an die Verwaltung unmittelbar das gewünschte Leistungsprogramm zu definieren.

Um eine wirksame Kontrolle von Politik und Verwaltung zu ermöglichen, ist hinsichtlich des Informationsgehaltes der Rechenwerke zu fordern, daß die Ergebnisse der politischen Entscheidungen und des Verwaltungshandelns dokumentiert und einer Bewertung (Soll-Ist-Vergleich) zugänglich gemacht werden. Sie müssen den jeweils Verantwortlichen so zugeordnet werden können, daß eine Sanktionierung von Wohlverhalten bzw. Fehlverhalten ermöglicht wird. Dabei bezieht sich Wohlverhalten einerseits auf solche Vorgaben, die der Verwaltung durch Gesetz auferlegt sind und solche, die sie durch Beschlüsse der Gemeindevertretung, insbesondere durch Planungsrechnungen, erhält. Wohlverhalten bezieht sich andererseits auf die Interessen der Bürger, die funktionell oberste Instanz in der Delegationskette der Gemeinde, also der „'eigentliche' Principal" sind[356)]. Da jedoch durch die Bürger grundsätzlich keine unmittelbare, rechtsverbindliche Festlegung von Zielen erfolgt[357)], wird das Rechnungswesen auf Informationen über die Erreichung solcher Ziele beschränkt sein müssen, die durch Gesetz oder durch die Gemeindevertretung festgelegt werden. Insbesondere für Formalziele wie Wirtschaftlichkeit, Bürgerfreundlichkeit oder Legalität kann jedoch ein breiter Konsens in der Bürgerschaft unterstellt werden.

Ein besonderes Augenmerk sei an dieser Stelle auf das Formalziel der Wirtschaftlichkeit gelegt, das als wichtigster Auslöser für die Bestrebungen zur Reform des Rechnungswesens angesehen werden kann[358)] und durch das Rechnungswesen in jedem Falle kontrollierbar sein

---

356) Vgl. Streitferdt, Lothar/Kruse, Jörn (1988), S. 322; Abschnitt 4.2. Dies wird auch im Gesetz deutlich: So hat die Gemeinde nach § 1 HGO „das Wohl ihrer Einwohner" zu fördern; nach § 92 HGO ist „sparsam und wirtschaftlich" zu verfahren; nach § 67 HBG hat der Beamte - also auch ein Gemeindevorstandsmitglied - „seine Aufgaben unparteiisch und gerecht zu erfüllen und sein Amt zum Wohle der Allgemeinheit zu führen".

357) Eine unmittelbare Festlegung von Zielen könnte sich allenfalls durch einen Bürgerentscheid ergeben, der in der Praxis aber selten stattfindet. Zum Bürgerentscheid vgl. Abschnitt 2.2.

358) In der Literatur wird mehrfach auf die Bedeutsamkeit dieses Motivs hingewiesen. Vgl. z. B. Bechtel, Klaus (1995), S. 2; KGSt (1992), S. 3, 9 und 16; Krämer, Rolf (1993), S. 417-418.

sollte. Entsprechend der Definition von Wirtschaftlichkeit[359] ist es daher unabdingbar, daß das Rechnungswesen den für ein bestimmtes Handlungsergebnis benötigten Mitteleinsatz *vollständig* dokumentiert und einer Bewertung zugänglich macht. Dies erfordert ein Rechnungswesen auf der Basis des Ressourcenverbrauchskonzepts. Um eine selektive Sanktionierung zu ermöglichen, muß ferner eine Zuordnung von Handlungsergebnis und Mitteleinsatz zu einem hierfür Verantwortlichen möglich sein. Eine Kostenrechnung, bestehend aus Kostenarten-, Kostenstellen- und Kostenträgerrechnung, würde die dargestellten Funktionen erfüllen können.
Eine Einschränkung erfährt die Forderung nach zielbezogenen Informationen dadurch, daß das Rechnungswesen definitionsgemäß auf Verfahren zur systematischen Erfassung und Auswertung *quantifizierbarer* Beziehungen und Vorgänge beschränkt ist[360], aber nicht alle potentiellen Sach- und Formalziele quantifizierbar sind. Darüber hinaus besteht zweifelsfrei die Möglichkeit, Ziele und den Grad ihrer Erreichung verbal darzustellen. Dies ist allerdings oft in einem solchen Ausmaß einer subjektiven Bewertung zugänglich, daß unter dem Gesichtspunkt der Principal-Agent-Problematik eine interessengeleitete Ausnutzung des Bewertungsspielraums zu erwarten ist[361]. Insofern dürfte der Wert solcher Informationen als eher gering einzuschätzen sein.

Um aus den ergebnisbezogenen Daten des Rechnungswesens Informationen über die Erreichung von Zielen zu gewinnen, ist eine Bewertung dieser Daten anhand von Vergleichsmaßstäben erforderlich, in denen die Wunschvorstellungen des Bewertenden zum Ausdruck kommen. Soweit die Bewertung zur Sanktionierung des Verwaltungshandelns dienen soll, ist es naheliegend, die Ist-Werte mit den sich aus den Vorgaben der Planungsrechnung ergebenden Soll-Werten zu vergleichen. Dies genügt dann, wenn das potentiell Erreichbare bekannt und als Ziel festgelegt ist. Exemplarisch sei die ausreichende Versorgung mit Kindergartenplätzen genannt. Wenn in der Retrospektive festgestellt werden kann, daß jedes Kind, für das ein Kindergartenplatz beantragt wurde, zum Wunschtermin in den Kindergarten aufgenommen werden konnte, besteht kein Zweifel, daß das gesteckte Ziel vollständig erreicht wurde. In vielen anderen Fällen ist das potentiell Erreichbare jedoch nicht bekannt. Hierfür sei exemplarisch das Ziel der Wirtschaftlichkeit genannt. Der Vergleich des für ein Handlungsergebnis geplanten Mitteleinsatzes mit dem realisierten Mitteleinsatz läßt zwar eine Aussage darüber zu, ob wirtschaftlicher gehandelt wurde als geplant. Offen bleibt jedoch die Möglichkeit, daß sowohl der geplante als auch der realisierte Mitteleinsatz über dem Mitteleinsatz lagen, der für das Handlungsergebnis bei sparsamster Vorgehensweise unbedingt erforderlich gewesen wäre; jener Mitteleinsatz ist im allgemeinen unbekannt. Als Ausweg bietet sich die Ableitung von Soll-Werten aus Ist-Werten von bekannten Handlungsalternativen an. Zur Beurteilung der Wirtschaftlichkeit wäre ein Vergleich des Mitteleinsatzes mit Marktpreisen am besten geeignet. Da für die meisten öffentlichen Dienstleistungen jedoch keine Märkte existieren, muß auf andere Referenzwerte zurückgegriffen werden. Insbesondere Ist-Werte anderer Verwaltungen und Vergangenheitswerte kommen hier in Betracht[362]. In der Literatur wird zu Recht kritisch

359) Vgl. Abschnitt 4.3.1.; Mitschke, Joachim (1990), S. 20.
360) Vgl. Abschnitt 1.2.
361) Vgl. Bea, Franz Xaver (1987), S. 18.
362) Den zwischenbehördlichen Vergleich hat z. B. der Gesetzgeber als Möglichkeit der in den Zuständigkeitsbereich des Landesrechnungshofes fallenden überörtlichen Prüfung kommunaler Körperschaften in Betracht gezogen (vgl. Bräunig, Dietmar (1995), S. 248; § 3 Abs. 1 ÜPKKG). Die Notwendigkeit eines Vergleichs kommunaler Leistungdaten wird z. B. auch unterstellt in: Janning, Hermann (1995), S. 9; Mergen, Margit (1995), S. 10.

auf das Problem hingewiesen, „daß der intertemporale Vergleich nicht allzuviel besagt, weil möglicherweise nur Unwirtschaftliches mit Unwirtschaftlichem verglichen wird,“[363)] und in bezug auf den Vergleich zwischen den Verwaltungen betont, „daß Empirisches allein keine Normen schafft und möglicherweise ein ganzer Behördenzweig unwirtschaftlich verfährt“[364)]. Diese Argumente sind durchaus berechtigt und bedeuten, daß vom Nutzen solcher Vergleiche Abstriche zu machen sind. Zumindest können sie aber wertvolle Anhaltspunkte für Sachverhalte geben, die einer genaueren Betrachtung bedürfen.
Zwingende Voraussetzung für die Durchführbarkeit intertemporaler und zwischenbehördlicher Vergleiche ist die Verfügbarkeit von Daten gleicher inhaltlicher Bedeutung. Für Vergleiche zwischen den Gemeinden erfordert dies die überregionale Einheitlichkeit und für intertemporale Vergleiche die Stetigkeit des Rechnungswesens[365)].

Weiterhin ist zu fordern, daß die Informationen des kommunalen Rechnungswesens für die Adressaten gut zugänglich sein müssen. Wenngleich die Informationen ohne monetäres Entgelt bereitgestellt werden, entstehen den Benutzern individuelle Kosten der Informationsaufnahme und -auswertung. Hierzu gehören sowohl die Kosten der Schaffung von Voraussetzungen zum Verstehen des Rechnungswesens (Literatur, Seminare etc.) als auch die Opportunitätskosten der zur Aufnahme und Auswertung der Informationen benötigten Zeit. Für die nicht politisch tätigen Bürger kommen außerdem die Mühen hinzu, mit denen die Beschaffung der Rechenwerke verbunden ist (zum Beispiel Anfahrt zur Gemeindeverwaltung, wo die Rechenwerke eingesehen werden können). Manchmal besteht auch eine Hemmschwelle, bei einer Behörde mit einem Anliegen vorstellig zu werden. Deren Überwindung läßt sich auch als Kosten im Sinne einer Beeinträchtigung der individuellen Wohlfahrtslage interpretieren.[366)]
Hohe individuelle Kosten der Informationsaufnahme können dazu führen, daß das Rechnungswesen als Informationssystem nicht oder nur schwach genutzt wird. Die Kontrolle der Agenten, mithin der kybernetische Regelungsprozeß, wäre dadurch beeinträchtigt. Da gerade das Gegenteil gesellschaftlich erwünscht ist, besteht das Erfordernis, das kommunale Rechnungswesen so zu gestalten, daß die individuellen Kosten der Informationsaufnahme und -auswertung möglichst gering sind. Das bedeutet: Die Rechenwerke müssen gut zugänglich sowie leicht und schnell verständlich sein[367)], und auch im Planungsprozeß müssen Transparenz und Information im Vordergrund stehen[368)].

Neben der Frage, *wie* das Rechnungswesen gestaltet sein sollte, ist auch bedeutsam, *wer* für die Gestaltung der Normen verantwortlich sein sollte. Es ist naheliegend, daß die Autorität für die Normensetzung nicht solchen Beteiligten obliegen darf, deren Interessen im Gegensatz zu jenen stehen, denen das Rechnungswesen gerecht werden soll. Daher scheiden sowohl die Verwaltung als auch die Gemeindevertretung aus. Wäre eine dieser Instanzen für die Normensetzung verantwortlich, bestünde die Gefahr, daß vor allem solche Informationen vermittelt werden, die erfolgreiches Handeln im Sinne der Bürger belegen, während solche Informationen unterdrückt werden, deren Bekanntgabe den persönlichen Interessen von Politikern und

363) Mitschke, Joachim (1990), S. 105.
364) Mitschke, Joachim (1990), S. 105.
365) Vgl. KGSt (1995a), S. 10.
366) Vgl. Kirsch, Guy (1983), S. 47; Istel, Werner (1981), S. 6.
367) Vgl. auch Hafner, Wolfgang (1995), S. 125; KGSt (1995a), S. 10; Wolters, Gerrit Jan (1992), S. 218; Zwehl, Wolfgang von / Zupancic, G. Michael (1990a), S. 227.
368) Vgl. Gornas, Jürgen / Jüngel, Erwin (1993), S. 26; KGSt (1995a), S. 10.

Verwaltungsmitarbeitern abträglich ist. Auf diese Weise könnte der Versuch unternommen werden, sich einer wirksamen Kontrolle zu entziehen. Ebenso könnte die Art der Vorgaben der Planungsrechnungen an den Interessen von Politikern und Verwaltungsmitarbeitern ausgerichtet werden.
Derartige Gefahren bestünden nicht, wenn die Autorität für die Normensetzung bei der obersten Instanz der Delegationskette läge, also bei den Bürgern. Daß dies aufgrund der Komplexität der Normen nicht funktionieren könnte, ist unmittelbar einsichtig, zumal die geforderte überregionale Einheitlichkeit nicht gewährleistet wäre. Sowohl für die Kommunalverwaltung als auch die Privatwirtschaft, in der ähnliche Principal-Agent-Beziehungen existieren, hat es sich als zweckmäßig erwiesen, daß eine unabhängige Instanz außerhalb der Delegationskette für die Normensetzung verantwortlich ist. Da diese Instanz gleichwohl demokratisch legitimiert sein sollte, bietet sich hierfür der Gesetzgeber an.

So bedeutsam es ist, daß die Normensetzung durch eine unabhängige Instanz erfolgt, so wichtig ist auch die zuverlässige Überwachung der Einhaltung der Normen. Denn die im Sinne der Funktionen des Rechnungswesens wirkungsvollsten Normen sind wertlos, wenn sie aus Unachtsamkeit nicht berücksichtigt oder sogar vorsätzlich mißachtet werden. Aus den im Hinblick auf die Normensetzung genannten Gründen sollte auch die Überwachung durch eine unabhängige Instanz erfolgen. Der Überwachung sollten sowohl die Planungs- und Kontrollrechnungen als auch die Verfahren ihrer Aufstellung und Veröffentlichung, also der gesamte Regelungsprozeß, unterliegen. Die überwachende Instanz muß neben ihrer Unabhängigkeit über ausreichend Sachverstand verfügen und uneingeschränkten Zugang zu den zur Überwachung erforderlichen Akten der Verwaltung haben. Die Überwachung sollte zeitnah erfolgen, damit die Informationen rechtzeitig in geprüfter Form zur Verfügung stehen.

Abschließend ist darauf hinzuweisen, daß die auf dem kommunalen Rechnungswesen basierenden Informationen ein Kollektivgut mit Ausschlußmöglichkeit darstellen, dennoch durch die Verwaltung ohne monetäres Entgelt bereitgestellt, also durch Abgaben der Bürger finanziert werden. Daher ist von besonderer Bedeutung, daß auch das kommunale Rechnungswesen dem Formalziel der Wirtschaftlichkeit ebenso Rechnung zu tragen hat wie die Verwaltung im allgemeinen[369]. Mithin sollte die Differenz aus seinem monetär bewerteten Nutzen und den Kosten möglichst groß sein[370]. Dies schließt zum Beispiel aus, auch solche Daten im Rahmen des Rechnungswesens bereitzustellen, deren Nutzen für die Zwecke des Rechnungswesens die Kosten der Datenermittlung und -verarbeitung nicht rechtfertigt.

Abbildung 4-6: Zusammenfassung der entwickelten Anforderungen

- Zielkonformität der Vorgaben
- Zielbezogenheit der Informationen
- Zugänglichkeit der Informationen
- Einheitlichkeit und Stetigkeit des Rechnungswesens
- Normensetzung und -überwachung durch unabhängige Instanzen
- Wirtschaftlichkeit des Rechnungswesens

369) Vgl. Gelhoff, Werner (1985), S. 5; KGSt (1995a), S. 9; Mitschke, Joachim (1990), S. 102; Zwehl, Wolfgang von / Zupancic, G. Michael (1990a), S. 227.

370) Zur Begründung des Strebens nach einer maximalen Kosten-Nutzen-Differenz vgl. Mitschke, Joachim (1990), S. 22.

5. Überprüfung des bestehenden Rechnungswesens

Im folgenden soll das bestehende kameralistische Rechnungswesen der Verwaltung auf Mängel untersucht werden. Im ersten Schritt soll analysiert werden, inwiefern das Rechnungswesen konzeptionelle Mängel aufweist, deren Ursache im Haushaltsrecht liegt. Hierzu ist zu prüfen, inwiefern das Rechnungswesen auf Basis der derzeitigen Rechtsnormen den im vierten Kapitel entwickelten Anforderungen genügt. Im zweiten Schritt soll analysiert werden, inwiefern die Praxis des Rechnungswesens von den Vorschriften des Haushaltsrechts abweicht und dadurch die Steuerungswirkungen des Rechnungswesens positiv wie negativ beeinflußt werden. Zum Abschluß der beiden Untersuchungsteile sollen jeweils eine zusammenfassende Bewertung erfolgen und erste Schlußfolgerungen für die Reform des Rechnungswesens gezogen werden.

Abbildung 5-1: Vorgehensweise im Rahmen des fünften Kapitels

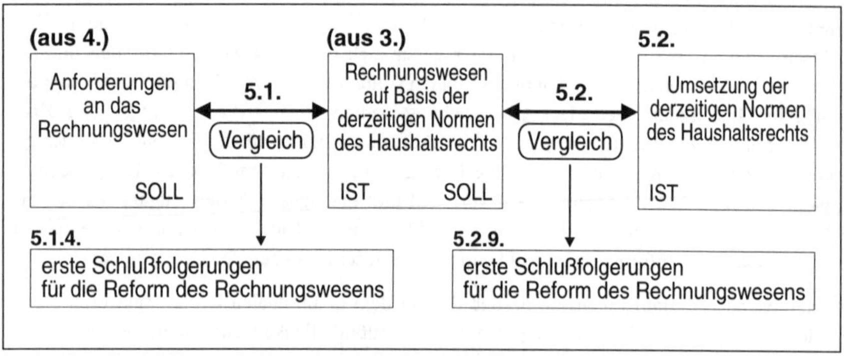

5.1. Analyse der rechtlich-organisatorischen Konzeption

Zunächst kann festgestellt werden, daß das bestehende Rechnungswesen ungeachtet aller Mängel, auf die noch einzugehen sein wird, einen wichtigen Bestandteil im System kommunaler Verwaltungssteuerung darstellt. Wenngleich sein Nutzen kaum monetär bewertet werden kann, dürfte unbestritten sein, daß dieser deutlich über den Kosten liegt und die Betreibung des bestehenden Rechnungswesens vorteilhaft ist. In der Literatur werden zumindest keine gegenteiligen Auffassungen darüber vertreten. Gleichwohl kann bezweifelt werden, daß das Rechnungswesen wirtschaftlich ist. Zumindest werden die folgenden Ausführungen verdeutlichen, daß Veränderungsmöglichkeiten bestehen, die die Kosten-Nutzen-Differenz vergrößern würden.

Werden die im vierten Kapitel dargestellten Anforderungen im einzelnen betrachtet, so ist festzustellen, daß einige von ihnen im bestehenden Rechnungswesen verwirklicht sind. Dies betrifft erstens die Unabhängigkeit der Normensetzung. Diese erfolgt durch das Land, das in bezug auf innerkommunale Interessenkonflikte als neutrale Instanz betrachtet werden kann. Hierdurch ist zugleich die landesweite Übereinstimmung der Normen gewährleistet, so daß zweitens die geforderte Einheitlichkeit und Stetigkeit des Rechnungswesens weitgehend si-

chergestellt ist[372]. Daß gleichwohl kaum Daten verfügbar sind, die zu Zwecken der Verwaltungskontrolle sinnvoll miteinander verglichen werden können, ist ein Problem mangelnder Zielbezogenheit der Informationen, dem unten noch nachgegangen wird. Folgt man dem Wortlaut der HGO so müßte drittens die Anforderung verwirklicht sein, daß die Normenüberwachung durch unabhängige Instanzen erfolgt, nämlich durch das Rechnungsprüfungsamt[373] im Rahmen der Prüfung der Jahresrechnung und durch die Aufsichtsbehörde, soweit es die Rechtmäßigkeit von Haushaltssatzung und Haushaltsplan zu beurteilen gilt[374]. Nicht von der Hand zu weisen sind allerdings Zweifel, ob gemeindeeigene Rechnungsprüfungsämter im Alltagsgeschäft wirklich so unabhängig sein können, wie dies wünschenswert wäre. Immerhin ist zu bedenken, daß in diesen Fällen der Gemeindevorstand über die Beförderung der ihn Prüfenden zu befinden hat.
Vielfältige konzeptionelle Mängel weist das Rechnungswesen im Hinblick auf die Zielkonformität der Vorgaben, die Zielbezogenheit der Informationen und die Zugänglichkeit der Informationen auf. Diese werden Gegenstand der folgenden Betrachtungen sein.

5.1.1. Mangelhafte Zielkonformität der Vorgaben

5.1.1.1. Vorgabe von Mitteln anstelle von Zielen

Durch den Haushaltsplan wird festgelegt, in welcher Höhe die Verwaltung innerhalb des Haushaltsjahres für die durch einzelne Haushaltsstellen definierten Kombinationen aus Aufgabengebiet und Ausgabeart Zahlungen leisten darf. Damit gibt die Gemeindevertretung Restriktionen für den Einsatz finanzieller Mittel detailliert vor, während eine explizite Festlegung der Ziele, zumindest im Rahmen der Haushaltsplanung, regelmäßig nicht erfolgt. Damit besteht für die Teileinheiten der Verwaltung, zum Beispiel die Fachämter oder einzelne mittelbewirtschaftende Mitarbeiter, nicht nur die Möglichkeit, sondern sogar das Erfordernis, innerhalb der Grenzen der bereitgestellten Mittel die Ziele selbständig abzuleiten, soweit nicht auf andere Weise, zum Beispiel durch Gesetze oder Anweisungen übergeordneter Instanzen, entsprechende Festlegungen erfolgen. Ihr Handeln werden sie an den Zielen ausrichten, von denen sie glauben, daß sie für erstrebenswert zu halten sind. Dies trifft auf den Gemeindevorstand ebenso zu wie auf die Mitarbeiter auf unterer Ebene. So könnte zum Beispiel ein Chemielaborant, der großteils mit routinemäßigen Kontrolluntersuchungen in einer kommunalen Kläranlage betraut ist, sich als Ziel eine größere Schnelligkeit und höhere Präzision ableiten, die nur durch die ständige kostenintensive Verbesserung der Analyseinstrumente erreicht werden kann. Wäre ihm statt dessen die Minimierung der Kosten unter der Nebenbedingung bestimmter Mindestanforderungen an Schnelligkeit und Präzision als Ziel vorgegeben, könnte er sein Handeln ökonomisch sinnvoll daran ausrichten.[375]

---

372) Gleichwohl ist festzustellen, daß die durch das Land vorgegebenen Mindeststandards in der Praxis oft nicht erfüllt werden. Dies bedeutet jedoch keinen Mangel des Rechnungswesens in konzeptioneller Hinsicht, sondern hängt mit mangelhafter Umsetzung der Vorschriften zusammen. Hierauf wird in Abschnitt 5.2. noch einzugehen sein.

373) In § 130 Abs. 1 HGO ist geregelt: „Das Rechnungsprüfungsamt ist bei der Durchführung von Prüfungen unabhängig. Der Gemeindevorstand kann keine Weisungen erteilen, die den Umfang, die Art und Weise oder das Ergebnis der Prüfung betreffen. Im übrigen bleiben die Befugnisse des Gemeindevorstands und des Bürgermeisters unberührt.“ Vgl. auch Abschnitt 3.6.5.

374) Vgl. § 135, 138 und 143 HGO.

375) Das Beispiel wurde in leicht geänderter Form entnommen aus: Volz, Jürgen (1987), S. 180.

Durch die fehlende explizite Vorgabe von Zielen wird also das politische Zielsystem für Ziele von politisch nicht verantwortlichen Verwaltungsangehörigen geöffnet. Damit geht die Gefahr einher, daß das Handeln der Verwaltung zumindest teilweise nicht mit den durch die Gemeindevertretung auf die Verwaltung zu übertragenden Interessen der Bürger in Einklang gebracht wird.

5.1.1.2. Inkrementalismus als Planungsprinzip

Die Gestaltung der detaillierten Vorgaben in Form einer Vielzahl von Ansätzen einzelner Haushaltsstellen stellt mit zunehmender Gemeindegröße ein immer komplexer werdendes Planungsproblem dar. Dieses zu bewältigen bedarf eines Ausmaßes an Informationen, die die Informationskapazität der Beteiligten bei weitem übersteigt[376)], wobei die ehrenamtlich Tätigen in Gemeindevorstand und Gemeindevertretung hiervon in besonderem Maße betroffen sind[377)]. Dies zwingt die Beteiligten zur Anwendung von Heuristiken, die ihr Planungsproblem vereinfachen und handhabbar machen: So werden nicht für jedes Haushaltsjahr alle möglichen Entscheidungsalternativen „von Grund auf neu gesucht, ihre Konsequenzen prognostiziert und bewertet. Vielmehr werden die meisten Budgetierungsprobleme als den in der vorangegangenen Periode zu treffenden Entscheidungen sehr ähnlich wahrgenommen. Zur Lösung der komplexen Budgetierungsprobleme erscheint es deshalb ein logischer Weg zu sein, die Lösung der vorangegangenen Periode heranzuziehen und im Lichte der wahrgenommenen Veränderungen zu modifizieren."[378)] Für die Praxis der Planung bedeutet dies konkret, daß im wesentlichen die Ansätze bzw. Rechnungsergebnisse der Vorjahre fortgeschrieben werden[379)]. Eine Modifikation erfolgt lediglich durch Erhöhung der Ansätze um die inzwischen eingetretenen Preis- und Lohnsteigerungen und durch Ergänzung der Ansätze aufgrund neuer Aufgaben (Abbildung 5-2).[380)]

Nur kleine Teile des Haushaltsplans werden zum Gegenstand ernsthafter Untersuchungen. Dabei werden ohne vorrangige Festlegung von Zielen besonders drängende Teilprobleme eines komplexen Gesamtproblems herausgelöst und bewältigt. Da die Problembewältigung in kleinen Schritten an jeweils neu auftretende drängende Problemaspekte angepaßt wird, bezeichnet man diese Vorgehensweise auch als „inkrementales Verfahren".[381)] Oft wird auch von „Stückwerkstechnik"[382)] oder „muddling through"[383)] („Durchwursteln") gesprochen.

Der Inkrementalismus hat zwar den Vorteil, daß er einen schnellen Entscheidungsprozeß ermöglicht und insbesondere Kollektiventscheidungen erleichtert[384)]. Bedenklich ist jedoch, daß hierdurch weder die bisherigen Aktivitäten der Verwaltung hinsichtlich ihrer Wirtschaftlich-

---

376) Vgl. Bamberger, Ingolf (1971), S. 146.

377) Vgl. Brückmann, Friedel (1994), S. 223. Zur Überlastung ehrenamtlich Tätiger und der asymmetrischen Informationsverteilung zu deren Lasten vgl. auch Abschnitt 4.4.

378) Bamberger, Ingolf (1971), S. 146-147.

379) Vgl. Brückmann, Friedel / Walther, Norbert (1994), S. 142; Engelhardt, Gunter (1986), S. 132; Langner, Peter (1983), S. 39; Mitschke, Joachim (1990), S. 14; Müller, Reinhard (1995), S. 219; Ossadnik, Wolfgang (1990), S. 1675; Schmidberger, Jürgen (1993), S. 209.

380) Vgl. Volz, Jürgen (1987), S. 177.

381) Vgl. Picot, Arnold / Lange, Bernd (1979), S. 572. Generell zum Problem des Inkrementalismus vgl. Braybrooke, David / Lindblom, Charles E. (1963), S. 81-146.

382) Picot, Arnold / Lange, Bernd (1979), S. 572.

383) Lindblom, Charles E. (1959).

384) Vgl. Bamberger, Ingolf (1971), S. 148; Volz, Jürgen (1987), S. 178; Wildavsky, Aaron (1978), S. 508.

Abbildung 5-2: Vorgehensweise bei der traditionellen Budgetierung[385)]

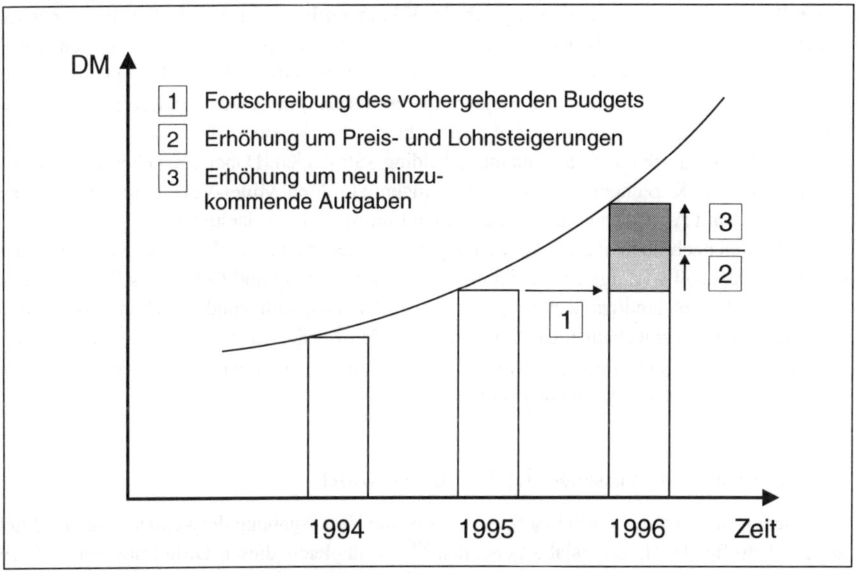

keit untersucht werden noch die Möglichkeit in Erwägung gezogen wird, laufende Aktivitäten zugunsten neuer Aktivitäten abzusetzen oder zu reduzieren[386)]. Durch die enge Bindung der Verwaltung an die inkremental ermittelten Vorgaben wird vielfach unwirtschaftliches Handeln der Vergangenheit systematisch fortgesetzt[387)]. Der hohe Detaillierungsgrad der verbindlichen haushaltsplanerischen Vorgaben und der daraus resultierende Inkrementalismus sind insofern dem Formalziel der Wirtschaftlichkeit abträglich. Da nur eine langsame, schrittweise Anpassung des Verwaltungshandelns an sich ändernde Umweltbedingungen erfolgt[388)], besteht außerdem die Gefahr, daß trotz geänderter Interessen der Bürger und damit deren Erwartungen gegenüber der Verwaltung bisherige Strukturen beibehalten werden[389)], so daß auch wichtige Sachziele auf der Strecke bleiben.

5.1.1.3. Primat der Mittelanmeldungen

Soweit Ansätze und Rechnungsergebnisse der Vorjahre nicht einfach fortgeschrieben und den Preis- und Lohnsteigerungen angepaßt, sondern aufgabenbezogen geändert werden sollen, erhalten die Anmeldungen des Mittelbedarfs durch die Teileinheiten der Verwaltung ein großes Gewicht. In deren Rahmen wird auch der Chemielaborant bei der Vorbereitung des Haushaltsplanentwurfs soviele finanzielle Mittel fordern, wie er glaubt, zur Erreichung der von ihm gesteckten Ziele zu benötigen. Werden seine Forderungen nicht erfüllt oder drohen gar Kür-

385) In etwas abgewandelter Form entnommen aus: Volz, Jürgen (1987), S. 177.
386) Vgl. Volz, Jürgen (1987), S. 177.
387) Vgl. Dreyfack, Raimond/Seibel, Johannes J. (1978), S. 23.
388) Vgl. Bamberger, Ingolf (1971), S. 152.
389) Vgl. Brückmann, Friedel/Walther, Norbert (1994), S. 142.

zungen bisheriger Mittel, können er und andere die Verantwortung für unzulängliche Aufgabenerfüllung in dem betreffenden Bereich der Kämmerei bzw. den politischen Instanzen zuschieben[390]. Durch diesen Druck ist die Wahrscheinlichkeit groß, daß die geforderten Mittel zumindest teilweise bewilligt werden. Schließlich ist es aufgrund von Informationsasymmetrie für die übergeordneten, insbesondere die politischen, Instanzen schwierig, zu überprüfen, ob die Forderungen berechtigt sind oder nicht.

An dieser Stelle greifen auch sogenannte „Padding"-Strategien. Dabei versuchen die Teileinheiten, mögliche Kürzungen zu antizipieren, indem sie ihren Mittel-Vorschlag entsprechend „polstern", damit Abstriche keine substanziellen Eingriffe für sie darstellen.[391]

Der von unten nach oben ablaufende Planungsprozeß bei erheblicher Informationsasymmetrie hat zur Folge, „daß wichtige Entscheidungen über den Umfang und Gehalt des Budgets nicht in den eigentlich zuständigen zentralen Führungsinstanzen gefällt, sondern schon vorher durch einen Koordinationsmechanismus präjudiziert werden, ... der es der politisch nicht verantwortlichen Verwaltung erlaubt, autonom über wesentliche Positionen ihrer Etats und damit die ... Ressourcenverteilung zu entscheiden"[392].

5.1.1.4. Anreize zur Ausschöpfung bewilligter Mittel

Nach dem Grundsatz der zeitlichen Spezialität ist die Verausgabung der veranschlagten Mittel an das betreffende Haushaltsjahr gebunden[393]. Wenngleich dieser Grundsatz durch § 19 GemHVO für bestimmte Ausgaben eingeschränkt wird, kann konstatiert werden, daß zumindest die Mittel des Verwaltungshaushalts in den meisten Fällen nicht in das folgende Jahr übertragbar sind[394]. Hierdurch entstehen Anreize zur zeitlich verfrühten Verausgabung von Mitteln. Diese werden immer dann wirksam, wenn eine Teileinheit der Verwaltung im Laufe des Haushaltsjahres feststellt, daß für eine durch sie bewirtschaftete Haushaltsstelle mehr Mittel veranschlagt wurden, als sie zur Erfüllung ihrer Aufgaben im Haushaltsjahr benötigt. Da Sparsamkeit nicht belohnt wird, ist es für die Teileinheit in dieser Situation vorteilhaft, Ausgaben, die erst im folgenden Jahr erforderlich sind, vorzuziehen und sich so für das folgende Jahr einen größeren Handlungsspielraum zu verschaffen. Die bei den Finanzmitteln fehlende Übertragbarkeit kann also durch Umwandlung in Sachgüter, deren Nutzbarkeit am Jahresende nicht verfällt, unterlaufen werden. Diese Möglichkeit eröffnet sich insbesondere in bezug auf lagerbare Verbrauchsgüter, wie zum Beispiel Büromaterial, Reinigungsmittel, Heizöl oder Bau- und Werkstoffe. Folge sind übertriebene Vorräte, die unnötig Kapital binden, damit unwirtschaftlich, also zielwidrig sind[395]. Der durch die eigene Handlungsweise

---

390) Vgl. Brückmann, Friedel (1994), S. 226; Strehl, Franz (1985), S. 89.

391) Vgl. Brückmann, Friedel / Walther, Norbert (1994), S. 142; Volz, Jürgen (1987), S. 179.

392) Rürup, Bert (1971), S. 33. Vgl. auch Brückmann, Friedel (1994), S. 223.

393) Ausführlicher zum Grundsatz der zeitlichen Spezialität vgl. Abschnitt 3.5.3.

394) Ausgaben des Verwaltungshaushalts können nach § 19 Abs. 2 GemHVO nur dann für übertragbar erklärt werden, „wenn die Übertragbarkeit eine sparsame Bewirtschaftung der Mittel fördert". In den Verwaltungsvorschriften heißt es hierzu, daß „die Voraussetzungen für die Anordnung der Übertragbarkeit ... nur in Ausnahmefällen gegeben sein" werden.

395) Vgl. Thieme, Werner (1984), S. 133; Eichelhardt, Horst (1992), S. 70. Eichelhardt weist zu Recht darauf hin, daß im Rahmen der örtlichen Rechnungsprüfung untersucht werden sollte, ob die Lagervorräte der Hilfsbetriebe dem Bedarf entsprechen. Zweifellos kann eine solche Prüfung nur krasse Mißverhältnisse aufdecken und ist auch nur dort praktikabel, wo die Vorräte zentral gelagert werden, zum Beispiel in einem Bauhof. Das auf eine große Menge dezentraler Verwaltungseinheiten verteilte Vorziehen von Ausgaben wird durch die Rechnungsprüfung allenfalls in Einzelfällen nachweisbar sein.

dieser Art („Aktion Eichhörnchen"[396]) entstehende Zinsverlust beeinträchtigt die finanzielle Situation der Verwaltung insgesamt, ist aber mit zunehmender Größe der Verwaltung für die so handelnden Teileinheiten selbst kaum spürbar.
Anreize zur Ausschöpfung der Mittel verursacht auch der auf der Planungsebene bestehende Inkrementalismus. Durch die Fortschreibung des finanziellen Bedarfs der Vorjahre droht bei Unterschreitung der budgetierten Ansätze die Kürzung der Mittel im nächsten Jahr[397]. Für die Teileinheiten ist es daher vorteilhaft, die ihnen zur Verfügung stehenden Mittel auszuschöpfen, um eine Beschneidung ihrer zukünftigen Handlungsspielräume ebenso zu verhindern wie die Notwendigkeit, erhöhten Mittelbedarf in späteren Jahren ausgiebig begründen zu müssen. Während die fehlende Übertragbarkeit von Haushaltsmitteln lediglich ein zeitliches Vorziehen zukünftig erforderlicher Ausgaben vorteilhaft macht, legt der Inkrementalismus die Ausschöpfung der Ansätze auch durch solche Ausgaben nahe, die für die zu erfüllenden Aufgaben entweder überhaupt nicht erforderlich sind oder zumindest in einem unangemessenen Verhältnis zu ihnen stehen. Damit wird nicht zuletzt die Nutzung von Freiräumen zur Realisierung persönlicher Individualwohlziele der Mitarbeiter, etwa „on-the-job-comsumtion", gefördert.
Sowohl die zeitliche Spezialität als auch der Inkrementalismus verursachen also Anreize, budgetierte Ansätze möglichst vollständig auszuschöpfen, auch wenn hierdurch „verschwenderisch"[398] gehandelt wird. Die Sicherheit, mit der der Spielraum für derartiges Verhalten durch die Mitarbeiter prognostiziert werden kann, nimmt im Verlauf des Haushaltsjahres zu und erreicht am Jahresende ihren Höhepunkt. Genau dann treten die beschriebenen Phänomene verstärkt auf und werden deshalb auch als „Dezemberfieber"[399] bezeichnet. Eine zu frühe Nutzung des Spielraums würde die Gefahr in sich bergen, einen Nachtragsbedarf auszulösen, diesen begründen zu müssen und möglicherweise eine abträgliche Diskussion über die Erforderlichkeit von Mitteln für das betreffende Aufgabengebiet zu verursachen. Daran kann seitens der Teileinheiten kein Interesse bestehen.

5.1.1.5. Fehlende Flexibilität der Teileinheiten der Verwaltung

Die ausschließlich am Einsatz finanzieller Mittel orientierten Vorgaben des Haushaltsplans geben einerseits den Teileinheiten einen Spielraum bei der Ableitung der ihrem Handeln zugrunde zu legenden Ziele[400]. Andererseits führt aber die strikte Zweckbindung der einzelnen Haushaltsstellen zu einer starken Begrenzung der potentiellen Handlungsalternativen. Änderungen von Planungsprämissen während des Haushaltsjahres können dann dazu führen, daß Handlungsalternativen, die hinsichtlich der zu verfolgenden Ziele optimal wären, an den Vorgaben des Haushaltsplans scheitern. Typisch hierfür ist die Situation, daß bezogen auf den Zuständigkeitsbereich einer Teileinheit sich einige Ausgabeansätze als zu niedrig erweisen, während die Mittel anderer Haushaltsstellen nicht vollständig benötigt werden.

---

396) Meier, Hardi (1994), S. 223.

397) Vgl. Dreyfack, Raimond / Seibel, Johannes J. (1978), S. 18 und 16; Mitschke, Joachim (1990), S. 14; ders. (1994), S. 22.

398) Mitschke, Joachim (1990), S. 14. Vgl. auch Ossadnik, Wolfgang (1993), S. 67.

399) zum Beispiel in Bund der Steuerzahler Hessen e.V. (1988), S. 21; Freudenberg, Dierk (1994), S. 102; Ossadnik, Wolfgang (1990), S. 1674; ders. (1993), S. 66; Volz, Jürgen (1987), S. 178; „Dezemberausgaben" in Rose, Joachim (1994), S. 243; Thieme, Werner (1984), S. 133.

400) Vgl. Abschnitt 5.1.1.1. (Beispiel des Chemielaboranten).

In einer derartigen Situation sind zwei alternative Reaktionen der Teileinheit möglich: Erstens könnte sie ihr Handeln den Vorgaben anpassen und eine suboptimale Handlungsalternative realisieren. Dies kann auch bedeuten, daß wegen fehlender Mittel ein zieladäquates Handeln völlig ausbleibt. Zweitens könnte sie eine Änderung der Vorgaben anregen. Jene wäre am einfachsten durch über- oder außerplanmäßige Ausgaben möglich. Meistens wird dies jedoch daran scheitern, daß die strikten Voraussetzungen für über- bzw. außerplanmäßige Ausgaben nicht erfüllt sind[401]. In diesem Fall müßte durch die Gemeindevertretung in einem aufwendigen Verfahren eine Nachtragssatzung erlassen werden. In beiden Fällen wäre die verantwortliche Teileinheit gezwungen, ihr Anliegen vorzubringen, zu begründen und gegebenenfalls zu rechtfertigen, weshalb die Struktur des Ausgabebedarfs nicht schon bei der Aufstellung des Haushaltsplans absehbar war. Schließlich lenkt sie hierdurch auch das Augenmerk der politischen Gremien auf ihren Zuständigkeitsbereich, baut im Falle einer Diskussion über die Veränderung der Vorgaben Informationsasymmetrie ab und riskiert damit, daß hinsichtlich der von ihr bewirtschafteten Haushaltsstellen bei nächster Gelegenheit das inkrementale Vorgehen durch eine genauere Betrachtung ihres Zuständigkeitsbereichs ersetzt wird.
Es ist offensichtlich, daß die Anpassung an die Vorgaben des Haushaltsplans für die Teileinheit den angenehmeren Weg darstellt, zumal suboptimale Handlungsweisen aufgrund mangelnder Kontrolle der Zielerreichung durch die übergeordneten Instanzen kaum festgestellt werden können. Soweit kurzfristig gehandelt werden soll und über- bzw. außerplanmäßige Ausgaben unzulässig sind, ist dies sogar der einzig gangbare Weg, da der Erlaß einer Haushaltssatzung ein langwieriges Verfahren darstellt.
Die fehlende Flexibilität bei der Mittelbewirtschaftung führt zu mangelnder Aufgabenbewältigung[402] und Unwirtschaftlichkeit[403], da der bedarfsgerechte Einsatz der Mittel behindert wird. Während ein „Privatunternehmen personelle und sachliche Produktivkräfte für das angestrebte Produktionsziel kostenminimal kombiniert und flexibel auf unvorhergesehene Änderungen der Produktionsmittelpreise oder der technischen und rechtlichen Produktionsbedingungen reagieren kann“[404], fehlt diese Kompetenz einer Behörde regelmäßig, da die Entscheidungen bereits ex ante in einem „produktionstechnischen“ Sinn festgelegt sind[405].
Die fehlende Flexibilität hat auch weitreichende Folgen arbeitspsychologischer Art. So werden die Kreativitäts- und Gestaltungspotentiale der Mitarbeiter in ihrer Entfaltung gehemmt. Die dadurch sinkende Motivation beeinträchtigt die Wertschöpfung der Leistungserstellung und trägt so zur Unwirtschaftlichkeit bei.[406]

401) Voraussetzung ist, daß die Ausgaben „unvorhergesehen und unabweisbar sind und die Deckung gewährleistet ist“ (§ 100 Abs. 1 HGO, vgl. auch Abschnitte 3.5.3. und 3.6.3.). Die Gewährleistung der Deckung ist unproblematisch, soweit der Mitarbeiter auf Minderausgaben anderer von ihm bewirtschafteter Haushaltsstellen verweisen kann. Im Falle geänderter Planungsprämissen ist in der Regel auch die Voraussetzung der Unvorhersehbarkeit erfüllt. Die Unabweisbarkeit der Ausgabe ist jedoch nur selten gegeben.

402) Vgl. Barthel, Christian (1994), S. 298; Kinzel, Hans Georg (1993a), S. 179; Ossadnik, Wolfgang (1990), S. 1676.

403) Vgl. Färber, Gisela (1992), S. 1051; Harms, Jens/Naumann, Theodor (1992), S. 822; Mitschke, Joachim (1994), S. 22; Morath, Konrad (1993), S. 669; Ossadnik, Wolfgang (1993), S. 66-67.

404) Mitschke, Joachim (1990), S. 15.

405) Vgl. Färber, Gisela (1992), S. 1051.

406) Vgl. Barthel, Christian (1994), S. 298 und 301.

5.1.2. Mangelhafte Zielbezogenheit der Informationen

Zur Beurteilung der Zielbezogenheit der Informationen, die das Rechnungswesen seinen Adressaten vermittelt, ist zu unterscheiden zwischen den Planungsdaten und den Ergebnisdaten:

Im Rahmen der Planung werden der Gemeindevertretung und der Öffentlichkeit mit dem Haushaltsplanentwurf die Vorschläge für die Vorgaben bekannt gemacht, die die Verwaltung zu erhalten wünscht. Der von der Gemeindevertretung beschlossene Haushaltsplan setzt die Öffentlichkeit über die tatsächlich erfolgten Vorgaben an die Verwaltung in Kenntnis. Da sich die Vorgaben nicht an Zielen, sondern am Einsatz finanzieller Mittel orientieren, ist unmittelbar einsichtig, daß auch ihr Informationsgehalt für Gemeindevertretung und Öffentlichkeit nicht zielbezogen sein kann. So wie der Chemielaborant verschiedene Ziele ableiten kann, besteht insbesondere für die Öffentlichkeit bei der erforderlichen Interpretation der Vorgaben ein erheblicher Spielraum, dessen Ausmaß oft durch fehlende Kenntnisse der „Außenstehenden" hinsichtlich der aufgabenbezogenen Rahmenbedingungen noch begünstigt wird. Ob die Gemeindevertretung die Interessen der Bürger verfolgt, läßt sich durch die Kenntnis der Planvorgaben daher nur ansatzweise nachvollziehen.

Die Dokumentation und Kontrolle erfolgt einerseits durch die Jahresrechnung, andererseits durch die in den Haushaltsplan aufgenommenen Rechnungsergebnisse und einen Teil der Anlagen. Analog zur Planung beziehen sich auch Dokumentation und Kontrolle im wesentlichen auf den Einsatz finanzieller Mittel. Durch den Vergleich von Ansätzen und Rechnungsergebnissen läßt sich zweifelsfrei feststellen, ob die Verwaltung den Haushaltsplan ordnungsgemäß vollzogen hat[407)]. Jedoch wird durch die Daten der Haushaltsrechnung keine Rechenschaft über die Ergebnisse getroffener Entscheidungen und Maßnahmen, also über den Output bzw. den Erfolg des Verwaltungshandelns, abgelegt[408)]. Aussagen über die Erreichung von Sachzielen, also die Wirksamkeit des Verwaltungshandelns, läßt die Haushaltsrechnung daher nicht zu. Gleichzeitig wird der zur Erzielung des Outputs erfolgte Ressourcenverbrauch durch die Beschränkung der Rechnungen auf die Erfassung von Einnahmen und Ausgaben unzureichend dokumentiert. Selbst in den Unterabschnitten kostenrechnender Einrichtungen, in denen ausnahmsweise kalkulatorische Zinsen und Abschreibungen ausgewiesen werden, entspricht die Summe der „Ausgaben" nicht zwingenderweise den Kosten im betriebswirtschaftlichen Sinne. So wird keine kostengerechte Periodenabgrenzung vorgenommen: Rechnungsabgrenzungsposten und Rückstellungen existieren nicht. Auch werden gelagerte Roh-, Hilfs- und Betriebsstoffe nicht entsprechend ihrem Verbrauch, sondern entsprechend ihrer Anschaffung periodisiert. Ergänzende Kostenrechnungen werden allenfalls verwaltungsintern geführt. Aufgrund der fehlenden Kosteninformationen ist es anhand der Rechnungsergebnisse nicht möglich, die Wirtschaftlichkeit des Verwaltungshandelns zu beurteilen[409)]. Folglich bleibt unwirtschaftliches Verhalten weitgehend unentdeckt und ist damit der Sanktionierung entzogen.

Die fehlende Kostentransparenz führt jedoch nicht nur zu einer mangelhaften Kontrolle der Verwaltung, sondern bedeutet darüber hinaus eine Verzerrung der Entscheidungsgrundlagen auf der Planungsebene: Die Gemeindevertretung ist im Rahmen ihres Entscheidungsspiel-

407) Vgl. Mitschke, Joachim (1990), S. 14; Müller, Reinhard (1995), S. 217; Oettle, Karl (1991), S. 165; Schmidt, Hans-Jürgen (1995), S. 306.

408) Vgl. Brückmann, Friedel (1994), S. 223; Oettle, Karl (1991), S. 165; Zwehl, Wolfgang von / Zupancic, G. Michael (1990a), S. 228.

409) Vgl. Schmidt, Hans-Jürgen (1995), S. 306; Zwehl, Wolfgang von / Zupancic, G. Michael (1990a), S. 228. Zur Bedeutung der Kostenrechnung für die Wirtschaftlichkeitskontrolle vgl. auch Klümper, Bernd (1984), S. 366.

raums dafür zuständig, durch die Festlegung kommunaler Leistungen das für die gesamtwirtschaftliche Wohlfahrt der Gemeinde „optimale Produktionsprogramm“ der Verwaltung zu bestimmen. Erfolgt diese Festlegung auf der Basis einer ökonomisch unsachgerechten Bewertung des Ressourcenverbrauchs, ergibt sich zwangsläufig eine ineffiziente Auswahl der Leistungen[410)].

Vielleicht mag in diesem Punkt die fehlende Kostentransparenz den politisch Verantwortlichen oft nicht ungelegen kommen, eröffnet sie doch Spielräume für stimmenmaximierende Entscheidungen. So stellt Kinzel fest: „Wer möchte schon gerne die Verantwortung übernehmen und dem Bürger klar machen, daß der Besuch im Hallenbad ein Vielfaches von dem kostet, was er in Wirklichkeit bezahlt? Wer will nachvollziehen, daß die versprochene Kanal- oder Straßenbaumaßnahme unter wirtschaftlichen Aspekten - sprich Abschreibung und damit Rücklagenbildung - zu massiven Einschnitten an anderer Stelle führen muß?“[411)] Soweit das Rechnungswesen eine Steuerung im Interesse der Bürger gewährleisten soll, müssen spezifische Eigeninteressen politisch Verantwortlicher bei der Bewertung des Rechnungswesens jedoch zurückstehen[412)]. Die fehlende Kostentransparenz ist daher eindeutig als Mangel zu bewerten.

Die grundsätzliche Kritik an der mangelhaften Zielbezogenheit der Informationen vermögen auch die Anlagen zum Haushaltsplan kaum zu entkräften: Finanzplan und Investitionsprogramm stellen die geplante Fortschreibung des Haushaltsplans dar und weisen damit ebenfalls nur Einnahmen und Ausgaben, jedoch keine Kosten, Erlöse oder explizite Ziele bzw. deren Erreichung aus. Entsprechende Informationen liefern auch die Übersichten über die Verpflichtungsermächtigungen, die Rücklagen und die Schulden[413)] nicht. Lediglich dem Vorbericht sind Informationen zu entnehmen, die zumindest partiell eine Wirtschaftlichkeitskontrolle ermöglichen: So gibt die Entwicklung der Kassenlage Anhaltspunkte, inwieweit es gelungen ist, durch geschickte Koordination von Zahlungszeitpunkten zinskostenintensive Kassenkredite zu vermeiden. Die Darstellung der Investitionen und deren (geschätzten) finanziellen Auswirkungen erlaubt zumindest eine grobe Abschätzung des Ressourcenverbrauchs einzelner Projekte mit Methoden der Investitionsrechnung und kann damit wenigstens als vage Entscheidungsgrundlage dienen. Die übrigen Mindestinhalte des Vorberichts basieren auf Daten des Haushaltsplans, die zusammengefaßt und kommentiert werden. Im Hinblick auf die Verständlichkeit der Informationen des Haushaltsplans haben diese zusammenfassenden Darstellungen durchaus eine wichtige Funktion, eine Kontrolle von Wirksamkeit und Wirtschaftlichkeit ermöglichen aber auch sie nicht.

Die Anlagen zur Jahresrechnung sind größtenteils mit denen zum Haushaltsplan vergleichbar. Die diesbezüglichen Ausführungen treffen insofern sinngemäß zu.

---

410) Vgl. Färber, Gisela (1992), S. 1046 - 1047.

411) Kinzel, Hans Georg (1993b), S. 256.

412) Vgl. Abschnitt 2.5.2.

413) Zur mangelhaften Aussagekraft der in der Schuldenübersicht dargestellten Verschuldung einer Gemeinde, insbesondere der daraus oft ermittelten pro-Kopf-Verschuldung, vgl. Bauer, Siegfried (1988), S. 178 - 180; Hafner, Wolfgang (1989), S. 265 - 266; Hoffmann, Eberhard (1986), S. 246; Schwarting, Gunnar (1987), S. 57 - 58.

5.1.3. Mangelhafte Zugänglichkeit der Informationen

5.1.3.1. Zugang zu den Rechenwerken

Für die Zugänglichkeit der Informationen sind zwei Faktoren maßgeblich: erstens die Möglichkeiten des Zugangs zu den Rechenwerken, zweitens die Verständlichkeit der Rechenwerke. Das derzeitige Rechnungswesen weist hinsichtlich beider Faktoren Schwächen auf.

Für die Angehörigen der Verwaltung ist der Zugang zu den Rechenwerken im allgemeinen unproblematisch. Im Gegensatz zu allen anderen Beteiligten sind sie auch während des laufenden Haushaltsjahres über den aktuellen Stand der Abwicklung des Haushaltsplans unterrichtet, zumindest hinsichtlich der von ihnen jeweils verwalteten Haushaltsstellen. Dies ist schließlich Voraussetzung für eine ordnungsgemäße und vorausschauende Bewirtschaftung der Mittel. Die durch die Kämmerei vorbereitete Jahresrechnung wird durch den Gemeindevorstand in der Regel innerhalb von vier Monaten nach Ablauf eines Haushaltsjahres beschlossen[414)]. Spätestens hierbei erlangen der Bürgermeister und die Beigeordneten umfassende Kenntnis über die finanzwirtschaftlichen Vorgänge des vergangenen Jahres.

Gemeindevertretung und Öffentlichkeit haben Zugang zum Haushaltsplan und zur Jahresrechnung. Eine regelmäßige Unterrichtung der Gemeindevertretung über den aktuellen Stand der Haushaltswirtschaft ist nicht vorgeschrieben[415)]. Zusätzliche Informationen können die Gemeindevertreter jedoch im Bedarfsfall in Form von Anfragen an den Gemeindevorstand einholen. An die Gemeindevertreter bzw. Fraktionen werden in der Regel Abdrucke des Haushaltsplan-Entwurfs, des beschlossenen Haushaltsplans und der Jahresrechnung verteilt, so daß die Informationsgewinnung und -verarbeitung jederzeit möglich ist, auch in den eigenen vier Wänden. Die Öffentlichkeit erhält dagegen durch die HGO nur einen sehr eingeschränkten Anspruch auf Zugang zu den Rechenwerken eingeräumt: Der Entwurf des Haushaltsplans, der beschlossene Haushaltsplan und die Jahresrechnung sind nur an sieben Tagen öffentlich auszulegen. Zur Einsichtnahme muß der Bürger die Gemeindeverwaltung aufsuchen, wodurch ihm Kosten (Anfahrt, Zeitaufwand, Abbau von Schwellenangst) entstehen, die prohibitive Wirkung entfalten[416)]. Zudem kann die öffentliche Auslegung aufgrund der Kürze des Zeitraums leicht verpaßt werden, zumal sie den Bürgern unzureichend bekannt sein dürfte[417)]. Es braucht daher nicht zu verwundern, daß diese Möglichkeit der Informationsbeschaffung von den Bürgern kaum genutzt wird[418)]. Wie Streim mit Verweis auf die Neue Politische Ökonomie schreibt, lasse sich dies nicht allein mit mangelndem Interesse an kommunalen Angelegenheiten erklären, sondern hänge mit den Kosten der Informationsbeschaffung zusammen, die ein rational handelnder Bürger nicht aufzuwenden bereit ist; Informationen, die

---

414) Vgl. 112 HGO; Abschnitt 3.5.4.

415) Eine regelmäßige Unterrichtung hat nur über die durch den Gemeindevorstand beschlossenen über- und außerplanmäßigen Ausgaben (vgl. § 100 HGO; Nr. 4 der VV zu § 100 HGO) sowie über „die wichtigen Verwaltungsangelegenheiten“ (vgl. § 50 Abs. 3 HGO) zu erfolgen.

416) Vgl. Abschnitt 4.7.2.; Kirsch, Guy (1983), S. 47; Istel, Werner (1981), S. 6.

417) Vgl. Zwehl, Wolfgang von / Zupancic, G. Michael (1990a), S. 229.

418) Streim verweist auf eine von Frederic J. Carlson durchgeführte Untersuchung aus Texas/USA, wo 88 % der befragten Personen nie Einblick in die kommunale Rechnungslegung genommen und viele nicht einmal etwas von deren Existenz gewußt haben (angegebene Quelle: Carlson, Frederic J.: An Empirical Investigation of the Citizen's Use of Municipal Accounting Information, Diss. Saint Louis University, 1983) und konstatiert, daß die Situation in den Gemeinden der Bundesrepublik ähnlich sein dürfte (vgl. Streim, Hannes (1987), S. 309). Gornas und Jüngel schreiben bezogen auf Deutschland, daß die öffentliche Auslegung „in der Regel niemand mehr anzulocken“ vermag (vgl. Gornas, Jürgen / Jüngel, Erwin (1993), S. 26. Auch von Zwehl und Zupancic glauben, „daß allenfalls wenige Einwohner die Jahresrechnung tatsächlich einsehen werden“ (Zwehl, Wolfgang von / Zupancic, G. Michael (1990a), S. 229).

den Bürger erreichen sollen, müßten daher zu ihm transportiert werden, was aber nicht geschehe[419].

Als problematisch muß vor allem der Zeitpunkt des Zugangs von Gemeindevertretung und Öffentlichkeit zur Jahresrechnung betrachtet werden: Er erfolgt für die Gemeindevertretung im allgemeinen erst dann, wenn die Prüfung durch das Rechnungsprüfungsamt abgeschlossen und die Beratung und Beschlußfassung durch die Gemeindevertretung vorgesehen ist; die öffentliche Auslegung erfolgt entsprechend später[420]. Nach § 114 HGO kann zwischen dem Ende eines Haushaltsjahres und der Beratung und Beschlußfassung über die Jahresrechnung durch die Gemeindevertretung ein Zeitraum von bis zu zwei Jahren liegen. Einerseits wird den Gemeindevertretern und der Öffentlichkeit die Bewertung der durch die Jahresrechnung vermittelten Informationen durch diesen langen Zeitraum erschwert; häufig haben sich Gemeindevertreter mit Rechnungen für Jahre zu befassen, in denen sie selbst der Gemeindevertretung nicht angehörten[421]. Andererseits nimmt der Nutzen der Informationen im Zeitablauf beständig ab. Nach einigen Jahren kann die Jahresrechnung allenfalls für Historiker interessant sein. Dies mag auch eine der Ursachen dafür sein, daß die Jahresrechnung im Blickfeld der Gemeindevertreter und der Öffentlichkeit im Gegensatz zum Haushaltsplan eher ein „Schattendasein“[422] führt.

Im Hinblick auf die Funktion der Jahresrechnung als Instrument zur Kontrolle der Verwaltung ist der Zeitpunkt ihrer Vorlage an die Gemeindevertretung unangemessen. Über diesen Mangel kann nicht hinwegtäuschen, daß die „Rechnungsergebnisse“ zu jeder Haushaltsstelle bereits dem nächsten nach Abschluß eines Haushaltsjahres zu beratenden Haushaltsplan zu entnehmen sind. Bei den „Rechnungsergebnissen“ handelt es sich lediglich um die bereinigten Soll-Einnahmen bzw. -Ausgaben, die nur einen Bruchteil der Daten der Jahresrechnung[423] darstellen.

5.1.3.2. Verständlichkeit der Rechenwerke

Haushaltspläne und Jahresrechnungen stellen sehr umfangreiche Rechenwerke dar. In kleinen Gemeinden mit wenigen Tausend Einwohnern ist ein Umfang von über 200 Seiten für einen Haushaltsplan keine Seltenheit, bereits in Städten unter 40.000 Einwohnern wird oft ein Umfang von 500 Seiten erreicht. Während im Haushaltsplan bei jeder Haushaltsstelle zwei An-

---

419) Vgl. Streim, Hannes (1987), S. 309. Den Transport der Informationen zu den Bürgern fordern auch von Zwehl und Zupancic mit Hinweis darauf, „daß das Ablegen von Rechenschaft eine Bringschuld des Rechenschaftspflichtigen ist“ (Zwehl, Wolfgang von / Zupancic, G. Michael (1990a), S. 227). Sowohl Streim, als auch von Zwehl und Zupancic schließen daraus, daß ein kommunaler Lagebericht erstellt und an die Haushalte verteilt werden müsse (vgl. Streim, Hannes (1987), S. 309; Zwehl, Wolfgang von / Zupancic, G. Michael (1990b), S. 269).

420) Vgl. 113 HGO; Abschnitt 3.6.5.

421) Bereits bei einem Zeitraum von 15 Monaten zwischen dem Ende eines Haushaltsjahres und der Vorlage der Jahresrechnung an die Gemeindevertretung findet in 50 % der Fälle eine Kommunalwahl zwischen diesen Ereignissen und damit eine (teilweise) Veränderung der personellen Zusammensetzung der Gemeindevertretung statt.

422) Langner, Peter (1983), S. 388-389; Müller, Reinhard (1995), S. 220.

423) In der Jahresrechnung werden zu jeder Haushaltsstelle ausgewiesen: die Kassenausgabereste vom Vorjahr insgesamt, die in Abgang gestellten Kassenausgabereste vom Vorjahr, die Haushaltsausgabereste vom Vorjahr insgesamt, die Anordnungen auf Haushaltsausgabereste vom Vorjahr, die in Abgang gestellten Haushaltsausgabereste vom Vorjahr, die ins nächste Haushaltsjahr zu übertragenden Haushaltsausgabereste vom Vorjahr, die Ist-Ausgaben, die neuen Kassenausgabereste, die Soll-Ausgaben (Anordnungen auf den Haushaltsansatz), der Haushaltsansatz, die Differenz zwischen dem Haushaltsansatz und den Soll-Ausgaben, die über- bzw. außerplanmäßig bewilligten oder durch andere Haushaltsstellen nach § 17 GemHVO gedeckten Mittel, die neuen Haushaltsausgabereste (vgl. Muster 16 zu § 40 Abs.1 und 2 GemHVO).

sätze und ein Rechnungsergebnis, also insgesamt drei Beträge, nachzulesen sind, weist die Haushaltsrechnung - bedingt durch den kameralistischen Rechnungsstil - zu jeder Haushaltsstelle bis zu 13 Beträge[424)] aus. Die Jahresrechnung ist insofern noch sehr viel umfangreicher und komplexer als der Haushaltsplan. Insbesondere die „normalen" Bürger, die für die Beschaffung von Informationen allenfalls geringe Kosten aufzuwenden bereit sind, sehen sich einem Dickicht von Zahlen gegenüber, das kaum zu durchdringen ist. Schon allein wegen des voluminösen Umfangs und der hohen Komplexität der Rechenwerke ist das derzeitige kommunale Rechnungswesen für die Mehrzahl der Bürger unverständlich und damit zu ihrer Information ungeeignet[425)]. Überblickbar sind die Rechenwerke nur für Haushaltsfachleute, während sie jeden anderen wegen der schlechten Transparenz und Lesbarkeit mehr verwirren als aufklären[426)]. Hierunter leiden nicht nur die Bürger, sondern auch die ehrenamtlichen Politiker, von denen nur die wenigsten Spezialisten in Haushaltsfragen sind. Da doch gerade die Gemeindevertreter den Haushalt als Steuerungsinstrument nutzen sollen, ist dies besonders bedenklich.

5.1.4. Zusammenfassende Bewertung und Schlußfolgerungen

Die vorangehende Analyse hat gezeigt, daß das derzeitige kommunale Rechnungswesen konzeptionell den im vierten Kapitel entwickelten Anforderungen unzureichend gerecht wird. So orientieren sich die Vorgaben ausschließlich am Input, nicht aber am Output des Prozesses der behördlichen Leistungserstellung. Dies verschafft einerseits den Verwaltungsangehörigen bei der Umsetzung des Haushaltsplans einen nicht legitimierten Einfluß auf das politische Zielsystem, schränkt aber andererseits den Spielraum hinsichtlich des Faktoreinsatzes so stark ein, daß auf Änderungen der Planungsprämissen nicht ausreichend flexibel reagiert werden kann. Mangelnde Aufgabenbewältigung und Unwirtschaftlichkeit sind die Resultate. Folge der Detailsteuerung und der damit verbundenen Komplexität des Entscheidungsproblems auf der Planungsebene ist ein inkrementales Vorgehen, das Hand in Hand mit der zeitlichen Bindung der bewilligten Mittel Anreize zu deren Ausschöpfung und damit zur Unwirtschaftlichkeit setzt. Im übrigen kommt den Mittelanmeldungen der Teileinheiten der Verwaltung so große Bedeutung zu, daß das politische Zielsystem bereits während der Planung maßgeblichem Einfluß durch die Verwaltung ausgesetzt ist.

Grundlage dafür, daß Spielräume für zielwidriges Verhalten durch die Teileinheiten ohne Angst vor Sanktionen genutzt werden können, ist die mangelhafte Zielbezogenheit der Informationen, die das Rechnungswesen vermittelt. So werden weder Aussagen über die Wirksamkeit noch über die Wirtschaftlichkeit des Verwaltungshandelns ermöglicht. Letzteres hängt damit zusammen, daß durch die ausschließliche Betrachtung von Einnahmen und Ausgaben die Ressourcen nicht nach ihrem Verbrauch, sondern nach ihrer Anschaffung periodisiert werden (Geldverbrauchskonzept). Die fehlende Kostentransparenz führt aber auch zu einer Verzerrung der Entscheidungsgrundlagen auf der Planungsebene und damit hinsichtlich der gesamtwirtschaftlichen Wohlfahrt der Gemeinde zu einer suboptimalen Lösung des Planungsproblems. Für die Kontrolle der Verwaltung kommt erschwerend hinzu, daß der Zugang der

---

424) Vgl. Fußnote 423.

425) Vgl. Streim, Hannes (1987), S. 309-310; Zwehl, Wolfgang von / Zupancic, G. Michael (1990a), S. 229.

426) Vgl. Gornas, Jürgen / Jüngel, Erwin (1993), S. 26; Lüder, Klaus (1989), S. 1007; Morath, Konrad (1993), S. 669; Munzert, Eberhard (1994), S. 88; Stein, Frank (1995), S. 348.

Gemeindevertretung und der Öffentlichkeit zur Jahresrechnung unangemessen spät erfolgt und die Informationsbeschaffung für die Bürger durch die zeitlich kurze und räumlich an die Verwaltung gebundene Auslegung der Rechenwerke mit hohen, prohibitiv wirkenden Kosten verbunden ist. Zudem sind die Rechenwerke, vor allem die Jahresrechnung, für den Nicht-Fachmann schwer verständlich.

Die festgestellten Mängel des derzeitigen Rechnungswesens lassen im Hinblick auf dessen Reform erste Schlußfolgerungen zu: Die detaillierte Vorgabe des Mitteleinsatzes sollte aufgegeben werden zugunsten einer Portefeuillebewirtschaftung, also der Bindung der Teileinheiten an ihnen vorgegebene globale Zuweisungen und nicht an einzelne Haushaltsstellen, und der expliziten Vorgabe von Zielen. Hierdurch werden die Auswirkungen inkrementaler Planungsverfahren auf den Planungsvollzug weitgehend beseitigt. Außerdem wird dadurch eine höhere Flexibilität der einzelnen Teileinheiten erreicht, so daß ein sachgerechterer Einsatz der Mittel möglich wird. Um Erscheinungen wie das „Dezemberfieber" abzubauen, sollte außerdem durch die Übertragbarkeit nicht verausgabter Mittel eine Flexibilisierung in zeitlicher Hinsicht erfolgen.

Die Kontrolle der Verwaltung sollte sich verstärkt an den vorgegebenen Zielen orientieren, deren Erreichung zu diesem Zweck im Rahmen der gegebenen Möglichkeiten zu messen ist. Um eine Kontrolle der Wirtschaftlichkeit zu ermöglichen und sachgerechte Entscheidungsgrundlagen auf der Planungsebene zu schaffen, sollte das Rechnungswesen eine Kostenrechnung beinhalten. Dies bedingt insbesondere eine verbrauchsgerechte Periodisierung der Auszahlungen für Sachanlagen und Verbrauchsgüter und setzt daher die Einführung einer vollständigen Vermögensrechnung voraus. Außerdem sollte der Zugang zu den Rechenwerken sowie deren Verständlichkeit deutlich verbessert werden, so daß eine wirksame Kontrolle nicht nur dem Wortlaut des Gesetzes nach ermöglicht wird, sondern auch tatsächlich stattfindet. Im übrigen muß sichergestellt sein, daß das Rechnungswesen einheitlich und stetig und die Autorität für dessen Gestaltung weiterhin bei einer in bezug auf innerkommunale Interessenkonflikte neutralen Instanz verbleibt.

An dieser Stelle muß ausdrücklich darauf hingewiesen werden, daß die dargestellten Mängel des derzeitigen Rechnungswesens sowie die daraus ableitbaren Bestandteile einer Reform sich in ihren Wirkungen gegenseitig beeinflussen und daher nicht unabhängig voneinander betrachtet werden können. So wird beispielsweise die Vorgabe von Zielen kaum Wirkung entfalten können, wenn deren Erreichung durch das Rechnungswesen nicht dargestellt wird und deshalb nicht kontrolliert werden kann. Ebenso kann durch einen verbesserten Zielbezug der Informationen keine umfassende Kontrolle verwirklicht werden, wenn nicht gleichzeitig die Zugänglichkeit der Informationen entscheidend verbessert wird. Schließlich kann die Erhöhung der Flexibilität hinsichtlich des Mitteleinsatzes sogar Freiräume zu zielwidrigen Verhaltensweisen der Verwaltung öffnen, wenn nicht gleichzeitig Ziele vorgegeben und kontrolliert werden[427)]. Gerade der zuletzt genannte Zusammenhang ist auch von besonderer Bedeutung für die Akzeptanz der Reform. Denn in der finanzwissenschaftlichen Literatur und aus den Reihen von Gemeindevertretern „wird regelmäßig darauf verwiesen, daß die Übertragbarkeit und die Deckungsfähigkeit von Haushaltsansätzen die Exekutive stärkt und die Legislative schwächt, womit das Budgetrecht gefährdet sei"[428)]. Dieser unerwünschte Zustand

427) Vgl. Harms, Jens / Naumann, Theodor (1992), S. 823; Brückmann, Friedel / Walther, Norbert (1994), S. 144; Janning, Hermann (1994), S. 25.

428) Brückmann, Friedel/Walther, Norbert (1994), S. 144.

würde tatsächlich eintreten, wenn die Übertragbarkeit und die Deckungsfähigkeit die einzigen Bestandteile der Reform wären. Werden statt der bisherigen Detailsteuerung jedoch Ziele vorgegeben und auch kontrolliert, eröffnet sich für die Gemeindevertretung „ein beträchtliches Betätigungsfeld für ein Mehr an demokratischer und politischer Mitwirkung und damit für eine deutlich stärkere demokratische Kontrolle öffentlichen Verwaltungshandelns“[429]. Unter dieser Voraussetzung können die Bindung an die Vorgaben eng gefaßter Haushaltsstellen und die zeitliche Bindung ohne Nachteil für die politische Führung entfallen[430].

Wegen der beschriebenen Interdependenzen wird eine Reform des Rechnungswesens nur dann erfolgreich sein können, wenn die Mängel des derzeitigen Rechnungswesens ganzheitlich betrachtet und beseitigt werden.

5.2. Analyse der praktischen Umsetzung

Für die Privatwirtschaft ist hinlänglich bekannt, daß Rechnungslegungsvorschriften in der Praxis nicht immer in vollem Umfang Anwendung finden. Zumindest belegen dies Untersuchungen von Jahres- und Konzernabschlüssen großer deutscher Kapitalgesellschaften und Konzerne[431]. Wenn es solche Diskrepanzen in der Privatwirtschaft gibt, könnten ähnliche Mängel auch in Kommunalverwaltungen zu finden sein. Tatsächlich existieren Indizien, die darauf hindeuten, daß die kommunale Praxis teilweise von den haushaltsrechtlichen Vorschriften abweicht. So hat zum Beispiel eine bereits 1976 veröffentlichte Untersuchung ergeben, daß in Schleswig-Holstein die Vorherigkeit des Haushaltsplans nicht die Regel, sondern eine seltene Ausnahme darstellt[432]. Wieso sollte dies nicht auch für Hessen zutreffen ? In einem Schreiben des Bundes der Steuerzahler Hessen e.V. konnte folgender Hinweis gefunden werden: „Gemessen an den Kriterien, die Sie in Ihrer Mängelliste aufgeführt haben, ist vermutlich jeder zweite Kommunalhaushalt in Hessen zu kritisieren. Dies sagt auch einiges über die Arbeitsweise der hessischen Kommunalaufsicht aus.“[433] Auf den gleichen Hinweis antwortete die Aufsichtsbehörde beim Landrat des Wetteraukreises unter anderem: „Würde die Einhaltung der von Ihnen zitierten Verwaltungsvorschriften ... buchstabengetreu durchgesetzt, könnten ferner viele - auch finanzstarke - Gemeinden ihren Verwaltungshaushalt nicht mehr ausgleichen.“[434]

Diese Indizien legten nahe, die Praxis des kommunalen Rechnungswesens empirisch zu untersuchen. Schließlich wäre es denkbar, daß sich durch mangelhafte Umsetzung der Vorschriften Defizite hinsichtlich der Steuerungsfunktion des Haushalts ergeben, die über die in Abschnitt 5.1. dargestellten konzeptionellen Mängel noch hinausgehen. Ebenso wäre es aber vorstellbar, daß Elemente einer Reform, die aus der Kritik an der Konzeption des Rechnungswesens abgeleitet wurden und für viele Beteiligten keineswegs neu sind, durch „weiche Interpretation“ oder vollständiges Außerachtlassen von Vorschriften, zum Beispiel zur zeitlichen und sach-

429) Janning, Hermann (1994), S. 25. Janning weist auch zu Recht darauf hin, daß es nur durch eine Entlastung der Politik in den Bereichen des Verwaltungsvollzugs und einer stärkeren Konzentration auf Leistungsvorgaben auf Dauer möglich sein wird, ehrenamtliche Elemente in der kommunalpolitischen Arbeit zu erhalten.

430) Vgl. Müller, Reinhard (1995), S. 222.

431) Vgl. Treuarbeit (Hrsg., 1989), Treuarbeit (Hrsg., 1990a), Treuarbeit (Hrsg., 1990b)

432) Vgl. Borchert, Hartmut (1976), S. 89.

433) Vgl. Schreiben des Bundes der Steuerzahler Hessen e.V. vom 05.01.93. Es handelt sich um ein Antwortschreiben an eine Gruppe hessischer Gemeindevertreter, die den Bund der Steuerzahler Ende 1992 auf zahlreiche Mängel in hessischen Haushaltsplänen hinwies.

434) Vgl. Schreiben der Aufsichtsbehörde beim Landrat des Wetteraukreises vom 19.02.93 - AZ I/2-051-901-40/12.

lichen Spezialität, bereits umgesetzt wurden. Dann wäre das kommunale Rechnungswesen in der Praxis vielleicht gar nicht so mangelhaft, wie die Kritik an der Konzeption dies glauben läßt. Dies alles sind Fragen, denen im folgenden nachgegangen werden soll. Die hierfür im Jahr 1994 durchgeführte Untersuchung umfaßte Befragungen der kommunalen Aufsichtsbehörden und Rechnungsprüfungsämter der 21 hessischen Landkreise und eine stichprobenartige Befragung von 100 hessischen Gemeinden sowie die Auswertung der Haushaltspläne dieser Gemeinden für das Jahr 1994. Im folgenden werden zunächst Gegenstand und Ablauf der empirischen Untersuchung, anschließend deren Ergebnisse, im einzelnen dargestellt und erläutert. Abschließend werden die Ergebnisse kurz zusammengefaßt. Außerdem soll der Versuch unternommen werden, mögliche Gründe für den empirischen Befund zu suchen und daraus Schlußfolgerungen für die Reform des Rechnungswesens zu ziehen.

5.2.1. Gegenstand und Ablauf der empirischen Untersuchung

5.2.1.1. Befragung der Aufsichtsbehörden

Die Aufsichtsbehörden aller 21 hessischen Landkreise wurden im Mai 1994 angeschrieben, mit der Bitte, einen dem Schreiben beiliegenden Fragebogen (siehe Anhang 1) auszufüllen und zurückzusenden. Einleitend wurde danach gefragt, wieviele kreisangehörige Gemeinden der Finanzaufsicht der jeweiligen Behörde unterstehen. Ansonsten umfaßte der Fragebogen zwei Fragenkomplexe: Erstens wurde danach gefragt, in welchen Zeiträumen die von den Gemeindevertretungen beschlossenen Haushaltssatzungen für das Jahr 1994 bei den Aufsichtsbehörden eingereicht wurden, wieviele davon genehmigungsbedürftige Teile enthielten, wieviele Genehmigungen ohne Auflagen erteilt, mit Auflagen erteilt und versagt wurden und wann die Genehmigungen den Gemeinden zugestellt wurden[435)]. Anhand dieser Fragen sollte die Umsetzung des Grundsatzes der Vorherigkeit untersucht werden. Der zweite Fragenkomplex befaßte sich mit festgestellten Mängeln in den vorgelegten Haushaltssatzungen bzw. -plänen. So wurden die Aufsichtsbehörden befragt, bei wievielen Gemeinden Verstöße gegen die Gemeindehaushaltsverordnung festgestellt wurden und bei wievielen dieser Fälle die Gemeinden auf die Verstöße aufmerksam gemacht wurden. Diese Fragen sollten Schlußfolgerungen darüber zulassen, ob Mängelprüfungen stattfinden bzw. vorhandene Mängel entdeckt werden und inwiefern die Aufsichtsbehörden auf festgestellte Mängel reagieren.
Der Rücklauf der Fragebögen zog sich über mehrere Monate hin, vor allem aufgrund der in manchen Fällen wesentlich später als erwartet stattfindenden Einreichung der Haushaltssatzungen und -pläne. Bis Dezember 1994 war ein Rücklauf der Fragebögen von 100 % zu verzeichnen. Die Landkreise der befragten Aufsichtsbehörden und die Anzahl der ihrer Finanzaufsicht jeweils unterstehenden Gemeinden sind der Abbildung 5-3 zu entnehmen. Insgesamt ergibt sich eine Anzahl von 414 Gemeinden. Dies entspricht allen kreisangehörigen Gemeinden unter 50.000 Einwohnern[436)].

435) Für die Fragen nach den Zeiträumen der Einreichung der Satzungen und den Zeiträumen der Erteilung der Genehmigungen wurden den Aufsichtsbehörden Tabellen vorgegeben, in die für jeden Kalendermonat die Anzahl der eingereichten Satzungen bzw. der erteilten Gemehmigungen einzutragen war.

436) Für die sieben kreisangehörigen Städte über 50.000 Einwohner und die fünf kreisfreien Städte sind der Regierungspräsident bzw. der Minister des Innern Aufsichtsbehörden (vgl. Abschnitt 2.3.3.). Aufgrund ihrer geringen Menge wurde hierfür keine gesonderte Untersuchung durchgeführt.

5.2.1.2. Befragung der Rechnungsprüfungsämter

Ebenfalls im Mai 1994 wurde den Rechnungsprüfungsämtern aller 21 hessischen Landkreise ein Fragebogen (siehe Anhang 2) mit der Bitte um Beantwortung und Rücksendung zugestellt. Ihnen wurden jeweils drei Fragen gestellt: Erstens wurde für jedes der Haushaltsjahre von 1988 bis 1992 danach gefragt, für wieviele Gemeinden das Rechnungsprüfungsamt zuständig ist und in wievielen dieser Gemeinden die Prüfung der Jahresrechnung zum Zeitpunkt der Befragung bereits abgeschlossen ist. Die Antworten sollten Rückschlüsse auf die Zeitabstände zwischen dem Ende eines Haushaltsjahres und dem Abschluß der Prüfung zulassen. Zweitens wurde danach gefragt, von wievielen Gemeinden das jeweilige Rechnungsprüfungsamt beauftragt wurde, den Haushaltsplan auf Konformität mit den haushaltsrechtlichen Vorschriften zu überprüfen. Drittens wurde danach gefragt, von wievielen Gemeinden den Rechnungsprüfungsämtern seit 1992 die in § 131 Abs. 2 HGO genannten Aufgabearten zusätzlich zu den Pflichtaufgaben übertragen wurden. Die Antworten auf die beiden zuletzt genannten Fragen sollten erkennen lassen, in welchem Ausmaß die Gemeinden zusätzliche, nicht zwingend vorgeschriebene Prüfungen durch das Rechnungsprüfungsamt vornehmen lassen.

Auch bei dieser Befragung war ein Rücklauf der Fragebögen von 100 % zu verzeichnen. Der Abbildung 5-3 sind die Landkreise der befragten Rechnungsprüfungsämter und die Anzahl der von ihnen jeweils zu prüfenden Gemeinden zu entnehmen. Dies waren im Jahr 1992 insgesamt 398 Gemeinden. 16 der kreisangehörigen Gemeinden unter 50.000 Einwohnern haben von ihrem Recht Gebrauch gemacht, ein eigenes Rechnungsprüfungsamt zu unterhalten[437)].

5.2.1.3. Befragung von Gemeinden und Auswertung von Haushaltsplänen

Kern der empirischen Untersuchung stellte die Analyse von Haushaltsplänen hessischer Gemeinden des Jahres 1994 dar. Zugunsten einer einheitlichen Untersuchungsgrundlage und zur Ausblendung der Einflüsse, die unterschiedliche Aufgabenstrukturen auf die Haushalte haben können, wurde die Untersuchung auch hier auf die 414 kreisangehörigen Gemeinden unter 50.000 Einwohner beschränkt.

Durch die Analyse der Haushaltspläne sollte festgestellt werden, inwieweit dieses in der Praxis bedeutendste Rechenwerk[438)] den haushaltsrechtlichen Vorschriften entspricht. In Anbetracht des Aufwands, der mit einer derartigen Untersuchung verbunden ist, und weil nicht bei allen Gemeinden eine Bereitschaft zur Teilnahme an der Untersuchung zu erwarten war, stand fest, daß eine vollständige Erhebung nicht in Frage kommen konnte. Außerdem sollte das Hauptaugenmerk nicht bei Einzelfällen von Abweichungen der Praxis vom Haushaltsrecht, sondern bei Phänomenen liegen, die in einer größeren Anzahl auftreten und daher als charakteristisch für große Teile der Praxis bezeichnet werden können. Um hierfür sichere Aussagen treffen zu können, schien ein Stichprobenumfang von 20 % als ausreichend. Aus didaktischen Gründen wurde der Stichprobenumfang schließlich auf exakt 100 Gemeinden festgelegt[439)], was einem Anteil von 24,2 % der Grundgesamtheit von 414 Gemeinden entspricht.

---

437) Vgl. Abschnitt 3.6.5. Aufgrund der geringen Menge der nicht durch Rechnungsprüfungsämter der Landkreise geprüften Jahresrechnungen wurde hierfür keine gesonderte Untersuchung durchgeführt.

438) In Abschnitt 5.1.3.1. wurde bereits darauf hingewiesen, daß die Jahresrechnung in der öffentlichen Diskussion im Gegensatz zum Haushaltsplan eher ein „Schattendasein" führt.

439) Bei einem Stichprobenumfang von 100 Gemeinden entsprechen die absoluten Ergebnisse den Prozentsätzen, so daß auf die gesonderte Angabe der Anteile in den meisten Fällen verzichtet werden kann. Dies vereinfacht das Lesen und Verstehen der Ergebnisse.

Abbildung 5-3: Anzahl der beaufsichtigten und geprüften Gemeinden

Landkreise	Anzahl der der Kommunalaufsicht unterstehenden Gemeinden	Anzahl der durch das Rechnungsprüfungsamt zu prüfenden Gemeinden
Landkreis Kassel	29	28
Landkreis Waldeck-Frankenberg	22	21
Schwalm-Eder-Kreis	27	27
Werra-Meißner-Kreis	16	16
Landkreis Hersfeld-Rotenburg	20	19
Landkreis Fulda	22	22
Regierungsbezirk Kassel	136	133
Vogelsbergkreis	19	19
Landkreis Marburg-Biedenkopf	21	21
Landkreis Gießen	17	17
Lahn-Dill-Kreis	22	22
Landkreis Limburg-Weilburg	19	18
Regierungsbezirk Gießen	98	97
Main-Kinzig-Kreis	28	28
Wetteraukreis	25	22
Hochtaunuskreis	12	11
Rheingau-Taunus-Kreis	17	16
Main-Taunus-Kreis	12	11
Landkreis Offenbach	13	8 [440)]
Landkreis Groß-Gerau	13	13
Landkreis Darmstadt-Dieburg	23	23
Landkreis Bergstaße	22	21
Odenwaldkreis	15	15
Regierungsbezirk Darmstadt	180	168
Hessen insgesamt	414	398

Solange bis ein Rücklauf von 100 Haushaltsplänen erreicht war, wurden in den Monaten Juli bis Dezember 1994 in mehreren Phasen immer wieder weitere Gemeinden angeschrieben und um Übersendung eines Haushaltsplans sowie Beantwortung des Fragebogens (siehe Anhang 3) gebeten. Den Gemeinden wurde der Zweck der Untersuchung dargestellt und zugesichert, daß aus der Präsentation der Untersuchungsergebnisse keine Rückschlüsse auf Daten einzelner Gemeinden möglich sein werden. Außerdem wurde die Übersendung einer Kurzfassung der Untersuchungsergebnisse zugesagt.

Insgesamt mußten zum Erhalt von 100 Haushaltsplänen 141 Gemeinden angeschrieben werden, was einer Rücklaufquote von 71% entspricht. Sieben Gemeinden teilten mit, daß sie sich an der Untersuchung nicht beteiligen könnten. Dies wurde zumeist damit begründet, daß keine überschüssigen Haushaltspläne existierten, die zur Verfügung gestellt werden könnten. 34 Gemeinden antworteten auf die Anfrage nicht. Insgesamt zeigt die Rücklaufquote von 71% jedoch eine hohe Bereitschaft, sich an einer solchen Untersuchung zu beteiligen. Viele Begleitschreiben brachten auch zum Ausdruck, daß ein großes Interesse an den Ergebnissen der Untersuchung bestehe.

440) Im Landkreis Offenbach war das Rechnungsprüfungsamt in den Jahren von 1988 bis 1991 nur für sieben Gemeinden zuständig. In allen anderen Landkreisen blieb die Zahl von 1988 bis 1992 konstant.

Abbildung 5-4: Tabellarische Darstellung der an der Untersuchung beteiligten Gemeinden

Nr.	Gemeinde	Einwohner
Landkreis Kassel		
1	Hofgeismar	15.792 EW
2	Calden	7.125 EW
3	Fuldatal	12.931 EW
4	Nieste	1.461 EW
5	Baunatal	25.839 EW
Landkreis Waldeck-Frankenberg		
6	Arolsen	15.753 EW
7	Diemelsee	5.886 EW
8	Korbach	22.842 EW
9	Frankenberg (Eder)	17.974 EW
10	Rosenthal	2.363 EW
Schwalm-Eder-Kreis		
11	Fritzlar	14.234 EW
12	Felsberg	11.530 EW
13	Schwalmstadt	18.308 EW
14	Willingshausen	5.245 EW
Werra-Meißner-Kreis		
15	Großalmerode	7.910 EW
16	Berkatal	1.895 EW
17	Bad Sooden-Allendorf	9.604 EW
18	Hessisch Lichtenau	14.483 EW
19	Eschwege	22.591 EW
Landkreis Hersfeld-Rotenburg		
20	Rotenburg a. d. Fulda	14.455 EW
21	Heringen (Werra)	8.965 EW
22	Hauneck	3.499 EW
23	Niederaula	5.324 EW
Landkreis Fulda		
24	Rasdorf	1.811 EW
25	Hilders	5.108 EW
26	Künzell	15.252 EW
27	Neuhof	10.865 EW
28	Flieden	8.274 EW
Vogelsbergkreis		
29	Antrifttal	2.142 EW
30	Alsfeld	17.795 EW
31	Mücke	9.622 EW
32	Schotten	11.301 EW
Landkreis Marburg-Biedenkopf		
33	Biedenkopf	14.476 EW
34	Wetter (Hessen)	9.145 EW
35	Kirchhain	15.888 EW
36	Amöneburg	5.158 EW
Landkreis Gießen		
37	Lollar	9.627 EW
38	Allendorf (Lumda)	3.898 EW
39	Fernwald	6.321 EW
40	Pohlheim	15.697 EW
41	Hungen	12.495 EW
Lahn-Dill-Kreis		
42	Dillenburg	24.779 EW
43	Aßlar	12.977 EW
44	Solms	13.235 EW
45	Schöffengrund	6.120 EW
Landkreis Limburg-Weilburg		
46	Weilburg	13.504 EW
47	Beselich	5.161 EW
48	Elbtal	2.443 EW
49	Hadamar	11.324 EW
50	Limburg a. d. Lahn	31.106 EW
Main-Kinzig-Kreis		
51	Sinntal	10.180 EW
52	Gelnhausen	20.603 EW
53	Langenselboldt	12.133 EW
54	Hammersbach	4.613 EW
55	Maintal	37.180 EW
Wetteraukreis		
56	Butzbach	23.282 EW
57	Rockenberg	3.860 EW
58	Wölfersheim	8.630 EW
59	Hirzenhain	2.951 EW
60	Limeshain	5.235 EW
61	Florstadt	8.412 EW
62	Rosbach v. d. Höhe	10.611 EW
Hochtaunuskreis		
63	Grävenwiesbach	4.538 EW
64	Usingen	12.876 EW
65	Neu-Anspach	12.298 EW
66	Schmitten	8.214 EW
67	Kronberg	18.068 EW
68	Königstein im Taunus	15.976 EW
Rheingau-Taunus-Kreis		
69	Idstein	21.485 EW
70	Heidenrod	7.907 EW
71	Taunusstein	27.215 EW
72	Kiedrich	3.663 EW
73	Eltville am Rhein	16.172 EW
Main-Taunus-Kreis		
74	Eppstein	12.541 EW
75	Liederbach am Taunus	7.360 EW
76	Sulzbach (Taunus)	8.030 EW
77	Kriftel	10.292 EW
78	Hattersheim am Main	24.312 EW
Landkreis Offenbach		
79	Hainburg	14.723 EW
80	Mainhausen	7.732 EW
81	Rodgau	40.976 EW
82	Rödermark	25.432 EW
Landkreis Groß-Gerau		
83	Kelsterbach	14.422 EW
84	Mörfelden-Waldorf	30.455 EW
85	Nauheim	10.240 EW
86	Riedstadt	18.289 EW
87	Stockstadt am Rhein	5.521 EW
Landkreis Darmstadt-Dieburg		
88	Griesheim	22.404 EW
89	Pfungstadt	24.403 EW
90	Bickenbach	4.788 EW
91	Babenhausen	15.844 EW
92	Schaafheim	8.124 EW
Landkreis Bergstraße		
93	Biblis	8.317 EW
94	Bürstadt	15.617 EW
95	Lorsch	11.407 EW
96	Bensheim	36.356 EW
97	Wald-Michelbach	11.493 EW
98	Abtsteinach	2.471 EW
Odenwaldkreis		
99	Breuberg	7.320 EW
100	Rothenberg	2.554 EW

Abbildung 5-5: Graphische Darstellung der an der Untersuchung beteiligten Gemeinden

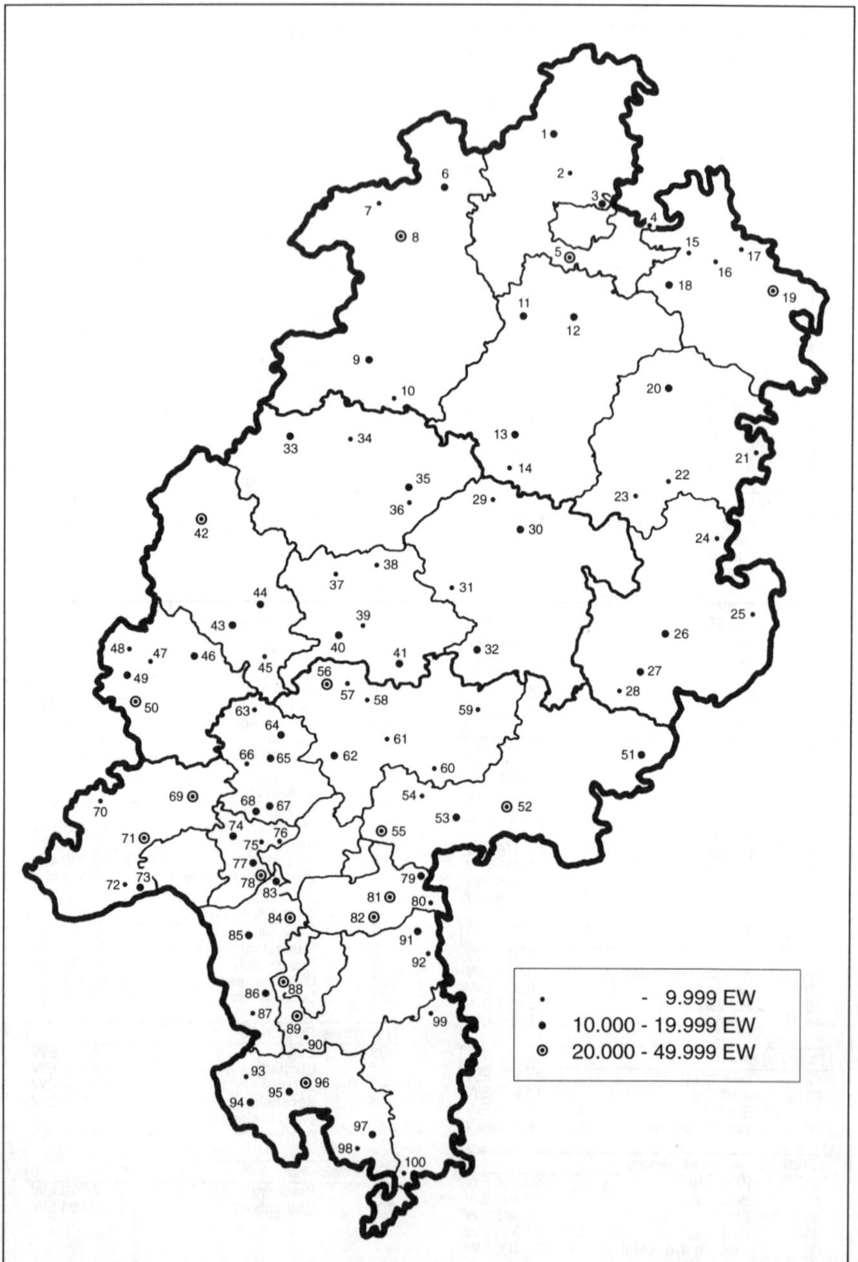

Bei der Auswahl der Gemeinden ergab sich das Problem, eine möglichst hohe Repräsentativität der Stichprobe zu erreichen. Verbunden damit war die Frage, welche Merkmale in der Stichprobe in etwa die gleiche Verteilung aufweisen sollen wie in der Grundgesamtheit bzw. von welchen Faktoren die Ausgestaltung der Haushaltspläne abhängig sein könnte. Wegen möglicher Unterschiede in der Professionalität der Verwaltung erschien die Abhängigkeit von der Gemeindegröße, gemessen durch die Anzahl der Einwohner, plausibel. Wegen des Einflusses der Aufsichtsbehörde bei Rechtsverstößen erschien ebenso eine Abhängigkeit von der Zugehörigkeit zu einem Landkreis wahrscheinlich. Daher wurden die Gemeinden so ausgewählt, daß sie sich etwa gleichmäßig auf die Landkreise verteilen und die Größenverteilung sowohl innerhalb der Landkreise, als auch bezogen auf ganz Hessen, in etwa der Größenverteilung der Grundgesamtheit entspricht. Ansonsten erfolgte die Auswahl zufällig.
Der von den Gemeinden beantwortete Fragebogen behandelte drei Fragenkomplexe: Gefragt wurde erstens nach dem Datum der Vorlage des Entwurfs der Haushaltssatzung an die Gemeindevertretung, nach dem Datum der Beschlußfassung durch die Gemeindevertretung, und - soweit eine Genehmigung erforderlich war - nach dem Datum der Erteilung dieser Genehmigung. Ferner wurde nach der Zusammensetzung der Gemeindevertretung (Fraktionen und Fraktionsstärken) gefragt. Diese Fragen sollten ermöglichen, Zusammenhänge zwischen den Mehrheitsverhältnissen und der Umsetzung des Grundsatzes der Vorherigkeit zu untersuchen. Zweitens wurde danach gefragt, welcher Rechts- und Organisationsformen für besondere Betriebs- und Tätigkeitsbereiche sich die jeweilige Gemeinde bedient. Diese Informationen waren einerseits erforderlich, um die Vollständigkeit des Vorberichts und der Anlagen zum Haushaltsplan zu überprüfen, andererseits sollte sich hieraus erkennen lassen, inwieweit die Gemeinde durch Ausgliederung von Betrieben aus dem Haushalt für Teilbereiche bereits ein kaufmännisches Rechnungswesen führt. Drittens wurde danach gefragt, ob und gegebenenfalls wie verwaltungsintern die Wirtschaftlichkeit von sechs vorgegebenen Einrichtungen (Kindergarten, Friedhof, Abfallbeseitigung, Abwasserbeseitigung, Einwohnermeldeamt, Bauhof) kontrolliert wird. Auf die Details dieser Fragestellung und die Antwortmöglichkeiten wird später noch eingegangen[441)].

5.2.2. Zeitliche Aspekte des Haushaltskreislaufs

5.2.2.1. Vorherigkeit der Haushaltssatzung

Entsprechend des Grundsatzes der Vorherigkeit soll die Haushaltssatzung bereits vor Beginn des Haushaltsjahres erlassen werden. § 97 Abs. 4 HGO regelt ergänzend, daß die von der Gemeindevertretung beschlossene Haushaltssatzung mit ihren Anlagen spätestens einen Monat vor Beginn des Haushaltsjahres der Aufsichtsbehörde vorzulegen ist. Soweit die Haushaltssatzung zu Beginn des Haushaltsjahres noch nicht öffentlich bekannt gemacht ist, zum Beispiel weil Genehmigungen noch ausstehen, sind Ausgaben nur nach Maßgabe der in § 99 HGO beschriebenen „vorläufigen Haushaltsführung“ zulässig.[442)]
Die Befragung der Aufsichtsbehörden der 21 hessischen Landkreise ergab, daß ihnen von den 414 ihrer Aufsicht unterstehenden Gemeinden nur fünf Haushaltssatzungen für das Jahr 1994

441) Vgl. Abschnitt 5.2.7.4.
442) Ausführlicher zum Grundsatz der Vorherigkeit vgl. Abschnitt 3.5.1., ausführlicher zur Vorlage an die Aufsichtsbehörde und zur vorläufigen Haushaltsführung vgl. Abschnitte 3.6.2. und 3.6.3.

bis Ende November 1993, also fristgerecht, vorlagen. Darunter befanden sich drei Satzungen von Doppelhaushalten für die Jahre 1993 und 1994, deren rechtzeitiges Vorliegen sich zwingend ergibt. Die meisten Satzungen gingen aber erst während des laufenden Haushaltsjahres bei den Aufsichtsbehörden ein, etwa jede fünfte sogar erst im April oder später. Abbildung 5-6 zeigt die Verteilung der eingereichten Haushaltssatzungen auf die einzelnen Monate.

Abbildung 5-6: Zeitliche Verteilung der eingereichten Haushaltssatzungen

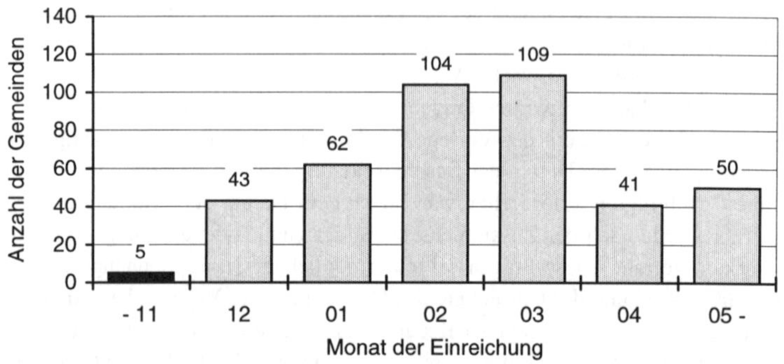

Von den 414 Haushaltssatzungen enthielten 348 bzw. 84,1 % genehmigungspflichtige Teile, so daß vor deren öffentlicher Bekanntmachung erst die Entscheidung der jeweiligen Aufsichtsbehörde abgewartet werden mußte. Dies nahm im Durchschnitt etwa zwei Monate in Anspruch. 298 Genehmigungen wurde ohne Auflagen, 50 Genehmigungen mit Auflagen erteilt. Versagt wurde die Genehmigung in keinem Fall. Abbildung 5-7 zeigt die zeitliche Verteilung der Gemehmigungen. Demnach wurden mehr als die Hälfte der Genehmigungen frühestens im zweiten Quartal des laufenden Haushaltsjahres erteilt. In mindestens 41 bzw. 9,9 % der insgesamt 414 Gemeinden konnte die öffentliche Bekanntmachung der Haushaltssatzung sogar erst in der zweiten Jahreshälfte erfolgen.

Abbildung 5-7: Zeitliche Verteilung der Genehmigungen

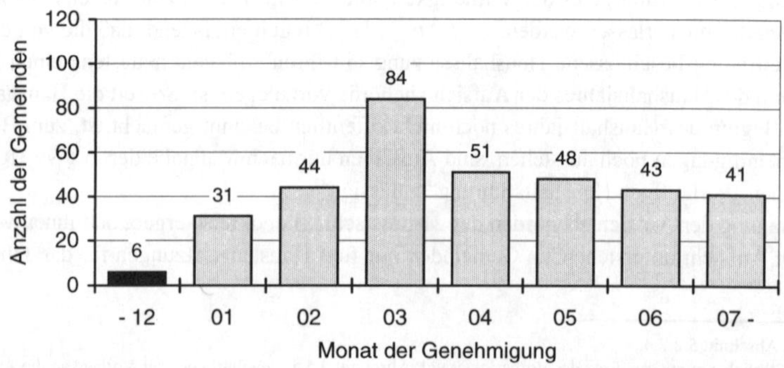

Die Ergebnisse der Untersuchung belegen, daß die rechtzeitige Beschlußfassung der Haushaltssatzung in der Praxis nicht die Regel, sondern eine seltene Ausnahme darstellt. Sie zeigen aber auch, daß die Aufsichtsbehörden über die Erteilung von Genehmigungen vielfach nicht innerhalb eines Monats entscheiden. Daraus ist zu schließen, daß selbst bei fristgerechter Einreichung zum 30.11. des Vorjahres die Haushaltssatzung in vielen Gemeinden nicht pünktlich zum Jahresanfang öffentlich bekannt gemacht und damit wirksam werden könnte.

In Anbetracht der deutlichen Abweichungen der Praxis von der haushaltsrechtlichen Vorgabe der Vorherigkeit stellt sich die Frage, inwiefern die Mehrheitsverhältnisse in den Gemeindevertretungen auf diesen Sachverhalt einen Einfluß haben. Immerhin wäre denkbar, daß zwar alle Beteiligten beabsichtigen, die Haushaltssatzung rechtzeitig zu beschließen, sich die Beratung und Beschlußfassung durch die Gemeindevertretung aber aufgrund von schwierigen Koalitionsverhandlungen oder ständig wechselnden Mehrheiten erheblich verzögert. Eine Antwort hierauf konnte aus der Befragung der 100 Gemeinden abgeleitet werden: Demnach dauerte die Phase von der Vorlage der Haushaltssatzung bis zur Beschlußfassung durch die Gemeindevertretung bei den 30 Gemeinden, in denen eine Fraktion über eine absolute Mehrheit verfügt, durchschnittlich 47,5 Tage, bei den übrigen Gemeinden sogar nur 47,2 Tage. Lediglich die Vorlage des Satzungsentwurfs erfolgte in den Gemeinden mit absoluter Mehrheit einer Fraktion im Durchschnitt 7,1 Tage früher als in den übrigen Gemeinden, aber mit durchschnittlich 12,9 Tagen nach dem 30.11.93 dennoch zu spät, um eine rechtzeitige Beschlußfassung zu ermöglichen. Dies zeigt, daß für das flächendeckende Phänomen das oft nicht kalkulierbare Problem der Mehrheitsfindung eine untergeordnete Rolle spielt. Vielmehr scheinen die Verantwortlichen die sehr späte Vorlage und Beschlußfassung billigend in Kauf zu nehmen.

Für die Planenden ist zweifelsfrei von Vorteil, daß mit zunehmender Verschiebung der Haushaltsplanung in das zu planende Jahr die Genauigkeit der Planung steigt und die Wahrscheinlichkeit sinkt, mit zusätzlichem Aufwand und Erklärungsbedarf verbundene Nachtragssatzungen erlassen zu müssen. Insofern könnte der hohe Detaillierungsgrad mitteleinsatzbezogener Vorgaben auslösender Faktor für die erheblichen Verspätungen sein.

Dem Vorteil einer verspäteten Haushaltsplanung stehen allerdings die erheblichen Einschränkungen der „vorläufigen Haushaltsführung“ gegenüber. Bei ordnungsgemäßer Anwendung des § 99 HGO ist hierdurch die Flexibilität der Verwaltung noch stärker eingeschränkt, als im Zusammenhang mit der konzeptionellen Analyse des Rechnungswesens in Abschnitt 5.1.1.5. kritisiert wurde. Daß das Phänomen der Mißachtung der Vorherigkeit dennoch flächendekkend auftritt, legt aber die Vermutung nahe, daß § 99 HGO zumindest in einem Teil der Gemeinden sehr großzügig ausgelegt wird. Da weder der Mitteleinsatz noch explizite Ziele vorgegeben sind, bedeutet dies aber, daß sich die Verwaltung Handlungsspielräume öffnet, die politisch nicht legitimiert sind. Anzunehmen ist auch, daß die verspätete Haushaltsplanung das Dezemberfieber[443)] begünstigt. Denn die „Bestrafung“ für ein sparsames Ausgabenverhalten kann unmittelbar im folgenden Jahr erfolgen, soweit die Rechnungsergebnisse des Vorjahres zumindest verwaltungsintern bereits bekannt sind.

---

443) Ausführlicher zum Dezemberfieber vgl. Abschnitt 5.1.1.4.

5.2.2.2. Rechtzeitige Prüfung der Jahresrechnung

Nach Abschluß des Haushaltsjahres hat der Gemeindevorstand binnen vier Monaten die Jahresrechnung aufzustellen. Diese wird sodann durch das Rechnungsprüfungsamt geprüft und nach Abschluß der Prüfung der Gemeindevertretung vorgelegt.[444)] In Abschnitt 5.1.3.1. wurde kritisiert, daß nach § 114 HGO zwischen dem Ende eines Haushaltsjahres und der Vorlage der Jahresrechnung an die Gemeindevertretung ein Zeitraum von bis zu zwei Jahren liegen kann. Aus der Umfrage bei den Rechnungsprüfungsämtern der 21 hessischen Landkreise resultierten bezüglich dieses Zeitraums folgende Ergebnisse:

Die Prüfung der Jahresrechnung von 1992 war zum Zeitpunkt der Umfrage Mitte 1994, also eineinhalb Jahre nach Ende des Haushaltsjahres, bei lediglich 176 Gemeinden (44,2 %) abgeschlossen. Bei den übrigen 222 Gemeinden (55,8 %) wird die Frist des § 114 HGO selbst bei raschem Fortgang der Prüfungen kaum zu unterschreiten sein. Bei 31 Gemeinden (7,8 %) war Mitte 1994 die Prüfung der Jahresrechnung von 1991 noch nicht abgeschlossen. Dabei hätte die Beratung und Beschlußfassung durch die Gemeindevertretung nach § 114 HGO spätestens im Dezember 1993 erfolgen müssen. Bei 11 Gemeinden (2,8 %) war sogar die Prüfung der Jahresrechnung von 1991 dreieinhalb Jahre nach Ende des Haushaltsjahres noch nicht abgeschlossen.

In Einzelfällen sind noch längere Zeiträume festzustellen. So wurde zum Beispiel die Prüfung der Jahresrechnungen der Jahre 1987, 1988 und 1989 der Stadt Karben im Wetteraukreis erst im September 1994 abgeschlossen[445)]. Seit Ende 1987 waren fast sechs Jahre vergangen: in der Zwischenzeit lagen zwei Kommunalwahlen und eine personelle Neubesetzung der Ämter des Bürgermeisters und des Ersten Stadtrats. Im Falle dieser Stadt war für die Verzögerung nicht das Rechnungsprüfungsamt, sondern die Kämmerei der Stadt verantwortlich, da „durch fehlende Unterlagen die Prüfung mehrfach unterbrochen werden mußte. Erst mit der Erstellung des Schlußberichtes konnten abschließende Prüfungen durchgeführt werden, nachdem hierzu die fehlenden Unterlagen erstellt bzw. vorgelegt wurden.“[446)] Teilweise dürfte die Ursache der Verzögerungen aber auch in der Arbeitsorganisation der Rechnungsprüfungsämter begründet sein.

Als Ergebnis der Umfrage kann festgehalten werden, daß der Zugang der Gemeindevertreter und der Öffentlichkeit zur Jahresrechnung in der Praxis zum Teil noch später erfolgt, als dies nach § 114 HGO vorgesehen ist. Die in Abschnitt 5.1.3.1 geäußerte Kritik an dem späten Zugang von Gemeindevertretung und Öffentlichkeit zur Jahresrechnung muß insofern noch bestärkt werden.

5.2.3. Die Vollständigkeit der Haushaltspläne

Der Haushaltsplan besteht aus den Einzelplänen des Verwaltungshaushalts und des Vermögenshaushalts, dem Gesamtplan, dem Stellenplan und - soweit die Gemeinde von § 8 GemHVO Gebrauch macht - den Sammelnachweisen. Die Untersuchung der Haushaltspläne ergab, daß die Einzelpläne jeweils in vollem Umfang vorhanden waren. Gleiches gilt für den Stellenplan.

---

444) Ausführlicher zur Abrechnungsphase und zur Kontrollphase vgl. Abschnitte 3.6.4. und 3.6.5.

445) Vgl. Pegelow, Holger: „Rede-Schlacht mit dem »Schnee von gestern«“, in: Wetterauer Zeitung vom 14.11.94.

446) Schlußbericht des Rechnungsprüfungsamtes zur Prüfung der Jahresrechnungen der Stadt Karben für die Haushaltsjahre 1987, 1988 und 1989, S. 18.

Der Gesamtplan[447], der die Daten der Einzelpläne auf vier verschiedene Arten zusammenfaßt, fehlte dagegen in einem der Haushaltspläne vollständig. In sechs weiteren Haushaltsplänen fehlte der vierte Teil des Gesamtplans, die Finanzierungsübersicht. In einem Haushaltsplan waren in der Finanzierungsübersicht lediglich die Daten des Haushaltsjahres angegeben, während die der Jahre 1992 und 1993 fehlten. Beim Haushaltsquerschnitt, dem zweiten Teil des Gesamtplans, dürfen die Angaben auf die Zahlen des Haushaltsjahres beschränkt sein. Diese Beschränkung erfolgte in 86 Haushaltsquerschnitten.
Dem Instrument der Sammelnachweise[448] bedienten sich 84 der untersuchten Gemeinden. In allen 84 Gemeinden existierte ein Sammelnachweis für Personalausgaben, 54 Gemeinden bedienten sich darüber hinaus weiterer Sammelnachweise. Den Rekord hielt eine Gemeinde mit insgesamt 18 Sammelnachweisen. Abbildung 5-8 stellt dar, wie oft bestimmte Mengen von Sammelnachweisen auftraten. In 76 Gemeinden wurden die Sammelnachweise zusammengefaßt, in den übrigen acht Gemeinden einzeln in die Einzelpläne übernommen. In den zuletzt genannten Gemeinden lag der Schwerpunkt des Zwecks der Sammelnachweise eindeutig bei der Deckungsfähigkeit der in ihnen veranschlagten Ausgaben. Eine verbesserte Übersichtlichkeit der Einzelpläne wurde hier nicht erzielt.

Abbildung 5-8: Anzahl der Sammelnachweise

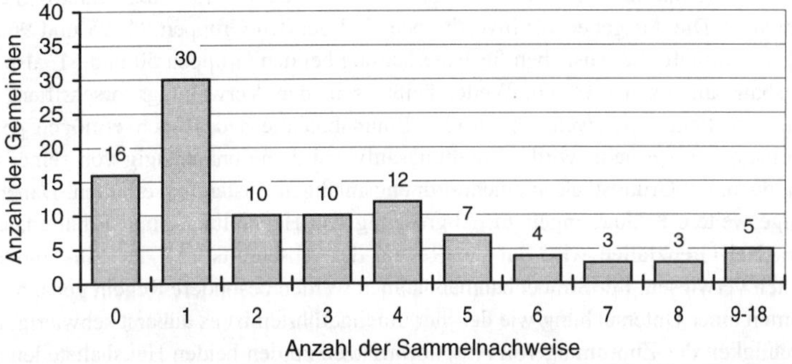

5.2.4. Die Ordnungsmäßigkeit der Einzelpläne

Die Einzelpläne stellen den Kern des Haushaltsplans dar, da in ihnen die Einnahmen und Ausgaben der einzelnen Haushaltsstellen veranschlagt werden. Eine genauere Untersuchung der Einzelpläne ergab, daß bei einer Gemeinde der erforderliche Ausweis des Überschusses bzw. Zuschußbedarfes der einzelnen Unterabschnitte fehlte. In 9 Haushaltsplänen wurden Verstöße gegen den verbindlichen Gliederungsplan entdeckt, in einem Viertel der Gemeinden Verstöße gegen den Gruppierungsplan.
Die Verstöße gegen den Gruppierungsplan sowie zwei weitere Problemfelder, die bei der Untersuchung auffielen, sollen im folgenden etwas genauer betrachtet werden.

447) Ausführlicher zum Gesamtplan vgl. Abschnitt 3.7.2.
448) Ausführlicher zu den Sammelnachweisen vgl. Abschnitt 3.7.3.

5.2.4.1. Abgrenzung zwischen Verwaltungs- und Vermögenshaushalt

Verstöße gegen den verbindlichen Gruppierungsplan treten vor allem in bezug auf die Abgrenzung des Verwaltungshaushalts vom Vermögenshaushalt auf. In Anbetracht der wichtigen Bedeutung, der der Höhe der Zuführung vom Verwaltungs- zum Vermögenshaushalt für die Sicherung einer stetigen Aufgabenerfüllung beigemessen wird[449)], ist es an dieser Stelle erforderlich, die einschlägigen Bestimmungen der Vorschriften über die Gliederung und die Gruppierung der Haushaltspläne der Gemeinden und Gemeindeverbände (VV Gliederung und Gruppierung) näher zu betrachten:

Nach Nr. 6.21 der VV sind „Ausgaben für die Anschaffung oder Herstellung von beweglichen Sachen des Anlagevermögens ... im Vermögenshaushalt zu veranschlagen, wenn sie für den einzelnen Gegenstand (Wirtschaftsgut) mehr als 800,- DM betragen und der Gegenstand selbständig bewertungs- und nutzungsfähig ist. Übersteigen die Ausgaben für den einzelnen Gegenstand nicht 800,- DM, so sind sie dennoch dem Vermögenshaushalt zuzuordnen, wenn es sich um die Beschaffung von technisch oder wirtschaftlich miteinander verbundenen Wirtschaftsgütern handelt, die von ihrer Bestimmung her nur in dieser Verbindung genutzt werden und der gesamte Betrag über der Grenze von 800,- DM liegt."

Bei unbeweglichen Sachen des Anlagevermögens ist nach Nr. 6.31 der VV „zu unterscheiden zwischen den Ausgaben für Investitionen (Herstellungsaufwand) und den Ausgaben für die Unterhaltung (Erhaltungsaufwand) - vgl. auch Abschnitt 157 der Einkommensteuer-Richtlinien -." Die Ausgaben für Investitionen sind bei den Gruppen 94, 95 und 96, also im Vermögenshaushalt, die Ausgaben für Unterhaltung bei den Gruppen 50 und 51, also im Verwaltungshaushalt, nachzuweisen. Weiter heißt es in den Verwaltungsvorschriften, Herstellungsaufwand liege vor, „wenn durch eine Baumaßnahme neues Sachvermögen geschaffen oder vorhandenes vermehrt wird". Erhaltungsaufwand diene unabhängig von seiner Größenordnung dazu, ein Grundstück in einem ordnungsmäßigen Zustand zu erhalten. Daneben werden einige weitere Erläuterungen zur Abgrenzung von Herstellungs- und Erhaltungsaufwand gegeben. Bei Grenzfällen wird auf die Regeln des Abschnitts 157 der Einkommensteuer-Richtlinien verwiesen. Für Straßenbaumaßnahmen werden besondere Regeln genannt.

Im Rahmen einer Untersuchung wie der hier durchgeführten ist es äußerst schwierig, die Ordnungsmäßigkeit der Zuordnung von Ausgabeansätzen zu den beiden Haushaltsteilen zu beurteilen. Denn in vielen Fällen läßt sich aus der Bezeichnung der Haushaltsstelle nicht eindeutig erkennen, ob die Ausgaben zur Herstellung oder zur Erhaltung einer unbeweglichen Sache des Anlagevermögens dienen sollen oder ob geringwertige Wirtschaftsgüter aus dem Vermögenshaushalt finanziert werden. Jedoch ließen sich in 24 Haushaltsplänen Anhaltspunkte dafür finden, daß Erhaltungsaufwand nicht im Verwaltungs-, sondern im Vermögenshaushalt veranschlagt wurde. Als exemplarisch hierfür können folgende in Vermögenshaushalten gefundene Ansätze genannt werden[450)]: die Fußbodenerneuerung in einem Kindergarten (15.000 DM), die Renovierung der Außenfassade eines Rathauses (150.000 DM), die Erneuerung des Fußbodens im Sprechzimmer eines Ortsvorstehers und Renovierung einer Treppe (5.000 DM) sowie die Erneuerung von Fenstern in einer Seniorenwohnanlage (2.400 DM). In einer ganzen Reihe von Vermögenshaushalten wurden Haushaltsstellen mit Bezeichnungen wie „Allgemeine Unterhaltung" und „Renovierungen" gefunden. In einer Gemeinde wurden im

449) Zur Bedeutung der Zuführung vgl. Abschnitt 3.3.

450) Fundstellen werden hier nicht angegeben, da den teilnehmenden Gemeinden zur Erzielung einer hohen Beteiligungsquote Annonymität zugesichert wurde (vgl. Abschnitt 5.2.1.3.).

Vermögenshaushalt „Baukosten“ für ein Bürgerhaus (20.000 DM) veranschlagt, während im Vorbericht des Haushaltsplans ausdrücklich festgestellt wurde: „Bei einem Haushaltsansatz von 20.000,-- DM können dies nur Erhaltungsaufwand und Schönheitsreparaturen sein.“
Die Veranschlagung von Erhaltungsaufwand im Vermögenshaushalt bedeutet gleichzeitig eine Entlastung auf der Ausgabenseite des Verwaltungshaushalts und führt zu einer höheren Zuführung vom Verwaltungshaushalt an den Vermögenshaushalt. Damit wird die oft anhand der Zuführung beurteilte „finanzielle Leistungsfähigkeit“[451)] der Gemeinde beschönigt[452)]. Daß die Verwaltungsführung in der Regel an einer möglichst positiven Darstellung der finanziellen Leistungsfähigkeit interessiert ist, dürfte eine plausible Ursache für den empirischen Befund darstellen. Konsequenz ist aber eine Beeinträchtigung der in Abschnitt 3.3. dargestellten Funktion der Mindestzuführung. So ist nicht mehr sichergestellt, daß Kredite nur für Investitionen, Investitionsförderungsmaßnahmen oder zur Umschuldung aufgenommen werden, wie § 103 Abs. 1 HGO dies vorsieht.

5.2.4.2. Gesamtausgabebedarf und bisher bereitgestellte Mittel

Nach § 10 Abs. 1 Satz 1 GemHVO sind bei „Investitionen und Investitionsförderungsmaßnahmen, die sich über mehrere Jahre erstrecken, ... neben dem veranschlagten Jahresbedarf auch die Ausgaben für die gesamte Maßnahme anzugeben“. Nach § 5 Abs. 4 GemHVO sind in den Einzelplänen „zu den einzelnen Investitionen und Investitionsförderungsmaßnahmen ... der gesamte Ausgabebedarf (§ 10 Abs. 1 Satz 1) und die bisher bereitgestellten Ausgabemittel“ anzugeben. Die Differenz zwischen den Beträgen „stellt den Betrag dar, der durch den vorliegenden oder die künftigen Haushalte für die Durchführung der betreffenden Maßnahme noch bereitgestellt werden muß“[453)].
§ 5 Abs. 4 GemHVO geht über § 10 Abs. 1 HGO inhaltlich hinaus, da er zusätzlich die Darstellung der bereitgestellten Ausgabemittel fordert und sich vom Wortlaut her auf *alle* Investitionen und Investitionsförderungsmaßnahmen bezieht, also auch auf solche, die innerhalb eines Haushaltsjahres vollständig abgewickelt werden. Soweit darauf vertraut werden kann, daß die erforderlichen Angaben für mehrjährige Maßnahmen vollständig sind, stellt das Fehlen der Angaben für einjährige Maßnahmen keineswegs einen Informationsverlust dar. Denn aufgrund des Fehlens der Angaben ist erkennbar, daß es sich um eine einjährige Maßnahme handeln muß. Die erforderlichen Informationen sind dann dem Haushaltsplan ohnehin vollständig zu entnehmen. Deshalb wurde im Rahmen der Untersuchung angenommen, daß Angaben für einjährige Maßnahmen unterbleiben können. Dies ist im Hinblick auf die Übersichtlichkeit des Haushaltsplans auch sinnvoll. Überprüft wurde, inwieweit die Angaben für Investitionen und Investitionsförderungsmaßnahmen, die sich über mehr als ein Jahr erstrecken, vollständig und schlüssig sind. Die Laufzeit neuer Maßnahmen wurde dem Investitionsprogramm entnommen. Es wurde folgendes festgestellt:
In 12 Haushaltsplänen fehlten die Angaben des Gesamtausgabebedarfs und der bisher bereitgestellten Mittel vollständig. Darunter befanden sich zwei Haushaltspläne, in denen abwei-

451) Vgl. Schmid, Hansdieter / Mäule, Dieter (1990), S. 47 - 49; in etwas modifizierter Form Eichelhardt, Horst (1992), S. 52-53, S. 107.

452) Verglichen mit der kaufmännischen Rechnungslegung entspricht dies etwa dem Reichrechnen eines Unternehmens durch rechtswidrige Aktivierung nicht aktivierungsfähigen Aufwands.

453) Nr. 3 der VV zu § 5 GemHVO.

chend vom verbindlichen Muster 13 zur GemHVO im Vermögenshaushalt nicht einmal die beiden für diesen Zweck vorgesehenen Spalten ausgedruckt waren. In 61 Haushaltsplänen fehlten die erforderlichen Angaben teilweise oder waren offensichtlich fehlerhaft. Das teilweise Fehlen des Gesamtausgabebedarfs wurden in 44 Haushaltsplänen, das der bisher bereitgestellen Mittel in 46 Haushaltsplänen festgestellt; in 38 Haushaltsplänen wurden Haushaltsstellen gefunden, bei denen die bisher bereitgestellten Mittel höher waren als der angegebene Gesamtausgabebedarf (Doppelnennungen). Der zuletzt genannte Befund deutet darauf hin, daß der angegebene Gesamtausgabebedarf falsch bzw. überholt war; aus dem Haushaltsplan war daher nicht erkennbar, welche Mittel zukünftig noch bereitgestellt werden müssen. Lediglich in 27 Haushaltsplänen konnten keine Mängel im Hinblick auf die Angabe des Gesamtausgabebedarfs und der bisher bereitgestellten Mittel gefunden werden.

5.2.4.3. Erläuterungen

Nach § 15 GemHVO ist der Haushaltsplan mit Erläuterungen zu versehen. Diese sollen die Verständlichkeit des Plans erhöhen und die Hintergründe für bestimmte Planungsentscheidungen transparent machen. Da sich die geforderten Erläuterungen bestimmten Haushaltsstellen zuordnen lassen, sehen die Muster 12 und 13 zur GemHVO eine Erläuterungsspalte in den Einzelplänen vor. Alternativ können die Erläuterungen aber auch an zentraler Stelle erfolgen[454)]. Dies ist für die Verwaltung zwar oft mit einem geringeren Arbeitsaufwand verbunden, erschwert aber die Lesbarkeit des Haushaltsplanes.

Zur Untersuchung der Erläuterungen ist zunächst festzustellen, daß in 17 Verwaltungshaushalten und 16 Vermögenshaushalten überhaupt keine Erläuterungen nach § 15 GemHVO zu finden waren. In 49 Verwaltungshaushalten waren die Erläuterungen dezentral in den Einzelplänen untergebracht, in 29 Verwaltungshaushalten zentral, zum Teil als Bestandteil des Vorberichts. In vier Gemeinden waren zentrale und dezentrale Erläuterungen angebracht, die sich unterschieden und gegenseitig ergänzten. In einer Gemeinde waren die Erläuterungen im selben Wortlaut zentral und dezentral abgedruckt. Die Vermögenshaushalte enthielten die Erläuterungen in 52 Fällen dezentral und in 28 Fällen an zentraler Stelle. In vier Gemeinden waren zentrale und dezentrale Erläuterungen angebracht, die sich unterschieden und gegenseitig ergänzten. In einer Gemeinde waren die Erläuterungen im selben Wortlaut zentral und dezentral abgedruckt.

Die zu erläuternden Sachverhalte beschreibt § 15 GemHVO. Nach Abs. 1 „sind zu erläutern:

1. die größeren Einnahmen und Ausgaben des Verwaltungshaushalts, die von den Ansätzen des Vorjahres erheblich abweichen,
2. neue Maßnahmen des Vermögenshaushalts; erstrecken sie sich über mehrere Jahre, ist bei jeder folgenden Veranschlagung die bisherige Abwicklung darzulegen,
3. Notwendigkeit und Höhe der Verpflichtungsermächtigungen,
4. Ausgaben zur Erfüllung von Verträgen, die die Gemeinde über ein Jahr hinaus zu erheblichen Zahlungen verpflichten,
5. die von den Bediensteten aus Nebentätigkeiten abzuführenden Beträge,
6. besondere Bestimmungen im Haushaltsplan, z. B. Sperrvermerke, Zweckbindung von Einnahmen.“

---

454) Vgl. Anmerkungen in Muster 12 und Muster 13 zur GemHVO.

Nach Abs. 2 sind darüber hinaus „die übrigen Einnahmen und Ausgaben ..., soweit erforderlich, zu erläutern." Inwieweit dieses Erfordernis besteht, liegt grundsätzlich im pflichtgemäßen Ermessen der Gemeinde[455], so daß die Vollständigkeit dieser Erläuterungen im Rahmen dieser Untersuchung nicht eindeutig beurteilt werden konnte. Dies gilt ebenso für Nr. 1 des ersten Absatzes, denn es existieren keine allgemeingültigen Regeln, die besagen, welche Einnahmen und Ausgaben „größere" sind und welche Abweichungen von Ansätzen „erheblich" sind. In Anbetracht von 17 Verwaltungshaushalten und 16 Vermögenshaushalten ohne jegliche Erläuterung sind berechtigte Zweifel an der Vollständigkeit der Erläuterungen aber angebracht.

In 38 Vermögenshaushalten wurden Ausgaben für neue Maßnahmen veranschlagt, die entgegen der Nr. 2 des ersten Absatzes nicht erläutert wurden. Die bisherige Abwicklung mehrjähriger Maßnahmen ist nach Nr. 2 der Verwaltungsvorschriften zu § 15 GemHVO durch die Angabe der bisher veranschlagten Mittel abgedeckt. Insofern wird auf die in Abschnitt 5.2.4.2. dargestellten Mängel verwiesen. Nach den Verwaltungsvorschriften soll darüber hinaus erkennbar sein, welche räumliche Bedeutung eine Maßnahme in der Regionalplanung hat. Eine derartige Erläuterung konnte in keinem der 100 untersuchten Haushaltspläne gefunden werden.

Die in Nr. 3 des ersten Absatzes genannten Erläuterungen konnten nur in drei Haushaltsplänen gefunden werden, obwohl in insgesamt 64 Haushaltsplänen Verpflichtungsermächtigungen veranschlagt wurden. Hinsichtlich dieser Erläuterungen ist also ein deutliches Defizit belegbar.

Ob jeweils Erläuterungen nach den Nr. 4 und 5 des ersten Absatzes erforderlich waren, konnte aufgrund der vorliegenden Unterlagen nicht festgestellt werden. Vorgefunden wurde eine Erläuterung nach Nr. 4 in einem Fall. Eine Erläuterung nach Nr. 5 war nicht zu finden. Ebenfalls nicht zu finden war eine Erläuterung nach Nr. 6 des ersten Absatzes, obwohl in vielen Haushaltsplänen eine Zweckbindung von Einnahmen vorgesehen war und in fünf Haushaltsplänen Sperrvermerke gefunden wurden.

Zusammenfassend ist festzustellen, daß die Erläuterungen nach § 15 GemHVO in vielen Haushaltsplänen unvollstandig waren, so daß die gewünschte Verständlichkeit des Plans und die Transparenz der Planungsentscheidungen beeinträchtigt war. Allerdings sollte nicht unerwähnt bleiben, daß sich unter den Haushaltsplänen auch einige wenige befanden, die die Leser durch Erläuterungen vielzähliger Haushaltsstellen sehr viel detaillierter als durch die GemHVO vorgeschrieben über die Mittelverwendung aufzuklären versuchten.

5.2.5. Die Anlagen zum Haushaltsplan

Dem Haushaltsplan sind nach § 2 Abs. 2 GemHVO eine Reihe von Anlagen beizufügen[456]. Ein Vorbericht war allen untersuchten Haushaltsplänen beigefügt. Die Ergebnisse einer inhaltlichen Auswertung der Vorberichte werden in Abschnitt 5.2.6. gesondert dargestellt. Zur Vollständigkeit und Ordnungsmäßigkeit der übrigen Anlagen sind folgende Feststellungen zu treffen:

455) Vgl. Berkenhoff, Hans Albert / Wenig, Siegried (1986), S. 109.
456) Zur Bedeutung der Anlagen vgl. Abschnitt 3.7.5.

Finanzplan und Investitionsprogramm waren 93 Haushaltsplänen beigefügt. In weiteren drei Fällen war nur der Finanzplan, in weiteren vier Fällen nur das Investitionsprogramm beigefügt. In drei Investitionsprogrammen wurde kein Einzelausweis der Investitionen nach § 24 Abs. 2 GemHVO vorgenommen. Bei einem Finanzplan fehlte der „zweite Teil", bei einem anderen Finanzplan fehlten die Angaben für die Jahre 1996 und 1997. Im Rahmen der Untersuchung konnte auch in 22 Finanzplänen ein erheblicher Mangel nachgewiesen werden: Eine Fortschreibung des Rücklagenbestandes auf Grundlage dieser Finanzpläne hätte bei den betreffenden Gemeinden spätestens im Jahr 1997 rechnerisch zu einem negativen Rücklagenbestand geführt. Da es einen negativen Rücklagenbestand nicht geben kann, ist damit bewiesen, daß die dargestellte Fortschreibung des Haushaltsplans unrealistisch ist. Der Sinn und Zweck des Finanzplans wird damit in Frage gestellt.

Verpflichtungsermächtigungen wurden in 64 Haushaltsplänen veranschlagt. In einem dieser Haushaltspläne fehlte die erforderliche Übersicht über die Verpflichtungsermächtigungen. In einigen Haushaltsplänen ohne Verpflichtungsermächtigungen wurde eine nicht ausgefüllte Übersicht beigefügt, die verdeutlichen soll, daß keine Verpflichtungsermächtigungen bestehen.

Die Übersicht über den voraussichtlichen Stand der Schulden fehlte bei vier Haushaltsplänen. Die vorhandenen Übersichten waren zum Teil unvollständig: 51 der 96 Gemeinden verfügen über mindestens einen Eigenbetrieb. Hier wäre es erforderlich gewesen, die Schulden des Eigenbetriebs unter Nr. 4 der Schuldenübersicht anzugeben[457)]. Dies unterblieb jedoch in 25 Fällen und führte zu einer beschönigenden Darstellung der wirtschaftlichen Verhältnisse der Gemeinde[458)]. Ferner fehlte bei einer Schuldenübersicht der Stand der Schulden zu Beginn des Vorjahres, bei zwei Übersichten waren die Schulden nicht in Arten von Gläubigern (Nr. 1.1 bis Nr. 1.6 des Musters zur Schuldenübersicht) aufgegliedert.

In der Schuldenübersicht sind auch Schulden aus Vorgängen anzugeben, die Kreditaufnahmen wirtschaftlich gleichkommen, zum Beispiel Schuldübernahmen oder der Abschluß von Leibrentenverträgen, Leasing-Verträgen oder Bausparverträgen[459)]. Derartige Angaben fanden sich lediglich in 12 Übersichten. In 23 Übersichten wurden diese Schulden mit Null beziffert. In den übrigen 61 Schuldenübersichten wurde diese Rubrik nicht ausgefüllt. Im Rahmen einer Untersuchung wie der hier durchgeführten ist es kaum möglich, die Vollständigkeit dieser Angaben zu überprüfen. In zwei Fällen ist es dennoch gelungen, die Unvollständigkeit der Angaben nachzuweisen. Den Vorberichten dieser Gemeinden war zu entnehmen, daß Bürgschaften bzw. Baulastverpflichtungen gegenüber der Kirche bestehen. In den Übersichten wurde jedoch auf entsprechende Hinweise verzichtet.

Die Übersicht über den voraussichtlichen Stand der Rücklagen fehlte ebenfalls bei vier Haushaltsplänen. Sechs der vorhandenen Übersichten waren fehlerhaft: Bei zwei Übersichten fehlte die Berechnung der Mindestrücklage, bei vier Übersichten fehlte der Stand der Rücklagen zu Beginn des Vorjahres.

Den Haushaltsplänen sind die Wirtschaftspläne und neuesten Jahresabschlüsse der verbundenen Unternehmen und Sondervermögen, für die Sonderrechnungen geführt werden, beizufü-

457) Eigenbetriebe sind nach § 10 Abs. 1 EigBGes Sondervermögen der Gemeinde.

458) Zum Teil basieren Hinweise in den Vorberichten auf die im Vergleich zu anderen Gemeinden günstige pro-Kopf-Verschuldung auf diesen unvollständigen Angaben. Vergleiche mit Gemeinden ohne Eigenbetriebe müssen dann zwangsläufig zu einem Trugschluß führen. Zur Kritik an der Kennzahl der pro-Kopf-Verschuldung vgl. auch Fußnote 413.

459) Vgl. Muster 4 zur GemHVO; § 103 Abs. 7 HGO und Nr. 6 der VV zu § 103 HGO.

gen. Ersatzweise kann eine kurzgefaßte Übersicht über die Wirtschaftslage und die voraussichtliche Entwicklung der Unternehmen und Einrichtungen beigefügt werden. Von den 100 untersuchten Gemeinden verfügen laut den Angaben auf den Fragebögen 49 Gemeinden über insgesamt 55 Eigenbetriebe und über die Anteilsmehrheiten bei 29 GmbH und einer GmbH & Co. KG. Vier dieser ingesamt 85 Unternehmen und Einrichtungen wurden erst zum 01.01.1993 bzw. zum 01.01.1994 gegründet, so daß nur der Wirtschaftsplan beigefügt werden konnte. Eine GmbH wurde aufgelöst, so daß kein Wirtschaftsplan mehr aufgestellt wurde, folglich nur der Jahresabschluß beigefügt werden konnte. Für die verbleibenden 80 Unternehmen und Einrichtungen wurden nur in 9 Fällen der Wirtschaftsplan sowie der vollständige Jahresabschluß und in einem Fall ersatzweise eine kurzgefaßte Übersicht vorgefunden. In 35 Fällen wurde nur der Wirtschaftsplan abgedruckt und in einem Fall nur der Jahresabschluß. In einem weiteren Fall fehlte die Gewinn- und Verlustrechnung. In 33 Fällen (39 % der 85 Unternehmen und Einrichtungen) waren schließlich überhaupt keine derartigen Anlagen zu finden.

Abbildung 5-9: Freiwillige Anlagen zum Haushaltsplan

Bezeichnung/Inhalt der Anlage	Anzahl
Einwohner-, Infrastruktur- und/oder Gewerbestatistik	70
Feststellung des Ergebnisses der letzten Jahresrechnung	24
Vorbericht bzw. Erläuterungen zum Stellenplan	23
Vergleich des Stellenplans mit der Stellenobergrenzenverordnung	21
Übersicht über den Stand des Vermögens	18
Schuldenliste, nach Gläubigern sortiert	12
Straßen-, topographische und/oder politische Karte(n) / Skizze(n)	11
Übersicht über die Gebührensätze	10
Didaktische Hinweise zum Verstehen des Plans	10
Darstellung der Berechnung der kalkulatorischen Kosten	9
Liste der Haushaltsreste	6
Verzeichnis der Mandatsträger	6
Bericht über die Beschlußfassung (z. T. mit Abstimmungsergebnissen)	6
Abriß der historischen Entwicklung der Stadt (als Text oder Tabelle)	5
Haushaltsrede des zuständigen Dezernenten	4
Kontenrahmen für Verwahrgelder und Vorschüsse	3
Orientierungsdaten für die Finanzplanung	2
Bewirtschaftungsgrundsätze bzw. Vollzugsbestimmungen	2
Organigramm oder Dezernatsverteilungsplan	2
Verzeichnis der Deckungskreise mit Einzelposten und Summe	2
Verzeichnis der Bürgschaften	2
Verzeichnis der Städtepartnerschaften	2
Nachweis über die Ausgaben der freiwilligen Feuerwehren	2
Selbstverständnis der Gemeindeverwaltung	1
Ergebnis der letzten Wahlen	1
Übersicht über die Anzahl der Kopien auf den Geräten der Gemeinde	1
Nachweis von Mitgliedschaften	1
Zusammenstellung der Annuitätsbeihilfen	1
Langfristige Entwicklung der Schulden und Rücklagen	1
Personal- und Schuldenvergleich mit anderen Gemeinden	1
Pressespiegel über Haushaltsplan-Verabschiedung	1
Verzeichnis mit Namen des Personals zum Stellenplan	1
Aufteilung der Einnahmen und Ausgaben auf die Ortsteile	1
Übersicht über einmalige Ansätze des Verwaltungshaushalts	1

Zusammenfassend ist festzustellen, daß viele der untersuchten Haushaltspläne Mängel hinsichtlich der verbindlichen Anlagen aufwiesen. Schwerpunkte bildeten dabei die Schuldenübersicht sowie die oft fehlenden Wirtschaftspläne und Jahresabschlüsse. Größtenteils wurden den Lesern Informationen vorenthalten, die sich nicht ohne weiteres dem Haushaltsplan oder anderen Anlagen entnehmen oder aus diesen errechnen lassen.

Gleichzeitig ist aber festzustellen, daß in vielen Gemeinden dem Haushaltsplan außer den verbindlichen Anlagen weitere Anlagen beigefügt waren. Dies ist im Haushaltsrecht nicht ausdrücklich geregelt, erfolgt also freiwillig, zum Teil aufgrund eines Beschlusses oder dem Drängen der Gemeindevertretung. Der Abbildung 5-9 sind die vorgefundenen zusätzlichen Anlagen mit den jeweiligen Fallzahlen zu entnehmen. In Abbildung 5-10 sind die Bestandteile der Einwohner-, Infrastruktur- und/oder Gewerbestatistik detaillierter aufgeschlüsselt. Die Abbildung 5-11 zeigt auf, wie sich die freiwilligen Anlagen auf die Gemeinden verteilten. Zum leichteren Auffinden von Haushaltsteilen und Anlagen wurde außerdem in 60 Fällen ein Inhaltsverzeichnis und in drei Fällen ein Stichwortverzeichnis beigefügt.

Abbildung 5-10: Bestandteile der Einwohner-, Infrastruktur und/oder Gewerbestatistik

Bestandteil	Anzahl
Einwohnerzahl, zum Teil mit Bevölkerungsdichte	68
Verteilung der Einwohner auf die Ortsteile	38
Flächennutzung im Gemeindegebiet	31
Altersstruktur der Einwohner (Bevölkerungspyramide)	9
Einwohnerstruktur (z. B. Geschlecht, Stand, Religion, Nationalität)	8
Infrastruktur der Gemeinde und soziale Einrichtungen (Ärzte etc.)	5
Geographische Angaben (Lage, Höhe, Umfang etc.)	4
Gewerbliche Betriebe, zum Teil mit Verteilung des GewSt-Aufkommens	4
Technische Daten der Wasserversorgung, Abwasserbeseitigung	4
Schüler-, Lehrer- und/oder Kindergartenstatistik	3
Geburtenentwicklung und/oder Bevölkerungsbewegung	2
Fremdenverkehrsstatistik	2
Statistische Daten zum Landkreis, dem die Gemeinde angehört	2
Einpendlerströme	1
Eheschließungen	1

Abbildung 5-11: Verteilung der Gemeinden auf bestimmte Mengen freiwilliger Anlagen

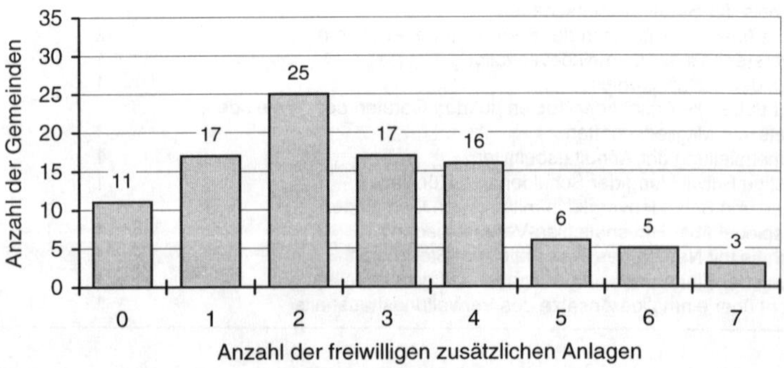

5.2.6. Der Vorbericht

Die Gestaltung der Vorberichte ist den Gemeinden weitgehend freigestellt. Jedoch werden in § 3 GemHVO bestimmte Mindestanforderungen an die Inhalte der Vorberichte gestellt. Hierzu wurde untersucht, inwieweit diese Mindestinhalte in die 100 zur Verfügung stehenden Vorberichte aufgenommen wurden. Die Untersuchung brachte folgende Ergebnisse:

5.2.6.1. Einnahme- und Ausgabearten, Vermögen, Schulden

Nach § 3 Nr. 1 GemHVO hätte dargestellt werden sollen, wie sich die wichtigsten Einnahme- und Ausgabearten in den Jahren 1992 und 1993 entwickelt haben und im Haushaltsjahr 1994 voraussichtlich entwickeln werden. Da die Ermessensentscheidung der Gemeinde, welche Einnahme- und Ausgabearten die „wichtigsten" sind, im Rahmen dieser Untersuchung nicht überprüfbar war, wurde ausschließlich geprüft, ob überhaupt die Entwicklung von Einnahme- und Ausgabearten dargestellt wurde. In 69 Vorberichten ließen sich Darstellungen für die Jahre 1992 bis 1994 finden. In drei Vorberichten fehlten lediglich die Angaben für 1992; in vier Vorberichten war nur die Entwicklung von Einnahmearten, nicht aber die der Ausgabearten dargestellt. In 24 Fällen ließen sich überhaupt keine derartigen Darstellungen finden.
Ferner wäre darzustellen gewesen, wie sich das Vermögen[460)] und die Schulden (ohne Kassenkredite) in den Jahren 1992 und 1993 entwickelt haben und im Jahr 1994 voraussichtlich entwickeln werden. Vollständige Darstellungen konnten lediglich in zwölf Vorberichten gefunden werden. In 13 Vorberichten fehlten die Angaben für die Jahre 1993 und 1994; dies wurde in mehreren Fällen damit begründet, daß noch keine Fortschreibung stattgefunden habe. Weitere sechs Vorberichte enthielten die erforderlichen Angaben ebenfalls nur teilweise. In 69 Vorberichten ließen sich überhaupt keine Angaben zum Vermögen finden.
Die Darstellung der Schuldenentwicklung in den Jahren 1992 bis 1994 war in 53 Vorberichten vorhanden. In 17 Vorberichten erfolgten die Angaben nur für einen Teil der Jahre. In einem Vorbericht wurden nur die Kreditaufnahmen, nicht aber die Schuldenstände dargestellt. In 29 Fällen fehlten die erforderlichen Angaben zur Schuldenentwicklung vollständig.

5.2.6.2. Zuführungen vom Verwaltungshaushalt, Rücklagen

Nach § 3 Nr. 2 GemHVO hätte dargestellt werden sollen, wie sich die Zuführungen vom Verwaltungshaushalt an den Vermögenshaushalt und die Rücklagen in den Jahren 1995 bis 1997 voraussichtlich entwickeln werden. Um transparent zu machen, inwieweit die Gemeinde in dem genannten Zeitraum voraussichtlich in der Lage sein wird, die Ausgaben des Vermögenshaushalts aus eigener Kraft zu decken[461)], wäre außerdem anzugeben gewesen, in welchem Verhältnis die Zuführungen und die Rücklagen zum Deckungsbedarf nach dem Finanzplan stehen. Die Zuführungen vom Verwaltungshaushalt zum Vermögenshaushalt lassen sich unmittelbar dem Finanzplan entnehmen. Die Entwicklung der Rücklagen läßt sich durch Fort-

---

460) Zum Vermögen gehören hier nur Forderungen des Anlagevermögens, Geldanlagen sowie das Sachanlagevermögen, das kostenrechnenden Einrichtungen dient (vgl. Muster 18 zu § 42 Abs. 1 HGO i. V. m. § 37 Abs. 2 GemHVO). Allgemein zum haushaltsrechtlichen Vermögensbegriff vgl. auch Abschnitt 3.3; Abschnitt 5.1.2.

461) Vgl. Jordan, Wilhelm/Ott, Hans: Erl. zu § 3 Nr. 2 GemHVO.

schreibung des Rücklagenbestandes mit den im Finanzplan ausgewiesenen Rücklagenzuführungen und -entnahmen errechnen.
Die Zuführungen vom Verwaltungshaushalt an den Vermögenshaushalt wurden in 38 Vorberichten vollständig, in zwei Fällen unvollständig und in 60 Fällen überhaupt nicht dargestellt. Ein Vergleich mit dem Deckungsbedarf wurde in 21 Vorberichten vorgenommen: In 16 Vorberichten wurden hierzu Quotienten, in fünf Vorberichten Differenzen ausgewiesen. Die Entwicklung der Rücklagen wurde in 21 Vorberichten vollständig, in fünf Fällen teilweise und in 74 Fällen überhaupt nicht dargestellt. Ein Vergleich der Rücklagen mit dem Deckungsbedarf erfolgte in zehn Fällen: in neun Fällen durch Ausweis von Quotienten und in einem Fall durch Ausweis von Differenzen.
Bereits in Abschnitt 4.2.5. wurde darauf hingewiesen, daß bei 22 der beigefügten Finanzpläne eine Fortschreibung des Rücklagenbestandes zu einem negativen Rücklagenbestand spätestens im Jahr 1997 geführt hätte. Dieses Phänomen hängt unmittelbar mit der fehlenden Fortschreibung im Vorbericht zusammen. Denn eine solche hätte die Mangelhaftigkeit des Finanzplans offenkundig werden lassen.

5.2.6.3. Investitionen, finanzielle Auswirkungen

Nach § 3 Nr. 3 GemHVO wäre darzustellen gewesen, welche Investitionen und Investitionsförderungsmaßnahmen im Jahr 1994 geplant sind und welche finanziellen Auswirkungen sich hieraus für die folgenden Jahre ergeben. Zu den finanziellen Auswirkungen gehören „Folgekosten“ ebenso wie etwaige Einsparungen durch den Wegfall bisheriger Einrichtungen[462]. Die „Folgekosten“ für Bauten können den Unterlagen entnommen werden, die nach § 10 Abs. 3 GemHVO vor der Veranschlagung von Bauten zu erstellen sind[463], dem Haushaltsplan jedoch nicht beigefügt werden müssen.
In 63 Vorberichten wurden zumindest die wesentlichsten Investitionen der Gemeinde dargestellt, in drei Vorberichten ließen sich nur oberflächliche Formulierungen ohne Nennung von konkreten Maßnahmen finden, und 34 Vorberichte beinhalteten überhaupt keine derartigen Darstellungen. Die finanziellen Auswirkungen wurden nur in sechs Vorberichten angegeben. Weitere sieben Vorberichte enthielten nur sehr oberflächliche verbale Darstellungen hierüber. 87 Vorberichte enthielten keinerlei Aussagen zu den finanziellen Auswirkungen der geplanten Investitionen.

462) Vgl. Jordan, Wilhelm / Ott, Hans: Erl. zu § 3 Nr. 3 GemHVO. Vgl. auch Nr. 6e der VV zu § 42 GemHVO. Wenngleich in beiden Quellen der Begriff „Folgekosten“ Verwendung findet, muß wohl davon ausgegangen werden, daß damit nicht „Kosten“ im betriebswirtschaftlichen Sinne gemeint sind, da das kommunale Rechnungswesen solche bisher generell nicht betrachtet. Gemeint sein dürften die zukünftigen Ausgaben, eventuell ergänzt um die kalkulatorischen Zinsen und Abschreibungen im Sinne des § 12 GemHVO.

463) Nach § 10 Abs. 3 GemHVO dürfen Ausgaben und Verpflichtungsermächtigungen für Bauten und Instandsetzungen an Bauten erst veranschlagt werden, „wenn Pläne, Kostenberechnungen und Erläuterungen vorliegen, aus denen die Art der Ausführung, die Kosten der Maßnahme, des Grunderwerbs und der Einrichtung sowie die voraussichtlichen Jahresraten unter Angabe der Kostenbeteiligung Dritter und ein Bauzeitplan im einzelnen ersichtlich sind. Den Unterlagen ist eine Schätzung der nach Fertigstellung der Maßnahme entstehenden jährlichen Haushaltsbelastungen beizufügen.“

5.2.6.4. Abweichungen vom Finanzplan

Abweichungen zwischen Haushaltsplan und Finanzplan können sich ergeben, soweit die jährlich vorzunehmende Anpassung des Finanzplans an die durch die Ansätze des Haushaltsplans geänderten Verhältnisse noch nicht erfolgt ist[464]. In diesem Fall wären nach § 3 Nr. 4 GemHVO die wesentlichen Abweichungen darzustellen gewesen. Entsprechende Darstellungen befanden sich in 22 Vorberichten. In den meisten dieser Fälle wurde angegeben, daß Abweichungen nicht vorhanden seien. Ob die Angaben vollständig waren, wurde nicht untersucht. Hierfür waren zwei Gründe maßgeblich: Zum einen wäre ein Vergleich der Finanzpläne mit den Haushaltsplänen im Verhältnis zum Erkenntnisgewinn mit einem unvertretbar hohen Aufwand verbunden gewesen. Zum anderen liegt es im Ermessen der Gemeinden, welche Abweichungen „wesentlich" sind, so daß eine Bewertung der Vollständigkeit ohnehin kaum möglich gewesen wäre.

5.2.6.5. Kassenlage, Kassenkredite

Nach § 3 Nr. 5 GemHVO hätte dargestellt werden sollen, wie sich die Kassenlage im Vorjahr entwickelt hat. Dies gibt Aufschluß darüber, ob die Kassenbestände zu hoch oder zu niedrig waren[465]. Diese Informationen stellen einen Indikator für die effiziente Koordination der Zahlungszeitpunkte dar und erlauben damit wenigstens eine partielle Wirtschaftlichkeitskontrolle[466]. Das „Vorjahr" ist nach § 45 Nr. 28 GemHVO als „das dem Haushaltsjahr vorangehende Jahr" definiert. Insofern wäre die Entwicklung der Kassenlage im Jahr 1993 anzugeben gewesen. Soweit die Haushaltssatzung nach dem Grundsatz der Vorherigkeit frühzeitig beschlossen werden soll, kann diese Darstellung nicht vollständig sein. So dürfte es zu erklären sein, daß sich die Darstellungen in einigen Gemeinden stattdessen auf das Jahr 1992 bezogen. Dies wurde im Rahmen der Untersuchung akzeptiert.

Eine ausreichende Darstellung der Entwicklung der Kassenlage im Jahr 1992 oder 1993 konnte nur in acht Vorberichten gefunden werden. In diesen wurden jeweils konkrete Kassenbestände zu bestimmten Zeitpunkten genannt, meistens zu den Monatsenden, teils mit graphischer Darstellung. In 40 Vorberichten ließen sich nur allgemeine Formulierungen finden, wie zum Beispiel: „Die Kasse konnte ihre Zahlungen immer leisten." Derartige Formulierungen entsprechen den Anforderungen des § 3 Nr. 5 GemHVO allenfalls ansatzweise, da sie keine „Entwicklung" darstellen[467]. In 52 Vorberichten fehlte die Darstellung vollständig.

Nach § 3 Nr. 3 GemHVO hätte ferner dargestellt werden sollen, in welchem Umfang im Vorjahr Kassenkredite in Anspruch genommen wurden. In 31 Vorberichten wurden konkrete Umfänge in Anspruch genommener Kassenkredite (realisierte Höchstbeträge), in vielen Fällen 0,00 DM, oder zumindest die aus den Kassenkrediten resultierende Zinsbelastung genannt. In 15 Fällen ließen sich nur allgemeine Formulierungen finden, die den Umfang nicht hinreichend konkretisieren. Die Aussage, es seien „Kassenkredite in geringem Umfang aufgenommen" worden, kann exemplarisch hierfür genannt werden. In 54 Fällen wurde auf Aussagen über den Umfang in Anspruch genommener Kassenkredite vollständig verzichtet.

---

464) Vgl. Jordan, Wilhelm / Ott, Hans: Erl. zu § 3 Nr. 4 GemHVO.

465) Vgl. Jordan, Wilhelm / Ott, Hans: Erl. zu § 3 Nr. 5 GemHVO.

466) Vgl. Abschnitte 3.7.5. und 5.1.2.

467) Zu dem genannten Beispiel ist sogar festzustellen, daß die Aussage inhaltlich nahezu wertlos ist. Denn eine Gemeinde kann ihre Zahlungen selbstverständlich immer leisten, soweit ihr Kassenkredite gewährt werden.

5.2.6.6. Wirtschaftslage der Eigenbetriebe

Nach § 3 Nr. 6 GemHVO hätte in den Vorberichten jeweils dargestellt werden sollen, wie sich die Wirtschaftslage der Eigenbetriebe in den Jahren 1992 und 1993 entwickelt hat und im Jahr 1994 voraussichtlich entwickeln wird. Voraussetzung hierfür ist, daß die Gemeinde über mindestens einen Eigenbetrieb verfügt. Dies war bei 46 Gemeinden der Fall. Bei elf dieser Gemeinden (24 %) waren die erforderlichen Darstellungen im Vorbericht vollständig. Bei sechs Gemeinden (13 %) ließen sich lediglich Angaben für das Jahr 1994 finden. In 29 Vorberichten (63 %) wurde auf entsprechende Darstellungen vollständig verzichtet.

5.2.6.7. Zusammenfassende Betrachtung der Vorberichte

Entsprechend den Darstellungen in den Abschnitten 5.2.6.1. bis 5.2.6.6. lassen sich die Vorberichte jeweils getrennt für die einzelnen Mindestinhalte in drei Gruppen einteilen: Zur ersten Gruppe gehören solche Vorberichte, bei denen der jeweilige Mindestinhalt - zumindest in formaler Hinsicht - vollständig enthalten war. Zur zweiten Gruppe gehören solche Vorberichte, bei denen der jeweilige Mindestinhalt nur teilweise bzw. ansatzweise vorhanden war, sei es durch Fehlen von Angaben zu bestimmten Jahren oder durch Beschränkung auf oberflächliche Angaben ohne hinreichende Aussagekraft. Die dritte Gruppe bilden schließlich die Vorberichte, bei denen über den jeweiligen Mindestinhalt überhaupt keine Angaben zu finden waren. Entsprechend dieser Einteilung sind die Unterschungsergebnisse zusammenfassend der Abbildung 5-12 zu entnehmen.

Abbildung 5-12: Festgestellte Mindestinhalte der Vorberichte

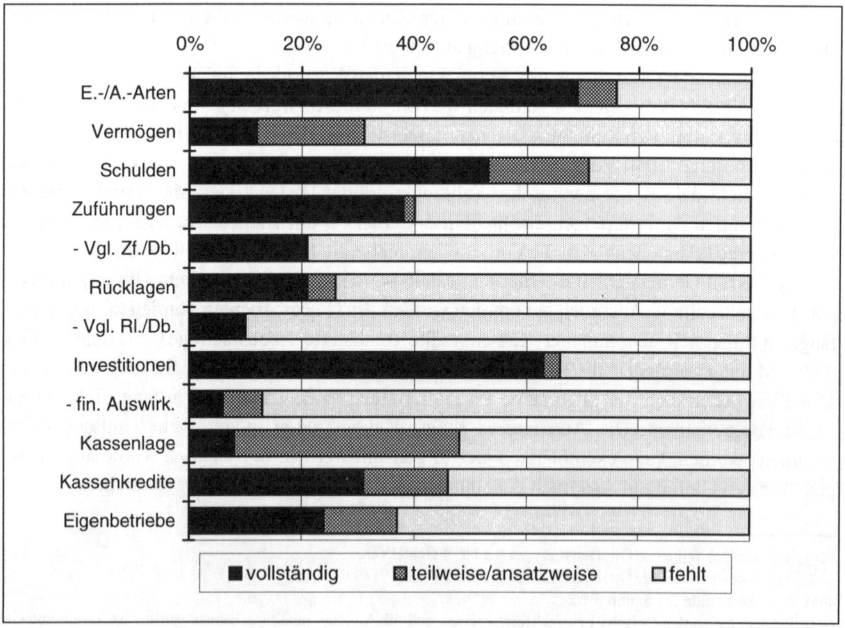

Abbildung 5-13: Auftreten bestimmter Mengen fehlender Bestandteile in Vorberichten

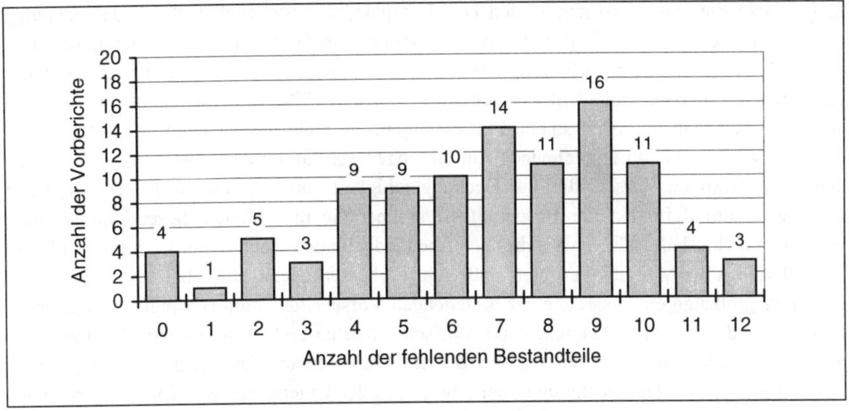

Es ist leicht erkennbar, daß viele der in § 3 GemHVO vorgesehenen Mindestinhalte in der Praxis kaum vorzufinden sind. Interessant ist im übrigen die Verteilung der insgesamt fehlenden Inhalte auf die einzelnen Vorberichte. Um diese zu ermitteln, wurde für jeden der 100 Vorberichte untersucht, wieviele der in Abbildung 5-12 dargestellten Inhalte vollständig fehlten. Das in Abbildung 5-13 dargestellte Ergebnis zeigt, daß das vollständige Fehlen von verbindlichen Inhalten sich nicht etwa nur auf einen Teil der Vorberichte beschränkte, sondern in nahezu allen Gemeinden in nicht unerheblichem Umfang auftrat.

Die Untersuchung belegt damit eine deutliche Diskrepanz zwischen den Vorgaben des § 3 GemHVO und der kommunalen Praxis. Dies führt zum einen dazu, daß den Adressaten die beabsichtigte Erleichterung des Studiums des Haushaltsplans in vielen Fällen versagt bleibt. Zum anderen bleiben Informationen im Verborgenen, die sich auch aus dem Haushaltsplan in der Regel nicht entnehmen lassen. Beispielhaft hierfür seinen die finanziellen Auswirkungen von Investitionen, die Entwicklung der Kassenlage, der Umfang in Anspruch genommener Kassenkredite und die für das Nachvollziehen der Ansätze kalkulatorischer Kosten erforderliche Darstellung des Vermögens genannt.

An dieser Stelle bleibt noch zu erwähnen, daß in einigen Gemeinden erhebliche Anstrengungen unternommen wurden, um den Vorbericht zu einer Informationsquelle zu machen, die sowohl inhaltlich mehr zu bieten hat als die Vorgaben des § 3 GemHVO als auch durch eine Vielzahl graphischer Darstellungen ein schnelles und leichtes Erfassen der Informationen gewährleisten soll. Diese Fälle stellten aber deutlich die Minderheit dar.

5.2.7. Umsetzung von Reformbestandteilen

Die Diskussion um die konzeptionellen Mängel des kommunalen Rechnungswesens hat in den letzten Jahren ihren vorläufigen Höhepunkt erreicht. Um „neue Steuerungsmodelle" erproben zu können, hat der Hessische Landtag mit Wirkung zum 1. Januar 1995 eine sogenannte „Experimentierklausel" als § 133 der HGO beschlossen[468]. Diese besagt, daß das Mi-

---

468) Vgl. Artikel 1 Nr. 3 des Gesetzes zur Änderung kommunalrechtlicher Vorschriften vom 21. Dezember 1994.

nisterium des Innern auf Antrag im Einzelfall zeitlich begrenzte Ausnahmen „von den Regelungen über die Haushaltssatzung, den Haushaltsplan, den Stellenplan, die Jahresrechnung, die örtliche Rechnungsprüfung und von Regelungen zum Gesamtdeckungsprinzip, zur Dekkungsfähigkeit und zur Buchführung sowie anderer Regelungen, die hiermit in Zusammenhang stehen“, zulassen kann. Mit Verordnung vom 8. Juli 1996 wurde die GemHVO dahingehend geändert, daß nun auch solche Einrichtungen, die nicht überwiegend aus Entgelten finanziert werden, wie kostenrechnende Einrichtungen geführt werden sollen. Außerdem wurden die restriktiven Vorschriften zur Deckungsfähigkeit von Haushaltsansätzen geringfügig gelockert. Zum Zeitpunkt der Beschlußfassung über die im Rahmen dieser Untersuchung analysierten Haushaltspläne galten diese Normen jedoch noch nicht. In der Literatur wird zum Teil allerdings die Meinung vertreten, daß viele Verbesserungen des Rechnungswesens lediglich einer großzügigen Auslegung der bestehenden Vorschriften, zum Beispiel zur Deckungsfähigkeit und zur Veranschlagung kalkulatorischer Kosten und Leistungsverrechnungen, bedürfen[469]. Auch ist es durch das Haushaltsrecht nicht untersagt, zusätzliche zielbezogene Informationen durch Nebenrechnungen zu gewinnen oder Untersuchungen durch externe Gutachter durchführen zu lassen. § 132 Abs. 2 HGO sieht derartige Wirtschaftlichkeitsprüfungen sogar als Kann-Aufgabe der Rechnungsprüfungsämter ausdrücklich vor. Den Gemeinden ist schließlich auch möglich, Teilbereiche der Verwaltung als Eigenbetrieb oder Kapitalgesellschaft auszugliedern und auf diese Weise einen Übergang zu dem für „besser“ gehaltenen kaufmännischen Rechnungswesen zu vollziehen[470]. Folgende Untersuchungsergebnisse lassen erkennen, inwieweit solche Ansätze verfolgt wurden, zeigen zugleich aber auch weitere Mängel der untersuchten Haushaltspläne auf:

5.2.7.1. Kalkulatorische Kosten und Leistungsverrechnungen

Kalkulatorische Kosten, nämlich „angemessene Abschreibungen“ und „eine angemessene Verzinsung des Anlagekapitals“, sind nach § 12 Abs. 1 GemHVO für die sogenannten „kostenrechnenden Einrichtungen“ zu veranschlagen. Bei den übrigen Einrichtungen, die nicht zu mehr als 50 % aus Entgelten finanziert werden, durften kalkulatorische Kosten nach den Verwaltungsvorschriften zu § 12 GemHVO zum Zeitpunkt der Untersuchung nicht veranschlagt werden[471].

Die Analyse der Haushaltspläne ergab, daß bei insgesamt 204 kostenrechnenden Einrichtungen ordnungsgemäß kalkulatorische Kosten veranschlagt wurden. Problematisch war aufgrund der fehlenden Informationen über das Anlagevermögen der Nachweis fehlender Veranschlagung kalkulatorischer Kosten. Dieser war nur in den Fällen zu erbringen, in denen das Vorhandensein von Buchwerten des Anlagevermögens aufgrund von Investitionsausgaben in den im Vermögenshaushalt ausgewiesenen Jahren belegt werden konnte. Immerhin war es auf diese Weise möglich, 48 Einrichtungen ausfindig zu machen, bei denen die Finanzierung zu über 50 % aus Entgelten erfolgte, kalkulatorische Kosten aber nicht veranschlagt waren. Darüber hinaus muß wohl eine beachtliche „Dunkelziffer“ angenommen werden.

---

469) Vgl. z.B. Bernhardt, Horst (1993), S. 147.

470) Hafner schreibt, daß sich immer mehr die „nur“ kostenrechnenden Einrichtungen wenigstens in die Eigenbetriebsform flüchten, „nachdem die kaufmännische Buchführung für die wirtschaftlichen Unternehmen der Gemeinden seit Jahrzehnten unumstritten bevorzugt wird“ (Hafner, Wolfgang (1995), S. 124).

471) Ausführlicher zu den kalkulatorischen Kosten und ihre Funktion vgl. Abschnitt 3.4.

Abbildung 5-14: Veranschlagung kalkulatorischer Kosten

Einrichtung	rechtmäßig vorhanden	rechtswidrig fehlend	rechtswidrig vorhanden
Abwasserbeseitigung	80		
Wasserversorgung	44		
Friedhöfe	38	21	2
Abfallbeseitigung	13	15	
Campingplatz	5		
Bebaute Grundstücke	5		
Altenheim	4	4	
Deponie	3		
Parkeinrichtungen	2	4	
Straßenreinigung	2		
Schwimmbad	1	1	
Gemeindewaage	1		1
Bootsanlegeplatz	1		
Breitbandverkabelung	1		
Festplatz	1		
Fuhrpark	1		
Kurhotel	1		
Verkehrsbetrieb	1		
Jugendheim		1	
Kegelsportanlage		1	
Mini-Golfplatz		1	
Bürgerhäuser			1
Kindergarten			1
Summe	204	48	5

Im Sinne der Reform des kommunalen Rechnungswesens wäre es vorteilhaft, bei allen Einrichtungen, unabhängig von ihrem Deckungsgrad, kalkulatorische Kosten zu veranschlagen. Dies wäre zwar streng nach dem Wortlaut der haushaltsrechtlichen Vorschriften unzulässig und würde noch nicht einer Kostenrechnung im betriebswirtschaftlichen Sinne entsprechen, zumindest aber eine geringe Verbesserung der Informationslage bedeuten. Solche zusätzlich veranschlagten kalkulatorischen Kosten wurden jedoch nur bei fünf Einrichtungen gefunden.

Die Häufigkeit der Einrichtungen, bei denen die Veranschlagung kalkulatorischer Kosten fehlt, belegt im Vergleich zur äußerst geringen Anzahl von Einrichtungen, bei denen kalkulatorische Kosten über die Vorgaben der GemHVO hinaus veranschlagt wurden, daß das kommunale Rechnungswesen in der Praxis von einem Nachweis von Kosten noch viel weiter entfernt ist, als das Haushaltsrecht dies vorgibt.

Ein anderes Bild zeigen die vorgefundenen Leistungsverrechnungen. Sie können nach § 14 Abs. 3 GemHVO als Erstattungen von Verwaltungskosten und sonstigen Gemeinkosten zwischen Einzelplänen, Abschnitten und Unterabschnitten veranschlagt werden. Dies soll allerdings nur in solchen Fällen erfolgen, „in denen es für Kostenrechnungen erforderlich ist". Damit sind die Leistungsverrechnungen grundsätzlich auf kostenrechnende Einrichtungen beschränkt.

Am häufigsten wurden Leistungsverrechnungen zwischen den Abschnitten „Gemeindestraßen" und „Abwasserbeseitigung" gefunden: In 50 der 80 Gemeinden, die die Abwasserbeseitigung als kostenrechnende Einrichtung im Haushalt führen, wurden im Abschnitt „Gemeindestraßen" Ausgaben für die Oberflächenentwässerung der Straßen veranschlagt, eine

Einnahmeposition in gleicher Höhe im Abschnitt „Abwasserbeseitigung“[472]. Dies bewirkt, daß der weitere Deckungsbedarf des Abschnitts „Abwasserbeseitigung“ sinkt, so daß die Benutzungsgebühren zum Ausgleich des Abschnitts entsprechend niedriger veranschlagt werden können. Schließlich soll die Entwässerung der Straßen nicht aus den Abwassergebühren, sondern aus allgemeinen Steuermitteln finanziert werden[473]. Da diese Leistungsverrechnungen „für Kostenrechnungen erforderlich“ sind, ist ihre Zulässigkeit durch § 14 Abs. 3 GemHVO voll abgedeckt.

Außer den Leistungsverrechnungen für die Oberflächenentwässerung der Straßen wurden in 70 Haushaltsplänen weitere Leistungsverrechnungen gefunden, sehr oft auch ohne Beteiligung von kostenrechnenden Einrichtungen. Da die Leistungsverrechnungen den Gemeinden im Gegensatz zu den kalkulatorischen Kosten nicht zwingend vorgeschrieben sind, ist dieses Ergebnis besonders bemerkenswert, belegt es doch, daß viele Gemeinden für eine möglichst verursachergerechte Zuordnung der Ausgaben sensibilisiert sind. Diese Leistungsverrechnungen allein schaffen noch keine ausreichende Basis für eine Kontrolle der Effektivität und Effizienz der Verwaltung, stellen aber ein wichtiges Element einer einzuführenden Kostenrechnung dar. Insofern sind erste Reformansätze in der Praxis erkennbar. Problematisch ist aber, daß die Verrechnungen in 60 Fällen nicht erläutert wurden, so daß nicht erkennbar war, von welchem Abschnitt an welchen Abschnitt in welcher Höhe Leistungen verrechnet wurden.

5.2.7.2. Gegenseitige Deckungsfähigkeit von Ausgabeansätzen

Die zum Zwecke der höheren Flexibilität der Verwaltung oft geforderte Deckungsfähigkeit von Ausgabeansätzen gilt für Personalausgaben grundsätzlich. Darüber hinaus kann die Deckungsfähigkeit im Verwaltungshaushalt auf zwei verschiedene Arten vorgesehen sein: Deckungsfähig sind zum einen die Ansätze in Sammelnachweisen[474]. Hierin können solche Ausgaben veranschlagt werden, „die zu gleichen Gruppen gehören oder die sachlich eng zusammenhängen“[475]. Zum anderen können außerhalb von Sammelnachweisen Ausgabeansätze für deckungsfähig erklärt werden, „wenn sie sachlich eng zusammenhängen“[476]. Auffällig ist, daß die Voraussetzungen für die Bildung von Sammelnachweisen und die Anbringung von Deckungsvermerken außerhalb von Sammelnachweisen sich im Wortlaut unterscheiden. Die Deckungsvermerke außerhalb von Sammelnachweisen erfordern zwingend den sachlich engen Zusammenhang der Ausgabeansätze. Bei Sammelnachweisen ist es jedoch ausreichend, wenn die Ausgaben zu gleichen Gruppen gehören. Für die Gestaltung der Deckungsfähigkeiten ist diese Unterscheidung kaum relevant: Besteht die Absicht, Ausgaben, die zwar zur gleichen Gruppe gehören, aber sachlich nicht eng zusammenhängen, für deckungsfähig zu erklären, kann dies über den Umweg eines Sammelnachweises erreicht werden. Insofern ist es nicht verwunderlich, daß § 18 Abs. 2 GemHVO in der Praxis eher großzügig ausgelegt wird. So

---

472) In 20 Gemeinden wird die Abwasserbeseitigung durch einen Eigenbetrieb, einen Zweckverband oder eine GmbH besorgt. Hier wurden in 15 Gemeinden Zahlungen an diese externe Einrichtung veranschlagt.

473) Fehlende Leistungsverrechnungen weisen darauf hin, daß die Abwassergebühren höher sein könnten als gesetzlich zulässig. Insofern kann das Ergebnis dieser Untersuchung befruchtend für die in der Fachliteratur geführte Diskussion um die Bestandteile von Gebühren kommunaler Ver- und Entsorgungseinrichtungen sein. Diesen Aspekt näher zu beleuchten, würde im Rahmen dieser Untersuchung jedoch zu weit von der Reform des Rechnungswesens wegführen, so daß hierauf verzichtet werden soll.

474) Vgl. § 18 Abs. 1 GemHVO.

475) § 8 GemHVO.

476) § 18 Abs. 2 GemHVO.

konnten in den Haushaltsplänen sehr oft Deckungsvermerke für Ausgaben gefunden werden, die zwar zur gleichen Gruppe gehören, aber nicht sachlich eng zusammenhängen. An dieser Stelle stellt sich die Frage, was unter einem sachlichen engen Zusammenhang zu verstehen ist. Dies ist der GemHVO nicht unmittelbar zu entnehmen. Daß die Gliederung des Haushalts auch als „sachliche Ordnung" bezeichnet wird[477)], legt jedoch nahe, die Zugehörigkeit zu dem gleichen Abschnitt oder Unterabschnitt des Haushalts als Bedingung für einen sachlich engen Zusammenhang zu betrachten.

Für die in einem Haushalt zulässigen Deckungsfähigkeiten ergeben sich also im wesentlichen zwei Varianten: erstens die Deckungsfähigkeit von Ausgaben, die der gleichen Gruppe, aber unterschiedlichen Abschnitten oder Unterabschnitten angehören (im folgenden als Variante A bezeichnet), zweitens die Deckungsfähigkeit von Ausgaben, die unterschiedlichen Gruppen, aber dem gleichen Abschnitt oder Unterabschnitt angehören (im folgenden als Variante B bezeichnet). Beide Varianten setzen die Bindungswirkung der Vorgaben der Gemeindevertretung herab und erhöhen damit die Flexibilität der in der Gesamtheit ihrer Teileinheiten betrachteten Verwaltung. Eine ausreichende Flexibilität der einzelnen Teileinheiten, deren Fehlen Bestandteil der konzeptionellen Kritik war[478)], kann jedoch nur durch Variante B erreicht werden. Denn nur in diesem Fall kann über den Austausch von Ausgabeermächtigungen innerhalb der Teileinheiten autonom entschieden werden. Bei Variante A müssen bei Engpässen die Ausgabeermächtigungen zwischen den Teileinheiten „verschoben" werden. Dies erfolgt meist über eine zentrale Instanz, zum Beispiel den Kämmerer, und wirkt flexibilitätshemmend. Dabei besteht für die Teileinheiten auch die Gefahr, gegen Ende eines Jahres Mittel gekürzt zu bekommen, da in einer anderen Teileinheit ein Mehrbedarf auftritt, den eine übergeordnete Instanz für begründet hält. Damit werden Anreize gesetzt, bereitgestellte Mittel möglichst frühzeitig auszuschöpfen, wodurch die negativen Auswirkungen des Dezemberfiebers noch verstärkt werden können. Im Hinblick auf die konzeptionelle Kritik am Rechnungswesen vermag als Reformansatz daher nur die Variante B zu überzeugen.

Über Personalausgaben hinausgehenden Sammelnachweisen bedienten sich 54 Gemeinden. Die Sammelnachweise beinhalteten jeweils fast ausschließlich Ausgaben der gleichen Gruppe, bewirkten also eine Deckungsfähigkeit nach Variante A. Gegenseitige Deckungsfähigkeiten außerhalb von Sammelnachweisen waren in insgesamt 76 Haushaltsplänen vermerkt. Davon bedienten sich 24 Gemeinden ausschließlich der Variante A, 17 Gemeinden ausschließlich der Variante B. In 24 Haushaltsplänen ließ sich für manche Ansätze die Variante A, für andere Ansätze die Variante B finden. In 11 Haushaltsplänen war schließlich nicht erkennbar, ob die bei den Haushaltsstellen angebrachten Deckungsvermerke die Deckung innerhalb des jeweiligen Abschnitts oder Unterabschnitts oder innerhalb der jeweiligen Gruppe oder Untergruppe kennzeichnen sollten. Hierfür war zum Teil Ursache, daß die bei Haushaltsstellen angebrachte Kennzeichnung „GD" (für „gegenseitig deckungsfähig") nirgends erläutert wurde. In mehreren Haushaltsplänen waren diese Vermerke auf eine Weise erläutert, die beide Auslegungen zuläßt (z. B. „Die Haushaltsstellen mit den Gruppierungen 500, 510, 520, 540, 611, 640, 650, 654, 671 und 700 werden für gegenseitig deckungsfähig erklärt."). Eine Verknüpfung beider Varianten der Deckungsfähigkeit ließe ein beinahe beliebiges Verschieben von Ausgabeermächtigungen innerhalb von Unterschnitten und über Unterabschnitte hinweg zu. Dieses Ausmaß von Flexibilität ginge weit über die für eine Reform erhobene Forderung nach

477) Vgl. Nr. 2.2 der VV Gliederung und Gruppierung.
478) Vgl. Abschnitt 5.1.1.5.

Budgetierung von Teileinheiten hinaus und würde die Budgethoheit der Gemeindevertretung deutlich schwächen.
Zusammenfassend kann festgestellt werden, daß die Vorschriften über die Deckungsfähigkeit in der Praxis sehr großzügig ausgelegt werden, durch die vorgefundenen Deckungsfähigkeiten jedoch weniger eine Budgetierung von Teileinheiten der Verwaltung erfolgt, wie dies im Sinne der Reform zu fordern wäre, sondern vielmehr eine stärkere Flexibilität zentraler Steuerungsorgane erreicht wird.

5.2.7.3. Besondere Organisationsformen

Aufgrund der Angaben auf den Fragebögen konnte ermittelt werden, welcher besonderen Organisationsformen sich die Gemeinden bedienen.
Hierzu war zunächst festzustellen, daß Tätigkeiten der Wasserversorgung, Abwasserbeseitigung und Abfallbeseitigung oft durch einen Zweckverband wahrgenommen werden. Dabei handelt es sich in den meisten Fällen um die Erbringung von Teilleistungen, bei denen der gemeinsame Betrieb einer Einrichtung durch mehrere Gemeinden unter wirtschaftlichen Gesichtspunkten sinnvoll erscheint. Typisch hierfür ist zum Beispiel die gemeinsame Beschaffung von Wasser durch einen Wasserverband, während die Verteilung an die einzelnen Grundstücke durch die Gemeinden betrieben wird. Ebenso wird in vielen, vor allem kleineren, Gemeinden die Kläranlage durch mehrere Gemeinden gemeinsam betrieben, während die Sammlung und Zuführung des Abwassers in die Zuständigkeit der einzelnen Gemeinden fällt. Außer für solche Ver- und Entsorgungsaufgaben bestehen Zweckverbände nur in sehr geringem Umfang: in drei Fällen für ein Hallenbad, und in je einem Fall für die Betreibung der Gemeindekasse, die Unterhaltung von Feldwegen, die Bewirtschaftung eines Waldes, die Betreibung einer Sozialstation und die Betreibung eines Kindergartens. Grund für Bildung eines Zweckverbandes ist in jedem Fall die Zusammenarbeit mit anderen Gemeinden und nicht die eröffnete Möglichkeit der Wirtschafts- und Haushaltsführung nach den Vorschriften über die Eigenbetriebe[479].
Zahlenmäßig am bedeutendsten ist die Organisationsform des Eigenbetriebs. Eigenbetriebe stellen für den Schluß eines jeden Wirtschaftsjahres einen Jahresabschluß nach kaufmännischen Grundsätzen auf. Die Planung des Wirtschaftsjahres erfolgt durch einen Wirtschaftsplan. Dieser unterscheidet sich von einem Haushaltsplan hauptsächlich darin, daß keine Einnahmen und Ausgaben, sondern Erträge und Aufwendungen sowie erfolgsneutrale Vermögens- und Schuldenveränderungen geplant werden[480]. Die für Haushaltspläne in Abschnitt 5.1.1. kritisierte mangelhafte Zielkonformität der Vorgaben gilt für Wirtschaftspläne daher entsprechend. Wirtschaftsplan und Jahresabschluß haben im Gegensatz zu Haushaltsplan und Jahresrechnung jedoch den Vorteil, daß eine sachgerechte Bewertung des Ressourceneinsatzes erfolgt, wie dies im Hinblick auf die Reform des kommunalen Rechnungswesens gefordert wird. Besser ist auch der Zugang der Gemeindevertretung und der Öffentlichkeit: Nach § 27 Abs. 3 - 4 EigBGes soll der Jahresabschluß innerhalb eines Jahres nach Ablauf des Wirtschaftsjahres durch die Gemeindevertretung festgestellt werden. Unmittelbar danach ist die öffentliche Auslegung vorgesehen.

479) Vgl. § 18 KGG.
480) Vgl. Abschnitt 2.5.2.

Am häufigsten werden Eigenbetriebe für die Wasserversorgung (bei 40 der 100 befragten Gemeinden) und die Abwasserbeseitigung (bei 22 Gemeinden) geführt. Abbildung 5-15 zeigt, welche Aufgabenbereiche in wievielen Fällen als Eigenbetrieb geführt werden.

Abbildung 5-15: Eigenbetriebe und Kapitalgesellschaften

Aufgabenbereich	Eigenbetrieb	GmbH [& Co.KG]
Ver- und Entsorgung:		
- Wasserversorgung	40	4
- Abwasserbeseitigung	22	
- Stromversorgung	4	5
- Gasversorgung	1	5
- Wärmeversorgung		2
- Abfallbeseitigung	1	
Sonstige Aufgabenbereiche:		
- Dorfgemeinschaftshäuser, Stadthallen etc.	2	5
- Wohnungen, Städtebau	4	3
- Verkehr	5	1
- Fremdenverkehr	1	1
- Krankenhaus	2	
- Kurgesellschaft		2
- Ferien und Freizeit		1
- Kultur		1
- Hallenbad	1	
- Hafenanlage	1	
- Industriestammgleis	1	
- Straßenreinigung	1	
- Weingut	1	
- Ortskernsanierung		1
- Straßenbeleuchtung		1

Manche Gemeinden bedienen sich zur Wahrnehmung bestimmter Aufgaben auch der Rechtsform der GmbH bzw. - in einem Fall - einer GmbH & Co. KG. Für die Rechnungslegung gelten uneingeschränkt die Vorschriften des Handelsgesetzbuches. Abbildung 5-15 zeigt, welche Aufgabenbereiche in wievielen Fällen als GmbH oder GmbH & Co. KG geführt werden, wobei nur Unternehmen berücksichtigt wurden, bei denen die Gemeinde über die Mehrheit der Anteile verfügt. Es ist zu erkennen, daß hier der Schwerpunkt bei Versorgungsaufgaben sowie der Verwaltung von Gebäuden liegt.

In vielen Fällen werden mehrere Aufgabengebiete in einem Unternehmen zusammengefaßt. Typisch hierfür sind Stadtwerke, die sämtliche Ver- und Entsorgungsaufgaben wahrnehmen. So verfügen die Gemeinden insgesamt über 55 Eigenbetriebe und über Anteilsmehrheiten bei 29 GmbH und einer GmbH & Co. KG. Interessant ist im übrigen die Verteilung der besonderen Rechts- und Organisationsformen auf die Gemeinden: 49 Gemeinden bedienen sich weder eines Eigenbetriebs, noch einer Rechtsform des privaten Rechts. Weitere 24 Gemeinden verfügen lediglich über einen Eigenbetrieb für Wasserversorgung und/oder Abwasserbeseitigung. Die verbleibenden 21 Eigenbetriebe und 30 Rechtsformen des privaten Rechts werden von den 27 übrigen Gemeinden geführt. Mit zunehmender Gemeindegröße steigt die Tendenz, sich besonderer Rechts- und Organisationsformen zu bedienen. Im Hinblick auf die Reform des Rechnungswesens bleibt festzuhalten, daß bereits in 51 Gemeinden Erfahrungen mit der kaufmännischen Rechnungslegung bestehen.

5.2.7.4. Kontrolle der Wirtschaftlichkeit

Im Rahmen der konzeptionellen Kritik wurde festgestellt, daß die durch das derzeitige kommunale Rechnungswesen vermittelten Informationen einen mangelhaften Zielbezug aufweisen. Insbesondere eine Kontrolle der Wirtschaftlichkeit ist aufgrund fehlender Kosteninformationen nicht möglich. Daher stellte sich die Frage, wie die in § 92 Abs. 2 HGO geforderte wirtschaftliche Führung der Haushaltswirtschaft verwaltungsintern kontrolliert wird. Danach wurden die Gemeindeverwaltungen befragt. Auf dem Fragebogen wurden Antworten vorgegeben, die im Multiple-choice-Verfahren angekreuzt werden konnten. Zum Teil waren Mehrfachnennungen möglich. Abbildung 5-16 zeigt die Struktur der Befragung. Angekreuzt werden konnten die Antworten B, C und G bis K - und zwar jeweils getrennt für sechs vorgegebene Einrichtungen. Die Werte für A und D ergaben sich im Rahmen der Auswertung.

In Abbildung 5-17 ist dargestellt, wieviele Gemeinden über die ausgewählten sechs Einrichtungen verfügen, und in wievielen der Gemeinden jeweils eine Wirtschaftlichkeitskontrolle stattfindet. Nicht durchgeführt wird eine solche demnach bei den Kindergärten in 31 %, bei den Friedhöfen in 28 %, bei der Abfallbeseitigung in 26 %, bei der Abwasserbeseitigung in 23 %, bei den Einwohnermeldeämtern in 73 % und bei den Bauhöfen 59 % der Gemeinden, die über eine solche Einrichtung verfügen.

In den Fällen, in denen angegeben wurde, daß eine Wirtschaftlichkeitskontrolle durchgeführt werde, interessierte, wie dies geschieht (Abbildung 5-18). In vielen Gemeinden werden hierfür Daten mit denen anderer Gemeinden verglichen. Ein regelmäßiger, organisierter Datenaustausch mit anderen Gemeinden, zum Beispiel innerhalb des Landkreises, erfolgt aber nur in wenigen Fällen. Zumeist wurde angegeben, daß ein Vergleich nur im Bedarfsfall erfolge.

Die Gemeindeverwaltungen, in denen die Wirtschaftlichkeit (auch) auf andere Weise kontrolliert wird, wurden gebeten, verbal anzugeben, wie dies geschieht. Solche Angaben wurden zwar nur in geringem Umfang gemacht, dennoch ließen sich bestimmte Schwerpunkte erkennen. So werden bezüglich der Bauhöfe vor allem Vergleiche mit Angeboten privater Unternehmen angestellt. Unklar bleibt in den meisten Fällen, ob hierfür eine separate Kostenrechnung nach betriebswirtschaftlichen Gesichtspunkten durchgeführt wird. Hinsichtlich der Gebührenhaushalte Abfallbeseitigung und Abwasserbeseitigung wurde oft darauf hingewiesen, daß durch regelmäßige Gebührenkalkulationen eine 100-prozentige Kostendeckung erreicht werde. Kritisch ist hierzu anzumerken, daß die Kostendeckung einer solchen Einrichtung zwar Steuergelder schont, keineswegs aber bedeutet, daß die Einrichtung selbst wirtschaftlich geführt wird, also die durch Gebühren zu deckenden Kosten bei gegebener Leistung minimal sind. Als weitere Schwerpunkte der Antworten ergaben sich die Durchführung von zusätzlichen betriebswirtschaftlichen Kostenrechnungen und Organisationsuntersuchungen bzw. Wirtschaftlichkeitsgutachten externer Sachverständiger.

Eine Möglichkeit, externen Sachverstand hinzuziehen, besteht in der Beauftragung des Rechnungsprüfungsamtes mit der „Prüfung der Verwaltung auf Zweckmäßigkeit und Wirtschaftlichkeit“, wie es in § 131 Abs. 2 Nr. 4 HGO heißt. Beauftragt werden kann eine solche Prüfung durch den Gemeindevorstand, den Bürgermeister, den Kämmerer oder die Gemeindevertretung[481]. Die Befragung der Rechnungsprüfungsämter ergab allerdings, daß Prüfungen dieser Art nur in sieben, also 1,8 % von 398, Gemeinden durchgeführt werden. Gefragt wurde auch nach der Anzahl der weiteren in § 131 Abs. 2 HGO genannten, an das Rechnungsprü-

481) Vgl. § 131 Abs. 2 HGO.

Abbildung 5-16: Struktur der Befragung zur Wirtschaftlichkeitskontrolle

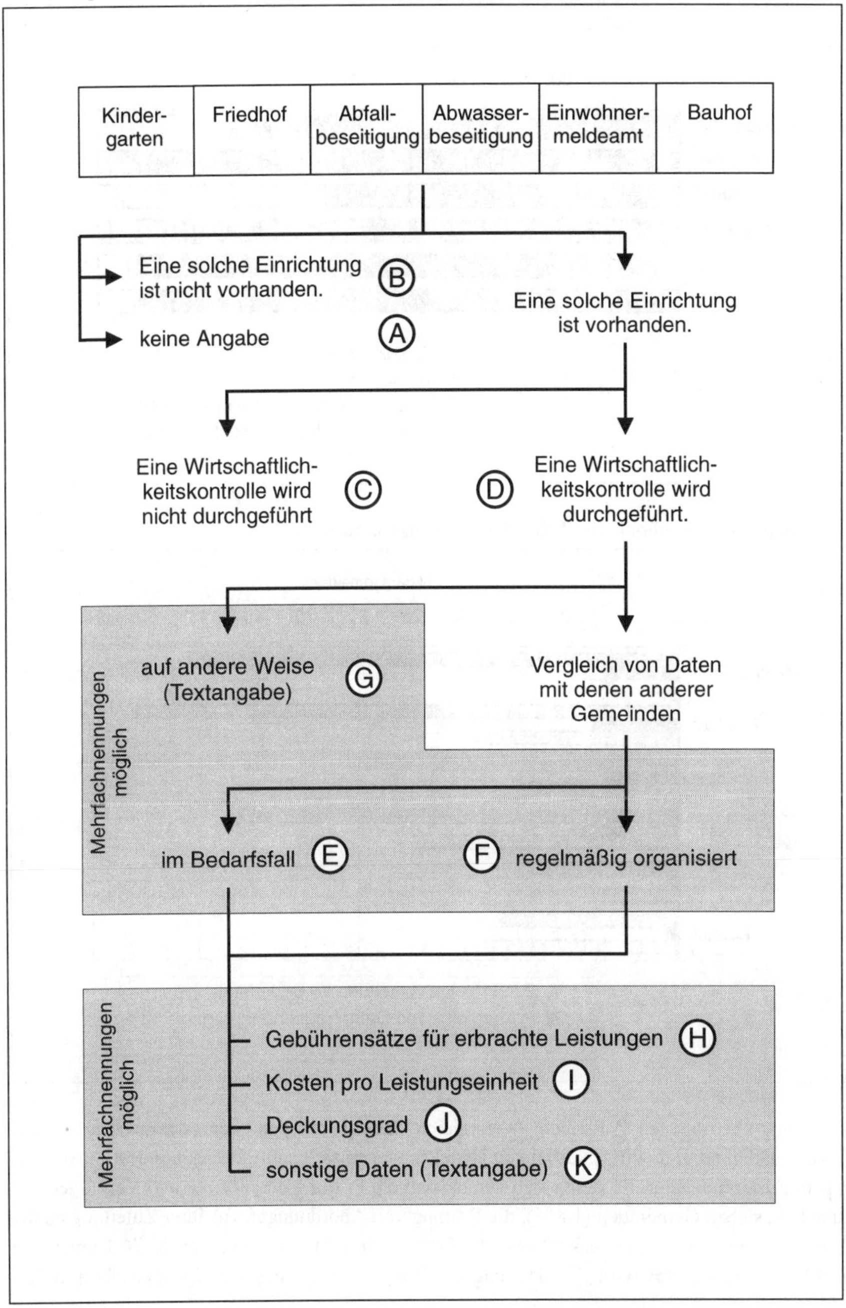

Abbildung 5-17: Wirtschaftlichkeitskontrolle in sechs ausgewählten Einrichtungen

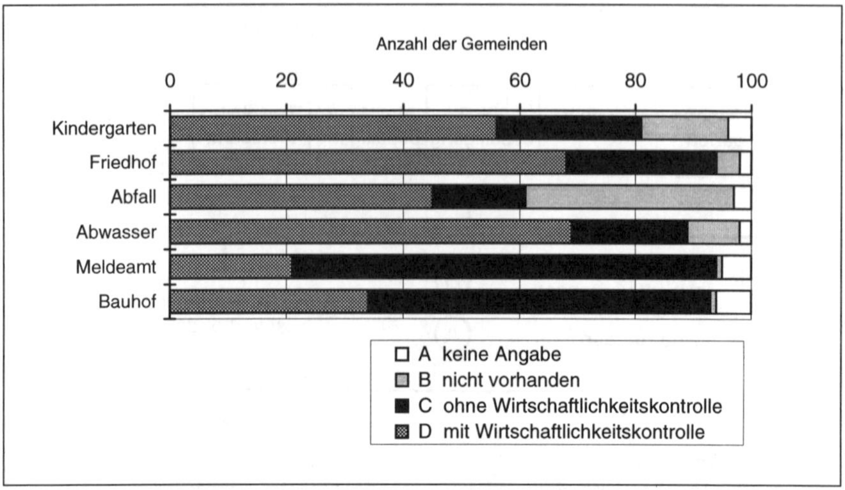

Abbildung 5-18: Methodik der Wirtschaftlichkeitskontrolle

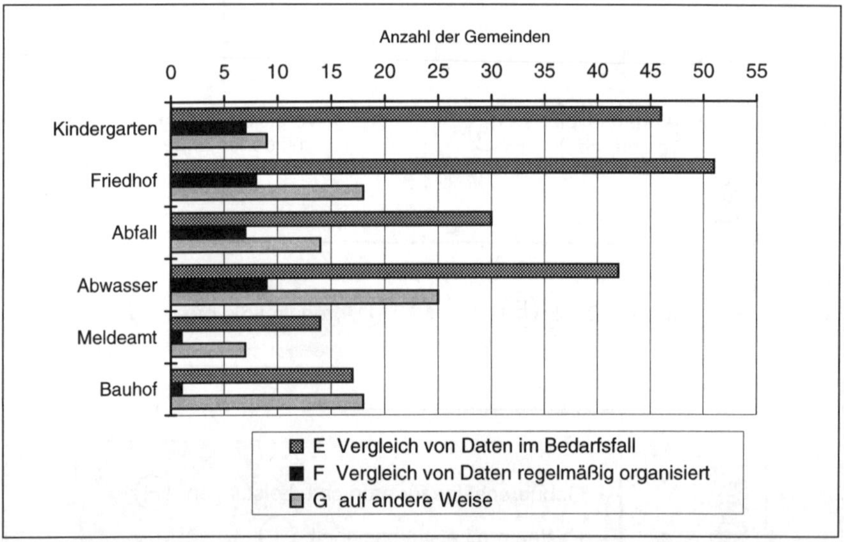

fungsamt übertragenen Aufgaben. Wenngleich diese Prüfungen nicht unmittelbar auf die Zweckmäßigkeit und Wirtschaftlichkeit abzielen, stehen sie damit doch zumindest in weitläufigem Zusammenhang. Es stellte sich heraus, daß die Prüfung der Vorräte und Vermögensbestände in sieben Gemeinden (1,8 %), die Prüfung von Anordnungen vor ihrer Zuleitung an die Kasse in einer Gemeinde (0,3 %) und die Prüfung von Auftragsvergaben in 76 Gemeinden (19,1 %) durchgeführt wird. Die Prüfung der Wirtschaftsführung der Eigenbetriebe (elf Gemeinden bzw. 2,8 %) kann nur in den Gemeinden erfolgen, die über einen Eigenbetrieb verfügen, und wird dort meist durch eine Wirtschaftsprüfungsgesellschaft durchgeführt. Auch Beteiligungsprüfungen (zwei Gemeinden bzw. 0,5 %) und durch die Gemeinde bei einer Beteiligung, bei der Hingabe eines Kredits oder sonst vorbehaltene Kassen-, Buch- und Betriebsprüfungen (drei Gemeinden bzw. 0,8 %) sind von vornherein auf bestimmte, nicht flächendeckend auftretende Sachverhalte begrenzt. Diese Untersuchungsergebnisse zeigen, daß zumindest die Rechnungsprüfungsämter über die zwingend vorgeschriebenen gesetzlichen Aufgaben hinaus kaum weitere Prüfungen übertragen bekommen.[482]

In bezug auf die Gemeindeverwaltungen, die angaben, Datenvergleiche mit anderen Gemeinden zum Zwecke der Wirtschaftlichkeitskontrolle durchzuführen, interessierte schließlich, welche Daten verglichen werden. Die Kosten pro Leistungseinheit stellen zweifelsfrei die für einen Wirtschaftlichkeitsvergleich brauchbarste der auf dem Fragebogen vorgegebenen Größen dar. Daß diese Größe zur Wirtschaftlichkeitskontrolle herangezogen werde, wurde jedoch nur in sehr wenigen Fällen angegeben. Dabei muß im übrigen offenbleiben, ob in diesen Gemeinden wirklich eine vollständige Kostenrechnung durchgeführt wird und ob überhaupt genügend adäquate Vergleichswerte zur Verfügung stehen.

Abbildung 5-19: Auswahl der Vergleichsdaten zur Wirtschaftlichkeitskontrolle

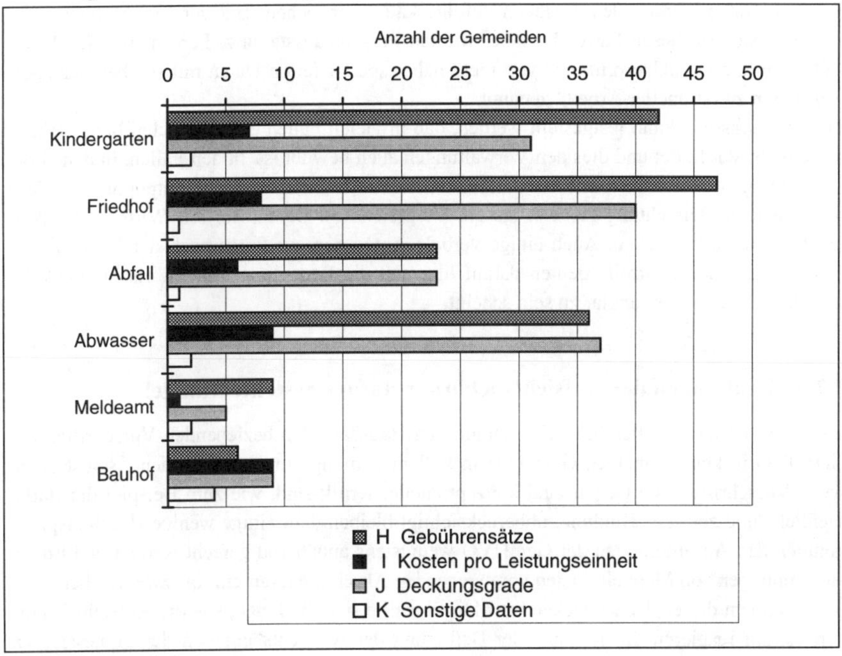

482) Interessant ist im übrigen die Verteilung der Prüfungsaufträge auf die Landkreise: 95 der insgesamt 107 Prüfungsaufträge stammen aus fünf Landkreisen. Die übrigen 12 Prüfungsaufträge verteilen sich auf die übrigen 16 Landkreise. Von den 133 Gemeinden des Regierungsbezirks Kassel wurde kein einziger Prüfungsauftrag nach § 131 Abs. 2 HGO an das jeweilige Rechnungsprüfungsamt erteilt.

Am häufigsten wurden Vergleiche anhand der Gebührensätze und der Deckungsgrade angegeben (Abbildung 5-19). Soweit Benutzungsgebühren die einzige Einnahmequelle einer Einrichtung darstellen, was aber selten vorkommt, lassen sich durch Verrechnung dieser beiden Größen immerhin die auf eine Leistungseinheit im Durchschnitt entfallenden Ausgaben im haushaltsrechtlichen Sinne ermitteln. Soweit es sich um eine kostenrechnende Einrichtung handelt, beinhalten diese sogar kalkulatorische Zinsen und Abschreibungen und kommen den auf eine Leistungseinheit entfallenden Kosten im betriebswirtschaftlichen Sinne zumindest nahe. Als äußerst bedenklich bewertet werden muß aber die Wirtschaftlichkeitskontrolle in den Gemeinden, in denen nur eine der beiden Größen Verwendung findet. Dies trifft immerhin bei den Kindergärten auf 47 %, bei den Friedhöfen auf 52 %, bei der Abfallbeseitigung auf 54 %, bei der Abwasserbeseitigung auf 53 %, bei den Einwohnermeldeämtern auf 64 % und bei den Bauhöfen auf 26 % der Gemeinden zu, die eine solche Einrichtung führen. Keine der beiden Größen vermag auch nur annähernd etwas über die Wirtschaftlichkeit einer Einrichtung auszusagen: So müssen niedrige Gebührensätze nicht unbedingt eine hohe Wirtschaftlichkeit bedeuten, sondern können ebenso Folge von hohen Subventionen der Einrichtung aus allgemeinen Steuermitteln sein; der Deckungsgrad zeigt lediglich an, zu welchen Anteilen eventuelle Unwirtschaftlichkeiten durch Benutzungsgebühren und durch allgemeine Steuermittel finanziert werden, keineswegs aber, ob solche vorhanden sind.

Sonstige Daten werden den Angaben zufolge kaum verglichen. Bei der Frage, um welche Daten es sich in diesen Fällen handele, wurden Personalausstattung, Personalbedarf, Personalkosten und die „Überprüfung“ von nicht näher spezifizierten Daten mit solchen aus „Anweisungen zu rationeller Arbeit“ genannt.

Zusammenfassend kann festgestellt werden, daß in vielen Fällen eine Wirtschaftlichkeitskontrolle nicht stattfindet und dies den Verwaltungen auch bewußt ist. In den Fällen, in denen die Verwaltungen glauben, eine Wirtschaftlichkeitskontrolle durchzuführen, entpuppt sich diese bei genauerer Betrachtung zumeist als ein Vergleich von Daten, die mit Wirtschaftlichkeit recht wenig zu tun haben. Auch einige verbale Antworten zur Frage nach der Methode der Wirtschaftlichkeitskontrolle deuten darauf hin, daß die Bedeutung von „Wirtschaftlichkeit“ manchen Bediensteten unklar zu sein scheint.

5.2.8. Reaktionen der Aufsichtsbehörden auf festgestellte Mängel

Insgesamt ist festzustellen, daß die sich auf den Haushaltsplan beziehenden Vorschriften der GemHVO in keiner einzigen Gemeinde in vollem Umfang umgesetzt wurden - selbst dann, wenn Vorschriften, die Gegenstand konzeptioneller Kritik sind, wie zum Beispiel die starke sachliche und zeitliche Bindung, unberücksichtigt bleiben. Nur einige wenige Haushaltspläne konnten den Anforderungen der GemHVO wenigstens annähernd gerecht werden und trugen zu Nennungen von Mängeln in den vorangehenden Abschnitten nur ein- bis zweimal bei.

In Anbetracht dieser flächendeckenden Mängel stellte sich die Frage, wie die Aufsichtsbehörden hierauf reagieren. Im Rahmen der Befragung der Aufsichtsbehörden der 21 hessischen Landkreise wurde deshalb auch danach gefragt, in wievielen Fällen Verstöße gegen die Gemeindehaushaltsverordnung festgestellt wurden und in wievielen Fällen die Gemeinden auf diese Verstöße hingewiesen wurden. In Abbildung 5-20 wurden die Anteile der Gemeinden jeweils getrennt für die 21 Aufsichtsbehörden (durch Zahlen verschlüsselt und nach der Höhe der Werte sortiert) dargestellt. Es ist erkennbar, daß von einem Drittel der Aufsichtsbehörden überhaupt keine Verstöße und von einem weiteren Drittel der Aufsichtsbehörden nur in bis zu 50 % der Gemeinden Verstöße feststellt wurden. Dies belegt, daß eine sorgfältige Prüfung der Umsetzung der Vorschriften der GemHVO in vielen Landkreisen nicht stattfindet. Es deutet auch darauf hin, daß der den Aufsichtsbehörden zustehende Ermessensspielraum hinsichtlich ihres Tätigwerdens in den einzelnen Landkreisen unterschiedlich ausgelegt wird[483].

Abbildung 5-20: Anteil der Gemeinden mit Verstößen gegen die GemHVO

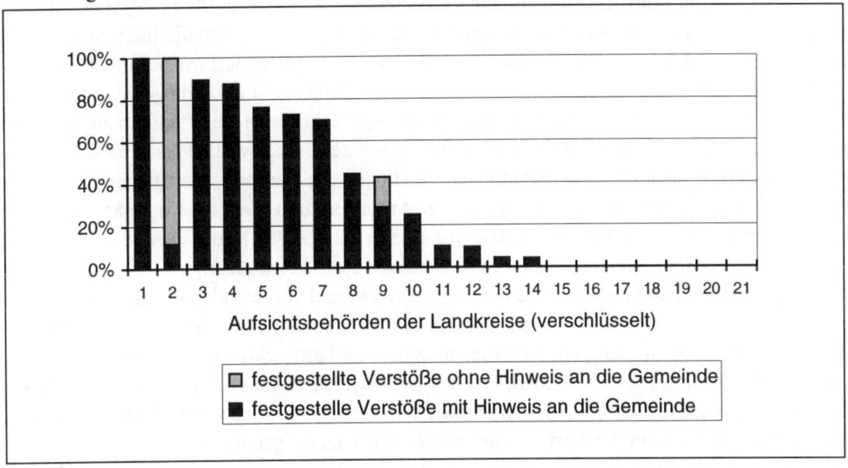

Zum Teil werden Mängel durch die Aufsichtsbehörden zwar erkannt, aber offensichtlich akzeptiert. Beispiel hierfür ist die an anderer Stelle[484] bereits zitierte Antwort der Aufsichtsbehörde beim Landrat des Wetteraukreises auf den von einer Gruppe von Gemeindevertretern Ende 1992 vorgebrachten Hinweis auf Mängel in dem Haushaltsplan ihrer Gemeinde. So monierten die Gemeindevertreter, daß Erhaltungsaufwand entgegen den einschlägigen Bestimmungen im Vermögenshaushalt veranschlagt wurde. Die Aufsichtsbehörde antwortete darauf unter anderem: „Würde die Einhaltung der von Ihnen zitierten Verwaltungsvorschriften ... buchstabengetreu durchgesetzt, könnten ferner viele - auch finanzstarke Gemeinden - ihren Verwaltungshaushalt nicht mehr ausgleichen.“[485] Kritisch ist hierzu anzumerken, daß es sicher nicht im Interesse einer wahrheitsgemäßen Abbildung der finanziellen Situation der Gemeinde liegen kann, wenn der eigentlich nicht vorhandene Ausgleich von Haushaltsteilen durch rechtswidrige Veranschlagungspraktiken künstlich herbeigeführt wird. Der Transparenz würde es dienen, ein „Defizit“ offen auszuweisen.

Daß in manchen Landkreisen Haushaltspläne mit Mängeln behaftet sind, obwohl die Aufsichtsbehörden hierauf hinweisen, belegt andererseits auch, daß die Bemühungen der Gemeindeverwaltungen, den Anforderungen der GemHVO gerecht zu werden, mancherorts als gering einzustufen sind.

483) Zum Ermessensspielraum der Aufsichtsbehörden vgl. Stargardt, Hans-Joachim (1987), S. 582-585.

484) Vgl. Einführung zu Abschnitt 5.2.

485) Vgl. Schreiben der Aufsichtsbehörde beim Landrat des Wetteraukreises vom 19.02.93 - AZ I/2-051-901-40/12.

5.2.9. Zusammenfassende Bewertung und Schußfolgerungen

Die durchgeführte Untersuchung hat zahlreiche Abweichungen zwischen den Vorgaben des Haushaltsrechts und der kommunalen Praxis ergeben. Zum Teil mögen sich die Abweichungen durch Bestrebungen rechtfertigen lassen, erkannte konzeptionelle Mängel beseitigen zu wollen. Hierzu gehören ausgiebige Deckungsfähigkeiten ebenso wie zusätzlich veranschlagte kalkulatorische Kosten und umfangreiche Geflechte innerer Verrechnungen. Der größte Teil der Abweichungen führt jedoch nicht zur Verbesserung der Steuerungswirkungen des Rechnungswesens, sondern zur Verschlechterung. Beeinträchtigt ist vor allem die Informationswirkung von Haushaltsplan und Haushaltsrechnung. Paradebeispiele hierfür sind unvollständige Vorberichte und Anlagen zum Haushaltsplan sowie fehlende Erläuterungen in den Einzelplänen. Außerdem trägt die in der Praxis oft sehr spät erfolgende Veröffentlichung der Jahresrechnung dazu bei, daß ihr weit weniger Beachtung geschenkt wird, als angemessen wäre. Zum Teil werden auch finanzwirtschaftliche Funktionen des Haushalts beeinträchtigt, so zum Beispiel durch die fehlerhafte Zuordnung von Ausgaben zum Vermögenshaushalt und die damit bewirkte Verzerrung der Zuführungen zwischen den beiden Haushaltsteilen. Hierdurch ist auch die geforderte Einheitlichkeit des Rechnungswesens beeinträchtigt.

Daß mangelhafte Haushaltspläne in einer so großen Vielzahl vorgefunden wurden, hängt ganz gewiß mit der Arbeitsweise der Aufsichtsbehörden zusammen. Diese verfügen zwar über das notwendige Instrumentarium, um die Einhaltung der haushaltsrechtlichen Vorschriften durchzusetzen,[486)] setzen dieses aber kaum ein. Die auslösenden Faktoren für mangelhafte Haushaltspläne müssen jedoch bei den Gemeinden selbst liegen. Da sich diese kaum empirisch untersuchen lassen, kann der Antwort nur spekulativ nachgegangen werden:

Die einfachste Erklärung vermag sicher die hohe Regelungsdichte des kommunalen Haushaltsrechts zu liefern. In Anbetracht der Vielzahl von Vorschriften, die zum Teil sogar kaum vorkommende Einzelfälle regeln[487)], ist es nicht verwunderlich, wenn die eine oder andere Vorschrift versehentlich unberücksichtigt bleibt. Da sich die vorgefundenen Mängel aber nicht auf einzelne Details beschränken und auch in den Gemeinden auftauchen, deren Aufsichtsbehörden auf Mängel hinweisen, kann dies kaum als Erklärung für das vorgefundene Massenphänomen überzeugen.

Vielmehr ist naheliegend, daß die Ursachen für dieses Phänomen in den individuellen Interessen der an der Haushaltsplanung Beteiligten zu suchen sind. Bereits in Abschnitt 4.1. wurde hierzu eingehend dargestellt, daß es für jede Instanz vorteilhaft ist, wenn eine möglichst große Informationsasymmetrie zwischen ihr und den in der Delegationskette jeweils übergeordneten Instanzen besteht. Dies trifft auf das Verhältnis zwischen Verwaltung und Gemeindevertretung ebenso zu wie auf das Verhältnis zwischen den den Haushaltsplan beschließenden Gemeindevertretern und den Bürgern. Solche Informationsasymmetrie verschafft einen größeren Spielraum, unbemerkt eigene Interessen verfolgen zu können. Außerdem sinkt das Risiko, daß unbeabsichtigte Fehlentscheidungen bekannt und damit der öffentlichen Kritik zugänglich werden. Daher ist es nicht verwunderlich, wenn Spielräume zur Gestaltung der Informationswirkungen des Haushalts zum eigenen Vorteil ausgenutzt werden und dabei oft auch der durch die GemHVO gesetzte Rahmen verlassen wird, zumal diesbezüglich nur ein geringes Sanktionsrisiko besteht. Der empirisch nachgewiesene zeitliche Ab-

---

486) Zum Beispiel Beanstandung nach § 138 HGO; Anweisungen nach § 139 HGO; Ersatzvornahme nach § 140 HGO.

487) Zum Beispiel § 7 Abs. 4 GemHVO; § 9 GemHVO; § 15 Abs. 1 Nr. 5 und 6 GemHVO.

lauf des Haushaltszyklus und die fehlerhafte Zuordnung von Ausgaben zum Vermögenshaushalt lassen sich ebenfalls durch die individuellen Interessen der dafür jeweils Verantwortlichen erklären. Dies ist an den entsprechenden Stellen bereits erfolgt[488].

Es ist ohne weiteres naheliegend, auch solche Abweichungen zwischen Haushaltsrecht und kommunaler Praxis, die im Einklang mit Reformbestrebungen stehen, anhand der Principal-Agent-Problematik zu erklären. So kann bezweifelt werden, daß der starke Einsatz von Dekkungsvermerken bzw. der durch Sammelnachweise bewirkten Deckungsfähigkeiten ausschließlich dem Zweck dient, ein wirtschaftlicheres Handeln der Teileinheiten der Verwaltung zu gewährleisten. Manche Beteiligten dürften auch ein Interesse daran haben, einen möglichst großen Handlungsspielraum der Verwaltungsspitze zu sichern und auf diese Weise Entscheidungen der öffentlichen Beratung, an der auch die „Opposition“ beteiligt ist, zu entziehen. Zumindest deutet die Art vieler Deckungsfähigkeiten ebenso darauf hin, wie das Fehlen eines Ausgleichs durch die Gewährung zielbezogener Informationen, wie sie in Abschnitt 4.1.4. gefordert wurden.

Die Erkenntnisse aus der empirischen Untersuchung zur praktischen Umsetzung des Haushaltsrechts bestärken die in Abschnitt 5.1.4. aufgestellte Forderung, daß die bestehenden Mängel ganzheitlich zu betrachten und zu beseitigen sind. Insbesondere müssen durch geeignete Regelungen Abweichungen vom reformierten Haushaltsrecht vermieden werden, schon alleine um die Einheitlichkeit des Rechnungswesens, die eine wesentliche Grundlage für die Vergleichbarkeit von Daten verschiedener Gemeinden darstellt, zu gewährleisten. Gerade wenn zukünftig den Teileinheiten der Verwaltung eine größere Flexibilität zukommen soll, ist eine Beeinträchtigung der Informationswirkung des Rechnungswesens durch die Verletzung von Vorschriften nicht vertretbar.

Um die gewünschte Flexibilität der Teileinheiten nicht zu beeinträchtigen, wird es zukünftig erforderlich sein, dem Grundsatz der Vorherigkeit mehr Beachtung zu schenken. Die Reform des Rechnungswesens beinhaltet auch, daß der Jahresrechnung ein höherer Stellenwert zukommt. Bei der Einführung einer Zielkontrolle wird sie schließlich vermehrt Daten enthalten, die einer politischen Bewertung bedürfen. Daher wird es erforderlich sein, die Zeitabstände zwischen dem Ende eines Rechnungsjahres, der Prüfung und der Veröffentlichung der Jahresrechnung deutlich zu reduzieren.

Das Ergebnis der Frage nach der derzeitigen Wirtschaftlichkeitskontrolle in den Kommunalverwaltungen unterstreicht schließlich die Forderung, das kommunale Rechnungswesen dergestalt zu reformieren, daß eine Wirtschaftlichkeitskontrolle zu dessen festem Bestandteil wird.

488) Vgl. Abschnitt 5.2.2.1. und Abschnitt 5.2.4.1.

6. Das Neue Steuerungsmodell

Die in Abschnitt 5.1. dargestellten Mängel der rechtlich-organisatorischen Konzeption des kameralistischen Rechnungswesens der Verwaltung sind seit langem bekannt und wurden in der Fachliteratur eingehend diskutiert. Eine umfassende Reform dieses Rechnungswesens ist bislang jedoch nicht erfolgt. Die Reform des Haushaltsrechts von 1974 konnte das Rechnungswesen allenfalls in einigen wenigen Punkten verbessern, der grundsätzlichen Kritik jedoch keine Abhilfe leisten[489)]. Auch Reformansätze wie das Planning-Programming-Budgeting-System (PPBS)[490)], das Zero-Base-Budgeting (ZBB)[491)] und die Sunset Legislation[492)], die in den sechziger und siebziger Jahren in den USA entstanden, konnten sich in Deutschland bisher nicht durchsetzen.

Seit Anfang der neunziger Jahre haben jedoch - nicht zuletzt unter dem Druck knapper werdender Finanzmittel der deutschen Kommunen[493)] - die Bestrebungen zur grundlegenden Modernisierung der Kommunalverwaltung beständig zugenommen. Die gegenwärtige Diskussion konzentriert sich „mit nachdrücklicher Einigkeit auf einen einzigen - wenngleich in sich selbst mehrgliedrigen - Problemlösungsansatz“[494)], das sogenannte „Neue Steuerungsmodell“, das durch die Kommunale Gemeinschaftsstelle (KGSt) in mehreren Berichten beschrieben wurde. Diesem Modell wird „ein nach verschiedenen Seiten hin wirksames, strategisch gelagertes Problemlösungspotential zugeschrieben“[495)].

Das Neue Steuerungsmodell steht unter dem Einfluß der internationalen Reformdiskussion[496)]. Besonderes Interesse finden hierbei aus deutscher Sicht die Reformen in den Niederlanden, denn dort ist das politisch administrative System in seinen Grundzügen mit dem deutschen vergleichbar, und die Reformprojekte der Kommunen sind am weitesten fortgeschritten[497)]. Bei den Reformen in den Niederlanden steht der Umbau der Kommunalverwaltung in ein politisch gesteuertes, Dienstleistungen erbringendes „Unternehmen“ im Vordergrund. Diese Konzeption schließt an das deutsche Verständnis von der Kommunalen Selbstverwaltung an[498)]. In Deutschland am bekanntesten dürften die Reformen der niederländischen Stadt Tilburg sein, die im Jahr 1990 auf einem KGSt-Forum erstmals einer breiten kommunalen Öf-

---

489) Vgl. KGSt (1995b), S. 7.

490) Mit dem PPBS wurde beabsichtigt, zu einer outputorientierten Planung zu gelangen. Das System umfaßt drei Verfahrensschritte: 1. operationale Definition und Quantifizierung der Ziele („planning“), 2. Analyse der Zielrealisierung und Auswahl unter den Zielalternativen („programming“), 3. Ausgabenberechnung und Budgeterstellung („budgeting“). Das PPBS wurde Anfang der 60er Jahre in den USA eingeführt, aber 1971 unter Präsident Nixon wieder abgeschafft. Vgl. Andel, Norbert (1992), S. 89-90; Bea, Franz Xaver (1987), S. 22; ausführlicher: Rürup, Bert (1971).

491) Der Grundgedanke des ZBB besteht darin, geplante Aktivitäten und den daraus resultierenden Finanzbedarf in jedem Jahr von neuem vollständig zu rechtfertigen. Bereits laufende Aktivitäten sollen dadurch einem ähnlichen Rechtfertigungszwang unterworfen werden wie neue Aktivitäten, so daß inkrementalistische Tendenzen verhindert werden. Problematisch ist jedoch, daß das ZBB mit einem vergleichsweise hohen Aufwand verbunden ist, so daß die Planungskapazitäten einer Gemeinde schnell überfordert sein können. Vgl. Andel, Norbert (1992), S. 90-91; ausführlicher: Dreyfack, Raymond / Seibel, Johannes R. (1978); Langner, Peter (1983).

492) Der Grundgedanke der Sunset Legislation besteht darin, Aktivitäten von vornherein zeitlich zu begrenzen. Nach Ablauf der Frist muß dann - nach sorgfältiger Prüfung - erneut über die Aktivität entschieden werden. Die Sunset Legislation ist aufgrund der zeitlichen Staffelung hinsichtlich des Planungsaufwands viel einfacher zu bewältigen als das ZBB. Vgl. Andel, Norbert (1992), S, 91; ausführlicher: Langner, Peter (1983).

493) Vgl. Brückmann, Friedel (1994), S. 222, Krähmer, Rolf (1993), S. 415-416.

494) Klages, Helmut (1995), S. 207.

495) Klages, Helmut (1995), S. 207.

496) Vgl. Banner, Gerhard (1994), S. 42; zu den kommunalen Reformbemühungen im internationalen Vergleich vgl. Reichard, Christoph (1992).

497) Vgl. KGSt (1992a), S. 13; Krähmer, Rolf (1992), S. 416.

498) Vgl. Banner, Gerhard (1994), S. 42-43.

fentlichkeit in Deutschland vorgestellt wurden[499]. Im Jahr 1992 veröffentlichte die KGSt dann den ausführlichen Bericht „Wege zum Dienstleistungsunternehmen Kommunalverwaltung - Fallstudie Tilburg". Die Wahl der KGSt fiel auf Tilburg, „weil dort das finanzielle Steuerungsinstrumentarium den höchsten Reifegrad erreicht hat"[500]. Dieses Instrumentarium fand die KGSt nach eigenen Angaben „so bemerkenswert und zukunftsweisend"[501], daß sie sich von ihm zu eigenen weiterführenden Überlegungen im Rahmen des Neuen Steuerungsmodells inspirieren ließ[502]. Im folgenden sollen die als Vorbild geltenden Reformen der Stadt Tilburg in ihren Grundzügen skizziert (Abschnitt 6.1.) und die wesentlichen Merkmale des Neuen Steuerungsmodells deutscher Prägung dargestellt werden (Abschnitt 6.2.). Ebenso sollen exemplarisch einige von vielzähligen, in den vergangenen Jahren begonnenen Reformprojekte der kommunalen Praxis in Deutschland vorgestellt werden (Abschnitt 6.3.).

6.1. Tilburg als Vorbild

6.1.1. Grundzüge der Organisation niederländischer Gemeinden

Die Kommunale Selbstverwaltung in den Niederlanden ist ähnlich organisiert wie in Deutschland[503]: Oberstes Organ der Gemeinde ist der Gemeinderat („raad"). Er umfaßt je nach Einwohnerzahl der Gemeinde zwischen 7 und 45 Mitglieder und wird von den Einwohnern für vier Jahre gewählt. Der Gemeinderat ist zuständig für die Ernennung des Gemeindesekretärs, die Aufstellung des Haushaltsplanes, die Behandlung aller Fragen im Zusammenhang mit Städtebau- und Verkehrsplanung sowie den Erlaß von Verordnungen mit Gesetzeskraft. Er legt die politische Linie der Gemeinde fest.

Der Gemeinderat wählt aus seiner Mitte die Beigeordneten („wethouders"), die für die tägliche Leitung der Gemeindeverwaltung zuständig sind. Die Beigeordneten bleiben während ihrer vierjährigen Amtszeit stimmberechtigte Mitglieder des Gemeinderates, üben ihre Funktion in größeren Gemeinden wie Tilburg (etwa 160.000 Einwohner, 1 Mrd. DM Haushaltsvolumen, 1.500 Bedienstete) aber hauptamtlich aus. Zusammen mit dem Bürgermeister bilden die Beigeordneten das Kollegium („college van burgemeester en wethouders"). Es bereitet die Beschlüsse des Gemeinderates vor, setzt sie um, führt die Aufsicht über alle Angelegenheiten der Gemeinde und nimmt die Aufgaben der laufenden Verwaltung wahr. Innerhalb des Kollegiums werden die Aufgaben, um die sich die einzelnen Beigeordneten besonders kümmern, nach politischen Gesichtspunkten verteilt. Weisungen an die Verwaltung sind aber nur durch Beschluß des gesamten Kollegiums zulässig.

Der Bürgermeister („burgemeester") ist Vorsitzender des Gemeinderates und des Kollegiums. Er wird jedoch nicht gewählt, sondern von der Zentralregierung für sechs Jahre ernannt, ist aber unabhängig, also deren Anweisungen nicht unterworfen. Bei seiner Ernennung werden die politischen Verhältnisse im Gemeinderat und dessen Votum für einen Kandidaten berück-

---

499) Vgl. Bechtel, Klaus (1995), S. 2.

500) Banner, Gerhard (1994), S. 42. Vgl. auch KGSt (1992a), S. 14.

501) KGSt (1992a), S. 9.

502) Vgl. KGSt (1992a), S. 9.

503) Der folgenden Skizzierung der kommunalen Selbstverwaltung in den Niederlanden liegen folgende Quellen zugrunde: KGSt (1992a), S. 18 - 22; Göddeke, Dieter (1984), S. 199 - 200; Krähmer, Rolf (1993), S. 416 - 417; Wolters, Gerrit Jan (1992), S. 217.

sichtigt. Der Bürgermeister verteilt und beaufsichtigt die Geschäfte der Verwaltung und überwacht die Rechtmäßigkeit der Beschlüsse von Gemeiderat und Kollegium.
Oberster Bediensteter der Gemeinde ist der Gemeindesekretär („gemeentesecretaris"). Er wird vom Gemeinderat gewählt und ist für die Organisation und effektive Arbeit der Gemeindeverwaltung zuständig. Dabei wird er durch das „Sekretariat"[504)] unterstützt. Der Gemeindesekretär ist Bindeglied zwischen den Organen der Gemeinde und der Gemeindeverwaltung mit ihren Bediensteten. Die Wirksamkeit von Beschlüssen des Kollegiums und des Gemeinderates ist von seiner Mitzeichnung abhängig. Das Recht, die ihm unterstellten Gemeindebediensteten zu ernennen, steht dem Gemeinderat zu, der diese Aufgabe aber in der Regel größtenteils an das Kollegium delegiert.
Das Rechnungswesen war bis zu Reformen in den achtziger Jahren traditionell kameralistisch orientiert, allerdings in einer Form erweitert, die aus der Kameralistik die gleichen Informationen erkennen lassen sollte wie aus der Doppik. Ein vollständiger Übergang zur Doppik ist aber „auf Grund der Überlegung, daß alle Ausgaben der öffentlich-rechtlichen Körperschaften vorab durch den dafür zuständigen Entscheider genehmigt werden müssen, zunächst vermieden worden"[505)]. Die Gliederung des Haushalts in einen Verwaltungs- und einen Vermögenshaushalt sowie in Einzelpläne (Hauptfunktionen), Abschnitte (Funktionen) und Unterabschnitte (Sub-Funktionen) ist vergleichbar mit der Gliederung des Haushalts in Deutschland.

6.1.2. Novellierung der niederländischen Gemeindehaushaltsverordnung

Ausgangspunkt für die Reformen in den Niederlanden war die zunehmende Erkenntnis, daß das herkömmliche bürokratische Steuerungsmodell der Kommunalverwaltung vielzählige Schwächen hat, die es auszuräumen galt (siehe Abbildung 6-1)[506)]. Die angespannte Finanzlage in den Niederlanden Anfang der achtziger Jahre, die viele Gemeinden zu drastischen Sparmaßnahmen zwang, und der zunehmende Ruf der Öffentlichkeit nach mehr Effizienz, Effektivität und Qualität öffentlicher Dienstleistungen übten maßgeblichen Druck zugunsten von Reformen aus[507)].
Ein wesentlicher Schritt auf diesem Weg war die Novellierung der Gemeindehaushaltsverordnung im Jahr 1985. Seitdem soll der durch den Gemeinderat beschlossene Haushaltsplan nur noch die Gesamtausgaben je Funktion ausweisen. Im Vordergrund dieser politischen Planung steht die erwünschte Wirkung, also das Ziel der Aktivitäten. Die Darstellung der einzelnen Einnahme- und Ausgabearten, also des Vollzugs der Aktivitäten, erfolgt in einem getrennten Erläuterungsteil.[508)] Dieser hat keine Bindungswirkung, so daß Abweichungen nicht mehr eines Beschlusses des Gemeinderates bedürfen, sondern durch das Kollegium gebilligt werden können, solange die Gesamtermächtigung der jeweiligen Funktion hierdurch nicht überschritten wird[509)].

---

504) Als das Gemeindegesetz 1851 verfaßt wurde, waren die Verwaltungen noch klein und überschaubar. Sie bestanden häufig nur aus dem Gemeindesekretär und einigen Hilfskräften. Mit dem Wachsen der kommunalen Aufgaben wuchs auch das Sekretariat, und neben ihm entwickelten sich zunehmend selbständige Dienste als betriebliche Einheiten der Verwaltung, die zum Teil mit Sonderrechnungen nach den Grundsätzen der doppelten Buchführung versehen wurden (vgl. KGSt (1992a), S. 23).

505) KGSt (1992a), S. 25.

506) Vgl. KGSt (1992a), S. 15.

507) Vgl. KGSt (1992a), S. 16; Krähmer, Rolf (1993), S. 417-418.

508) Vgl. KGSt (1992a), S. 25-26.

509) Vgl. Krähmer, Rolf (1993), S. 417.

Abbildung 6-1: Erkannte Schwächen des herkömmlichen Steuerungsmodells[510)]

- Überlastung der politischen Verwaltungsführung durch Steuerung im Detail;
- häufige Interventionen der politischen Verwaltungsführung in das Tagesgeschäft der Verwaltung;
- unklare und häufig wechselnde Zielvorgaben der politischen Führung, wenig strategisches Management;
- überwiegend inputorientierte Steuerung;
- geringes Qualitätsbewußtsein und geringe Kundenorientierung;
- starke Binnenorientierung der Organisation;
- starke Zentralisierung und strikte Hierarchie, lange Dienstwege;
- wenig Flexibilität, lange Reaktionszeiten und hoher Koordinationsaufwand durch hohen Grad der Arbeitsteilung von Spezialisten in einer funktional breit gefächerten Organisationsstruktur (viele Stabs- und Querschnittsfunktionen mit entsprechenden Kompetenzstreitigkeiten);
- Trennung von Ressourcen- und Fachverantwortung, wenig Gesamtverantwortung;
- wenig Selbständigkeit und Risikobereitschaft und wenig Gestaltungsmöglichkeiten der Mitarbeiter/innen,
- Statusorientierung statt Leistungsorientierung;
- mangelnde Kostentransparenz;
- schwer zugängliche Informationen, kein systematisches Berichtswesen;
- kaum Anreize für wirtschaftliches Handeln.

Den Gemeinden wurde außerdem die Möglichkeit geschaffen, die Ausgaben der Verwaltungsbereiche, die hauptsächlich Leistungen an andere Bereiche abgeben, in einer gesonderten Nachweisung zu erfassen und dann durch innere Verrechnungen den Bereichen anzulasten, die ihre Leistungen empfangen[511)].

Darüber hinaus wurde nun die Doppik als Rechnungsstil für den Regelfall vorgeschrieben. Dies war von dem fortentwickelten System der Kameralistik nur noch ein kleiner Schritt. Durch ihn sollte einerseits die Vergleichbarkeit aller Organisationseinheiten der Verwaltung untereinander sowie mit der Betriebsführung in der Privatwirtschaft und die leichtere Konsolidierung aller Betriebsführungsdaten aus dem öffentlichen und privaten Sektor auf makroökonomischer Ebene erreicht werden[512)]. Wesentlicher Grund für die Umstellung war andererseits aber auch der Vorzug der Doppik, daß stets ein Ausgleich in der Totalen aller Buchungen besteht; dies wurde als wichtiges Kontrollelement betrachtet[513)].

6.1.3. Die Reformen der Stadt Tilburg

Das Besondere an den Reformen in Tilburg sind die konsequente Durchsetzung einer Konzernstruktur und die Abkehr von der durch die Gemeindehaushaltsverordnung vorgesehenen funktionsorientierten Gliederung des Haushalts zu einer output- bzw. produktorientierten Gliederung, für die eine Ausnahmegenehmigung der Aufsichtsbehörde erforderlich war.[514)]

510) Entnommen aus: KGSt (1992a), S. 15 - 16.
511) Vgl. Krähmer, Rolf (1993), S. 417.
512) Vgl. KGSt (1992a), S. 27.
513) KGSt (1992a), S. 27.
514) Vgl. KGSt (1992a), S. 27; Wolters, Gerrit Jan (1992), S. 217.

Die Tilburger Verwaltung wurde in sieben Dienste gegliedert. Diese werden jeweils von einem Dienstdirektor geleitet. Als Stellvertreter fungiert ein betriebs- und finanzwirtschaftlich geschulter Controller[515]. Die Dienste sind untergliedert in Produktzentren und die Produktzentren in Produktgruppen, die jeweils zwischen sieben und zwölf Produkte umfassen[516]. Als Produkt wird dabei das verstanden, „was ein Produktzentrum an einen anderen außerhalb der eigenen Organisationseinheit liefert, womit ein Bedarf des anderen gedeckt wird, unabhängig davon, ob der Bedarf freiwillig oder aufgrund einer gesetzlichen Vorgabe oder einer anderen Regelung entstanden ist, und wofür der andere im Prinzip einen Preis bezahlen müßte, unabhängig dessen, ob dies tatsächlich geschieht“[517]. Jeder Dienst ist mit weitgehend eigenen Befugnissen für alle zur Erstellung seiner Produkte erforderlichen Funktionen, einschließlich der Verwaltung der Ressourcen, verantwortlich. Eine Querschnittsverwaltung mit Finanzdezernat und Organisations- und Personaldezernat mit dem Nachteil vermischter Verantwortlichkeiten und damit Unflexibilität gibt es nicht mehr.[518]

Das Kollegium ist den Diensten übergeordnet. Es entspricht der „Holding“ des Konzerns. Die Steuerung der Dienste durch das Kollegium erfolgt durch sogenanntes „Kontraktmanagement“. Dies wird in Tilburg verstanden als „Steuerungs-, Planungs- und Controllinginstrument, bei dem zwischen der Leitung einer Organisationseinheit und dem Management einer niedrigeren hierarchischen Ebene verbindliche Absprachen über einen bestimmten Zeitraum getroffen werden. Die Absprache über die zu erbringenden Leistungen, die dafür zur Verfügung gestellten Mittel und die Art der Berichterstattung über das Ergebnis und eventuelle Abweichungen werden so konkret wie möglich in einem jährlichen Dienstplan auf der Basis des Konzernhaushalts festgelegt. Nach Zustimmung des Kollegiums ist der Dienstdirektor verantwortlich für die Umsetzung der Vereinbarungen und die Ausführung der Leistungen.“[519]. Die Absprache ist das Ergebnis einer Verhandlung, in die durch die politische Führung Leistungsanforderungen und vom Dienst die Kosten der Leistungserbringung eingebracht werden; dieses Prinzip setzt sich innerhalb der Dienste fort[520].

Die politischen Leitungsorgane werden durch einen Steuerungsdienst unterstützt, der außerdem zentrale Normen für die gesamte Verwaltung entwickelt, zwischen den Diensten koordiniert, diese bei schwierigen Einzelfragen unterstützt und für das Konzerncontrolling, insbesondere die Entwicklung von Leistungsvorgaben für die Dienste und die Prüfung und Bewertung der Ergebnisse, zuständig ist[521]. An der Spitze des Steuerungsdienstes steht der Gemeindesekretär[522].

515) Vgl. KGSt (1992a), S. 62-64; Krähmer, Rolf (1993), S. 419.
516) Vgl. KGSt (1992a), S. 71.
517) KGSt (1992a), S. 69.
518) Vgl. Krähmer, Rolf (1993), S. 418; Wolters, Gerrit Jan (1992), S. 217.
519) KGSt (1992a), S. 42.
520) Vgl. Krähmer, Rolf (1993), S. 419-420.
521) Vgl. Krähmer, Rolf (1993), S. 418.
522) Vgl. KGSt (1992a), S. 155.

Abbildung 6-2: Organisationsstruktur der Stadt Tilburg[523)]

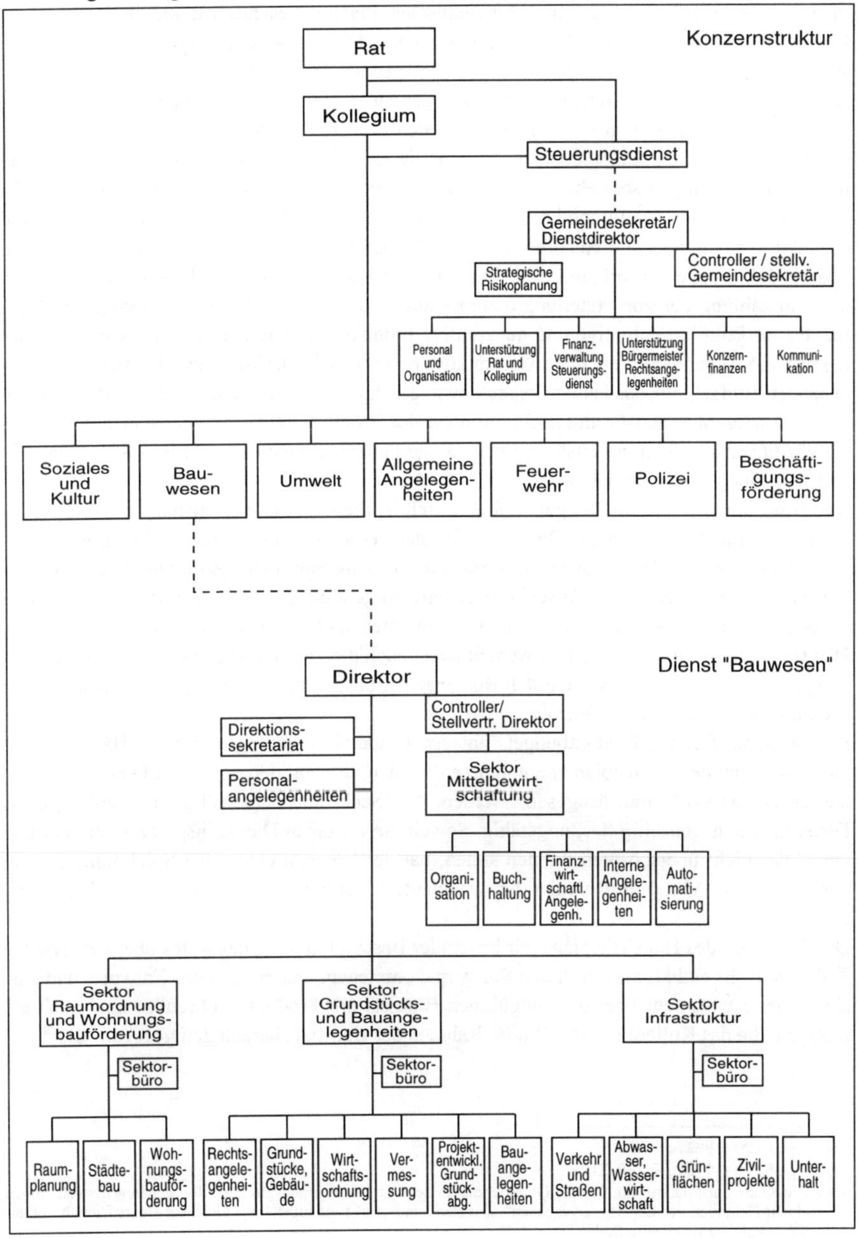

523) Das Organigramm wurde leicht modifiziert entnommen aus: KGSt (1992a), S. 54, 155, 166.

Der Haushaltsplan des Konzerns, der durch den Rat beschlossen wird, besteht aus drei Teilen: Im ersten Teil werden die Leitlinien der städtischen Planung beschrieben und die Budgets und Investitionen pro Dienst und Produkt zusammenfassend dargestellt. Dieser Teil stellt einen systematischen und detaillierten Vorbericht zum zweiten Teil des Haushaltsplanes dar.[524)]

Der zweite Teil ist den einzelnen Produkten gewidmet. In ihm wird zunächst ein Überblick über die Entwicklungen im Politikfeld eines jeden Dienstes und deren Rückwirkungen auf die einzelnen Produktzentren gegeben. So werden die Auswirkungen der im ersten Teil im größeren Zusammenhang beschriebenen strategischen Leitlinien auf konkrete Maßnahmen und in Veränderungen der Produktbudgets dargestellt. Schwerpunkt des zweiten Teils bilden die Produktinformationen, die entsprechend der Gliederung des Konzerns nach Produktzentrum und Produktgruppe sortiert sind. Sie beinhalten für jedes Produkt eine Produktbeschreibung, eine Aufzählung der zur Erstellung des Produktes zu realisierenden Leistungsziele, Erläuterungen zur Politik, qualitative und quantitative Produktinformationen in Form von Kennzahlen und die Angabe der geplanten Gesamtkosten, der Gesamtdeckung und des sich daraus ergebenden Budgets für das Haushaltsjahr sowie der dazugehörigen Beträge der beiden Vorjahre[525)]. Auszüge aus den Produktinformationen der Produkte „Externe Dienstleistungen" und „RWW" (Sozialhilfe an arbeitslose arbeitsfähige Personen) sind exemplarisch Abbildung 6-3 und Abbildung 6-4 zu entnehmen.

Die Ermittlung der Produktbudgets erfolgt durch Vorkalkulation der Kosten, in Tilburg „Kostenpreiskalkulation" genannt. Dabei werden der erwartete Umsatz nach Absatzmenge/Leistungseinheiten und Preis sowie die erwarteten Produktionskosten ermittelt. Die Abschreibungen werden auf Basis der Anschaffungswerte vorgenommen[526)]. Die erforderlichen Kredite werden vollständig auf Konzernebene aufgenommen und entsprechend der Planung an die Dienste weitergegeben. Festgelegt werden dabei auch die von den Diensten zu leistenden Tilgungsraten und Zinsen, letztere auf Basis einer Durchschnittswertbildung. Die Zinsen gehen ebenfalls in die Kalkulation ein.[527)]

Eine weitere, über die Produktbudgets hinausgehende Gruppierung erfolgt im Haushaltsplan nicht; sie kann den Dienstplänen entnommen werden, die von den einzelnen Diensten erstellt und durch das Kollegium festgesetzt werden. Alle Sach- und Personalkosten innerhalb eines Dienstes sind gegenseitig deckungsfähig. Soweit die für einen Dienst insgesamt veranschlagten Mittel nicht überschritten werden sollen, hat der Dienstdirektor also Spielräume bei der Disposition der Mittel im Rahmen der festgelegten quantitativen und qualitativen Leistungsziele.[528)]

Der dritte Teil des Haushaltsplans wird nach der Beschlußfassung des Rates über den zweiten Teil erstellt. Er enthält die durch den Rat vorgenommenen Änderungen des Entwurfs und eine aktualisierte Übersicht über die endgültigen Budgets pro Produkt. Aufgeführt sind auch die Zusagen, die das Kollegium dem Rat im Rahmen der Haushaltsberatungen gegeben hat.[529)]

---

524) Vgl. KGSt (1992a), S. 82.
525) Vgl. KGSt (1992a), S. 180-210.
526) Die KGSt weist darauf hin, daß die Orientierung an der Nominalrechnung „in der Tilburger Begriffswelt" oft zu einem Gebrauch der Begriffe „Ausgaben", „Kosten" und „Aufwendungen" mit gleichem Begriffsinhalt geführt habe (vgl. KGSt (1992a), S. 74).
527) Vgl. KGSt (1992a), S. 73-74.
528) Vgl. KGSt (1992a), S. 78-79, 103.
529) Vgl. KGSt (1992a), S. 83.

Abbildung 6-3: Auszug aus den Produktinformationen „Externe Dienstleistungen“[530)]

Produktzentrum	: Bürgerangelegenheiten	Produktgruppe	: Bürgerangelegenheiten
Funktion GCV	: 002	Beigeordneter	: Van den Ende / Bürgermeister

Produktbeschreibung

Dienstleistungen im Schalterdienst für Bürger oder diese direkt unterstützende Aktivitäten

Leistungen		**Rechn.erg. 1990**	**HH 1991**	**HH 1992**
Zielgruppe	frühere, heutige und zukünftige Einwohner der Stadt Tilburg			
Quantität	Anzahl Umzüge	28.419	30.000	30.000
	Anzahl Reisedokumente	19.427	18.500	19.000
	Anzahl Führerscheine	18.161	13.600	1.800
	Anzahl Registerauszüge	22.291	21.500	22.000
	Zusammenstellung Reisedokumente:			
	Pässe	82%	80%	80%
	Touristenkarten	18%	20%	20%
Qualität	Bearbeitungsdauer:			
	Umzüge			1,00 Min
	Reisedokumente			1,30 Min
	Registerauszüge			2,45 Min
	Führerscheine			2,45 Min
	Wartezeit:			
	Umzüge			10-15 Min
	Reisedokumente			10-15 Min
	Registerauszüge			5 Min
	Führerscheine			10-15 Min

Betriebskosten	**Rechn.erg. 1990**	**HH 1991**	**HH 1992**
Gesamtkosten	1.920	1.979	2.040
Gesamtdeckung	1.229	1.096	1.032
SALDO	691	880	1.008

Finanzwirtschaftliche Kennzahlen	**Rechn.erg. 1990**	**HH 1991**	**HH 1992**
% Dienstoverhead	17	18	15
% Kostendeckung	64	55	51
% Direkte Kapitalkosten	3	3	3
% Aktivierte Investitionen			

Erläuterungen zur Politik

Das Hauptaugenmerk in diesem Politikbereich gilt 1992 der Vorbereitung auf das Inkrafttreten des neuen Einwohnermeldegesetzes und der weiteren Verbesserung der Dienstleistungsqualität.
Ab dem 1. Oktober 1986 beträgt die Geltungsdauer der Führerscheine nicht mehr 5, sondern 10 Jahre. Dies bedeutet, daß ab dem 1. Oktober 1991 für die Dauer von fünf Jahren nur noch neue Führerscheine ausgegeben und alte nur unter bestimmten Umständen ersetzt werden. Die Anzahl der Verlängerungen betrug in der Vergangenheit stets ca. 90% der insgesamt bearbeiteten Führerscheine.

Grunddaten	**Rechn.erg. 1990**	**HH 1991**	**HH 1992**
Einwohner der Stadt Tilburg zum 1. Januar	156.416	156.900 [1)]	160.100
Zunahme der Einwohnerzahl	2.425	1.259 [2)]	500

1) Tatsächliche Einwohnerzahl zum 1. Januar 1991 = 158.841
2) Auf der Basis der tatsächlichen Einwohnerzahl zum 1. Januar 1991

Anzahl der Neubauhäuser			800

Kennzahlen	**Rechn.erg. 1990**	**HH 1991**	**HH 1992**
Anzahl der Registerauszüge und Erklärungen per 1.000 Einwohner	142	137	138
Anzahl Führerscheine pro 1.000 E. > 18 J.	147	109	15
Stellenplan Bürgerangelegenheiten	33,3	33,8	33,8
Entsprechend VNG-Norm (1 pro 4.500 E.)	34,8	34,9	35,6

530) Entnommen aus: KGSt (1992a), S. 185 - 188.

Abbildung 6-4: Auszug aus den Produktinformationen „RWW“[531]

Produktzentrum	: Sozialdienst	Produktgruppe	: Sozialhilfe
Funktion GCV	: 610	Beigeordneter	: A. van Blerck

Produktbeschreibung

Leistung von Hilfe zum Lebensunterhalt an arbeitslose arbeitsfähige Personen

Leistungen		**Rechn.erg. 1990**	**HH 1991**	**HH 1992**
Zielgruppe	Einwohner mit Rechtsanspruch auf Hilfe nach dem RWW (Gesetz).			
Quantität	Durchschnittliche Anzahl der Leistungsberechtigten	6.615	6.500	6.185
	Anzahl der Anträge	4.131	4.200	4.000
	Anzahl periodischer Untersuchungen	6.731	8.000	7.100
Qualität	% der innerhalb eines Monats bearbeiteten Anträge	72,4	> 62	> 65
	Anzahl der Klagen	25	< 35	< 30
	Anzahl der Widersprüche	352	< 500	< 310

Betriebskosten	**Rechn.erg. 1990**	**HH 1991**	**HH 1992**
Gesamtkosten	140.357	144.297	147.694
Gesamtdeckung	118.274	121.943	124.279
SALDO	22.083	22.984	23.415

Finanzwirtschaftliche Kennzahlen	**Rechn.erg. 1990**	**HH 1991**	**HH 1992**
% Dienstoverhead	2	2	2
% Kostendeckung	84	84	84
% Direkte Kapitalkosten	0	0	0
% Aktivierte Investitionen	0	0	0

Erläuterungen zur Politik

Einerseits wird aufgrund der getroffenen Regelungen (insbesondere Arbeitsplatz-Pool) und noch einzuführenden Maßnahmen eine Verringerung der Leistungsberechtigten erwartet. Andererseits deuten statistische Schätzungen auf eine Zunahme der Antragsteller hin. Für das Jahr 1992 rechnen wir mit einer durchschnittlichen Zahl von 6.185 Leistungsempfängern.
Wie bei dem Produkt „Sozialhilfe für Nicht-Erwerbspersonen“ (Produkt 4.2.1.01.) werden die nominalen Kosten um 5,6% erhöht. Die strukturellen Auswirkungen der höheren Ausgaben im Jahr 1990 und im 1. Quartal 1991 sind in den Haushaltsansätzen berücksichtigt.
Der Arbeitsplatz-Pool (Produkt 4.2.1.10) und der Produkt Mehrarbeit führen zu einer Kostenersparnis beim Produkt RWW.
Die daraus resultierenden Vorteile werden an die Stiftung Arbeitsplatz-Pool und das Regionale Büro für Beschäftigungspolitik weitergeleitet. Für die Stadt ist dieser Vorgang somit budgetneutral.

Grunddaten	**Rechn.erg. 1990**	**HH 1991**	**HH 1992**
Anzahl Personen länger als 3 Jahre in der RWW	3.256	3.250	3.090
Anzahl Personen länger als 5 Jahre in der RWW	2.341	2.145	2.165
Anzahl der gemeldeten Arbeitslosen in Tilburg	10.472	9.300	9.300

Kennzahlen	**Rechn.erg. 1990**	**HH 1991**	**HH 1992**
Antragsdichte (Anzahl je 100 Parteien)	62,4	65	65
Widerspruchsquote (Widersprüche je 100 Parteien)	5,3	< 8	< 5
Nachteiliger Saldo pro Partei	3.338	3.536	3.786
Anzahl RWW-Berechtigter pro 100 gemeldeter Arbeitsloser	63	70	67
% Personen, die mehr als 3 J. Leistungen beziehen	51,9	50	50
% Personen, die mehr als 5 J. Leistungen beziehen	37,3	33	35
% Bewilligte Anträge	87,5	88	88
% Abgelehnte Anträge	12,5	12	12

531) Entnommen aus: KGSt (1992a), S. 201 - 203.

Gegenstücke zur Haushaltsplanung sind das Berichtswesen, bestehend aus den Dienstberichten und Konzernberichten, und die Jahresrechnung.
Die Dienstberichte werden dem Kollegium zu bestimmten, durch den Steuerungsdienst jährlich festgelegten Terminen vorgelegt. Sie enthalten neben einem Bericht der Direktion über die strategischen Entwicklungen im Politikfeld des Dienstes eine umfangreiche betriebswirtschaftliche Berichterstattung. Dabei werden die wesentlichen Entwicklungen auf den Gebieten Personal, Organisation, Technikunterstützung und Finanzen dargestellt. Ferner wird über die Abweichungen bei den einzelnen Produkten berichtet. Abschließend unterbreitet der Dienstdirektor dem Kollegium bzw. dem Rat Vorschläge für Entscheidungen, die seinen Kompetenzbereich überschreiten. Den Dienstberichten sind außerdem einige standardisierte Anlagen mit Übersichten über aktuelle Planungen, den Stand der Projekte und Investitionen und wichtige Kennzahlen beigefügt.[532)]
Das Kollegium nimmt die Dienstberichte zur Kenntnis und leitet sie an den Steuerungsdienst zur Stellungnahme und an die Ratsmitglieder zur Behandlung in den zuständigen Ausschüssen weiter. Auf Basis der Stellungnahme des Steuerungsdienstes beschließt das Kollegium über die Dienstberichte und kann hierbei die Umsetzung der Vereinbarungen durch die Dienste rechtzeitig und wirksam steuern. Den Ratsmitgliedern werden die Stellungnahme des Steuerungsdienstes und eine Übersicht über diesbezügliche Beschlüsse des Kollegiums zugeleitet. Die Ratsmitglieder erhalten also alle wichtigen Informationen aus der Verwaltung unzensiert. Diese Unterlagen werden dann in den jeweils zuständigen Ratsausschüssen diskutiert. Hierzu erfolgt zwar keine formale Beschlußfassung, aber eine politische Meinungsbildung, die sich auf die spätere Beschlußfassung zum Konzernbericht auswirkt.[533)]
Die Konzernberichte werden auf Basis der Dienstberichte, der Stellungnahmen des Steuerungsdienstes und der Beschlüsse des Kollegiums erstellt. Sie erscheinen dreimal jährlich, nämlich im Juli, im November und im Februar. Die Konzernberichte informieren über wichtige Abweichungen bei der Umsetzung der beschlossenen Politik und der Ausführung des Haushaltsplanes, über die zu erwartenden Risiken und über die prognostizierten Endergebnisse für das betreffende Haushaltsjahr. Die Planabweichungen, die Handlungsbedarf der Führung auslösen, stehen im Mittelpunkt der Berichterstattung. Das Kollegium schlägt dem Rat gegebenenfalls Änderungen zu einzelnen Politikfeldern und Produkten vor.
Die Konzernberichte sind ähnlich gegliedert wie die Dienstberichte. Als Anlage ist unter anderem eine Aufschlüsselung der Arten von Abweichungen pro Dienst beigefügt. Die Konzernberichte werden allen Ratsmitgliedern zugestellt und durch den Rat ausführlich diskutiert und beschlossen.[534)]
Konzern- und Dienstberichte geben dem Rat die Gelegenheit, sich umfassend über die Umsetzung seiner Vorgaben zu informieren. Sie bieten ein Höchstmaß an Transparenz des Verwaltungshandelns und die Möglichkeit, Abweichungen und unvorhergesehenen Entwicklungen rechtzeitig gegenzusteuern. Das Instrumentarium der Berichte wurde in Tilburg als unerläßliche Voraussetzung für die Delegation der Ressourcenverantwortung auf die Dienste und die politische Akzeptanz der Reformen betrachtet.[535)]

532) Vgl. KGSt (1992a), S. 95-97.
533) Vgl. KGSt (1992a), S. 94-95.
534) Vgl. KGSt (1992a), S. 93-94, 98-99.
535) Vgl. KGSt (1992a), S. 93.

Die ersten sieben Jahre Erfahrung mit dem Berichtswesen wertend, stellt die KGSt in ihrem Bericht fest, daß der ständig vorhandene Gesamtüberblick die Qualität der politischen Steuerungsentscheidungen erheblich verbessert habe. Die Entscheidungsfindung der politischen Organe sei ruhiger und sachlicher geworden. Das Berichtswesen sei mit seinen transparenten und vor allem von dem Kollegium unzensierten Steuerungsinformationen geeignet, das Vertrauen zwischen Verwaltung und Politik zu stärken.[536)]
Die Jahresrechnung wird je Dienst und konsolidiert für den Konzern aufgestellt. Sie besteht aus einer Betriebsergebnisrechnung, einer Bilanz und Erläuterungen in Form eines Jahresberichtes. Im Jahresbericht werden die betriebliche und finanzielle Entwicklung im Jahresverlauf, wichtige Themen und Kennzahlen aus den Diensten und die wichtigsten Ergebnisse aus den Konzernberichten dargestellt.
Die Prüfung der Jahresrechnung erfolgt durch externe Wirtschaftsprüfer. Anschließend wird durch den Rat über die Entlastung beschlossen. Entsprechend der Vorschriften der GemHVO erfolgt eine öffentliche Auslegung der Jahresrechnung. Interessenten erhalten Ausfertigungen gegen Auslagenersatz zur Verfügung gestellt.[537)]

6.2. Wesentliche Merkmale des Neuen Steuerungsmodells

Die derzeitige Steuerung des kommunalen Geschehens in Deutschland weist prinzipiell die gleichen Schwächen auf wie die in bezug auf die niederländischen Gemeinden in Abbildung 6-1 dargestellten; soweit diese sich auf das Rechnungswesen beziehen, wurden sie in Abschnitt 5.1. auch eingehend erörtert. Jene Schwächen zu beseitigen, ist das Anliegen, das mit dem Neuen Steuerungsmodell verfolgt wird: Die Kommunalverwaltung soll von der Behörde in ein „politisch gesteuertes Dienstleistungsunternehmen“ verwandelt werden[538)].
Vor dem Hintergrund der Internationalität der Reformdiskussion und der weitgehenden Ähnlichkeit der Steuerungsprobleme in Deutschland und den Niederlanden braucht nicht zu verwundern, daß sich im Neuen Steuerungsmodell die Tilburger Reformen widerspiegeln. Während in Abschnitt 6.1. exemplarisch über die Praxis berichtet wurde, soll im folgenden jedoch der Modellcharakter im Vordergrund stehen. Unter dem Neuen Steuerungsmodell darf man sich gleichwohl, wie die KGSt in einem ihrer Berichte auch ausdrücklich feststellt, „keinen ‘Modellbaukasten’ vorstellen, der, nach Gebrauchsanweisung zusammengesetzt, auf jede örtliche Situation paßt“[539)]. Der Ausdruck „Modell“ hat hier eine andere Bedeutung: „Er meint, daß die Beschreibung nur modellhaft - im Sinne einer Skizze der unverzichtbaren Mindestbedingungen (Essentials) für das Entstehen des Dienstleistungsunternehmens Kommunalverwaltung und des Zusammenwirkens dieser Bedingungen - sein kann. So verbleibt Spielraum, das Modell ‘maßgeschneidert’ in örtlichen Varianten einzuführen.“[540)].

536) Vgl. KGSt (1992a), S. 105. In der Tendenz zustimmend: Krähmer, Rolf (1993), S. 421; Morath, Konrad (1993), S. 669.
537) Vgl. KGSt (1992a), S. 106-107.
538) Vgl. KGSt (1993a), S. 7.
539) KGSt (1993a), S. 15.
540) KGSt (1993a), S. 15.

Im Neuen Steuerungsmodell erfolgt die Steuerung der Verwaltung nicht mehr vorwiegend durch verhaltensdeterminierende Normen, sondern durch ergebnisbezogene Ziele. Dies macht deutlich, daß das Handeln der Verwaltung nicht mehr als nur normumsetzendes Rechtsanwenden ohne Berücksichtigung der dadurch bewirkten Effekte verstanden wird. Vielmehr wird ihm ein effektivitätssichernder Gestaltungsspielraum zugeschrieben und damit den Mitarbeitern Verantwortung für die Ergebnisse ihres Handelns übertragen.[541)]
Für den Haushaltsplan bedeutet dies konkret, daß die Politik der Verwaltung nicht mehr den Mitteleinsatz (Input) in Form einer engen Bindung an die Ansätze einzelner Haushaltsstellen vorgibt. Statt dessen definiert sie die von der Verwaltung zu erbringenden Leistungen, deren Mengen und Qualitäten, und legt den Preis fest, den sie für diesen Output zu zahlen bereit ist, also die Kosten, die durch die Leistungserbringung maximal verursacht werden dürfen[542)]. Den Prozeß der Leistungserstellung gestaltet die Verwaltung weitgehend selbständig. Hierin kommt ein geändertes Rollenverständnis von Politik und Verwaltung zum Ausdruck: Die Politik ist für das „Was“ und die Verwaltung für das „Wie“ der kommunalen Leistungserstellung zuständig[543)].

Die erwünschten Leistungsmengen und -qualitäten und die zur Verfügung gestellten Mittel werden nicht „im Sinne überkommener Verwaltungsvorstellungen ‘hierarchisch’ von oben nach unten durchgestellt, sondern unter intelligenter und flexibler Berücksichtigung des Erfahrungswissens und Leistungspotentials der Umsetzungsebenen formuliert“[544)]. Hierzu finden Verhandlungen statt, in die die jeweils übergeordnete Ebene die Leistungserwartungen und die ihr untergeordnete Ebene den aus ihrer Sicht benötigten Ressourcenbedarf einbringt. Diese Verfahrensweise wird als „Kontraktmanagement“ bezeichnet. Die Rolle der jeweils untergeordneten Ebene ist mit der eines externen Dienstleisters vergleichbar. Das Kontraktmanagement beginnt bereits im Verhältnis zwischen Politik und Verwaltung und setzt sich innerhalb der Verwaltung in allen Ebenen der Hierarchie konsequent fort.[545)]

Der Übergang von der inputorientierten zur outputorientierten Steuerung erfordert konsequenterweise eine Änderung des Kontrollinstrumentariums: Die Kontrolle erfolgt nun nicht mehr durch die Überwachung der strikten Einhaltung verhaltensdeterminierender Normen, sondern durch ein Controlling, das die festgelegten Ziele mit dem Erreichten vergleicht, Abweichungen hinsichtlich ihrer Ursachen analysiert und die Voraussetzungen für die zukünftige Annäherung von Soll und Ist ermittelt[546)].
Zur Kontrolle der Verwaltung ist eine Gegenüberstellung von Kosten und Leistungen erforderlich. Dies setzt voraus, daß einzelne Leistungen so zu Bündeln zusammengefaßt werden, daß eine eindeutige Zuordnung der Kosten möglich ist. Solche Bündel von Leistungen werden als „Produkte“ bezeichnet. Kriterien für eine weitergehende Zusammenfassung von Leistungen zu Produkten können politisch-strategische Ziele der Kommune und die Erwartungen der Abnehmer (Bürger) an ganzheitliche Leistungsangebote sein.[547)]

---

541) Vgl. Klages, Helmut (1995), S. 211.
542) Vgl. KGSt (1993a), S. 20-21.
543) Vgl. Brückmann, Friedel (1994), S. 223; KGSt (1993a), S. 17.
544) Klages, Helmut (1995), S. 212.
545) Vgl. Blume, Michael (1993), S. 2-3; Fleischer, Jürgen (1996), S. 140; KGSt (1993a), S. 17.
546) Vgl. Klages, Helmut (1995), S. 211.
547) Vgl. Brückmann, Friedel (1994), S. 226; KGSt (1993a), S. 21; KGSt (1994), S. 11.

Der Haushalt der Kommune ist übersichtlicherweise entsprechend den Produkten gegliedert. Diese stellen Kostenträger im Sinne der Kostenrechnung dar[548]. Zu jedem Produkt sind im Haushaltsplan die Mengen, Qualitäten und die Kosten seiner Erstellung angegeben - sowohl als Planwerte für das Haushaltsjahr als auch in Form von Ergebnissen für die beiden Vorjahre. Auf diese Weise ist die Transparenz der Verwaltung im Vergleich zur derzeitigen Form des Haushaltsplans deutlich erhöht.[549]

Die Outputorientierung des Neuen Steuerungsmodells erleichtert der Politik zweifelsfrei die Ermittlung des für die gesamtwirtschaftliche Wohlfahrt der Kommune „optimalen Produktionsprogramms" und dessen Darstellung gegenüber der Verwaltung. Die effektive und effiziente Umsetzung dieses Produktionsprogramms ist jedoch an eine weitere Voraussetzung geknüpft: Es muß eine persönliche Ergebnisverantwortung der Mitarbeiter erreicht werden, so daß zielwidriges Verhalten erkennbar, sanktionierbar und infolgedessen vermieden wird. Diese Voraussetzung ist in den Kommunalverwaltungen derzeit jedoch vielfach nicht gewährleistet. Brückmann macht dies am Beispiel der Bereitstellung von Schulraum deutlich: „Wenn ... die Gebäudereinigung ... im Hauptamt, die Schülerfahrtkosten in der Kämmerei, die Schulraumvermietung im Liegenschaftsamt und der Schulsport in der Eissporthalle im Sportamt, die Gebäudeunterhaltung im Hochbauamt, die Pflege der Schul-Außenanlagen im Gartenamt abgewickelt wird, so sind sehr viele für ein Aufgabendetail zuständig. Es ist aber nicht klar, an wen sich der Leistungsnachfrager wenden soll. Wenn etwas 'schiefgeht', wird der eine Bedienstete darauf verweisen können, daß ein anderer zuständig ist."[550]
Voraussetzung für die persönliche Ergebnisverantwortung ist, daß die fachliche Produktverantwortung, die Ressourcenverantwortung und die aufbauorganisatorische Leitungsverantwortung auf allen Ebenen der Hierarchie deckungsgleich sind. Dies erfordert zumeist eine organisatorische Umstrukturierung der Verwaltung, zumindest aber eine Veränderung der Aufgabenverteilung, die so angelegt sein muß, daß für jedes Produkt stets klar ist, wer die Verantwortung trägt.[551]
Persönliche Ergebnisverantwortung bedeutet aber keinesfalls, daß der Verantwortliche alle erforderlichen Leistungen und Teilleistungen selbständig erbringen muß. Aus Effizienzgründen wird es nach wie vor sinnvoll sein, sich für bestimmte Leistungen und Teilleistungen anderer Organisationseinheiten zu bedienen. In diesem Fall werden zwischen den Organisationseinheiten neben den Leistungen auch die Preise vereinbart, die aus dem Budget der die Leistungen empfangenden Organisationseinheit an die leistungserbringende Organisationseinheit zu „zahlen" sind.[552]

Die geforderte Gesamtverantwortung auf allen Ebenen der Hierarchie und die möglichst weitgehende Dezentralisierung dieser Verantwortung innerhalb der Hierarchie sieht die KGSt in einer Konzernstruktur verwirklicht. Der Konzern soll aus einer überschaubaren Anzahl von Fachbereichen und einem zentralen Steuerungs- und Controllingbereich bestehen. Zwischen den politischen Organen und den Fachbereichen werden die Leistungen und die dafür insgesamt zur Verfügung gestellten Ressourcen (Budgets) vereinbart. Dieses Kontraktmanagement wird innerhalb der Fachbereiche konsequent fortgesetzt: Der Leistungsauftrag und das Budget

---

548) Vgl. Blume, Michael (1993), S. 1.
549) Vgl. Blume, Michael (1993), S. 1; KGSt (1993a), S. 21.
550) Brückmann, Friedel (1995), S. 81.
551) Vgl. KGSt (1993a), S. 18-19.
552) Vgl. KGSt (1993a), S. 17.

werden auf diese Weise in der Hierarchie der Fachbereiche mindestens bis auf Produktebene heruntergebrochen. Budgetabweichungen können jeweils auf einer Ebene der Hierarchie ohne Genehmigung durch die nächsthöhere Ebene ausgeglichen werden.[553)]
Der zentrale Steuerungs- und Controllingbereich ist für das Einholen von Berichten und das Sammeln, Systematisieren, Aufbereiten und Verarbeiten von Daten aus dem laufenden Verwaltungsprozeß zuständig. Er verteilt diese Daten an alle Beteiligten in Form von Auswertungen und Berichten, leistet Hilfestellung bei deren Interpretation und bei der Ableitung von Folgerungen.[554)] Innerhalb der Fachbereiche werden auf der Leitungsebene ebenfalls Steuerungsfunktionen gegenüber den einzelnen Abteilungen wahrgenommen.
Die KGSt weist sicher zurecht darauf hin, daß die Konzernstruktur in der beschriebenen Variante vor allem in größeren Verwaltungen zweckmäßig ist, aber in kleineren Verwaltungen überzogen wäre. Aus Gründen der Effizienz, so die KGSt, müsse die Steuerung in kleineren Kommunen relativ zentralisiert bleiben. Dies sei zwar ein Kommunikationsnachteil, der allerdings durch die geringe Distanz und problemlose Kommunikation zwischen Zentral- und Fachebene zum Teil wieder ausgeglichen werde.[555)] Die Details der Organisationsstruktur der Verwaltung werden demnach von der Größe der Kommune abhängen[556)].

Die Schaffung der outputorientierten Steuerung und Kontrolle und die Gewährleistung der persönlichen Ergebnisverantwortung sind noch kein Garant dafür, daß die Verwaltung auch tatsächlich ihre volle Leistung erbringt. Auf dem freien Markt ist der Wettbewerbsdruck der stimulierende Rahmen für niedrige Kosten und verbesserte Produkte. Wegen des Monopolcharakters vieler kommunaler Leistungen erfährt die Kommunalverwaltung traditionell jedoch keinen Wettbewerbsdruck. Daher ist im Rahmen des Neuen Steuerungsmodells die Schaffung von Wettbewerbssurrogaten vorgesehen. Hierzu gehören der interkommunale Leistungsvergleich und Vergleiche mit privaten Preisen.[557)]
Schaffung von Wettbewerb bedeutet auch, daß eine Organisationseinheit der Verwaltung nicht auf Dauer gezwungen werden darf, Leistungen von einer anderen Organisationseinheit der Verwaltung zu erwerben, wenn sie diese auf dem Markt billiger erwerben könnte[558)].

Abbildung 6-5: Zusammenfassung der wesentlichen Merkmale des Neuen Steuerungsmodells

- Outputorientierte Steuerung der Verwaltung
- Kontraktmanagement
- Produktorientierte Kontrolle der Verwaltung
- Persönliche Ergebnisverantwortung
- Konzernstruktur
- Schaffung von Wettbewerb

553) Vgl. KGSt (1993a), S. 17-19.
554) Vgl. Klages, Helmut (1995), S. 211.
555) Vgl. KGSt (1993a), S. 36-37.
556) Vgl. Müller, Reinhard (1995), S. 222.
557) Vgl. Brückmann, Friedel (1994), S. 225; KGSt (1993a), S. 22.
558) Vgl. Brückmann, Friedel (1994), S. 225; KGSt (1993a), S. 17.

6.3. Reformbeispiele aus der kommunalen Praxis

Anfang der 90er Jahre begann in vielen deutschen Gemeinden, vor allem in mittleren und größeren Städten, die Diskussion um eine grundlegende Reform der Steuerungsmechanismen in der Kommunalverwaltung. Diese dürfte vor allem durch die inzwischen bekanntgewordenen Tilburger Reformen und die Publikationen zum Neuen Steuerungsmodell angestoßen und nachhaltig beeinflußt worden sein. Zumindest deutet die Ausgestaltung der in der Literatur inzwischen vorgestellten Reformprojekte einiger deutscher Städte darauf hin[559)]. Nährboden für den schnellen Start von Reformprojekten war sicher die zunehmende Verschlechterung der finanziellen Lage vieler deutscher Gemeinden und der damit zunehmende Druck auf die Politiker und Spitzen der Verwaltungen, Leistungseinschränkungen und/oder weiteren Abgabenerhöhungen entgegenzuwirken[560)]. Im folgenden sollen exemplarisch die Reformen von zwei nordrhein-westfälischen und drei hessischen Städten vorgestellt werden, die in ihren jeweiligen Ländern eine Vorreiterrolle zu spielen scheinen[561)].

6.3.1. Rheine

Rheine ist mit 75.000 Einwohnern die zweitgrößte Stadt des Münsterlandes. Für 1993 entschloß man sich, erstmals das Budgetierungsverfahren für die Aufstellung und Beratung des Haushaltsplan-Entwurfes anzuwenden. Seitdem gibt es in Rheine keine Mittelanmeldungen der Ämter beim Stadtkämmerer mehr. Statt dessen erhielt jedes Amt ein Budget, über dessen Höhe unter Berücksichtigung der gewünschten oder erforderlichen Aufgaben verhandelt wurde. Ausgangspunkt für diese Verhandlungen waren die um besondere Vorgänge bereinigten Anteile der Budgets am Haushalt des Jahres 1992. Da man einen reibungslosen Übergang zur Budgetierung erreichen wollte, wurden für das Jahr 1993 zunächst nur die Ausgaben budgetiert; diese waren den Mitarbeitern noch vertrauter als „Zuschußbedarfe". Die Ämter stellten dann ihre jeweiligen Teilhaushalte selbständig auf. Der Kämmerer prüfte nur noch, ob dabei das vereinbarte Budget eingehalten wurde.[562)]

Entsprechend der Zielsetzung der dezentralen Ressourcenverantwortung wurde auch das Beratungsverfahren im Rat und seinen Ausschüssen umgestellt: Zunächst wird der Haushaltsplan in klassischer Form mit Haushaltsreden des Stadtdirektors und des Stadtkämmerers in den Rat eingebracht. Dann berät der Haupt- und Finanzausschuß die finanzwirtschaftlichen Eckdaten und korrigiert gegebenenfalls die Budgetbemessungen für die Fachbereiche. Die Aufgabe der Fachausschüsse besteht dann in den Detailberatungen der einzelnen Budgets unter Berücksichtigung der finanziellen Vorgaben des Haupt- und Finanzausschusses. Anschließend kon-

559) Zum Teil wird auch ausdrücklich auf den Einfluß der Tilburger Reformen hingewiesen. So schreibt zum Beispiel Bechtel: „Insbesondere die auf dem KGSt-Forum 1990 in Karlsruhe - auf dem das Tilburger Modell erstmals einer breiten kommunalen Öffentlichkeit vorgestellt wurde - gewonnenen Erkenntnisse führten bei der Stadt Herten zu einem Umdenkungsprozeß. ... Im Frühjahr 1992 haben sich leitende Mitarbeiter der Verwaltung ... auf die Umsetzung des neuen Steuerungsmodells in Anlehnung an das Tilburger Modell verständigt." (Bechtel, Klaus (1995), S. 2). Ähnlich äußert sich Horstmann (vgl. Horstmann, Axel (1995), S. 286).

560) Vgl. Bechtel, Klaus (1995), S. 2; Grandke, Gerhard / Barthel, Christian / Weimer, Michael (1993), S. 264; Strauß, Wolfgang (1994), S. 170, Walther, Norbert / Volz, Jürgen (1994), S. 122.

561) Die Auswahl erhebt nicht den Anspruch, daß es sich bei den Städten um die jeweils ersten handelt, die neue Verfahren der Haushaltssteuerung eingeführt haben. Sie stellt vielmehr eine Auswahl aus den Reformprojekten dar, durch die der Verfasser beim Sichten der Literatur und der Teilnahme an Kolloquien Kenntnis erlangen konnte. Insofern ist die Auswahl keineswegs repräsentativ. Eine genauere Untersuchung über den Stand der Reformen in Deutschland wäre indes lohnend, hätte aber den Umfang dieser Arbeit gesprengt.

562) Vgl. Gravemann, Klaus (1993b), S. 217; ders. (1994), S. 199.

trolliert der Haupt- und Finanzausschuß, ob seine Vorgaben durch die Fachausschüsse eingehalten wurden, und schließlich wird die Haushaltssatzung durch den Rat beschlossen.[563)]
Für das Jahr 1994 wurden neue Budgetabgrenzungen eingeführt. Budgetiert wurden nun nicht mehr die einzelnen Ämter, sondern 11 Fachbereiche. Die administrative Zuordnung zu den Budgets war in ihrem Umfang zunächst unterschiedlich: Manche Budgets umfaßten nur ein Amt, andere mehrere Ämter oder ein ganzes Dezernat. Eine Harmonisierung der Budget- und Verwaltungsstrukturen soll im Rahmen des in Rheine anstehenden Verwaltungsumbaus nach und nach erfolgen. Innerhalb der 11 Budgets wurde eine weitere Untergliederung in Teilbudgets vorgenommen, die teils aus den bestehenden Aufgabenstrukturen abgeleitet, teils aber auch schon nach Produkt-Kriterien gebildet wurden. Ausgenommen von den 11 Budgets wurden die kostenrechnenden Einrichtungen der Stadt, die keinen Zuschußbedarf haben, da sich ihre Einnahmen und Ausgaben ausgleichen, sowie die zentrale Finanzwirtschaft.[564)]
Zum dritten Quartal 1994 wurde in Rheine ein „flächendeckendes, einfaches und entwicklungsfähiges finanzwirtschaftliches Berichtswesen für die Verwaltungsführung und den Rat (Ausschüsse) aufgebaut, das später in ein weitergehendes, auch maßnahmenorientiertes, Verwaltungscontrolling einfließen soll“[565)]. Seitdem berichten die Fachbereiche regelmäßig zum 01.04., 01.07., 01.10. und spätestens einen Monat nach Ablauf des Haushaltsjahres über die Ausführung ihres Budgets. Der Bericht des vierten Quartals wird zusammen mit der Teiljahresrechnung erstellt. Die Teiljahresrechnungen aller Fachbereiche werden dann zur Gesamtjahresrechnung zusammengefaßt.[566)] Die vierteljährlichen Teilberichte beinhalten jeweils „die Berichterstattung über den aktuellen Stand des Verwaltungs- und Vermögenshaushalts sowie den Stand der Maßnahmen- und Vorhabendurchführung und zum anderen die Darstellung von Abweichungen und neuen Entwicklungen bezogen auf das lfd. Haushaltsjahr und die mittelfristige Finanzplanung, Erläuterung ihrer Ursachen, Information über Konsequenzen und Lösungsmöglichkeiten, Vorschläge für notwendige Entscheidungen zur Anpassung des Haushalts- bzw. Finanzplanes.“[567)]
1994 wurden außerdem der Übergang zur Budgetierung der Zuschußbedarfe vollzogen, die Sammelnachweise mit Ausnahme der Hochbauunterhaltung und der Personalausgaben abgeschafft und damit begonnen, Leistungsverrechnungen einzuführen. Begonnen wurde auch mit der Definition von Produkten und mit Leistungsvereinbarungen zwischen dem Rat und den Fachbereichen.[568)]
Zum Jahresanfang 1995 wurden dann auch die Personalausgaben und die Kosten der Hochbauunterhaltung in die Budgets integriert und die letzten noch verbliebenen Sammelnachweise somit abgeschafft. Damit wurden die Voraussetzungen für die vollständige Dezentralisierung der Ressourcenverantwortung geschaffen.[569)]
Wenngleich das Neue Steuerungsmodell die output- bzw. produktorientierte Steuerung des Prozesses der Leistungserstellung zum Ziel hat, beinhalten die Haushaltspläne in Rheine aufgrund der Vorschriften der Gemeindehaushaltsverordnung derzeit noch die inputorientierten Einzelveranschlagungen. Dennoch werden sie bereits so abgewickelt, als wenn ein Budget aus

563) Vgl. Gravemann, Klaus (1993b), S. 219.
564) Vgl. Haushaltsplan der Stadt Rheine 1995, Abschnitt „Vorbemerkungen“, S. 3.
565) Haushaltsplan der Stadt Rheine 1995, Abschnitt „Leitlinien“, S. 11.
566) Vgl. Gravemann, Klaus (1994), S. 203.
567) Haushaltsplan der Stadt Rheine 1995, Abschnitt „Leitlinien“, S. 12.
568) Vgl. Gravemann, Klaus (1994), S. 199.
569) Vgl. Haushaltsplan der Stadt Rheine 1995, Abschnitt „Vorbemerkungen“, S. 6.

einer Haushaltsstelle bestünde. Hierzu wurden die Deckungsfähigkeiten stark ausgeweitet: Die Ausgaben des Verwaltungshaushalts wurden jeweils innerhalb der Fachbereichsbudgets zu sechs Kostengruppen zusammengefaßt (Personalaufwand, Betriebsaufwand, Geschäftsaufwand, Instandhaltungsaufwand, Zuwendungen und Zuschüsse, Sonstige Aufwendungen). Die Ausgaben jeder Kostengruppe wurden innerhalb der Fachbereichsbudgets für gegenseitig deckungsfähig erklärt. Außerdem wurde die Zuständigkeit zur Leistung solcher über- und außerplanmäßiger Ausgaben, die fachbereichsintern ausgeglichen werden können, auf die Fachbereiche delegiert.[570)] Die Fachbereiche sind gehalten, Mindereinnahmen und Mehrausgaben im eigenen Budget zu erwirtschaften. Andererseits verbleiben managementbedingte Mehreinnahmen oder Minderausgaben zu 70 % im eigenen Budget und können auch in das nächste Jahr übertragen werden. Nicht managementbedingte Ergebnisverbesserungen kommen vollständig der zentralen Finanzwirtschaft zugute und dienen zur Entlastung des Haushalts.[571)]
Die Verwendung von Begriffen wie „Betriebsaufwand" oder „Sonstiger Aufwand" mag den Eindruck vermitteln, der Verwaltungshaushalt entspreche in Rheine nun einer Gewinn- und Verlustrechnung im kaufmännischen Sinne. Dies ist jedoch nicht zutreffend. Dem Haushaltsplan liegt nach wie vor das Kassenwirksamkeitsprinzip zugrunde. Durchbrochen wird dies lediglich bei den kostenrechnenden Einrichtungen, für die kalkulatorische Zinsen und Abschreibungen ausgewiesen werden. Daß dennoch Begriffe wie „Aufwand" oder auch „Kosten(gruppen)" zur Standardterminologie wurden, dürfte auch darauf zurückzuführen sein, daß bisher sowohl im Haushaltsrecht als auch in der Literatur die unterschiedlichen Rechengrößen oft nicht strikt auseinandergehalten wurden[572)]. So wird - ähnlich der von der KGSt angedeuteten Situation in Tilburg - vielfach von „Kosten" gesprochen, obwohl „Ausgaben" im Sinne des Haushaltsrechts oder nach der Terminologie des betrieblichen Rechnungswesens „Auszahlungen" gemeint sind. Vorab sei bereits angemerkt, daß dieses Phänomen auch bei den übrigen noch darzustellenden Reformbeispielen auftritt.

6.3.2. Herten

Herten liegt am Nordufer der Emscher, südlich von Recklinghausen, und umfaßt knapp 70.000 Einwohner[573)]. Im Frühjahr 1992 verständigten sich leitende Mitarbeiter der Verwaltung auf die Umsetzung des Neuen Steuerungsmodells in Anlehnung an das Tilburger Modell. Wie Bechtel berichtet, wurde dies begriffen „als eine Chance, gleichzeitig die Verwaltung auf die Erwartungen der 'städtischen Kundschaft' auszurichten und ... zur Gesundung der städtischen Finanzen beizutragen"[574)]. Man hatte erkannt, daß die herkömmlichen Sparmaßnahmen,

570) Vgl. Gravemann, Klaus (1994), S. 201-202.

571) Vgl. Haushaltsplan der Stadt Rheine 1995, Abschnitt „Leitlinien", S. 6 und 9.

572) Einige wenige Beispiele verdeutlichen dies eindrucksvoll: a) Im Haushaltsplan werden „Einnahmen" und „Ausgaben" ausgewiesen, obwohl Einzahlungen und Auszahlungen gemeint sind (vgl. Abschnitt 3.1.); b) Die Hauptgruppen 5 und 6 des Gruppierungsplans sind mit der Bezeichnung „Sächlicher Verwaltungs- und Betrieb*saufwand*" versehen, obwohl sich dahinter „Ausgaben" im Sinne des Haushaltsrechts bzw. Auszahlungen nach der Terminologie des betrieblichen Rechnungswesens verbergen; Hauptgruppe 4 führt dagegen die Bezeichnung „Personal*ausgaben*"; c) Karrenberg und Münstermann stellen in ihrem „Gemeindefinanzbericht" für kommunale Einrichtungen „*Kosten*deckungsgrade" dar. Vielfach liegt der Deckungsgrad dieser Einrichtungen jedoch unter 50 %, so daß nicht einmal kalkulatorische Zinsen und Abschreibungen berücksichtigt sind. In diesen Fällen müßten die Deckungsgrade eigentlich als „Auszahlungsdeckungsgrade" bezeichnet werden (vgl. Fußnote 116).

573) Vgl. Haushaltsplan der Stadt Herten 1996 (Entwurfsfassung), S. 1.000.

574) Bechtel, Klaus (1995), S. 2.

die in Herten seit Mitte der 80er Jahre in einem ständigen Haushaltskonsolidierungsprozeß betrieben wurden, zur Bewältigung der Finanzkrise nicht mehr geeignet waren.[575)]
Zu Beginn des Reformprozesses wurden die 34 Stadtämter zu acht Fachbereichen mit jeweils einem Fachbereichsleiter zusammengefaßt. Für jeden Fachbereich wurde für 1994 ein Budget gebildet, das den Ansatz des Haushaltsjahres 1993 nicht übersteigen durfte. Es wurde festgelegt, daß managementbedingte Mehreinnahmen und Minderausgaben zu 60 % dem jeweiligen Fachbereich erhalten bleiben. Für die Betriebsmittel des Fachbereichs, wie Fortbildung, Verbrauchsmaterial, Buchbeschaffungen, Inventar/Büroeinrichtungen und Reisekosten, wurde die dezentrale Bewirtschaftung vereinbart. Um den Fachbereichsleitern die selbständige Verteilung der Betriebsmittel in Abstimmung mit den Mitarbeitern zu ermöglichen, wurden im Haushaltsplan entsprechende Deckungsvermerke angebracht.[576)]
Zu Beginn des Haushaltsjahres 1995 wurde die Organisationsstruktur nochmals geändert. Seitdem gibt es die fünf Fachbereiche „Soziales und Bürgerservice", „Ordnung", „Planen, Bauen, Umwelt", „Schule und Jugend" und „Kultur, Freizeit, Bildung, Sport". Neben diesen Fachbereichen existieren ferner die drei selbständigen Bereiche „Allgemeine Finanzen", „Gemeindeorgane" und „Steuerungsbereich".[577)]
Parallel zum Haushaltsplan in der traditionellen Art wurde für 1994 erstmals ein sogenanntes „Haushaltsbuch" als Finanzplanungswerk neuer Art erstellt. Es wurde aus dem Haushaltsplan entwickelt, sollte alle steuerungsrelevanten Informationen komprimiert enthalten und zukünftig im Mittelpunkt der Haushaltsberatungen stehen. Das Haushaltsbuch für 1994 war zwar „neu gegliedert und in sich schlüssiger"[578)] als der Haushaltsplan, jedoch lagen ihm weitgehend noch die von ihrer Bedeutung her bekannten Aufgabenabgrenzungen des Haushaltsplans zugrunde. Dies änderte sich mit der Definition von Produkten, die im Laufe des Jahres 1994 erfolgte. Abbildung 6-6 und Abbildung 6-7 zeigen die Produktbereiche am Beispiel des Haushaltsbuches für 1996. Entsprechend der Produktsystematik wurde das Haushaltsbuch umstrukturiert und außerdem wesentlich erweitert. Die Haushaltsbücher für die Jahre 1995 und 1996 sind in die drei Teile A, B und C gegliedert:
Teil A des Haushaltsbuches enthält den Vorbericht, die Haushaltssatzung, eine Gesamtübersicht über den Vermögenshaushalt und den Verwaltungshaushalt, das Investitionsprogramm, den Finanzplan, die Stellenübersicht und - in komprimierter Form - die Wirtschaftspläne der Eigenbetriebe und -gesellschaften[579)].
Teil B des Haushaltsbuches enthält die Budgets der Fachbereiche, der Produktbereiche und der Produkte. In je einer Gesamtübersicht für den Verwaltungshaushalt und den Vermögenshaushalt werden zunächst für die fünf Fachbereiche und drei selbständigen Bereiche die jeweiligen Summen der Einnahmen und Ausgaben und der daraus resultierende Überschuß bzw. Zuschußbedarf für das Haushaltsjahr ausgewiesen. Im Anschluß werden die Einnahmen und Ausgaben dieser acht Bereiche detaillierter dargestellt. Hierzu werden zunächst die Einnahmen und Ausgaben des Bereichs „Allgemeine Finanzen" in einzelne Einnahme- und Ausgabearten aufgeschlüsselt; angegeben sind nicht nur die jeweiligen Beträge des Plan-

575) Vgl. Bechtel, Klaus (1995), S. 2.
576) Vgl. Bechtel, Klaus (1995), S. 4 und 8.
577) Vgl. Haushaltsplan der Stadt Herten 1995, Anwendungshinweise, Pkt. 1.
578) Bechtel, Klaus (1995), S. 12.
579) Vgl. Haushaltsbuch der Stadt Herten 1995, Anwendungshinweise, Pkt. 2.

Abbildung 6-6: Produktstruktur der Stadt Herten im Jahr 1996, Teil 1[580)]

x.xx Produktbereich
.xx Produkt

Allgemeine Finanzen

6 Gemeindeorgane

6.10 Politische Steuerung / Verwaltungsführung
- .10 Politische Steuerung / Verwaltungsführung
- .20 Rechnungsprüfung
- .30 Personalvertretung

0 Steuerungsbereich

0.10 Steuerung
- .10 Konzernsteuerung
- .20 Stadt- und Wirtschaftsentwicklung
- .30 Gleichstellung
- .40 Personalmanagement
- .50 Pressearbeit
- .60 Projektmanagement Neuorganisation
- .70 Finanzmanagement / Controlling
- .80 Marketing

0.20 Service
- .10 Service Rat / Politik
- .20 Informationstechnologie (IT)
- .30 Organisationsberatung
- .40 Zentrale Dienste
- .50 Personalservice
- .60 Rechtsberatung
- .70 Haushaltsangelegenheiten
- .80 Kassenangelegenheiten
- .90 Abgabenwesen

0.30 Steuerungsbereich - Koordinierung - Interner Service
- .10 Leitung / Service

1 Fachbereich 1: Soziales und Bürgerservice

1.10 Sozialhilfe
- .10 Hilfe zum Lebensunterhalt
- .20 Hilfen in besonderen Lebenslagen

1.20 Bürgerservice
- .10 Zentrale Information und Beratung
- .20 Bürgerservice - offener Bereich

1.30 Besondere Bürgerdienste
- .10 Kriegsopferfürsorge
- .20 Seniorenarbeit und Behindertenhilfe
- .30 Sozialversicherung und Unterhaltssicherung
- .40 Schuldnerberatung
- .50 Wohngeld
- .60 Wohnungsangelegenheiten / Wohnungsnotfälle

1.40 Ausländer- und Flüchtlingsangelegenheiten
- .10 Ausländerbeirat
- .20 Ausländerangelegenheiten
- .30 Spätaussiedlerangelegenheiten
- .40 Leistungen für ausländische Flüchtlinge

1.50 Leitung / Service
- .10 Leitung / Service

2 Fachbereich 2: Ordnung

2.10 Sicherheit und Ordnung
- .10 Anlaufstelle für Fragen der Sicherheit und Ordnung, Bürgerberatung / -unterstützung
- .20 Schutz von Leben, Gesundheit und Eigentum
- .30 Verkehrssicherheit
- .40 Gewerbeüberwachung
- .50 Märkte und Messen

2.20 Feuerschutz, Rettungsdienst, Zivil- und Katastophenschutz
- .10 Feuerschutz
- .20 Rettungsdienst
- .30 Zivil- und Katastrophenschutz

x.xx Produktbereich
.xx Produkt

2.30 Standesamt
- .10 Beurkundungen
- .20 Eheschließungen

2.40 Leitung /Service
- .10 Leitung /Service

3 Fachbereich 3: Planen, Bauen, Umwelt

3.10 Stadtplanung
- .10 Entwicklungs- und Flächennutzungsplanung
- .20 Städtebauliche Durchführungsplanung
- .30 Städtebauliche Beratung
- .40 Verkehrsplanung
- .50 Denkmalschutz

3.20 Umweltschutz
- .10 Öffentlichkeitswirksamer, präventiver Umweltschutz
- .20 Ökologischer Gewässerausbau und -unterhaltung
- .30 Schutz und Entwicklung von Natur und Landschaft
- .40 Altlastensanierung und Bodenschutz
- .50 Immissionsschutz

3.30 Grünanlagen
- .10 Neuanlage / Ausbau öffentlicher Grünanlagen
- .20 Unterhaltung öffentlicher Grünanlagen
- .30 Städtische Friedhöfe
- .40 Neuanlage und Ausbau von Kinderspielplätzen
- .50 Unterhaltung von Kinderspielplätzen
- .60 Förderung nicht-öffentlicher Grünanlagen

3.40 Bauordnung
- .10 Bauantragsentscheidungen
- .20 Sonstige Entscheidungen und Bescheinigungen
- .30 Baukontrolle
- .40 Baurechtlicher Bürgerservice
- .50 Dienstleistungen für andere Behörden

3.50 Grundstücksverkehr
- .10 Raumbezogene Informationssysteme und Vermessung
- .20 Grundstücksbewertung
- .30 Ordnung des Bodenverkehrs

3.60 Städtische Grundstücke
- .10 Bewirtschaftung städtischer Grundstücke

3.70 Städtische Grundstücke
- .10 Gebäudemanagement
- .20 Baumaßnahmen für städtische Gesellschaften

3.80 Städtische Verkehrsinfrastruktur
- .10 Neubau / Ausbau / Umbau städtischer Verkehrsflächen
- .20 Unterhaltung städtischer Verkehrsflächen
- .30 Bau und Unterhaltung straßentechnischer Einrichtungen

3.90 Erschließung
- .10 Erschließung

3.91 Stadtentwässerung
- .10 Neubau / Ausbau von Anlagen zur Stadtentwässerung und Abwasserbeseitigung
- .20 Unterhaltung von Anlagen zur Stadtentwässerung und Abwasserbeseitigung
- .30 Instandhaltung und Pflege der Gewässer
- .40 Gewässerschutzbeauftragter

3.92 Wohnungsbauförderung
- .10 Wohnungsbauförderung

3.93 Leitung / Service
- .10 Leitung / Service

580) Die Produktstruktur wurde aus dem Haushaltsbuch der Stadt Herten für das Jahre 1996 zusammengestellt.

Abbildung 6-7: Produktstruktur der Stadt Herten im Jahr 1996, Teil 2[581)]

x.xx Produktbereich
.xx Produkt

4 Fachbereich 4: Schule und Jugend

4.10 Schule
- .10 Grundschule
- .20 Schulen der Sekundarstufe 1
- .30 Schulen, die zur allgemeinen Hochschulreife führen
- .40 Besondere Schulformen

4.20 Tageseinrichtungen / Tagesbetreuung von Kindern
- .10 Regelkindergarten
- .20 Tagesstätte
- .30 Hort
- .40 Spielgruppen
- .50 Plätze für Tagespflege

4.30 Förderung junger Menschen und ihrer Familien
- .10 Kinder- und Jugendzentrum Nord
- .20 Mobile Kinderarbeit
- .30 Mobile Jugendarbeit
- .40 Förderung der verbandlichen Kinder- und Jugendarbeit
- .50 Jugendsozialarbeit
- .60 Kinder- und Jugendschutz

4.40 Familiensozialarbeit / Stadtteilsozialarbeit
- .10 Begleitung junger Menschen
- .20 Betreuung und Beratung in familiären Programmen
- .30 Stadtteilsozialarbeit
- .40 Hilfe im Rahmen sozialer Dienstleistungen

4.50 Erzieherische Hilfen für junge Menschen und ihre Familien
- .10 Familienergänzende Hilfen zur Erziehung
- .20 Familienersetzende Hilfen zur Erziehung

4.60 Gesetzliche Vertretung
- .10 Gesetzliche Vertretung

4.70 Leitung / Service
- .10 Leitung / Service

5 Fachbereich 5: Kultur, Freizeit, Bildung, Sport

5.10 Volkshochschule
- .10 Weiterbildungskurse und -veranstaltungen
- .20 Abschlußbezogene Kurse und Lehrgänge

5.20 Stadtbibliothek / Glashaus
- .10 Stadtbibliothek
- .20 Kulturtreff

5.30 Sozio-Kulturarbeit in Häusern
- .10 Freizeit-Kulturarbeit in der FBW
- .20 Sozio-Kulturarbeit im Bürgerhaus Süd
- .30 Veranstaltungszentrum

5.40 Musikschule
- .10 Musikalische Früherziehung
- .20 Instrumentalerziehung
- .30 Ensembleunterricht
- .40 Veranstaltungen / Konzerte

5.50 Kulturbüro
- .10 Kulturveranstaltungen / Projekte
- .20 Raumvergabe und Betrieb von Kultureinrichtungen
- .30 Kulturförderung
- .40 Stadtgeschichte

5.60 Sportbüro
- .10 Sportstätten
- .20 Sportförderung

5.70 Leitung / Service
- .10 Leitung / Service

jahres, sondern auch die der beiden Vorjahre[582)]. Anschließend werden die übrigen sieben Budgets behandelt. Für jedes dieser Budgets existieren drei Arten von Übersichten:

Die erste Übersicht ist für jedes Budget genau einmal vorhanden und umfaßt eine Seite des Haushaltsbuches[583)]. In ihr sind die Einnahmen und Ausgaben des jeweiligen Bereiches bzw. Fachbereiches in einzelne Einnahme- und Ausgabearten aufgeschlüsselt. Für den Verwaltungshaushalt werden als Einnahmearten „Zuweisungen und Zuschüsse", „Entgelte, Gebühren" und „Sonstige Einnahmen" und als Ausgabearten „Personalaufwand", „Betriebsaufwand", „Geschäftsaufwand", „Zuweisungen und Zuschüsse" und „Sonstige Ausgaben" dargestellt. Einnahmearten des Vermögenshaushalts sind „Zuweisungen und Zuschüsse" sowie „Eigene Finanzmittel", Ausgabearten sind „Investitionszuschüsse" und „Eigene Investitionen". Neben den Beträgen für das Haushaltsjahr werden jeweils die Beträge der beiden Vorjahre angegeben.

Die zweite Übersicht besteht aus zwei Seiten des Haushaltsbuches und ist für jedes Budget ebenfalls genau einmal vorhanden. In ihr sind die Einnahmen und Ausgaben in einzelne Produktbereiche gegliedert. Auf der ersten Seite[584)] werden die Einnahmen und Ausgaben des Verwaltungshaushalts dargestellt. Für jeden Produktbereich werden die Einnahmen in einer

581) Die Produktstruktur wurde aus dem Haushaltsbuch der Stadt Herten für das Jahr 1996 zusammengestellt.

582) Vgl. Haushaltsbuch der Stadt Herten 1996 (Entwurfsfassung), S. B.10 und B.20. Für den Verwaltungshaushalt werden 14 Einnahme- und neun Ausgabearten, für den Vermögenshaushalt acht Einnahme- und sechs Ausgabearten ausgewiesen.

583) Vgl. Haushaltsbuch der Stadt Herten 1996 (Entwurfsfassung), S. B.30, B.60, B.130, B.220, B.300, B.460, B.570.

584) Vgl. Haushaltsbuch der Stadt Herten 1996 (Entwurfsfassung), S. B.40, B.70, B.140, B.230, B.310, B.470, B.580.

Summe und die Ausgaben getrennt in die Ausgabearten „Personalaufwand“, „Betriebsaufwand“, „Zuweisungen und Zuschüsse“ sowie „Sonstige Ausgaben“ ausgewiesen. Der „Geschäftsaufwand“ wird nicht auf die Produktbereiche verteilt. Er wird am Ende des Blattes gesondert in einer Summe ausgewiesen. Als „Geschäftsaufwand“ wird in Herten solcher „Betriebsaufwand“ verstanden, der der Erfüllung von Aufgaben des gesamten Fachbereichs dient, zum Beispiel Ausgaben für den Organisationsentwicklungsprozeß, für Fortbildung, für Büroausstattung und -bedarf und für Reisekosten[585]. Die zweite Seite[586] ist den Einnahmen und Ausgaben des Vermögenshaushalts gewidmet. Für jeden Produktbereich sind die Einnahmen und Ausgaben in die bereits von der ersten Übersicht bekannten Einnahme- und Ausgabearten aufgeschlüsselt.

Die dritte Übersicht wird als „Übersicht Produktinformationen“ bezeichnet und exisitiert für die Einnahmen und Ausgaben des Verwaltungshaushalts für jeden der in der zweiten Übersicht dargestellten Produktbereiche[587]. In ihr werden die Einnahmen und Ausgaben des jeweiligen Produktbereichs in einzelne Produkte gegliedert. Für jedes dieser Produkte werden - wie schon in der zweiten Übersicht - die Einnahmen als Summe ausgewiesen und die Ausgaben in die bereits bekannten vier Ausgabearten aufgeschlüsselt. Da der „Geschäftsaufwand“ nicht auf die Produktbereiche verteilt wurde, wird er auch an dieser Stelle nicht ausgewiesen. Für den Vermögenshaushalt wird ebenfalls eine Einteilung nach Produkten vorgenommen. Da zu jedem Produktbereich im Vermögenshaushalt meist nur ein Produkt gehört, existiert hierfür jedoch keine eigene Seite für jeden Produktbereich. Die Darstellung erfolgt statt dessen für alle Produktbereiche auf einer gemeinsamen Seite[588].

Teil C des Haushaltsbuches enthält für jedes der in Teil B dargestellten Produkte sogenannte „Produktinformationen“[589]. Diese umfassen jeweils genau eine Seite und umfassen Finanzdaten, eine allgemeine Beschreibung des Produkts sowie Grund- und Leistungsdaten. Als Finanzdaten sind die Einnahmen und Ausgaben des Verwaltungshaushalts angegeben, aufgeschlüsselt in die bereits bekannten Einnahme- und Ausgabearten. Dargestellt werden nicht nur die Beträge des Haushaltsjahres, sondern auch die des Vorjahres und als Grundlage für die Finanzplanung die Beträge der drei nachfolgenden Jahre. Die allgemeine Beschreibung besteht aus einer Kurzbeschreibung des Produkts, der Ziele und der Zielgruppe(n). Die Produktinformationen sollen „durch die Verbindung von inhaltlicher Beschreibung und Finanzdaten eine zielgenaue, an politischen Prioritäten ausgerichtete Steuerung der Verwaltung“[590] ermöglichen. In Abbildung 6-8 sind die Produktinformationen exemplarisch anhand des Produkts „Verkehrssicherheit“ dargestellt.

Die Verwendung von Begriffen wie „Betriebsaufwand“ und „Geschäftsaufwand“ im Haushaltsbuch bedeutet keineswegs eine vollständige Erfassung des Aufwands im kaufmännischen Sinne. Der Rechnungsstoff des Haushaltsbuches ist vielmehr mit dem des Haushaltsplanes identisch, basiert also auf dem Geldverbrauchskonzept. Der entscheidende Vorteil des Haushaltsbuches ist darin zu sehen, daß die „Einnahmen“ und „Ausgaben“ nicht den Unterab-

585) Vgl. Haushaltsplan der Stadt Herten 1996 (Entwurfsfassung), Anwendungshinweise, Pkt. 2.

586) Vgl. Haushaltsbuch der Stadt Herten 1996 (Entwurfsfassung), S. B.80, B.150, B.240, B.320, B.480, B.590.

587) Vgl. Haushaltsbuch der Stadt Herten 1996 (Entwurfsfassung), S. B.50, B.90 - B.110, B.160 - B.200, B.250 - B.280, B.330-B.440, B.490-B.550, B.600-B.660.

588) Vgl. Haushaltsbuch der Stadt Herten 1996 (Entwurfsfassung), S. B.120, B.210, B.290, B.450, B.560, B.670.

589) Vgl. Haushaltsbuch der Stadt Herten 1996 (Entwurfsfassung), S. C.10-C.1260.

590) Haushaltsplan der Stadt Herten 1996 (Entwurfsfassung), Anwendungshinweise, Pkt. 3.

Abbildung 6-8: Produktinformation „Verkehrssicherheit" der Stadt Herten[591)]

Produktinformation: 2.10.30

Stadt Herten — Haushaltsbuch 1995

Fachbereich 2: Ordnung

Bereich: Sicherheit und Ordnung

Verkehrssicherheit

Verwaltungshaushalt

	1994	Haushalt 1995	Finanzplanung 1996	1997	1998
Einnahmen					
Zuweisungen und Zuschüsse	20.300	20.300	20.300	20.300	20.300
Entgelte, Gebühren	395.400	395.400	395.400	395.400	395.400
Sonstige Einnahmen	520.025	520.025	520.025	520.025	520.025
Gesamteinnahmen	**935.725**	**935.725**	**935.725**	**935.725**	**935.725**
Ausgaben					
Personalaufwand	395.117	518.480	531.442	544.728	561.070
Betriebsaufwand	50.000	50.000	50.000	50.000	50.000
Zuweisungen und Zuschüsse					
Sonstige Ausgaben					
Gesamtausgaben	**445.117**	**568.480**	**581.442**	**594.728**	**611.070**

Allgemeine Beschreibung

Kurzbeschreibung:
Einhaltung der Rahmenbedingungen aus der Straßenverkehrsordnung und dem Straßen- und Wegegesetz NW durch Überwachung und die Erteilung entsprechender Genehmigungen und Erlaubnisse und deren Kontrolle (Sondernutzungen, ruhender Straßenverkehr, Baustellen, Verkehrszeichen), Leitung der Verkehrskommission, Bewirtschaftung des Parkraumes im Stadtgebiet

Ziele:
- Ständige Verbesserung der Verkehrssicherheit in Zusammenarbeit mit Bürgern, anderen städt. Dienststellen, der Polizei, dem ÖPNV, anderen Baulastträgern und übergeordneten Dienststellen
- Die wirksame Überwachung und Ahndung von Verstößen für eine erfolgreiche Parkraumbewirtschaftung
- Die kontrollierte Nutzung der öffentlichen Verkehrsflächen

Zielgruppe(n):
Alle Verkehrsteilnehmer, die nebeneinander/miteinander am öffentlichen Straßenverkehr teilnehmen

Grund- und Leistungsdaten

	1993	1994	1995
Straßenverkehrsrechtliche Genehmigungen/Erlaubnisse			
- Ausnahmen Sonntagsfahrverbot	172	147	150
- Befahren Fußgängerzone	104	42	50
- Befreiung Gurtanlegepflicht	10	6	10
- Länge, Höhe, Breite Fahrzeug u. Ladung	5	0	5
- Ausnahme Schwerbehinderte	110	122	120
- Sonstige Ausnahmen	187	90	150
Maßnahmen zur Sicherung des Verkehrs, Umsetzung gemeindlicher Verkehrsplanung			
- Prüfung/Anordnung von Verkehrszeichen	64	70	70
- Baustellenabsicherung	92	75	70
- Verkehrs-/Unfallkommission	8	7	8
Verkehrstermine	6	11	10
- Anregungen u. Beschwerden	100	100	120
Überwachung des ruhenden Straßenverkehrs			
- Verwarnungen	21.956	26.435	25.000
- Bußgelder	3.631	5.049	4.000
- Kostenbescheide nach § 25 a StVG	284	383	300
Sondernutzungen nach StrWG NW			
- Erlaubnisse	StA 66	421	250
- unerlaubte Sondernutzungen	StA 66	30	50

591) Entnommen aus: Haushaltsplan der Stadt Herten 1995, S. 390.

schnitten traditioneller Art, sondern den neu definierten Produkten zugeordnet sind. Dies beschränkt sich nicht etwa auf eine bloße Umsortierung der Haushaltsstellen, sondern umfaßt größtenteils auch eine Aufteilung der Ansätze einzelner Haushaltsstellen auf mehrere Produkte. Dies erfolgt zum Beispiel mit den Personalausgaben für einen Mitarbeiter, der an der Erstellung verschiedener Produkte beteiligt ist[592]. Die Kombination aus dieser produktbezogenen Darstellung der „Einnahmen" und „Ausgaben", der Beschreibung der Produkte unter Angabe von Grund- und Leistungsdaten und der Budgetierung der Betriebsmittel haben in Herten den Augenmerk auf den Output an Verwaltungsleistungen gelenkt.

6.3.3. Maintal

Maintal ist eine Nachbarstadt von Frankfurt am Main und mit etwa 37.000 Einwohnern die zweitgrößte des Main-Kinzig-Kreises[593]. Nach eigenen Angaben hat Maintal „eine Vorreiterrolle im Budgetierungsverfahren in Hessen"[594] inne. Während die Stadtverordnetenversammlung für 1994 noch einen Haushaltsplan in der traditionellen Form beschloß[595], wurde mit dem Haushaltsplan 1995 die flächendeckende Budgetierung eingeführt. Außerdem wurden Leistungsbeschreibungen in den Haushaltsplan aufgenommen. Seitdem wird er als „Leistungshaushalt" bezeichnet.

Einhergehend mit der Einführung der Budgetierung hielt man in Maintal Änderungen der Verwaltungsstruktur für erforderlich: Zum 01.10.1995 wurden das bisherige Hauptamt und Amt für Wirtschaftsförderung sowie das Personal- und Organisationsamt zu einer Organisationseinheit mit der Bezeichnung „Hauptamt" zusammengefaßt und in die Fachdienste „Zentrale Aufgaben", „Personal", „Büro der Gremien" und „Zentrale Dienste" gegliedert. Ebenso wurde das Amt für Finanzen und Steuern in die Fachdienste „Kämmerei", „Steuern" und „Kasse mit Vollstreckung" gegliedert, und zum 01.01.1996 wurde eine Organisationseinheit „Betriebshof" gebildet. Weitere Strukturveränderungen sollen nach Angaben der Stadt Maintal folgen.[596]

Zur administrativen Unterstützung der Verwaltungsführung wurde zum 01.10.1995 eine Stabsstelle mit der Bezeichnung „Steuerung und Controlling" eingerichtet. Sie soll im Jahr 1996 vor allem die Umstrukturierung des Betriebshofes begleiten, Leistungsverrechnungen unter betriebswirtschaftlicher Ausrichtung im Gesamtbereich der Verwaltung vorbereiten und die dezentrale Ressourcenverantwortung durch Einrichtung weiterer Fachdienste ausbauen.[597]

Zu Zwecken der Budgetierung wurden sieben Fachbereiche gebildet, die in eigener Verantwortung unter Berücksichtigung des ihnen zur Verfügung gestellten Allgemeinbudgets ihre Teilhaushalte (traditioneller Art) aufstellen. Außerdem wurden 12 Sonderbudgets gebildet, die ebenfalls von den Fachbereichen verwaltet werden.[598]

---

592) Vgl. Bechtel, Klaus (1995), S. 12.

593) Vgl. Hessisches Statistisches Landesamt (1993), S. 24.

594) Leistungshaushalt der Stadt Maintal 1996, S. 2. In den Vorbemerkungen zum Leistungshaushalt wird im übrigen dargestellt, daß 210 Exemplare des Haushaltswerks 1995 in die ganze Bundesrepublik verkauft worden seien.

595) Dieser Haushaltsplan gehört zu den 100 im Rahmen dieser Arbeit untersuchten Haushaltspläne hessischer Gemeinden (vgl. Abbildung 5-3, Abbildung 5-4).

596) Vgl. Leistungshaushalt der Stadt Maintal 1996, S. 2-3.

597) Vgl. Leistungshaushalt der Stadt Maintal 1996, S. I.10.

598) Vgl. Leistungshaushalt der Stadt Maintal 1996, S. 4.

Abbildung 6-9: Gliederung der Budgets der Stadt Maintal im Jahr 1996[599)]

Fachbereich I	:	• Allgemeinbudget
		  • Steuerung und Controlling
		  • Personalamt
		  • Hauptamt
		  • Amt für Frauenfragen
		  • Rechtsamt
		• Sonderbudget Stadtverkehr Maintal

Fachbereich II	:	• Allgemeinbudget • Ordnungsamt
Fachbereich III	:	• Allgemeinbudget • Amt für Jugend, Kultur und Sport • Sonderbudget Tageseinrichtungen für Kinder • Sonderbudget Sportboothafen • Sonderbudget Schwimmbad • Sonderbudget Stadthallen GmbH (städtischer Anteil) • Sonderbudget Stadthallen GmbH (Wirtschaftsplan)
Fachbereich IV	:	• Allgemeinbudget • Sozialamt • Sonderbudget Asylbewerber • Sonderbudget Mobile Soziale Hilfsdienste

Fachbereich V	:	• Allgemeinbudget
		  • Bauverwaltungs- und Liegenschaftsamt
		  • Stadtbauamt
		• Sonderbudget Straßenreinigung
		• Sonderbudget Stadtentwässerung
		• Sonderbudget Betriebshof

Fachbereich VI	:	• Allgemeinbudget • Stadtentwicklung und Umwelt • Sonderbudget Müllabfuhr incl. Kompostierung und DSD • Sonderbudget Friedhöfe
Fachbereich VII	:	• Allgemeinbudget • Amt für Finanzen und Steuern

Bei der Behandlung von Budgetabweichungen wird zwischen managementbedingten und nicht managementbedingten Abweichungen unterschieden: Während nicht managementbedingte Mehreinnahmen und Minderausgaben dem gesamten Leistungshaushalt zu Gute kommen, wurden für managementbedingte folgende Regeln festgelegt: „Mehreinnahmen und Minderausgaben *zur laufenden Budgetverbesserung* verbleiben zu 50 % im Fachbereich und können bei Vorlage einer aktualisierten Leistungsbeschreibung für andere Aufgaben verwendet werden. Mehreinnahmen und Minderausgaben *im Rahmen der Jahresrechnung* verbleiben zu 30 % im Fachbereich und können bei Vorlage einer aktualisierten Leistungsbeschreibung im neuen Haushaltsjahr für andere Aufgaben verwendet werden."[600)] Mindereinnahmen und Mehrausgaben müssen, soweit sie managementbedingt sind, vollständig im eigenen Budget erwirtschaftet werden. Soweit sie nicht managementbedingt sind, sind sie „vorrangig" im eigenen Budget abzudecken; wenn dies nicht möglich ist, hat das Amt für Finanzen und Steuern die Aufgabe, dem Magistrat und dem Haupt- und Finanzausschuß Deckungsvorschläge zu unterbreiten.[601)]

Das Planwerk ist wie folgt gegliedert: Es enthält nach einigen Vorbemerkungen die sogenannten „Leitlinien". Dies sind Regeln zum Haushaltsvollzug, zur Behandlung von Budgetab-

599) Vgl. Leistungshaushalt der Stadt Maintal 1996, S. 3-6, 0.4-0.5.
600) Leistungshaushalt der Stadt Maintal 1996, S. 13.
601) Vgl. Leistungshaushalt der Stadt Maintal 1996, S. 13.

weichungen, zur Übertragbarkeit von Mitteln, zum finanzwirtschaftlichen Berichtswesen und zu den Aufgaben des Finanz-Controlling[602]. Auf den folgenden Seiten sind der Vorbericht mit den finanziellen Eckdaten, einige Graphiken zur Entwicklung ausgewählter Einnahme- und Ausgabearten, die Haushaltssatzung sowie die (ausgedehnten) Deckungsvermerke abgedruckt. Daran schließt sich der in die sieben Fachbereiche gegliederte Hauptteil des Planwerkes an. Zu jedem Fachbereich sind zunächst die zum Allgemeinbudget gehörenden Unterabschnitte des Verwaltungshaushalts und des Vermögenshaushalts abgedruckt. Formal entsprechen die Unterabschnitte - wie bisher - dem Muster 18 zur GemHVO; auch erfolgt die Gruppierung entsprechend den VV Gliederung und Gruppierung. Anschließend folgen die zu dem Fachbereich gehörenden Sonderbudgets, ein Sammelnachweis für die Personalausgaben des Fachbereichs sowie der Stellenplan und das Investitionsprogramm des Fachbereichs. Auf den letzten Seiten des gesamten Planwerks finden sich Zusammenfassungen der Sammelnachweise für die Personalausgaben, der Stellenpläne und der Investitionsprogramme. Ferner sind der Finanzplan, die auch bisher üblichen Übersichten über die Schulden, Rücklagen und Verpflichtungsermächtigungen sowie der Gesamtplan abgedruckt. Der Gesamtplan besteht aus einer Gesamtübersicht über die sieben Budgets sowie aus dem Haushaltsquerschnitt, der Gruppierungsübersicht und der Finanzierungsübersicht.

Zu jedem Unterabschnitt gehört eine „Leistungsbeschreibung“. Diese ist größtenteils verbaler Art. Quantitative und qualitative Leistungsangaben, zum Beispiel in Form von Kennzahlen, wie sie in Tilburg flächendeckend vorhanden sind, erfolgen dagegen nur in sehr geringem Umfang. Viele der unter „Leistungsbeschreibung“ abgedruckten Textpassagen stellen eher „Erläuterungen“ zu den Einnahmen und Ausgaben im Sinne des § 15 GemHVO dar[603].

Hinsichtlich des Rechnungsstoffes basiert der Leistungshaushalt 1996 nach wie vor auf dem Geldverbrauchskonzept. So sind kalkulatorische Kosten ausschließlich für die Friedhöfe, die Müllbeseitigung, die Stadtentwässerung und einen Sportboothafen veranschlagt[604]. Interne Leistungsverrechnungen wurden zwar zum 01.01.1996 für die vom Betriebshof zugunsten anderer Budgets erbrachten Leistungen eingeführt[605], und auch in einigen weiteren Unterabschnitten sind innere Verrechnungen ausgewiesen, jedoch bei weitem noch nicht in dem zu Zwecken der Kostenrechnung erforderlichen Maße. Aus den der neu geschaffenen Stabsstelle „Steuerung und Controlling“ für das Jahr 1996 gesetzten Schwerpunkten ist jedoch zu entnehmen, daß eine weitere Ausdehnung der inneren Verrechnungen beabsichtigt ist[606].

Zum 01.01.1995 wurde ein „flächendeckendes, einfaches und übersichtliches finanzwirtschaftliches Berichtswesen“ eingeführt. Die Berichte der Fachbereiche und des Finanz-Controllings werden vierteljährlich erstellt. Stichtage sind der 31. März, der 30. Juni, der 30. September und der 31. Dezember eines jeden Haushaltsjahres. Innerhalb eines Monats nach dem jeweiligen Stichtag sollen die Berichte dem Haupt- und Finanzausschuß vorliegen.[607]

602) Vgl. Leistungshaushalt der Stadt Maintal 1996, S. 12-15.

603) Vgl. zum Beispiel im Budget I die „Leistungsbeschreibungen“ auf den Seiten I.4, I.16, I.18, I.24, I.28 des Leistungshaushalts der Stadt Maintal 1996.

604) Vgl. Leistungshaushalt der Stadt Maintal 1996, S. III.71, V.33, VI.37, VI.43 (Ausgaben) bzw. S. VII.16 (Einnahmen).

605) Vgl. Leistungshaushalt der Stadt Maintal 1996, S. 9. Damit den jeweiligen Budgets Mittel zur „Bezahlung“ der Leistungen des Betriebshofes zu Verfügung stehen, wurden die Ansätze für die Sachausgaben in den acht davon betroffenen Unterabschnitten entsprechend erhöht. Leider ist dem Haushaltsplan nicht zu entnehmen, mit welchen Beträgen die einzelnen Unterabschnitte davon betroffen sind.

606) Vgl. Leistungshaushalt der Stadt Maintal 1996, S. I-10.

607) Vgl. Leistungshaushalt der Stadt Maintal 1996, S. 10 und 15.

6.3.4. Mühlheim am Main

Mühlheim am Main ist eine Nachbarstadt von Maintal. Sie hat etwa 25.000 Einwohner und gehört zum Landkreis Offenbach[608]. Auch in Mühlheim wurde begonnen, die Haushaltswirtschaft auf ein budgetorientiertes Verfahren umzustellen, allerdings erst ab dem Haushaltsjahr 1996, also ein Jahr später als in Maintal.

Der gesamte Haushalt wurde in 12 Bereichsbudgets gegliedert, innerhalb derer meist eine weitere Aufteilung in Einzelbudgets (Unterabschnitte) erfolgt. Jedes Einzelbudget stellt eine Produktgruppe dar, zu der im Haushaltsplan sogenannte „Produktinformationen" ähnlich dem Tilburger Vorbild (2 Seiten) enthalten sind. Außerdem gehören zu jedem Einzelbudget der Budgethaushalt neuer Art (1 Seite), der Unterabschnitt (Verwaltungs- und Vermögenshaushalt) in der bisherigen Darstellung (1-4 Seiten) sowie Erläuterungen (ca. 1 Seite).

Abbildung 6-10 gibt einen Überblick über die Gliederung der Budgets. In Unterabschnitten, die mit dem Zeichen (•) gekennzeichnet sind, sind grundsätzlich alle Ausgaben des Verwaltungshaushalts für gegenseitig deckungsfähig erklärt. Ausnahmen bilden einige wenige Haushaltsstellen, wie zum Beispiel kalkulatorische Kosten, innere Verrechnungen und Verrechnungen mit Eigenbetrieben oder -gesellschaften[609]. Bei den mit Ziffern gekennzeichneten Unterabschnitten besteht darüber hinaus eine gegenseitige Deckungsfähigkeit mit den Ausgaben der übrigen, mit der gleichen Ziffer gekennzeichneten Unterabschnitte. Demzufolge sind die Bereichsbudgets 3, 4, 5, 9 und 10 des Verwaltungshaushalts „echte" Budgets in dem Sinne, daß grundsätzlich alle darin enthaltenen Ausgaben gegenseitig deckungsfähig sind. Gleiches gilt prinzipiell auch für die Bereichsbudgets 2 und 2A[610]. Dagegen bestehen die Bereichsbudgets 1, 6 und 7 aus mehreren Teilbudgets. So ist es zum Beispiel nicht möglich, eingesparte Mittel beim Sportzentrum Anton-Dey-Straße (UA 5600) für die Sporthalle in Dietesheim (UA 5641) zusätzlich zu verwenden. Für die folgenden Jahre ist jedoch beabsichtigt, solche Teilbudgets weiter zusammenzufassen. Noch nicht budgetiert wurde im Haushaltsplan 1996 das Bauamt; die Budgetierung ist aber bereits für das Jahr 1997 geplant[611]. Ab dann sollen auch Budgets für die im Vermögenshaushalt veranschlagten Investitionen gebildet werden[612].

Die Festlegung der gegenseitigen Deckungsfähigkeit von Ausgaben im Sinne des derzeitigen Haushaltsrechts bedeutet zunächst, daß nur die Ausgaben Bestandteil des Budgets sind. Zumindest ist eine automatische Kürzung von Ausgabeansätzen im Falle des Ausfalls von Einnahmen im Haushaltsrecht nicht als Standardfall vorgesehen. In den „Vorbemerkungen" und „Leitlinien" zum Haushaltsplan der Stadt Mühlheim am Main wird jedoch ergänzend bestimmt, daß es sich bei den Budgets um „Zuschußbudgets" handelt. Es wird also der Differenzbetrag aus Einnahmen und Ausgaben festgeschrieben. Folglich müssen die Ausgaben eingeschränkt werden, wenn die Einnahmen hinter den Erwartungen zurückbleiben.[613]

---

608) Vgl. Hessisches Statistisches Landesamt (1993), S. 46.

609) Vgl. Haushaltsplan der Stadt Mühlheim a.M. 1996, zum Beispiel S. 131, 671, 780, 687.

610) Ausgenommen von der Deckungsfähigkeit der Ausgaben sind die Unterabschnitte 8130, 8170, 7610 und 8550. Die Unterabschnitte 8130 und 8170 enthalten nur eingehende Konzessionsabgaben und eine Gewinnablieferung der Stadtwerke. Die Willy-Brandt-Halle wird durch die Mühlheimer Bürgerhaus GmbH verwaltet, so daß im Unterabschnitt 7610 nur Pachteinnahmen und ein Betriebskostenzuschuß an die Bürgerhaus GmbH ausgewiesen sind. Für den Unterabschnitt „8550 Stadtwald" wird ein gesonderter Wirtschaftsplan aufgestellt, dessen Zahlen in den Haushaltsplan übernommen werden. Die Bewirtschaftung erfolgt extern durch das Forstamt.

611) Vgl. Haushaltsplan der Stadt Mühlheim a.M. 1996, S. 30.

612) Vgl. Haushaltsplan der Stadt Mühlheim a.M. 1996, S. 28.

613) Vgl. Haushaltsplan der Stadt Mühlheim a.M. 1996, S. 27 und 35.

Abbildung 6-10: Gliederung der Budgets der Stadt Mühlheim am Main im Jahr 1996[614)]

1 Allgemeine Dienste

0000 Stadtverordnetenversammlung (•)
0010 Magistrat (•)
0200 Hauptamt (**1**)
0210 Außenstelle Lämmerspiel (**1**)
0220 Personalstelle (**1**)
0520 Statistik und Wahlen (•)
0610 Verwaltungsgebäude (**2**)
0640 Druck- und Kopierstelle (**2**)
0650 Fernsprechdienst (**2**)
0800 Einrichtungen für Verwaltungsangehörige (**2**)
1300 Feuerschutz (•)
4960 Leist. nach dem Bundeskindergeldgesetz
7810 Zuchttierhaltung (**2**)

selbständige Einzelbudgets:

A 0011 Magistrat, Frauenbeauftragte (•)
B 0240 Öffentlichkeitsarbeit (•)
C 0500 Standesamt (•)
D 0080 Verfügungsmittel (•)

2 Finanzverwaltung

0300 Finanzverwaltung (•)
8130 Gasversorgung (**Konzessionsabgaben (KA)**)
8170 Sonst. Versorgungsunternehmen (**KA etc.**)

2A Liegenschaftsverwaltung und Baulandumlegung

0350 Liegenschaftsverw. u. Baulandumlegung (**3**)
6140 Abwicklung von Baulandumlegungsverf. (**3**)
6200 Wohnungsbauförd. (Wohnungsfürsorge) (**3**)
7610 Willy-Brandt-Halle (**ausgegliedert**)
8550 Stadtwald (•)
8800 Bebaute Grundstücke (Wohngrundst.) (**3**)
8810 Unbebaute Grundstücke (**3**)

3 Steuerverwaltung

0340 Steuerverwaltung (•)

4 Stadtkasse

0310 Stadtkasse (•)

5 Öffentliche Ordnung

1100 Öffentliche Ordnung (**4**)
1400 Katastrophenschutz (**4**)
7320 Jahr- und Wochenmärkte (**4**)

6 Verwaltung kultureller Angelegenheiten und Förderung des Sports

3000 Verwaltung kultureller Angelegenheiten (**5**)
3200 Heimatmuseum (**5**)
3300 Theater, Konzerte, Musikpflege (•)
3500 Volkshochschule (•)
3600 Heimatpflege (**5**)
5500 Förderung des Sports (**6**)
5600 Sportzentrum Anton-Dey-Straße (**6**)
5620 Sportanlagen Lämmerspiel (**6**)
5630 Sportanlagen Dietesheim (**6**)
5640 Sporthalle Mühlheim (**7**)
5641 Sporthalle Dietesheim (**7**)
5650 Kulturhalle Dietesheim (**7**)
5710 Hallenbad (**ausgegliedert**)
5720 Freibad Lämmerspiel (•)
7910 Sonst. Förd. von Wirtschaft u. Verkehr (**5**)

selbständiges Einzelbudget:

E 3520 Öffentliche Büchereien (•)

7 Soziale Angelegenheiten

3700 Kirchen (**8**)
4000 Verwaltung der soz. Angelegenheiten (**8**)
4310 Einrichtungen für Ältere (•)
4330 Einrichtungen für Behinderte (**8**)
4511 Außerschulische Jugendbildung (**8**)
4515 Sonstige Jugendarbeit (**8**)
4600 Haus der Jugend (•)
4640 Tageseinrichtungen für Kinder (**8**)
4641 Kindertagesstätte Bürgerpark (•)
4642 Kindertagesstätte Markwald (•)
4643 Kindertagesstätte Raabestraße (•)
4644 Kindertagesstätte Bornweg (•)
4645 Kindertagesstätte Lämmerspiel (•)
4646 Kinderhort Hallgartenstraße (•)
4648 Kinderhort Bornweg (•)
4649 Begegnungsstätte Lessingstraße (•)
4700 Förderung der Wohlfahrtspflege (**8**)
4950 Sonstige soziale Angelegenheiten (**8**)
5400 Sonstige Einrichtungen und Maßnahmen der Gesundheitspflege (**8**)

8 Bauamt (Budgetierung erfolgt ab 1997)

4601 Kinderspielplätze
5820 Park- und Gartenanlagen
5900 Erholungsgeb. Steinbrüche Mühlheim-Dthm.
6000 Allgemeine Bauverwaltung
6010 Hochbauverwaltung
6020 Tiefbauverwaltung
6100 Städteplanung, Vermessung, Bauordnung
6300 Gemeindestraßen
6330 Südring östlicher Teil
6560 Ausbau der L 3064
6600 Bundes-, Landes- und Kreisstraßen
6700 Straßenbeleuchtung
6800 Parkeinrichtungen
6900 Wasserläufe, Wasserbau
7030 Bedürfnisanstalten
7710 Bauhof und Fuhrpark
7800 Förderung der Landwirtschaft, Feldwegausbau

9 Steuerung, Controlling, Datenverarb.

0100 Steuerung, Controlling, Datenverarb. (•)

10 Umweltamt

1150 Umweltamt (**9**)
6750 Straßenreinigung (**9**)
7600 Sonstige öffentliche Einrichtungen (**9**)
7911 ÖPNV (**9**)

11 Kostenrechnende Einrichtungen

7000 Abwasserbeseitigung (•)
7200 Müllbeseitigung (•)
7500 Bestattungswesen (•)

12 Allgemeine Deckungsmittel

9000 Steuern, allgemeine Zuweisungen und allgemeine Umlagen
9100 Sonstige allgemeine Finanzwirtschaft (•)
9150 Zuführungen zwischen Verwaltungs- und Vermögenshaushalt
9200 Abwicklung der Vorjahre

(•) gegenseit. Deckungsfähigkeit von HHSt. im UA
(x) gegenseit. Deckungsfähigkeit von HHSt. des UA mit HHSt. der mit gleicher Ziffer bezeichneten UA

614) Vgl. Haushaltsplan der Stadt Mühlheim a.M. 1996, Deckblätter der Bereichsbudgets, Deckungsvermerke.

Zu Beginn der Haushaltsplanung wird die Budgetmasse durch Gegenüberstellung der zu erwartenden Einnahmen und der Ausgaben des Bereichsbudgets 12 ermittelt und auf die einzelnen Bereichsbudgets verteilt. Diese Budgets können bei Bedarf durch Verhandlungen zwischen den einzelnen Bereichen, dem Steuerungsbereich und dem Kämmerer aufgestockt bzw. gekürzt werden. Zum Zwecke der Veranschlagung der Mittel in den einzelnen Haushaltsstellen erfolgen wie bisher Mittelanmeldungen. Diese werden durch den Steuerungsbereich jedoch nur auf Einhaltung des Budgets überprüft. Anschließend durchläuft das Planwerk - wie bisher - den Magistrat und die Stadtverordnetenversammlung.[615)]

Ausdrückliche Regeln für die Behandlung von Mehreinnahmen und Minderausgaben im Rahmen der Jahresrechnung wurden zu Beginn des Jahres 1996 noch nicht festgeschrieben. Geregelt wurde lediglich, welche Ausgabearten grundsätzlich übertragbar sind[616)]. „Über die prozentuale Höhe der zu übertragenden Mittel je Haushaltsstelle entscheidet im Rahmen des Haushaltsausgleiches der Steuerungsbereich in Abstimmung mit dem Kämmerer“[617)], heißt es in den Leitlinien.

Mit der Einführung der Budgetierung wurden im übrigen die Sammelnachweise aufgelöst und die einzelnen Haushaltsstellen den jeweiligen Einzelbudgets direkt zugeordnet. Ebenso werden nun „Leistungen, die an zentraler Stelle in der Verwaltung erbracht werden, sofern direkt zurechenbar, ... den Einzelbudgets in Rechnung gestellt oder im Wege der inneren Verrechnung belastet“[618)]. Dies betrifft vor allem Geschäftsausgaben, Bücher und Zeitschriften, Miete für Kopierer, Postgebühren, Telefonkosten und Kosten der Datenverarbeitung[619)]. Außerdem wurden fast alle Haushaltsstellen der Gebäudeunterhaltung direkt den Bewirtschaftern der zuständigen Bereiche zugeordnet. Aufträge für kleine Reparaturen innerhalb der Gebäude werden nun von dem jeweiligen Bewirtschafter selbständig an Handwerker vergeben. Nur Reparaturen am Gebäude selbst und der Heizungsanlage werden durch den Fachbereich 8 beauftragt.[620)]

Zukunftsweisend dürften die Produktinformationen der Stadt Mühlheim sein, die zu jedem Unterabschnitt erstellt wurden. In ihnen sind die Produkte und die Leistungen zur Erstellung der Produkte, die Betriebskosten, Strukturzahlen und Kennzahlen übersichtlich dargestellt. Außerdem werden Erläuterungen zur Aufgabenerfüllung gegeben und die Investitionen zusammenfassend dargestellt. Abbildung 6-11 und Abbildung 6-12 zeigen exemplarisch die Produktinformationen des Unterabschnitts Stadtkasse.

Die Verwendung der Begriffe „Erlöse“ und „Kosten“ in den Produktinformationen darf jedoch nicht darüber hinwegtäuschen, daß der Haushaltsplan 1996 nach wie vor auf dem Geldverbrauchskonzept basiert. Kalkulatorische Zinsen und Abschreibungen sind zum Beispiel nur

615) Vgl. Haushaltsplan der Stadt Mühlheim a.M. 1996, S. 37-38.

616) Für übertragbar erklärt wurden folgende Gruppierungen: 500 000 Unterhaltung der Gebäude; 510 000 Unterhaltung des unbeweglichen Vermögens; 520 000 Geräte, Ausrüstungs- und Gebrauchsgegenstände; 521 000 Mobilar; 540 000 Bewirtschaftungskosten; 541 000 Heizkosten; 600 000 Kosten der Öffentlichkeitsarbeit; 655 000 Sachverst.-, Gerichts- und ähnliche Kosten; 573 000 Kosten von Veranstaltungen; 570 000 Verpflegungskosten; 571 000 Verbrauchsmittel; 574 200 Spiel- und Beschäftigungsmaterial; 550 000 Haltung von Fahrzeugen; 562 000 Aus- und Fortbildung, Umschulung; 572 000 Kosten der sonstigen Abfallbeseitigung; 713 300 Kosten der Abfallbeseitigung; 716 100 Deponiegebühren für nichtbrennbaren Müll; 713 600 Umlage an das KGRZ. Vgl. Haushaltsplan der Stadt Mühlheim a.M. 1996, S. 37.

617) Haushaltsplan der Stadt Mühlheim a.M. 1996, S. 36.

618) Haushaltsplan der Stadt Mühlheim a.M. 1996, S. 35.

619) Vgl. Haushaltsplan der Stadt Mühlheim a.M. 1996, S. 35.

620) Vgl. Haushaltsplan der Stadt Mühlheim a.M. 1996, S. 36. Weiterhin durch den Fachbereich 8 werden folgende Objekte bewirtschaftet: Katastrophenschutz, Kirchen, Bedürfnisanstalten, Bestattungswesen, Bauhof und Fuhrpark.

für die kostenrechnenden Einrichtungen, also für die Abwasserbeseitigung, die Müllbeseitigung und das Bestattungswesen, veranschlagt[621]. Die inneren Verrechnungen sind zwar umfangreicher als in der Nachbarstadt Maintal, jedoch auch in Mühlheim nicht für Zwecke der Kostenrechnung ausreichend. Dies ist keineswegs verwunderlich, liegt das vordringliche Ziel der Reform in beiden Städten doch in der Einführung des Budgetprinzips und der Darstellung der bisher erbrachten bzw. in der Planungsperiode zu erbringenden Verwaltungsleistungen.

Abbildung 6-11: Produktinformationen am Beispiel der Mühlheimer Stadtkasse (Seite 1)[622]

Einzelplan: 0	Unterabschnitt: 0310	Produktgruppe:	Stadtkasse
Bereichsgruppe 3:	Service-Bereich Kassenwesen	Leiter:	Herr Ricker

Produkte und Produktbeschreibung

001 Führung der Kassengeschäfte: Stadt Mühlheim, Abwasserverband Untere Rodau, Wasserverband zur Unterhaltung der Unteren Rodau, Sozialstation Mühlheim, Stadtwerke GmbH und Bürgerhaus GmbH.

002 Erstellung der Jahresrechnung in Verbindung mit dem KGRZ Frankfurt sowie den Erläuterungsberichten: Stadt Mühlheim, Abwasserverband Untere Rodau, Wasserverband zur Unterhaltung der Unteren Rodau und der Sozialstation Mühlheim.

003 Bewirtschaftung der Kassenmittel: Anlage von Termin- und Festgeldern, Buchführung einschließlich Sammlung der Belege, Mahnung, Beitreibung und Einleitung der Zwangsvollstreckung, Führung des Verwahrgelasses, Führung und Überwachung der Niederschlagungskartei.

004 Schalterkasse für Barzahlungsverkehr.

005 Kontenpflege im Bereich Einnahmen: Auskünfte zu Fälligkeiten und Zahlungen, komplette EDV-Erfassung der Zahlungseingänge und der Einzugsermächtigungen mit dem Änderungsdienst, Rückzahlung von Guthaben auf Einnahmekonten, Überwachung von Stundungen, Zinsberechnung (Stundungszinsen, Nachzahlungszinsen für Gewerbesteuer).

006 Auszahlung der Sozialhilfe und Vereinnahmung und Rückforderung darlehensweiser und zu unrecht erhaltener Sozialhilfeleistung (Stadt Mühlheim ist Delegationsgemeinde für Bearbeitung und Auszahlung der Sozialhilfe).

Leistungen	Rechnungserg. 1994	Haushaltsplan 1995	Haushaltsplan 1996
003			
Buchungen (Stadt)	75.940	80.000	84.000
ausgestellte Mahnungen	4.100	4.200	4.300
Vollstreckungen	2.400	2.600	2.700
Termingeldanlagen	52	65	70
005			
beim KGRZ geführte Kassenkonten			
Grundbesitzabgaben	11.859	12.500	13.000
Gewerbesteuer	3.604	3.700	3.800
Hundesteuer	1.620	1.650	1.700
ÜWE	7.766	8.000	8.200
Einzeleinnahmen	7.111	8.000	9.000
Haushalts-Kassenkonten	1.336	1.397	1.450

621) Vgl. Haushaltsplan der Stadt Mühlheim a.M. 1996, S. 671, 680, 687 (Ausgaben) bzw. S. 698 (Einnahmen).

622) Entnommen aus: Haushaltsplan der Stadt Mühlheim a.M. 1996, S. 288.

Abbildung 6-12: Produktinformationen am Beispiel der Mühlheimer Stadtkasse (Seite 2)[623)]

Betriebskosten	Rechnungserg. 1994	Haushaltsplan 1995	Haushaltsplan 1996
Gesamtkosten	455.836 DM	504.700 DM	566.220 DM
Erlöse aus anderen Unterabschnitten	- DM	- DM	- DM
Erlöse von Dritten	129.074 DM	130.100 DM	135.400 DM
Zuweisungen/Zuschüsse	- DM	- DM	- DM
Gesamtdeckung	129.074 DM	130.100 DM	135.400 DM
Saldo	- 326.762 DM	- 374.600 DM	- 430.820 DM

Strukturzahlen	Rechnungserg. 1994	Haushaltsplan 1995	Haushaltsplan 1996
Verwaltungsgemeinkosten (%)	0,0 %	0,0 %	0,0 %
Kapitalkosten (%)	0,0 %	0,0 %	0,0 %
Kostendeckung (%)	28,3 %	25,8 %	23,9 %

Erläuterungen zur Aufgabenerfüllung:

Erfüllung der auf Grund der Gesetze vorgegebenen Aufgaben. Effektive Bewirtschaftung der Kassenmittel zur Erzielung von Zinsgewinnen. Konsequentes und zeitlich nahes Arbeiten im Bereich des Mahn- und Vollstreckungswesens zum Ausgleich der städtischen Forderungen. Rationelles und genaues Arbeiten im Bereich der Einnahmeverbuchung, um Reklamationen der Bürgerinnen und Bürger zu vermeiden. Auskünfte zu Forderungen bzw. Zahlungen werden vom Bürger oft von der Stadtkasse eingefordert. Eine enge Zusammenarbeit mit den anweisenden Ämtern ist deshalb ebenso wichtig wie fundierte Allgemeinkenntnisse des Kassenpersonals.

Kennzahlen	Rechnungserg. 1994	Haushaltsplan 1995	Haushaltsplan 1996
Anzahl der Mitarbeiter/innen inkl. AL	6	6	6
Sachgebiete:			
Buchhaltung inkl. Schalterkasse und Jahresabschlußarbeiten	3	3	3
Mahnwesen	2	2	2
Personalkosten	454.755 DM	466.500 DM	506.180 DM
Anteil an den Gesamtpersonalkosten	2,1 %	2,1 %	2,3 %

Investitionen	Rechnungserg. 1994	Haushaltsplan 1995	Haushaltsplan 1996
eigene Investitionen	- DM	- DM	- DM
Investitionen von Dritten	- DM	- DM	- DM
Gesamtinvestitionen	- DM	- DM	- DM
Spezifizierung:			
Ersatzinvestitionen	- DM	- DM	- DM
Erweiterungsinvestitionen	- DM	- DM	- DM
neue Projekte	- DM	- DM	- DM

Wie in den übrigen Städten, die die Budgetierung einführten, ist auch in Mühlheim ein Berichtswesen vorgesehen. In den jeweils zum 31. März, zum 30. Juni und zum 30. September von den einzelnen Bereichen vorzulegenden Berichten sollen jeweils der aktuelle Stand der Budgets, eventuelle Abweichungen, daraus zu ziehende Konsequenzen und Lösungsmöglichkeiten dargestellt werden. Die einzelnen Berichte werden dann vom Steuerungsbereich in einem Gesamtbericht dargestellt und dem Kämmerer, dem Magistrat und der Stadtverordnetenversammlung vorgelegt.[624)]

623) Entnommen aus: Haushaltsplan der Stadt Mühlheim a.M. 1996, S. 289.

624) Vgl. Haushaltsplan der Stadt Mühlheim a.M., S. 39.

6.3.5. Offenbach am Main

Offenbach am Main liegt im Ballungsraum des Rhein-Main-Gebietes und ist mit 117.000 Einwohnern die fünftgrößte Stadt Hessens[625]. Als kreisfreie Stadt hat Offenbach ein sehr viel umfangreicheres Aufgabenprogramm als kreisangehörige Gemeinden wie Maintal oder Mühlheim am Main. Die Stadtverwaltung verfügte im Jahr 1991 über 2.526,5 Planstellen[626].
Bereits in den siebziger Jahren entstanden in Offenbach Haushaltsfehlbeträge von insgesamt 25 Mio. DM, die jedoch durch den Verkauf von Beteiligungen und die Auflösung von Rücklagen gedeckt werden konnten, so daß im Bewußtsein, finanziell saniert zu sein, eine Analyse der Ursachen unterblieb[627]. Seit 1986 sind dann erneut Haushaltsfehlbeträge entstanden, kumuliert 166 Mio. DM bis Ende 1992[628]. Im gleichen Zeitraum sind die Schulden von 395 Mio. DM auf 522 Mio. DM gestiegen[629] und es „mußte ein Teil der Zinsen in einer immer schneller rotierenden Spirale mit neuen Krediten bezahlt werden. Der Gang zum 'Konkursrichter' (für Offenbach beispielsweise die Eingemeindung zum benachbarten Frankfurt) schien unvermeidlich."[630].
Als für Ende 1993 ein kumuliertes Defizit von 209 Mio. DM prognostiziert wurde, entschlossen sich Magistrat und Stadtverordnetenversammlung, ein jährlich fortzuschreibendes Haushaltssanierungskonzept zu erstellen, mit dem bis Ende 1995 die periodischen Defizite stufenweise auf Null zurückgeführt werden sollten[631]. Der Weg wurde darin gesehen, „systematisch stadtpolitische Entwicklungsziele [z. B. Ansiedlung von Gewerbe- und Dienstleistungsbetrieben, Erhöhung der Wohnqualität] mit der Modernisierung der Verwaltung zu verbinden"[632]. Zahlreiche Aufgabengebiete, „die nicht mit Methoden der Verwaltung zu bearbeiten sind"[633], wurden in den folgenden Jahren ausgegliedert, bis Ende 1995 etwa ein Drittel der Stellen[634]. Außerdem wurden 114,5 Stellen in den ausgegliederten Bereichen und 340,5 Stellen in der verbleibenden Hoheits- und Leistungsverwaltung abgebaut[635]. Im Zuge einer Verwaltungsreform sollte die verbleibende Hoheits- und Leistungsverwaltung in ein „politisch gesteuertes, modernes, schlankes, effizientes und kundenorientiertes Dienstleistungsunternehmen"[636] umgebaut werden. Schwerpunkte der Verwaltungsreform lagen bisher vor allem in der Einführung der flächendeckenden Budgetierung, der Schaffung von Kostentransparenz sowie dem Aufbau eines Controlling, eines Führungs- und Informationssystems und einer leistungsorientierten Personalwirtschaft[637].

625) Vgl. Hessisches Statistisches Landesamt (1993), S. 24.
626) Vgl. Haushaltssanierungskonzept 1996, Offenbach a.M., S. 131.
627) Vgl. Grandke, Gerhard/Barthel, Christian / Weimer, Michael (1993), S. 264.
628) Vgl. Walther, Norbert/Volz, Jürgen (1994), S. 122.
629) Vgl. Haushaltssanierungskonzept 1996, Offenbach a.M., S. 124.
630) Grandke, Gerhard/Barthel, Christian/Weimer, Michael (1993), S. 264. Als Gründe für diese Entwicklung werden vor allem der Verlust von 10.000 Arbeitsplätzen im produzierenden Sektor ohne ausgleichenden Zuwachs im Dienstleistungsbereich, eine überdurchschnittliche Zahl von Sozialhilfeempfängern, Langzeitarbeitslosen und unterversicherten Rentnern, die Erbringung von Leistungen für das steuerkräftigere Umland, das fehlende Nachdenken über eine Änderung der Verwaltungsstruktur in den mit Fehlbeträgen verbundenen siebziger Jahren sowie der mit einer Investitionssumme von 120 Mio. DM innerhalb von sieben Jahren verbundene Bau einer S-Bahn genannt (vgl. Grandke, Gerhard/Barthel, Christian/Weimer, Michael (1993), S. 265).
631) Vgl. Walther, Norbert / Volz, Jürgen (1994), S. 122.
632) Grandke, Gerhard/Barthel, Christian/Weimer, Michael (1993), S. 265.
633) Grandke, Gerhard/Barthel, Christian/Weimer, Michael (1993), S. 265.
634) Vgl. Haushaltssanierungskonzept 1996, Offenbach a.M., S. 130.
635) Vgl. Haushaltssanierungskonzept 1996, Offenbach a.M., S. 130.
636) Walther, Norbert/Volz, Jürgen (1994), S. 122.
637) Vgl. Haushaltssanierungskonzept 1996, Offenbach a.M., S. 3; Walther, Norbert/Volz, Jürgen (1994), S. 122.

Die sich auf das Rechnungswesen beziehenden Reformbestandteile seien im folgenden kurz skizziert:

Für das Haushaltsjahr 1993 wurde der Haushaltsplan erstmals im Budgetierungsverfahren aufgestellt. So wurden für die Aufgabenbereiche der Dezernenten Ausgabenhöchstgrenzen vorgegeben, ebenso für den Sammelnachweis der Personalausgaben. Vorgeschlagen wurden die Höchstgrenzen durch das zentrale Controlling[638)] auf Basis der prognostizierten Einnahmen und der Prämisse, daß der periodische Fehlbetrag entsprechend des Haushaltssanierungskonzepts 1993 nicht höher als 25 Mio. DM sein durfte. Ausgenommen vom Budgetierungsverfahren waren die Sammelnachweise für bestimmte Sachausgaben sowie einige weitere nichtdisponible oder schwer beeinflußbare Haushaltspositionen. Hierfür wurden Vorabdotierungen auf die zu verteilenden Mittel vorgenommen. Im nächsten Schritt vereinbarten die Dezernenten mit den ihnen unterstehenden Ämtern im Rahmen der Höchstgrenze ihres Dezernatsbudgets die Verteilung des Budgets auf die zum Dezernatsbereich gehörenden Unterabschnitte und Haushaltsstellen. Soweit die angedachten Einnahmeansätze nachweisbar zu niedrig lagen oder durch gezielte Maßnahmen verbessert werden konnten, durften die vorgegebenen Ausgabehöchstgrenzen überschritten werden. Umgekehrt mußten die Ausgabehöchstgrenzen gesenkt werden, wenn die vorgesehenen Einnahmen zu hoch lagen.[639)]

In den folgenden beiden Jahren wurde das Budgetierungsverfahren weiterentwickelt. So wurde die Festlegung von Höchstgrenzen ab 1994 auf alle Sammelnachweise ausgedehnt, ab 1995 wurden die Sammelnachweise abgeschafft und die darin veranschlagten Ausgaben in die Budgets der Dezernate einbezogen, allerdings mit einer Ausnahme: Ein Sammelnachweis für sogenannte „fixe Personalausgaben" blieb erhalten. Dies sind solche Personalausgaben, die von den Ämtern nicht beeinflußbar sind, zum Beispiel Beihilfen, Pensionen, Beiträge zur Gemeindeunfallversicherung und Ausbildungsvergütungen. Für den Haushalt 1995 wurde die Gliederungs- und Gruppierungsstruktur verändert. Unterabschnitte und innerhalb der Unterabschnitte einzelne Haushaltsstellen wurden soweit wie möglich zusammengefaßt, so daß sich ohne ausgiebige Deckungsvermerke die Flexibilität der Haushaltsausführung erhöhte. Dabei wurde angestrebt, innerhalb eines Unterabschnitts jeweils nur ein Amt als bewirtschaftende Stelle einzusetzen.[640)]

Während des Haushaltsjahres wird eine laufende Budgetkontrolle durchgeführt. Dazu werden den Ämtern und der Verwaltungsspitze monatlich Haushaltsauswertungen in Form von Vergleichen der beschlossenen Budgets mit den aufgelaufenen Soll-Ausgaben vorgelegt; für die Personal- und Sachausgaben erfolgt eine Hochrechnung für das Jahresende, bei den Einnahmen wird die noch ausstehende Einnahmensumme ausgewiesen[641)]. Bis 1995 lag den Haushaltsauswertungen der jeweilige Buchungsstand zugrunde. Ab 1996 sollen darüber hinaus auch alle Mittelverfügungen der Ämter erfaßt werden, so daß der monatliche Finanzstatus noch aktueller und umfassender wird[642)].

Am Jahresende eingesparte Mittel werden grundsätzlich zur Haushaltssanierung verwendet. Abweichend hiervon wurde 1995 für das Verkehrsbüro in einem Pilotprojekt eine Ergebnisvariante vereinbart: Je ein Drittel der Ergebnisverbesserung soll für die Haushaltssanierung, für

---

638) Das zentrale Controlling existiert in Offenbach am Main seit 1991, besteht aus fünf Mitarbeitern und ist als Stabsstelle direkt dem Oberbürgermeister unterstellt (vgl. Walther, Norbert / Volz, Jürgen (1994), S. 122).

639) Vgl. Brückmann, Friedel / Walther, Norbert (1994), S. 145; Walther, Norbert / Volz, Jürgen (1994), S. 122-123.

640) Vgl. Brückmann, Friedel / Walther, Norbert (1994), S. 145; Walther, Norbert / Volz, Jürgen (1994), S. 123.

641) Vgl. Walther, Norbert / Volz, Jürgen (1994), S. 126-127.

642) Vgl. Haushaltssanierungskonzept 1996, Offenbach a. M., S. 73.

andere Zwecke des Amtes und als Gruppenprämie zur Ausschüttung an die Beschäftigten verwendet werden.[643)]

Neben der Budgetierung ist die Schaffung von Kostentransparenz eines der zentralen Anliegen der Verwaltungsreform in Offenbach. Von einer flächendeckenden und vollständigen Ermittlung der Kosten und Zuordnung zu Leistungen bzw. Produkten ist man jedoch noch weit entfernt. Wie es im Haushaltssanierungskonzept 1996 dazu heißt, wurde „das Vorhaben, die EDV-Kosten flächendeckend ab Haushaltsplan 1996 verursachergerecht in den Budgets der Ämter zu veranschlagen, ... auf 1997 vertagt, um ausreichend Zeit für die Erörterung der DV-Richtlinien - die Grundlage der Projekte sind - zu haben. ... Die im HSK [Haushaltssanierungskonzept] 1995 für 1997 noch genannten weiteren Kostenausweisungen, wie Kosten der Arbeitsplatz- und Büroausstattung, Raumkosten in Form interner Miete zzgl. der Nebenkosten, können voraussichtlich nicht zum vorgesehenen Zeitpunkt realisiert werden."[644)] Gleichwohl soll ab 1996 für Pilotämter eine Kosten- und Leistungsrechnung eingeführt werden[645)]. Dazu soll ergänzend zur kameralistischen Buchung eine zusätzliche Kontierung erfolgen[646)]. Die zuvor genannten Kostenarten sollen dann ab 1997 wenigstens für diese Pilotämter berücksichtigt werden, ebenso die geplanten internen Leistungsverrechnungen; außerdem möchte man mit der Umlage der Kosten für Stadtverordnetenversammlung, Magistrat und Querschnittsämter beginnen. Hierzu muß noch ein Verteilungsschlüssel festgelegt werden[647)].

Wenn im Haushaltssanierungskonzept der Begriff Kosten Verwendung findet, darf dies auch in Offenbach nicht darüber hinwegtäuschen, daß zunächst vor allem Ausgaben im Sinne des Haushaltsrechts gemeint sein dürften. „Noch nicht abgeschlossen" ist laut Haushaltssanierungskonzept 1996 nämlich „die Überlegung, im Rahmen der Kosten- und Leistungsrechnung eine Anlagenbuchhaltung für die Pilotämter einzuführen, um somit die letzte Lücke zu einer Vollkostenrechnung zu schließen."[648)]

Für die Pilotämter wurde bereits begonnen, Produkte zu definieren. Dabei wird versucht, mit interessierten Vergleichsstädten eine harmonisierte Produkt- und Leistungsbeschreibung sowie eine gleiche Kostenzuordnung zu vereinbaren, um eine Vergleichbarkeit der Kosten- und Leistungsdaten zu erreichen. Ende 1994 wurde auf Initiative der Stadt Offenbach ein Städtevergleichsring gebildet, dem sich bis Anfang 1996 die Städte Salzgitter, Kassel, Fulda, Hanau, Marburg, Wiesbaden, Darmstadt, Ulm und Würzburg sowie die Landkreise Lahn-Dill und Wetterau angeschlossen haben. Mit diesen Partnern möchte die Offenbacher Stadtverwaltung in einen Vergleichswettbewerb eintreten.[649)]

Geplant und zum Teil bereits umgesetzt ist ein Führungs- und Informationssystem. Die Informationshierarchie soll aus vier Ebenen bestehen: die oberste Ebene für die Politik, die obere Ebene für die Verwaltungsführung, die mittlere für die Dezernenten/Beigeordneten und die untere für die Fachbereiche/Ämter. Die zwei wesentlichen, sich entsprechend der nach oben erforderlichen Komprimierung der Informationen verjüngenden Säulen sind das Standardberichtswesen und das Bereichsberichtswesen. Das Standardberichtswesen soll Informationen

---

643) Vgl. Haushaltssanierungskonzept 1996, Offenbach a. M., S. 73. Für dieses Verfahren mußte eine Ausnahmegenehmigung gemäß der Experimentierklausel in § 133 HGO beantragt werden. Die Genehmigung lag bis zum Redaktionsschluß des Haushaltssanierungskonzepts 1996 noch nicht vor.

644) Haushaltssanierungskonzept 1996, Offenbach a. M., S. 73.

645) Vgl. Haushaltssanierungskonzept 1996, Offenbach a. M., S. 74.

646) Vgl. Haushaltssanierungskonzept 1996, Offenbach a. M., S. 75.

647) Vgl. Haushaltssanierungskonzept 1996, Offenbach a. M., S. 74.

648) Haushaltssanierungskonzept 1996, Offenbach a. M., S. 74.

649) Vgl. Haushaltssanierungskonzept 1996, Offenbach a. M., S. 75.

über die Bereiche Finanzen (Verwaltungshaushalt), Personal, Gebäude und Investitionen (Vermögenshaushalt) und damit die wichtigsten Ressourcen liefern. Damit stellt es gewissermaßen ein Berichtswesen zum Input dar. Das Bereichsberichtswesen soll dagegen den Produkten, gegliedert nach Verantwortungsbereichen, gewidmet sein.[650)]
Verglichen mit den vier zuerst vorgestellten Reformbeispielen aus der kommunalen Praxis betrafen die Reformen in Offenbach bisher stärker das Management innerhalb der Verwaltung. Obwohl Offenbach in zeitlicher Hinsicht sicher eine Vorreiterrolle für die Modernisierung der Verwaltung in Hessen einnimmt, hat sich die Gestalt des mit Außenwirkung versehenen Haushaltsplans bisher kaum verändert, und das Berichtswesen in Form des Führungs- und Informationssystems ist noch nicht vollständig umgesetzt. Die Prioritätensetzung braucht allerdings nicht zu verwundern. Angesichts der außerordentlich schlechten finanziellen Lage der Stadt galt es, schnellstmöglich Fehlbeträge zu vermindern. Dies ist durch die gewählten Maßnahmen auch eindrucksvoll gelungen[651)]. In einer Stadt, in der aufgrund der finanziellen Lage der Entscheidungsspielraum der Politik bereits so stark eingeschränkt ist wie in Offenbach, stellen die mit einigem Vorbereitungsaufwand verbundene Erzeugung und Verbreitung zusätzlicher entscheidungsrelevanter Informationen für diese Adressatengruppe zwangsläufig nicht die erste Priorität dar.

6.3.6. Zusammenfassende Würdigung der vorgestellten Reformbeispiele

Vergleicht man die sich auf den Bereich des Rechnungswesens beziehenden Elemente der vorgestellten Reformbeispiele untereinander und mit dem Reformbedarf, der sich aus den Anforderungen an ein kommunales Rechnungswesen (Kap. 4) und den ersten, aus den festgestellten Mängeln des derzeitigen Rechnungswesens bereits gezogenen Schlußfolgerungen (Kap. 5) ergibt, können einige interessante Feststellungen zur Schwerpunktsetzung der Reformbeispiele getroffen werden. Diese können keinen Anspruch darauf erheben, repräsentativ für die Reformpraxis in den deutschen, speziell den hessischen, Gemeinden zu sein. Gleichwohl deuten sie an, in welcher Hinsicht noch weitergehende Reformbemühungen erforderlich sein dürften.
Zunächst ist festzustellen, daß die Einführung der Budgetierung in allen Städten am Beginn des Reformprozesses stand. Die Dominanz dieses Reformbestandteils läßt sich im übrigen durch die Literatur bestätigen. So steht die Bedeutung der Budgetierung auch in weiteren, in den vergangenen Jahren in Fachzeitschriften vorgestellten, Reformprojekten im Mittelpunkt; zum Teil beschränken diese sich sogar zunächst ausschließlich auf die Einführung der Budgetierung[652)]. Im Hinblick auf die Motive, die zur Einführung der Budgetierung führten, sind zwei unterschiedliche Schwerpunkte erkennbar. Erstens sollen zentrale Finanzziele (Abbau

---

650) Vgl. Haushaltssanierungskonzept 1996, Offenbach a.M., S. 76-77.

651) Im Finanzplan 1991 wurde für Ende 1994 mit einem kumulierten Fehlbetrag von 232 Mio. DM gerechnet. Laut Rechnungsergebnis 1994 wurden davon jedoch nur 96 Mio. DM realisiert. Das Ziel des Haushaltsausgleichs bis 1995 mußte indes wegen sinkender Steuereinnahmen (unter anderem bundesweiter Rückgang der Einnahmen aus der Einkommensteuer und damit Absinken des Gemeindeanteils an der Einkommensteuer) auf 1998 verschoben werden (vgl. Haushaltssanierungskonzept 1996, Offenbach a.M., S. 7).

652) Vgl. etwa Impel, Jürgen van (1995), der das Budgetierungsverfahren der Stadt Rheinberg vorstellt und über die Praxis der Reformen schreibt, daß „meist ... ein flächendeckender Einstieg über die Budgetierung gewählt" werde, „teilweise auch über sogenannte Pilotprojekte" (S. 268); Strauß, Wolfgang (1994), der das Budgetierungsverfahren der Stadt Duisburg vorstellt; Meier, Hardi (1994), der über den „kommunalen Notstand" und die Bestrebungen zu seiner Bekämpfung schreibt: „Aus dieser ganzen Misere soll jetzt das Ei des Kolumbus herausführen: Die Budgetierung" (S. 221).

von Fehlbeträgen) leichter erreicht werden. Dies gelingt durch von oben verordnete Ausgabehöchstgrenzen, die in der Hierarchie der Verwaltung stufenweise heruntergebrochen werden. Dieses Vorgehen, das den Inkrementalismus und das Primat von Mittelanmeldungen beseitigt, wird meist als „Budgetierungsverfahren" bezeichnet. Zweitens soll durch die Einführung der Budgets ein wirtschaftlicherer Vollzug des Haushaltsplans erreicht werden. Hierzu wird eine größere Flexibilität durch die Beschränkung der Bindungswirkung des Haushaltsplans auf die festgesetzten Budgets geschaffen. In den meisten Städten wurde auch in zeitlicher Hinsicht eine Flexibilisierung vorgenommen, indem ein bestimmter Anteil bewilligter, aber aufgrund von Managementleistungen nicht ausgeschöpfter Mittel in das folgende Haushaltsjahr übertragen wird.

Im Hinblick auf die geforderte Zielbezogenheit der durch das Rechnungswesen zu vermittelnden Informationen ist festzustellen, daß bisher in keiner der fünf Städte eine flächendeckende Ermittlung der vollständigen Kosten für die erbrachten Leistungen erfolgt. Wenngleich zwar wiederholt die Begriffe „Kosten" oder „Aufwand" Verwendung finden, liegt überwiegend das Geldverbrauchskonzept zugrunde. Gleichwohl erfolgt in zwei Städten, nämlich in Herten und Mühlheim am Main, bereits ein leistungs- bzw. produktbezogener Ausweis der Einnahmen und Ausgaben im Haushaltsplan. Dieser wird ergänzt durch Grund- und Leistungsdaten, die jedoch zum Teil noch nicht vollständig erhoben bzw. fortgeschrieben werden. Die Gestaltung der Produktinformationen dieser Städte hat durchaus Vorbildcharakter.

Maßnahmen zur Verbesserung der Zugänglichkeit der Informationen spielten in den vorgestellten Reformprojekten wenn überhaupt, dann nur eine untergeordnete Rolle. Zumindest wurden Maßnahmen zur Verbesserung des Zugangs zu den Rechenwerken in den zugrundeliegenden Veröffentlichungen nicht erwähnt, und eine bessere Verständlichkeit der Rechenwerke scheitert schon alleine daran, daß die bisherigen Bestandteile der Haushaltspläne und Jahresrechnungen, ebenso wie die zugrundeliegende Kameralistik, erhalten geblieben sind. Durchaus positiv sind in diesem Zusammenhang jedoch die zum Teil verfügbaren Aggregationen von Einnahme- und Ausgabearten zu nennen, die die Übersicht verbessern sollen. Exemplarisch sei das ergänzende Haushaltsbuch der Stadt Herten genannt.

Während die Methoden zur Bewältigung der als mangelhaft kritisierten Zielkonformität der Vorgaben in den Städten mit Reformbestrebungen also bereits weitgehend gefestigt zu sein scheinen, dürften vor allem im Hinblick auf die Zielbezogenheit und Zugänglichkeit der Informationen noch deutlich weitergehende Reformmaßnahmen erforderlich sein.

7. Bausteine einer Reform des kommunalen Rechnungswesens

Auf Grundlage der Anforderungen an ein kommunales Rechnungswesen (Kap. 4) wurden aus den Mängeln des Bestehenden bereits erste Schlußfolgerungen im Hinblick auf notwendige Reformen gezogen (Kap. 5). Das Neue Steuerungsmodell (Kap. 6) scheint - zumindest bei vollständiger Umsetzung - ein geeigneter Ansatz zur Lösung derzeitiger Steuerungsprobleme zu sein. Wenngleich ihm klare Vorstellungen über die Bindungswirkungen der Planungsrechnungen und der Informationen der Kontrollrechnungen zugrundeliegen, werden unter seiner Bezeichnung vor allem aber Managementkonzepte für die Verwaltung diskutiert[653]. Probleme der Methodik des Rechnungswesens treten damit ebenso in den Hintergrund wie etwa Überlegungen zur Publizität der Rechenwerke für Adressaten außerhalb der betrachteten Managementbeziehungen.

Die folgenden Ausführungen sollen sich dagegen speziell auf das Rechnungswesen beziehen und die vom Verfasser für erforderlich gehaltenen Bausteine einer Reform darstellen und erläutern. Soweit Teilaspekte bereits an anderer Stelle dieser Arbeit ausreichend behandelt wurden, werden sie zusammenfassenden Charakter haben, um langweilende Redundanzen zu vermeiden.

7.1. Ressourcenverbrauch als Rechnungsstoff

Die Kontrolle der Wirtschaftlichkeit gehört zweifelsfrei zu den bedeutendsten Aufgaben für ein modernes kommunales Rechnungswesen. Wie dargestellt wurde, kann es diese Aufgabe nur dann erfüllen, wenn der Ressourcenverbrauch der Verwaltung vollständig dokumentiert und den einzelnen Leistungen oder zumindest Bündeln von Leistungen (Produkten) im Sinne einer Kostenträgerrechnung zugeordnet wird[654]. Neben der Grundlage für die Wirtschaftlichkeitskontrolle ist die Kenntnis der Kosten einzelner Leistungen oder Produkte aber auch unerläßliche Voraussetzung, um auf der Planungsebene die Erwartungen an die Verwaltung im Sinne eines „optimalen Produktionsprogramms" festlegen zu können[655]. In der Literatur wird darauf verwiesen, daß als Nebenbedingung dieser Planungsentscheidungen das Prinzip der *intergenerativen* Gerechtigkeit zu beachten sei[656]. Dieses besagt, daß „Lasten nur dann und insoweit auf künftige Generationen verschoben werden dürfen, wie damit eine gleichwertige Verschiebung von Nutzenpotentialen einhergeht"[657]. Jede Generation soll also die von ihr verbrauchten (öffentlichen) Ressourcen durch Abgaben wieder ersetzen, so daß die von der Vorgänger-Generation empfangenen Ressourcen ungeschmälert der Nachfolger-Generation übergeben werden können. Im Rahmen des Rechnungswesens kann dieses Prinzip durch die Sicherstellung *interperiodischer* Gerechtigkeit überwacht werden, allerdings nur unter der Voraussetzung, daß der gesamte Ressourcenverbrauch innerhalb der einzelnen Perioden dokumentiert wird.[658]

653) Vgl. Blume, Michael (1993), S. 1; Gornas, Jürgen / Jüngel, Erwin (1993), S. 25; KGSt (1992), S. 9 - 10; Reichard, Christoph (1992), S. 843.

654) Vgl. Abschnitte 4.7.2., 5.1.2. und 5.1.4.

655) Vgl. Abschnitte 5.1.2. und 5.1.4.

656) Vgl. Lüder, Klaus (1995), S. 1-2. Inhaltlich vergleichbar z.B. Budäus, Dietrich (1995), S. 19-20; Hafner, Wolfgang (1995), S. 121.

657) Lüder, Klaus (1995), S. 1.

658) Vgl. Lüder, Klaus (1995), S. 1-2.

Rechnungsstoff des derzeitigen kameralistischen Rechnungswesens der Verwaltung ist grundsätzlich jedoch nicht der Ressourcenverbrauch, sondern der Geldverbrauch. Die angestrebte Kontrolle der Wirtschaftlichkeit, die Verbesserung der Grundlagen für Planungsentscheidungen sowie der Nachweis interperiodischer Gerechtigkeit sprechen für eine Änderung des Rechnungsstoffes: Das Geldverbrauchskonzept sollte zugunsten des Ressourcenverbrauchskonzepts als Voraussetzung eines kostenorientierten Rechnungswesens aufgegeben werden. Diese Forderung stößt im übrigen auf breite Zustimmung in Wissenschaft und Praxis. Exemplarisch seien die Beschlüsse der Wissenschaftlichen Kommission „Öffentliche Unternehmen und Verwaltungen" des Verbandes der Hochschullehrer für Betriebswirtschaft e.V.[659)], des Finanzausschusses des Deutschen Städtetages[660)] und des KGSt-Gutachterausschusses „Neues Haushalts- und Rechnungsmodell"[661)] genannt.

Trotz breiter Zustimmung sind die in der Literatur zu dieser Forderung vertretenen Auffassungen keineswegs einhellig. So wird mit Blick auf die geforderte Wirtschaftlichkeit des Rechnungswesens in Frage gestellt, ob der Nutzen der Kostenermittlung überhaupt den damit verbundenen Aufwand rechtfertigt[662)]. Immerhin ist eine Erfassung, Bewertung und Fortschreibung des gesamten Vermögens erforderlich. Welchen Aufwand dies erfordere, wisse der Praktiker noch aus dem Jahre 1974, erinnert Bauer - offenbar mit Blick auf die damals durch die Reform des Haushaltsrechts erforderlich gewordene Erfassung und Bewertung des Vermögens der kostenrechnenden Einrichtungen - und gibt weiter zu bedenken, daß der Aufwand einer umfassenden gegenseitigen Leistungsverrechnung denjenigen der Vermögenserfassung und -bewertung bei weitem übertreffe[663)]. Eine umfassende Kosten- und Leistungsverrechnung sei, so Bauer, mit einem „ungeheuren Aufwand"[664)] verbunden.

Bedenken dieser Art sind durchaus ernst zu nehmen, zumal die Reformbeispiele aus der kommunalen Praxis zeigen, daß der Übergang zum Ressourcenverbrauchskonzept bislang überwiegend nicht vollzogen wurde, wofür sicher auch der Einführungsaufwand ursächlich sein mag. Meist werden jedoch bei derartigen Bedenken die Nutzungsmöglichkeiten der Kosteninformationen nur verkürzt betrachtet. Exemplarisch sei die Äußerung von Bauer genannt, Kostenunterdeckungen bei kommunalen Leistungen seien vielfach gewünscht und die Preisfestlegung erfolge nicht anhand des Kriteriums der Kosten[665)]; daher stelle sich die Frage, was den Aufwand einer umfassenden Kosten- und Leistungsverrechnung rechtfertige, „wenn aus deren Ergebnissen keine Folgerungen gezogen werden können, weil die nachgewiesenen Unterdeckungen als Bestandteil der kommunalen Aufgabenerfüllung hinzunehmen sind"[666)]. Hafner äußert sich zu diesem Argument - wenn auch nicht explizit als Reaktion auf Bauer - zu Recht kritisch: „Ich äußere aus Erfahrung den Verdacht, daß Praktiker in der kommunalen Verwaltung bisher den einzigen Sinn von Kostenrechnung auf diese Weise sehen: Kostenrechnung dient der Einnahmebeschaffung und nicht der Vermeidung von Kosten. Die eigentliche Recht-

659) Vgl. Wissenschaftliche Kommission „Öffentliche Unternehmen und Verwaltungen" im Verband der Hochschullehrer für Betriebswirtschaft e.V. (1988), S. 317; dies. (1993), S. 290.

660) Vgl. KGSt (1995c), S. 226.

661) Vgl. KGSt (1995b), insbes. S. 9-11.

662) Vgl. Bauer, Siegfried (1994b), S. 269-270; Janning, Hermann (1995), S. 9; Mergen, Margit (1995), S. 12.

663) Vgl. Bauer, Siegfried (1994b), S. 269-270.

664) Bauer, Siegfried (1994b), S. 270.

665) Vgl. hierzu die Höhe der durchschnittlichen Deckungsgrade in der kommunalen Praxis (Abschnitt 3.4., insbes. Abbildung 3-6).

666) Bauer, Siegfried (1994b), S. 270.

fertigung für den mit der Kostenrechnung verbundenen Aufwand - Optimieren des Ressourceneinsatzes - mußten sie bisher weit überwiegend nicht erkennen."[667)]
Unter Berücksichtigung des gesamten Spektrums der Vorteile eines kostenorientierten Rechnungswesens ist naheliegend, daß zumindest auf lange Sicht Einsparungen erzielt werden können, die die Kosten der Vermögenserfassung, -bewertung und -fortschreibung sowie der Leistungsverrechnungen rechtfertigen. Selbstverständlich kann nicht erwartet werden, daß sich die Einführungsausgaben bereits in kurzer Zeit amortisieren.[668)]
Widerstände gegen den Umstieg auf das Ressourcenverbrauchskonzept sind möglicherweise auch weniger wegen der Kosten des Rechnungswesens, sondern vielmehr wegen der womöglich schwieriger werdenden Deckung der kommunalen Haushalte zu erwarten. Dies hängt mit sich verändernden Deckungsbedingungen zusammen: So wird derzeit versucht, die Substanzerhaltung der Gemeinde dadurch zu erreichen, daß die Zuführung an den Vermögenshaushalt mindestens den Kreditbeschaffungskosten und der planmäßigen Tilgung von Krediten entsprechen muß. Wie bereits in Abschnitt 3.3. erläutert wurde, soll dies dem mittelbaren Ausgleich des Werteverzehrs der durch Kredite finanzierten Teile des Vermögens dienen. Dieser Hilfskonstruktion bedient man sich, da entsprechend des Geldverbrauchskonzepts keine Abschreibungen ermittelt werden. Dies würde sich durch den Umstieg auf das Ressourcenverbrauchskonzept ändern. Auf das gesamte Vermögen der Gemeinde würden dann Abschreibungen ermittelt und müßten zum Zwecke der Substanzerhaltung gedeckt werden. In der Literatur wird darauf hingewiesen, daß die Abschreibungen deutlich höher liegen würden als die Kreditbeschaffungskosten und die planmäßige Tilgung von Krediten, so daß der Ausgleich der Haushalte dadurch noch schwieriger würde[669)], ja sogar „gravierende Fehlbeträge"[670)] entstünden. Dies dürfte überwiegend nicht im Interesse politisch Verantwortlicher liegen, ist als Argument gegen die Einführung des Ressourcenverbrauchskonzepts jedoch untauglich. Entstehende Fehlbeträge würden lediglich belegen, daß dem Ziel der Substanzerhaltung durch eine mangelhafte Hilfskonstruktion zur Zeit nicht Rechnung getragen und das Prinzip der interperiodischen Gerechtigkeit verletzt wird. Selbst wenn dies politisch akzeptiert würde, wäre es im Sinne der vom Rechnungswesen zu fordernden Transparenz dennoch vorzuziehen, diesen Sachverhalt offen auszuweisen, als ihn durch eine mangelhafte Hilfskonstruktion zu verschleiern. Die Transparenz spricht insofern eindeutig für den Umstieg auf das Ressourcenverbrauchskonzept.

7.2. Doppik als Rechnungsstil

7.2.1. Zur Notwendigkeit einer Änderung des Rechnungsstils

Der Umstieg auf das Ressourcenverbrauchskonzept erfordert die vollständige Erfassung und periodengerechte Abgrenzung des Ressourcenverbrauchs und -ertrags. Dies ist durch die von den Gemeinden bisher praktizierte Form der Kameralistik, auch als „Verwaltungskameralistik" bezeichnet, nicht gewährleistet. So fehlt etwa eine Vermögensrechnung, die insbesondere für die verbrauchsgerechte Periodisierung von Auszahlungen für Roh-, Hilfs-

667) Hafner, Wolfgang (1995), S. 121. Daß Kostenrechnungen bisher vor allem der Erhöhung der Einnahmen über Gebühren dienten, äußert auch Budäus (vgl. Budäus, Dietrich (1995), S. 24).
668) Vgl. Hafner, Wolfgang (1995), S. 124-125.
669) Vgl. KGSt (1995b), S. 25.
670) Mergen, Margit (1995), S. 13.

und Betriebsstoffe und des durch die Nutzung von Sachanlagen erfolgenden Ressourcenverbrauchs (Abschreibungen) benötigt wird. Insofern erfordert die Änderung des Rechnungsstoffs, also der materiellen Eigenschaften des Rechnungswesens, auch Änderungen der formellen Eigenschaften des Rechnungswesens, also des Rechnungsstils. Hierzu werden zwei Möglichkeiten diskutiert: erstens eine Ergänzung der Verwaltungskameralistik, wobei zwischen den beiden Varianten „Betriebskameralistik“ und „Erweiterte Kameralistik“ zu unterscheiden ist, oder zweitens ein Umstieg auf die kaufmännische doppelte Buchführung (Doppik), die traditionell auf dem Ressourcenverbrauchskonzept basiert, aber um Methoden zur Haushaltsvollzugs- und Liquiditätskontrolle ergänzt werden müßte[671)].
Die Diskussion darüber, ob die Kameralistik oder die Doppik der geeignetere Rechnungsstil für die öffentliche Verwaltung ist, ist keineswegs neu. So hatte sich etwa das königlich-bayerische Staatsministerium des Innern bereits im Jahre 1914 in einer umfassenden Denkschrift eingehend mit dieser Frage auseinandergesetzt und sich damals für die Kameralistik entschieden[672)]. Der Wunsch des Ministeriums, alle an dem Streit Beteiligten mögen sich mit seiner Feststellung endlich begnügen,[673)] ist jedoch nicht in Erfüllung gegangen. Die Diskussion hat angehalten und wird seit etwa Anfang der 90er Jahre wieder mit besonderer Intensität geführt[674)]. An dieser Stelle sei auf die frühen Veröffentlichungen von Lüder[675)] und Mitschke[676)] verwiesen, die zu den Wegbereitern dieser neueren Diskussion zu zählen sein dürften.
Mit der wachsenden Einsicht, daß einem modernen kommunalen Rechnungswesen das Ressourcenverbrauchskonzept zugrundeliegen sollte, nahm auch die Zahl derer zu, die einen Umstieg auf die Doppik befürworten. Wenngleich diese Forderung bislang nicht ebensoviel Zustimmung zu finden scheint wie der Umstieg auf das Ressourcenverbrauchskonzept[677)], können auch hier als Reformbefürworter inzwischen die Wissenschaftliche Kommission „Öffentliche Unternehmen und Verwaltungen“ des Verbandes der Hochschullehrer für Betriebswirtschaft e.V.[678)], der Finanzausschuß des Deutschen Städtetages[679)] und der KGSt-Gutachterausschuß „Neues Haushalts- und Rechnungsmodell“[680)] genannt werden.
Im folgenden werden die weniger bekannten Rechnungsstile Betriebskameralistik und Erweiterte Kameralistik kurz skizziert[681)]. Anschließend wird dargestellt, weshalb - auch nach Auffassung des Verfassers - ein Umstieg auf die Doppik erfolgen sollte.

---

671) Vgl. Mitschke, Joachim (1990), S. 93; Wissenschaftliche Kommission „Öffentliche Unternehmen und Verwaltungen“ im Verband der Hochschullehrer für Betriebswirtschaft e.V. (1988), S. 318.

672) Vgl. Bauer, Siegfried (1994b), S. 266; Mergen, Margit (1995), S. 10. Mergen weist außerdem darauf hin, daß bereits im Jahre 1909 die „Deutsche Treuhandgesellschaft“ der Stadt Karlsruhe anbot, die kaufmännische Wirtschaftsführung und Rechnungslegung auch bei den öffentlichen Verwaltungen einzuführen.

673) Zit. nach Bauer, Siegfried (1994b), S. 266.

674) Vgl. Bauer, Siegfried (1994b), S. 272, der die Auffassung vertritt, daß das Ziel der Einführung der Doppik „mit einer derart verbissenen Intensität wie gegenwärtig ... bisher ... noch nicht verfolgt worden“ ist.

675) Vgl. Lüder, Klaus (1987), S. 259; ders. (1989), insbes. S. 1010-1011.

676) Vgl. Mitschke, Joachim (1990), insbes. S. 92-95; ders. (1993), S. 10; ders. (1994), S. 23.

677) In der Literatur findet sich teils die Auffassung, daß zwar eine Dokumentation des Ressourcenverbrauchs erforderlich, zu diesem Zweck aber die Ergänzung der Kameralistik einem Umstieg auf die Doppik vorzuziehen sei. Vgl. zum Beispiel Gelhoff, Werner (1985), S. 5; Oestreich, Harald (1994), S. 204.

678) Vgl. Wissenschaftliche Kommission „Öffentliche Unternehmen und Verwaltungen“ im Verband der Hochschullehrer für Betriebswirtschaft e.V. (1993), S. 288. In ihrer Stellungnahme aus dem Jahre 1988 ließ die Kommission noch offen, ob das Ressourcenverbrauchskonzept auf Basis der Ergänzung der Kameralistik oder eines Umstiegs auf die Doppik eingeführt werden sollte (vgl. Wissenschaftliche Kommission „Öffentliche Unternehmen und Verwaltungen“ im Verband der Hochschullehrer für Betriebswirtschaft e.V. (1988), S. 318).

679) Vgl. KGSt (1995c), S. 226.

680) Vgl. KGSt (1995b), insbes. S. 9-11.

681) Auf eine Darstellung der Doppik wird verzichtet, da sie beim Adressatenkreis dieser Arbeit als bekannt vorausgesetzt werden kann.

7.2.2. Ressourcenverbrauchsorientierte Formen der Kameralistik

7.2.2.1. Betriebskameralistik

Die Betriebskameralistik ist dadurch gekennzeichnet, daß durch Ausweitung des Restebegriffes ein Ausbau der Resterechnung der Verwaltungskameralistik zu einer vollständigen Bestandsrechnung erfolgt. Werden zum Beispiel Sachanlagen erworben, wird die Ausgabe auf dem Konto für Sachanlagen in der Verwaltungsbuchführung nach Erteilung der Kassenanordnung im Soll und nach Bezahlung im Ist gebucht. Da der Erwerb der Sachanlagen erfolgsneutral ist, wird - und dies ist das Charakteristische der Betriebskameralistik - die Soll-Buchung auf der Ausgabenseite durch eine Soll-Buchung auf der Einnahmenseite des Kontos für Sachanlagen ausgeglichen. Der Kassenrest auf der Einnahmenseite stellt nun den Bestand an Sachanlagevermögen dar. In jedem Jahr erfolgt eine Ist-Buchung auf der Einnahmenseite in Höhe der Abschreibungen, so daß der Kassenrest abnimmt. Da die Abschreibungen jedoch nicht kassenwirksam, aber erfolgswirksam sind, werden außerdem jährlich eine Ist-Buchung und eine Soll-Buchung auf der Ausgabenseite des Abschreibungskontos vorgenommen. Durch diese Buchungstechnik erfolgt durch die Restespalte auf der Einnahmenseite ein lückenloser Nachweis der gesamten Aktiva im Sinne einer kaufmännischen Bilanz. Analog werden durch die Restespalte auf der Ausgabenseite die gesamten Passiva erfaßt.[682)]
Die Vorgehensweise der Betriebskameralistik bedeutet, daß Nichtgeldvorgänge in fiktive Geldvorgänge umgeformt werden müssen, um sie in die kameralistische Verbuchung einbeziehen zu können[683)]. Dies führt dazu, daß für einen Vorgang häufig Dreifach- oder sogar Fünffachbuchungen erforderlich sind[684)]. Ein solches Vorgehen bedingt ebenso wie die „Übertragung der (Verrechnungs-) Reste ... ein hohes Verständnis und Einfühlungsvermögen der Sachbearbeiter in die Buchungstechnik.“[685)] Außerdem geht durch die vielen zusätzlichen fiktiven Zahlungsbuchungen die als Vorteil der Kameralistik geltende Verbindung mit dem Haushaltsplan verloren[686)]. Die Betriebskameralistik gilt als kompliziert, unübersichtlich und daher schwer verständlich; sie ist schwerfällig, umständlich und aufwendig; in der Verwaltungspraxis hat sie sich deshalb bisher kaum durchsetzen können[687)].

7.2.2.2. Erweiterte Kameralistik

Die Erweiterte Kameralistik ist dadurch gekennzeichnet, daß die Soll-Spalte der Haushaltsrechnung um die Zusatzspalten „Betriebsrechnung“, „Neutrale Rechnung“ und die mit dem Oberbegriff „Vermögensveränderungsrechnung“ bezeichneten Zusatzspalten „Anlagenrechnung“, „Lagerrechnung“, „Rechnungsabgrenzung“ und „Sonstiges [für Rücklagen und Haushaltsreste]“ ergänzt werden[688)]. Bei jeder Buchung in der Soll-Spalte der Haushaltsrechnung erfolgt gleichzeitig eine Buchung in einer der Zusatzspalten. Auf der Ausgabenseite werden alle Ausgaben, die ordentlichen, betriebstypischen Aufwand der Periode darstellen, in der Zusatzspalte „Betriebsrechnung“ gebucht. Außerordentliche, betriebsfremde oder periodenfrem-

---

682) Vgl. Steinebach, Nikolaus (1991), S. 262-264; an dieser Stelle ist auch ein Buchungsbeispiel zu finden.
683) Vgl. Schauer, Reinbert (1993), S. 154; Steinebach, Nikolaus (1991), S. 263.
684) Vgl. Steinebach, Nikolaus (1991), S. 263.
685) Schauer, Reinbert (1993), S. 154.
686) Vgl. Fuchs, Manfred (1989), Sp. 138; Schauer, Reinbert (1993), S. 154.
687) Vgl. Hafner, Wolfgang (1995), S. 122; Mitschke, Joachim (1990), S. 91; Steinebach, Nikolaus (1991), S. 264.
688) Vgl. Fuchs, Manfred (1987), S. 66.

de Aufwendungen werden ebenso wie betriebsfremde Anlagenzugänge in der Zusatzspalte „Neutrale Rechnung" gebucht. Ausgaben, die zu einer Vermehrung des Vermögens führen, werden zunächst in den Spalten der Vermögensveränderungsrechnung gebucht. Wird das Vermögen vermindert, zum Beispiel durch Abschreibungen oder Verbrauch von Lagerbeständen, wird eine Umbuchung vorgenommen, je nach Sachverhalt in die Spalte „Betriebsrechnung" oder in die Spalte „Neutrale Rechnung". Für die Ausgabenseite ist die skizzierte Vorgehensweise in Abbildung 7-1 im Überblick dargestellt. Auf der Einnahmenseite wird analog verfahren.[689)]

Die Erweiterte Kameralistik hat sich bis heute zur Anwendung in den Fällen durchgesetzt, in denen auf Basis kameralistischer Buchführung Kostenrechnungen erfolgen sollen, vor allem für die sogenannten „kostenrechnenden Einrichtungen".[690)]

Abbildung 7-1: Erweiterte Kameralistik im Überblick (Ausgabenseite)[691)]

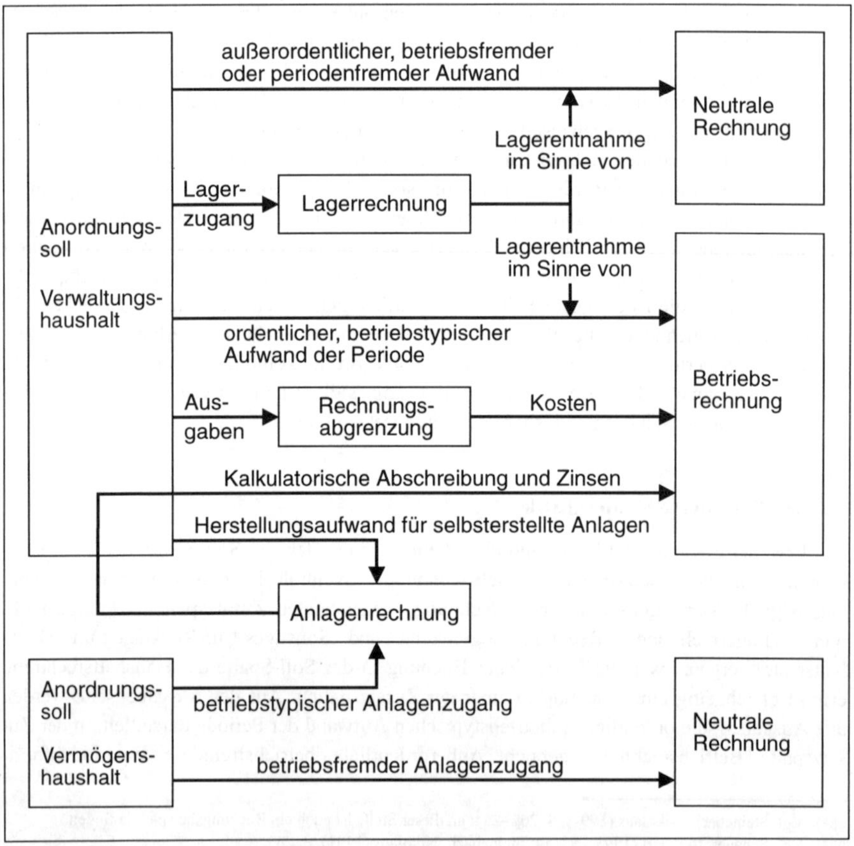

689) Vgl. Fuchs, Manfred (1987), S. 67; Rau, Thomas (1994b), S. 321-325; Wilmer, Lothar (1979), S. 37-40.
690) Vgl. Schmidt, Hans-Jürgen (1995), S. 309.
691) Mit geringfügigen begrifflichen Änderungen übernommen aus: Rau, Thomas (1994b), S. 325.

7.2.3. Begründung für die Einführung der Doppik

Der Vergleich der in Frage kommenden Rechnungsstile führt zunächst zu der Feststellung, daß die Doppik mit den Rechengrößen „Aufwand“ und „Ertrag“ traditionell auf die geforderte Ermittlung des Ressourcenverbrauchs einer Periode abzielt[692)], während die gängige Verwaltungskameralistik erst durch Buchungsergänzungen mühsam kostenrechnungstauglich gestaltet werden muß[693)]. Die Doppik ist insofern einfacher zu handhaben als die Betriebskameralistik oder die Erweiterte Kameralistik[694)], insbesondere hinsichtlich der Verbuchung von nichtzahlungswirksamen Geschäftsvorfällen[695)]. Sie bietet zudem eine hohe formale Zuverlässigkeit[696)], da die Methodik der Verknüpfung von Erfolgsrechnung und Bestandsrechnung ein in sich geschlossenes System mit Zwang zur Vollständigkeit darstellt[697)]. Dies kommt darin zum Ausdruck, daß „stets ein Ausgleich (Gleichgewicht) in der Totalen aller Buchungen besteht“[698)]. Dieser Kontrollmechanismus macht die Doppik fehlerresistenter als die kameralistischen Rechnungsstile[699)].

Für die Einführung der Doppik als Rechnungsstil der Kommunalverwaltungen spricht auch, daß die Doppik durch ihre Anwendung in der Privatwirtschaft insgesamt bereits eine wesentlich größere Verbreitung gefunden hat als die Kameralistik. Sich dem gängigeren Rechnungsstil anzuschließen, bringt zwei wesentliche Vorteile: Erstens ist ein vielfältiges Angebot[700)] leistungsfähiger[701)], weltweit bewährter[702)] und vergleichsweise kostengünstiger[703)] Software für die EDV-gestützte Führung des Rechnungswesens auf doppischer Grundlage vorhanden, die von den Kommunen mit nur geringfügigen Ergänzungen übernommen werden kann. „Wegen des größeren Marktes und intensiveren Wettbewerbs“ auf diesem Gebiet besteht „auf Dauer die Chance zu Kostensenkungen bei der Systementwicklung und Systempflege bzw. bei der Beschaffung und Wartung der Software“[704)]. Zweitens sind die Darstellungsformen der Doppik wegen ihrer Verbreitung in der Privatwirtschaft für einen wesentlich breiteren Adressatenkreis verständlich als die Kameralistik[705)]. Die Einführung der Doppik würde insofern die geforderte Zugänglichkeit der Informationen verbessern.

Im Hinblick auf die Verständlichkeit darf auch nicht unberücksichtigt bleiben, daß sich zur Zeit bereits in vielen Gemeinden Teilbereiche der Verwaltung der Doppik bedienen. Von den 100 im Rahmen dieser Arbeit untersuchten hessischen Gemeinden verfügen immerhin 51 Gemeinden über insgesamt 55 Eigenbetriebe und Anteilsmehrheiten bei 30 privatrechtlichen Unternehmen[706)]. Dies verlangt von den Entscheidungsträgern das parallele Handhaben von

---

692) Vgl. KGSt (1995b), S. 12.

693) Vgl. Mitschke, Joachim (1990), S. 95.

694) Vgl. Oettle, Karl (1987), S. 171.

695) Vgl. Lüder, Klaus (1995), S. 4.

696) Vgl. Lüder, Klaus (1995), S. 4.

697) Vgl. Budäus, Dietrich (1995), S. 21; Freudenberg, Dierk (1996), S. 8; KGSt (1995b), S. 12; KGSt (1995c), S. 65; Lüder, Klaus (1995), S. 4; Reinkemeier, Alfons (1995), S. 59.

698) Zit. nach KGSt (1992a), S. 27.

699) Vgl. Blume-Beyerle (1995), S. 237.

700) Vgl. Budäus, Dietrich (1995), S. 23.

701) Vgl. Mahnkopf, Rudolf (1995), S. 29; Mergen, Margit (1995), S. 13.

702) Vgl. Freudenberg, Dierk (1996), S. 8.

703) Vgl. Budäus, Dietrich (1995), S. 23.

704) KGSt (1995b), S. 13.

705) Vgl. Freudenberg, Dierk (1996), S. 8; Hafner, Wolfgang (1995), S. 125; Mahnkopf, Rudolf (1995), S. 30; Reinkemeier, Alfons (1995), S. 59.

706) Vgl. Abschnitt 5.2.7.3.

zwei unterschiedlichen Rechnungssystemen und erfordert die Nutzung unterschiedlicher Software[707]. Eine Vereinheitlichung würde sich nicht nur günstig auf die Kosten des Rechnungswesens auswirken und damit dessen Wirtschaftlichkeit erhöhen, sondern darüber hinaus die Arbeit der ehrenamtlichen Politiker erleichtern[708], denen meist schon die Handhabung eines einzigen Rechnungssystems schwer fällt, sofern sie nicht im Einzelfall aufgrund ihrer beruflichen Ausbildung über entsprechende fachliche Qualifikationen verfügen. Eine Vereinheitlichung des Rechnungswesens auf Basis der Doppik bietet darüber hinaus die Vergleichbarkeit aller Organisationseinheiten der Kommunalverwaltung untereinander und mit der Privatwirtschaft[709] sowie die Möglichkeit einer Gesamtdarstellung des Konzerns Stadt durch Konsolidierung der Bilanzen und Gewinn- und Verlustrechnungen[710].

Für die Vorteilhaftigkeit der Doppik gegenüber der Kameralistik im Rahmen eines ressourcenverbrauchsorientierten Rechnungswesens spricht im übrigen auch die kommunale Praxis. Denn die Eigenbetriebe der Gemeinden haben sich bisher - von wenigen Ausnahmen abgesehen - für die Doppik entschieden[711], obwohl das Eigenbetriebsrecht eine entsprechende Verwaltungsbuchführung auf kameralistischer Basis als Alternative zuläßt[712].

Die in der Literatur vorgebrachten Argumente gegen die Einführung der Doppik scheinen überwiegend darauf zu beruhen, daß falsche Erwartungen mit der Einführung der Doppik verknüpft und die wahren Vorteile nicht ausreichend erkannt werden. So wird zum Beispiel gezweifelt, ob die Doppik für die Zwecke der öffentlichen Verwaltung tatsächlich aussagekräftiger sei[713]. Die Doppik müsse nämlich ebenso wie die Kameralistik erst um eine Kosten- und Leistungsrechnung ergänzt werden, wenn Aussagen über die Wirtschaftlichkeit des Verwaltungshandelns getroffen werden sollen[714]. Insofern, so die Schlußfolgerung, könne man ebensogut die kameralistische Buchführung beibehalten[715]. Dieser Argumentation ist entgegenzuhalten, daß die Entscheidung für einen Rechnungsstil auf die formalen Eigenschaften des Rechnungswesens abzielt, nicht aber auf die materiellen. Die dargestellten Ergänzungsmöglichkeiten der Kameralistik machen diese der Doppik in materieller Hinsicht tatsächlich gleichwertig. Die Doppik bietet aber die Vorteile einer einfacheren Handhabbarkeit, einer höheren formalen Zuverlässigkeit, der kostengünstigeren Software, der Verständlichkeit für einen breiteren Adressatenkreis und der Einheitlichkeit der Rechnungsstile auf kommunaler Ebene. Außerdem ist die zu ergänzende Kostenrechnung in die Doppik besonders leicht integrierbar[716].

Wenn die Vorteile der Doppik nicht ausreichend erkannt werden, kann leicht der Eindruck entstehen, ihre Einführung sei unwirtschaftlich. So wird etwa von Gelhoff argumentiert, daß die Bediensteten vor allem in mittleren und kleineren Gemeinden sowie auf Kreisebene zwar für die Bewältigung haushalts- und kommunalrechtlicher Aufgaben hervorragend qualifiziert,

---

707) Vgl. KGSt (1995b), S. 12.

708) Vgl. Hafner, Wolfgang (1995), S. 125.

709) Vgl. KGSt (1992a), S. 27. Kritisch zu Vergleichen mit der Privatwirtschaft äußert sich Bauer, der bezweifelt, „ob über die Unterschiede von Vermögen und Kapital kaufmännischer Unternehmungen einerseits und öffentlicher Haushaltswirtschaften andererseits klare Vorstellungen existieren" (Bauer, Siegfried (1994b), S. 272).

710) Vgl. Mahnkopf, Rudolf (1995), S. 29; Mergen, Margit (1995), S. 13.

711) Vgl. Fuchs, Manfred (1987), S. 64; Hafner, Wolfgang (1995), S. 124.

712) Vgl. § 20 Abs. 1 EigBGes; Abschnitt 2.5.2.

713) Vgl. Janning, Hermann (1995), S. 8.

714) Vgl. Bauer, Siegfried (1994a), S. 130; Gelhoff, Werner (1985), S. 5; Janning, Hermann (1995), S. 8.

715) Vgl. Bauer, Siegfried (1994a), S. 130; ders. (1994b), S. 268; Gelhoff, Werner (1985), S. 5.

716) Vgl. Hafner, Wolfgang (1995), S. 123.

ihnen betriebswirtschaftliche Denkungsweisen jedoch vielfach nicht geläufig seien. Daher sei es für die Kommune meist billiger und damit wirtschaftlicher einen externen Berater hinzuzuziehen, der von Fall zu Fall Entscheidungs- oder Kontrollgrundlagen erarbeitet, als eigens entsprechend geschultes Personal einzustellen. Ein Berater, der sich im Haushaltsrecht und der Kameralistik auskenne und fundierte betriebswirtschaftliche Kenntnisse besitze, könne aus der Kameralistik ohne allzugroße Schwierigkeiten betriebswirtschaftliche Rechnungen ableiten und die gewünschten Erkenntnisse daraus erzielen.[717)]

Gelhoff könnte womöglich zugestimmt werden, wenn es lediglich darum ginge, unregelmäßig und sporadisch für Teilbereiche der Verwaltung Wirtschaftlichkeitsanalysen oder Entgeltkalkulationen durchzuführen. An ein modernes kommunales Rechnungswesen ist jedoch die Anforderung zu stellen, daß Informationen über Kosten und Leistungen kontinuierlich und flächendeckend bereitstehen. Diese Informationen regelmäßig durch ergänzende Rechnungen externer Berater erzeugen zu lassen, wäre jedoch keineswegs wirtschaftlich, geschweige denn im Hinblick auf die Nachvollziehbarkeit der Rechnungen durch die zu Beratenden und damit die Akzeptanz der erzielten Erkenntnisse vertretbar.

Mit der Qualifikation der Mitarbeiter benennt Gelhoff gleichwohl ein Problem, das oft als Argument gegen die Einführung der Doppik verwendet wird. Denn die Praxis des Rechnungswesens in der öffentlichen Verwaltung wird vornehmlich vom gehobenen Dienst gestaltet. Die ihm angehörenden Bediensteten wurden über Generationen in Kameralistik ausgebildet, so daß zumeist die notwendigen Fachkenntnisse im Umgang mit der Doppik fehlen.[718)]

Die Schlußfolgerung, die erforderlichen Änderungen des Rechnungswesens müßten wegen der Qualifikation der Bediensteten notwendigerweise auf Basis der Kameralistik erfolgen, vermag jedoch nicht zu überzeugen. Das Qualifikationsproblem rechtfertigt allenfalls, sich als Zwischenlösung vorübergehend der Erweiterten Kameralistik zu bedienen[719)]. Mittel- bis langfristig sollten sich die fehlenden Kenntnisse auf dem Gebiet der kaufmännischen Buchführung aber durch Maßnahmen der Aus- und Weiterbildung erwerben lassen. Der Rahmenlehrplan für den Beruf des Verwaltungsfachangestellten sieht die Vermittlung von Grundkenntnissen der doppelten Buchführung im übrigen bereits vor[720)]. Desweiteren darf nicht unberücksichtigt bleiben, daß sich die Kameralistik als „Barriere gegen die Übernahme kaufmännisch ausgebildeten Personals in den öffentlichen Dienst"[721)] auswirkt. Dies hat zur Folge, daß die Übernahme eben jener - von Gelhoff zurecht vermißten - betriebswirtschaftlichen Denkungsweisen in die Verwaltung erschwert wird[722)].

Wie Budäus zum Argument fehlender Qualifikation pointiert und durchaus zutreffend feststellt, wäre auch die Einführung der EDV nicht möglich gewesen, wenn man die aktuelle Qualifikation der Bediensteten als Datum betrachtet hätte[723)].

717) Vgl. Gelhoff, Werner (1985), S. 5-6.

718) Vgl. Budäus, Dietrich (1995), S. 24; Janning, Hermann (1995), S. 9.

719) Dieser Vorschlag wird etwa von Janning unterbreitet (vgl. Janning, Hermann (1995), S. 9). Ähnlich äußert sich Reinkemeier (vgl. Reinkemeier, Alfons (1995), S. 59).

720) Hessisches Kultusministerium (1985), S. 8, 39-40.

721) Brede, Helmut/Buschor, Ernst (1993), S. 25.

722) Vgl. Brede, Helmut/Buschor, Ernst (1993), S. 25-26.

723) Vgl. Budäus, Dietrich (1995), S. 24.

7.3. Anpassung der kaufmännischen Buchführung an die kommunalen Bedürfnisse

Damit die dargestellten Vorteile der Doppik möglichst umfassend genutzt werden können, liegt es nahe, an die Form der kaufmännischen Buchführung anzuknüpfen, die heute in der Privatwirtschaft Verwendung findet[724)]. Allerdings ist es erforderlich, dieses Referenzmodell so zu ergänzen, daß - wie im Rahmen des bisherigen kameralistischen Rechnungswesens - eine Überwachung des Haushaltsvollzugs und der Liquidität ermöglicht wird[725)]. Vor dem Hintergrund der spezifischen Anforderungen an ein kommunales Rechnungswesen ist auch zu diskutieren, inwieweit von den Bewertungsgrundsätzen des Handelsrechts abgewichen werden sollte und inwieweit Bestandteile der Kostenrechnung, die in der Privatwirtschaft außerhalb der Doppik geführt werden, zum Beispiel Verrechnungen von Leistungen zwischen organisatorischen Teileinheiten als transparenzfördernde Maßnahme in die Doppik integriert werden können.

Hinsichtlich der zur Anpassung der kaufmännischen Buchführung an die kommunalen Bedürfnisse erforderlichen buchungstechnischen Ergänzungen wird im folgenden auf Vorschläge zurückgegriffen, die von Lüder und der KGSt unter der Bezeichnung „neues kommunales Haushalts- und Rechnungsmodell" veröffentlicht wurden[726)]. Sie betreffen insbesondere die Ein- bzw. Anbindung einer Finanzrechnung zur Liquiditätskontrolle und einer Schnittstelle zur Überwachung des Haushaltsvollzugs. Lüder gehört der KGSt-Arbeitsgruppe „Neues Steuerungssystem" und dem KGSt-Gutachterausschuß „Neues Haushalts- und Rechnungsmodell" an[727)] und tritt seit längerem für ein stärker dem kaufmännischen Rechnungswesen angenähertes öffentliches Rechnungswesen auf doppischer Grundlage ein[728)]. Seine Vorstellungen haben weitgehend Eingang in den KGSt-Bericht 1/1995 zum neuen kommunalen Haushalts- und Rechnungsmodell gefunden[729)]. Wenngleich sowohl Lüder als auch die KGSt einheitlich die Bezeichnung „neues kommunales Haushalts- und Rechnungsmodell" verwenden, ist dennoch festzustellen, daß die im KGSt-Bericht und in der etwa zeitgleich erschienenen Schrift von Lüder vorgestellten Modelle voneinander abweichen. Unterschiede bestehen vor allem in bezug auf die Schnittstelle zur Überwachung des Haushaltsvollzugs sowie die Integration der Finanzrechnung und von Bestandteilen der Kostenrechnung in die Doppik. Die Vorschläge der KGSt und von Lüder werden daher im folgenden als zwei Varianten des neuen kommunalen Haushalts- und Rechnungsmodells vorgestellt und einer vergleichenden Bewertung unterzogen.

Anschließend soll auf die Problematik der Bewertung von Vermögensgegenständen eingegangen und ergänzend - hierzu unterbreiten weder Lüder noch die KGSt einen konkreten Vorschlag - eine einfache Methode zur Überwachung des Haushaltsvollzugs entwickelt werden.

---

724) Vgl. KGSt (1995b), S. 13. Vor allem die gewünschte Verständlichkeit für einen breiten Adressatenkreis spricht für diese Anknüpfung.

725) Vgl. Mitschke, Joachim (1990), S. 93.

726) Vgl. Lüder, Klaus (1995), KGSt (1995b)

727) Vgl. KGSt (1992a), S. 150-151; KGSt (1995b), S. 45.

728) Vgl. Lüder, Klaus (1995), S. 1; unter anderem belegt durch Lüder, Klaus (1987), S. 259; Lüder, Klaus (1989), insbes. S. 1010-1011; Lüder, Klaus/Kampmann, Brigitte (1995), in erster Auflage 1993 erschienen.

729) Vgl. Budäus, Dietrich (1995), S. 21; Lüder, Klaus (1995), S. 1.

7.3.1. Buchungstechnische Ergänzungen

7.3.1.1. Variante von Lüder

Nach den Vorstellungen von Lüder soll das Rechnungssystem aus einer Vermögensrechnung, einer Ergebnisrechnung und einer Finanzrechnung bestehen, die im doppischen Verbund geführt werden[730]. Lüder bezeichnet dies als „Drei-Komponenten-Rechnungssystem"[731]. Die Kostenrechnung soll außerhalb der Doppik statistisch geführt werden[732].
Die als Vermögensrechnung und als Ergebnisrechnung bezeichneten Komponenten entsprechen der Bilanz und der Gewinn- und Verlustrechnung. Neu hinzugekommen ist die Finanzrechnung. Ihre buchungstechnische Einbindung in das Rechnungssystem ist mit der Verknüpfung zwischen Vermögensrechnung und Ergebnisrechnung vergleichbar. Die Ergebnisrechnung hat die Aufgabe, sämtliche Veränderungen des im Modell von Lüder als „Nettoposition" bezeichneten Eigenkapitals differenziert nach Aufwands- und Ertragsarten auszuweisen. Um dies zu gewährleisten, werden sämtliche ergebniswirksamen Vorgänge nicht unmittelbar zugunsten oder zu Lasten eines Bestandskontos „Nettoposition" der Vermögensrechnung, sondern auf die differenzierten Aufwands- und Ertragskonten der Ergebnisrechnung gebucht; der Saldo der Ergebnisrechnung stellt damit die Veränderung der Nettoposition dar und wird in das Konto „Nettoposition" der Vermögensrechnung abgeschlossen. Analog wird nun auch mit den liquiden Mitteln auf der Aktivseite der Vermögensrechnung verfahren: Sämtliche zahlungswirksamen Vorgänge werden im Modell von Lüder nicht unmittelbar auf Bestandskonten für liquide Mittel, sondern auf die Konten der neuen Finanzrechnung gebucht, deren Saldo in das Bestandskonto „Liquide Mittel" der Vermögensrechnung abgeschlossen wird.
Mit der Finanzrechnung hat Lüder eine Komponente geschaffen, die sämtliche zahlungswirksamen Vorgänge abbildet und daher unmittelbar zur Liquiditätskontrolle und zur Überwachung des Vollzugs eines an Zahlungen orientierten Haushaltsplans eingesetzt werden kann. Dies setzt voraus, daß die Finanzrechnung über ihre in Abbildung 7-2 dargestellte Grundstruktur hinaus entsprechend des Haushaltsplans gegliedert wird. Der Vollzug des Verwaltungshaushalts und der des Vermögenshaushalts würde anhand der Finanzrechnung überwacht. Das Drei-Komponenten-Rechnungssystem läßt jedoch auch eine zweite Variante der Haushaltsüberwachung zu: Die Veranschlagungen des Verwaltungshaushalts könnten am Ressourcenverbrauchskonzept ausgerichtet werden. Sein Vollzug ließe sich dann unmittelbar anhand der Ergebnisrechnung überwachen. Die Kontrolle des Vermögenshaushalts würde in diesem Fall weiterhin mit Hilfe der Finanzrechnung erfolgen.[733]
Die von Lüder vorgeschlagene Einbindung der Finanzrechnung in den Buchungsverbund bewirkt, daß innerhalb der Doppik keine Möglichkeit der Differenzierung des Zahlungsmittelbestandes in verschiedene Teilbestände (Kasse, diverse Konten bei Kreditinstituten etc.) besteht. Die Teilbestände müssen daher außerhalb der Doppik statistisch fortgeschrieben werden. Dazu müßte zu jeder Buchung eines zahlungswirksamen Vorgangs parallel der Teilbestand der liquiden Mittel erfaßt werden, der sich durch diesen Vorgang ändert.

---

730) Vgl. Lüder, Klaus (1995), S. 4-5.
731) Vgl. Lüder, Klaus (1995), S. 3.
732) Vgl. Lüder, Klaus (1995), S. 4-5.
733) Vgl. Lüder, Klaus (1995), S. 8.

Abbildung 7-2: Grundstrukturen der Rechnungskomponenten im Modell von Lüder[734)]

Vermögensrechnung	
A.	Schulden
	+ Geldschulden
	+ Transferverbindlichkeiten
	+ Verbindlichkeiten aus Leistungen
	+ Sonstige Verbindlichkeiten
	+ Pensionsrückstellungen
	+ Sonstige Rückstellungen
	+ Passive Rechnungsabgrenzungsposten
	Schulden insgesamt
B.	Freies Vermögen
	+ Sachvermögen
	+ Finanzvermögen
	• Finanzanlagen
	• Transferforderungen
	• Forderungen aus Leistungen
	• Liquide Mittel
	• Aktive Rechnungsabgrenzungsposten
	Freies Vermögen insgesamt
	Nettogesamtschulden (A. - B.)
C.	Gebundenes Vermögen
	+ Sachvermögen
	• Gewöhnliches Sachanlagevermögen
	• Sachanlageverm. im Gemeingebrauch
	• Vorräte
	+ Finanzanlagen
	Gebundenes Vermögen insgesamt
D.	Nettoposition (B. + C. - A.)
	• Basis-Reinvermögen
	• Rücklagen
	•• Rücklage aus Überschüssen beim ordentlichen Ergebnis
	•• Rücklage aus Überschüssen beim realisierten a. o. Ergebnis
	•• Bewertungsrücklage
	• Sonderposten für Investitionszuweisungen und -beiträge

Ergebnisrechnung
+ Steuern
+ Zuweisungen
+ Erstattungen
+ Gebühren, Beiträge
+ Privatrechtliche Leistungsentgelte
+ Finanzerträge
+ Kalkulatorische Erträge
+ sonstige ordentliche Erträge
= ordentliche Erträge
- Personalaufwendungen
- Versorgungsaufwendungen
- Sachaufwendungen
- Abschreibungen
- Zinsen
- Transferaufwendungen
- sonstige ordentliche Aufwendungen
= ordentliches Ergebnis
+ außerordentliches Ergebnis
bestehend aus:
+ realisiertes a. o. Ergebnis
bestehend aus:
+ realisierte a. o. Erträge
- realisierte a. o. Aufwendungen
+ Bewertungsergebnis
bestehend aus:
+ Bewertungsgewinne
- Bewertungsverluste
= Gesamtergebnis

Finanzrechnung
+ Ordentl. ertragswirksame Einz.
- Ordentl. aufwandswirksame Ausz.
= Cash Flow I
+ Außerordentl. ertragswirksame Einz.
- Außerordentl. aufwandswirksame Ausz.
= Cash Flow II
+ Einz. aus Begleichung von Forderungen
+ Künftige Perioden betreffende Einz. (aktive Rechnungsabgrenzung)
+ Einzahlungen durchlaufender Gelder
- Ausz. zur Begleichung von Verb.
- Ausz. aus Rückstellungen
- Künftige Perioden betreffende Ausz. (passive Rechnungsabgrenzung)
- Auszahlungen duirchlaufender Gelder
= Cash Flow III
+ Empfangene Investionszuweisungen und -beiträge (f. abnutzb. Sachanl.)
+ Einzahlungen aus Desinvestitionen
• Sachvermögen
• Finanzanlagen
- Investitionsauszahlungen
• Sachinvestitionen
• Finanzinvestitionen
= Finanzmittelüberschuß/-fehlbetrag
+ Aufnahme von Geldschulden
- Tilgung von Geldschulden
= Änderung des Bestandes an liquiden M.

Erläuterungen:
Cash Flow I = Zahlungsmittelüberschuß/-defizit aus gewöhnlicher Geschäftstätigkeit im Rechnungsjahr
Cash Flow II = Zahlungsmittelüberschuß/-defizit aus Geschäftstätigkeit im Rechnungsjahr
Cash Flow III = Zahlungsmittelüberschuß/-defizit aus Geschäftstätigkeit

734) Entnommen aus: Lüder, Klaus (1995), Anlagen I-III.

7.3.1.2. Variante der KGSt

Nach den Vorstellungen der KGSt soll zu der Haushaltsrechnung zukünftig neben den Rechnungsergebnissen des Verwaltungshaushalts und den Rechnungsergebnissen des Vermögenshaushalts eine Bilanz gehören, die Vermögen, Schulden und Eigenkapital ausweist[735)]. Der Verwaltungshaushalt bisheriger Art soll inhaltlich entsprechend dem Ressourcenverbrauchskonzept ergänzt und formal umgestaltet werden[736)], so daß seine Rechnungsergebnisse der Erfolgsrechnung der Lüderschen Variante bzw. der Gewinn- und Verlustrechnung entsprechen. Die KGSt weist darauf hin, daß der Verwaltungshaushalt neuer Art dann beispielsweise als „Erfolgsplan" bezeichnet werden könnte[737)], verwendet in ihrem Bericht aber weiterhin die bisherige Bezeichnung, vermutlich um aus Gründen der Akzeptanz ihres Modells eine möglichst große terminologische Beziehung zum Bestehenden zu bewahren.

Entsprechend dem Referenzmodell der kaufmännischen Buchführung erfolgt die Buchung auf die Konten des Verwaltungshaushalts und der Bilanz im doppischen Verbund. Zusätzlich wird jedoch der Vermögenshaushalt in diesen Verbund einbezogen. Dies erfolgt dadurch, daß alle zahlungswirksamen Veränderungen des Sachanlagevermögens, der Schulden und der (auf der Passivseite der Bilanz geführten) Investitionsbeiträge und -zuweisungen sowie die Veränderungen der Rücklagen nicht unmittelbar auf die Bestandskonten der Bilanz, sondern auf die Konten des Vermögenshaushalts (zwischen)gebucht werden. Diese Konten werden dann am Ende der Rechnungsperiode in die Bestandskonten der Bilanz abgeschlossen. Der Saldo des Vermögenshaushalts entspricht dem Cash-Flow und stimmt mit dem um ausgabeunwirksame Aufwendungen und einnahmeunwirksame Erträge bereinigten Ergebnis des Verwaltungshaushalts überein[738)].

Vermögenshaushalt und Verwaltungshaushalt neuer Art bilden die Schnittstellen zur Überwachung des Haushaltsvollzugs anhand der dazu passenden Planungsrechnungen. Damit ist die Kontrolle des Verwaltungshaushalts zwingend auf Basis von Aufwendungen und Erträgen vorzunehmen und kann nicht, wie bei Lüder, wahlweise auch auf Basis von Einzahlungen und Auszahlungen erfolgen[739)]. Dafür wird die Finanzrechnung nicht für die Überwachung des Haushaltsvollzugs benötigt, sondern nur für Zwecke der Liquiditätsplanung und Liquiditätsrechnung[740)]. Da sie in der Variante der KGSt außerhalb der Doppik statistisch geführt wird, bleibt die Möglichkeit der Führung von getrennten Konten für verschiedene Teilbestände von Zahlungsmitteln im doppischen System erhalten.

Verwaltungs- und Vermögenshaushalt sollen nicht nur in Anlehnung an § 266 HGB und § 275 HGB bzw. die ergänzenden Vorschriften des Eigenbetriebsrechts, sondern darüber hinaus nach Produktbereichen, Produktgruppen und Produkten gegliedert werden[741)]. Im Verwaltungshaushalt sieht die KGSt außerdem eine vollständige Verrechnung verwaltungsintern erbrachter Vorleistungen sowie die flächendeckende Veranschlagung kalkulatorischer Zinsen und Abschreibungen vor[742)].

---

735) Vgl. KGSt (1995b), S. 14.
736) Vgl. KGSt (1995b), S. 13.
737) Vgl. KGSt (1995b), S. 13.
738) Vgl. KGSt (1995b), S. 36.
739) Vgl. Lüder (1995), S. 8; Abschnitt 7.3.1.1.
740) Vgl. KGSt (1995b), S. 38.
741) Vgl. KGSt (1995b), S. 15.
742) Vgl. KGSt (1995b), S. 37, 20.

Nicht ausdrücklich behandelt wird in dem Bericht der KGSt die Frage, ob und gegebenenfalls wie die in den produktorientierten Gliederungseinheiten des Verwaltungshaushalts auszuweisenden kalkulatorischen Zinsen und die eventuell von dem Ausweis in der Bilanz abweichenden kalkulatorischen Veränderungen der Werte des Sachanlagevermögens (z. B. über die bilanziellen Abschreibungen hinausgehende kalkulatorische Abschreibungen) in das doppische System eingebunden werden sollen. Naheliegend wäre die Übertragung der im bestehenden kameralistischen Rechnungswesen praktizierten Behandlung von kalkulatorischen Zinsen und Abschreibungen: Jene könnten im Verwaltungshaushalt jeweils auf der Aufwandsseite zu Lasten der betreffenden Gliederungeinheiten und zugleich auf der Ertragsseite auf ein Gegenkonto gebucht werden[743]. Diese Vorgehensweise würde den Saldo des Verwaltungshaushalts, also den Periodenerfolg, nicht berühren.

Durch die produktorientierte Gliederung des Haushalts und Einbindung von kalkulatorischen Kosten und Verrechnungen interner Leistungen sind wesentliche Bestandteile einer Kostenrechnung in die Doppik integriert. Insbesondere bei periodischer Anpassung der Vermögensbewertung entspricht der ausgewiesene Ressourcenverbrauch den betriebswirtschaftlichen Kosten weitgehend[744]. Es wird von der KGSt daher als ausreichend betrachtet, „die 'Aufwendungen' und 'Erträge' in ergänzenden Kostenarten-, Kostenstellen- und Kostenträgerrechnungen zu differenzieren, wenn der Haushalt aus Gründen der Übersichtlichkeit nicht ausreichend tief nach Kostenarten, Kostenstellen und Kostenträgern (Produkten) gegliedert werden kann. Dabei kann auf die bekannten Verfahren der Kostenrechnung verwiesen werden."[745]

Die KGSt weist ferner darauf hin, daß es für speziellere Zwecke, etwa der Gebührenkalkulation, erforderlich sein kann, „ausgefeiltere Kosten- und Leistungsrechnungssysteme zu führen und auch Daten der (offiziellen) Ressourcenverbrauchsrechnung unter speziellen kostenrechnerischen Aspekten zu verändern (z. B. Eliminierung von neutralem Aufwand, zeitnähere und/oder andere Bewertung des Anlagevermögens usw.)"[746]. In diesen Fällen müssen außerhalb der Doppik ergänzende Rechnungen vorgenommen werden.

7.3.1.3. Vergleichende Bewertung der Varianten

Die Variante von Lüder hat die Eigenschaft, daß die integrierte Finanzrechnung sämtliche zahlungswirksamen Vorgänge abbildet und damit unmittelbar zur Überwachung des Vollzugs eines an Zahlungen orientierten Haushaltsplans eingesetzt werden kann. Die in der Finanzrechnung gebuchten Beträge können als Ist-Einnahmen bzw. Ist-Ausgaben in ein kameralistisches Buchungssystem übernommen werden. Dies ist dann von entscheidendem Vorteil, wenn das Rechnungswesen parallel in der kameralistischen und in der doppischen Form geführt werden soll. In diesem Fall spielt auch die bei Lüder innerhalb der Doppik fehlende Möglichkeit der Differenzierung des Zahlungsmittelbestandes in verschiedene Teilbestände keine Rolle. Die Führung dieser Teilbestände kann im kameralistischen Teil des Rechnungswesens auf die bisher praktizierte Art und Weise erfolgen.

---

743) Zur diesbezüglichen Vorgehensweise in der Kameralistik vgl. Abschnitt 3.4., insbesondere Fußnote 112.
744) Vgl. KGSt (1995b), S. 38.
745) KGSt (1995b), S. 38.
746) KGSt (1995b), S. 38.

Abbildung 7-3: Vergleich der Varianten von Lüder und der KGSt

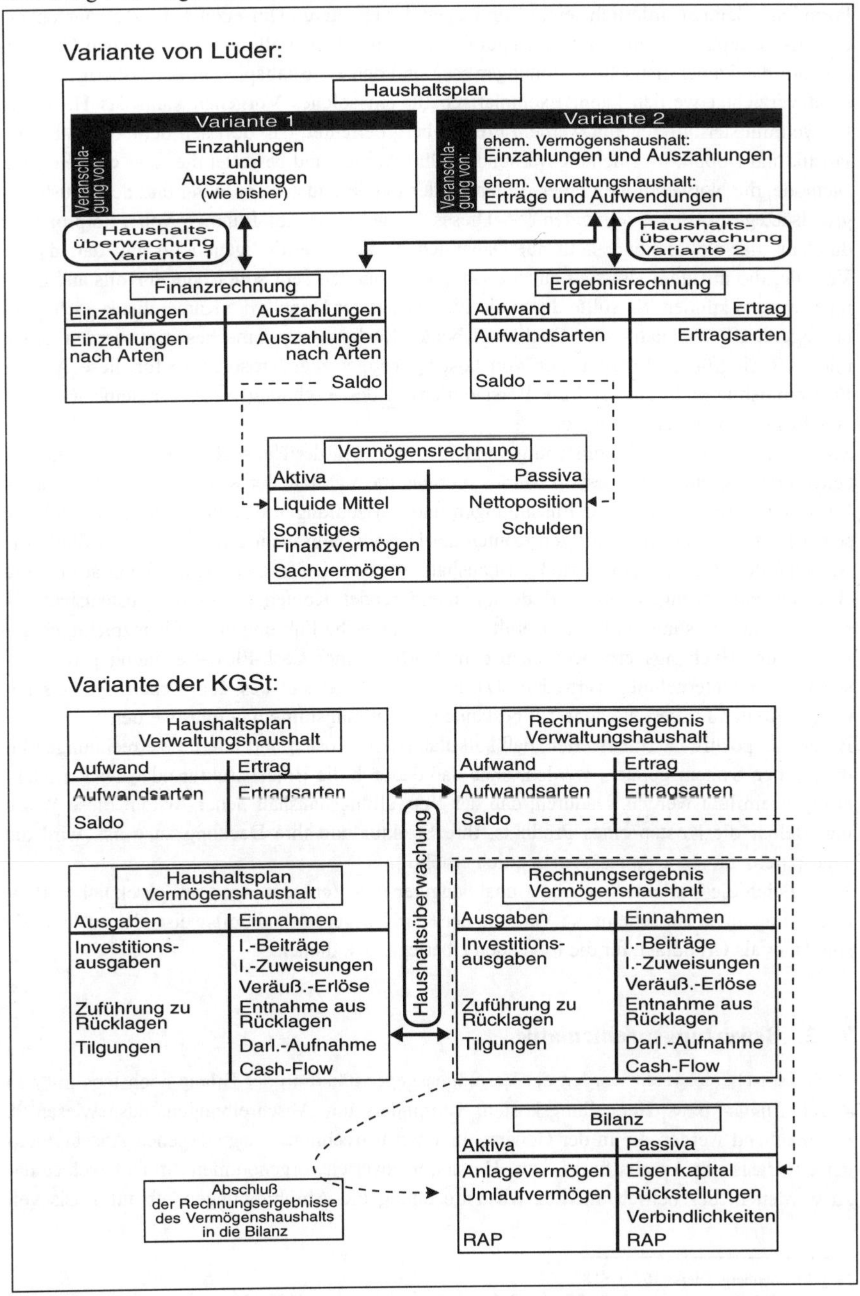

Das parallele Führen eines Rechnungswesens in der kameralistischen und in der doppischen Form kann dann erforderlich sein, wenn wegen der leichteren Umsetzung des Ressourcenverbrauchskonzepts zwar die Doppik eingeführt werden soll, vor allem aus rechtlichen Gründen aber auf das kameralistische Rechnungswesen und den Haushaltsplan in der bisherigen Form nicht verzichtet werden kann. Exemplarisch für ein solches Vorgehen kann das Hessische Umweltministerium genannt werden. Freudenberg berichtet, daß dort seit dem 1.1.95 Kameralistik und Doppik im Buchungsverbund geführt werden und bewertet dies als „eine elegante Methode, die Notwendigkeit einer Änderung der Landeshaushaltsordnung und des Haushaltsgrundsätzegesetzes zu vermeiden"[747]. Dieses Vorgehen ist im Rahmen von Pilotprojekten durchaus nachvollziehbar, stellt auf Dauer jedoch keine befriedigende Lösung dar, da die Vorteile, die mit dem Umstieg auf die Doppik verbunden sein sollen, nur unvollständig genutzt werden können. So sollte durch die Einführung der Doppik die Kameralistik doch gerade abgeschafft und damit der Dualismus beider Rechnungssysteme beseitigt werden. Auch reichen geringfügige Ergänzungen von kostengünstiger Standardsoftware für diese Art der Problemlösung nicht aus, und die Verständlichkeit des Rechnungswesens in seiner Gesamtheit dürfte eher sinken als steigen.
Soll auf die Kameralistik vollständig verzichtet und auch der Haushaltsplan auf das Ressourcenverbrauchskonzept umgestellt werden, vermag die Variante der KGSt eher zu überzeugen. Ein gesonderter Ausweis der Einzahlungen und Auszahlungen des Verwaltungshaushalts in seiner bisherigen Form ist auf den Konten der Doppik dann nicht erforderlich. Für die Überwachung des Vollzugs des Vermögenshaushalts wurde mit der Zwischenbuchung auf die die Bestandsveränderungen einer Periode dokumentierenden Konten des Vermögenshaushalts eine brauchbare Lösung gefunden. Damit ist die statistische Führung einer Finanzrechnung außerhalb des Buchungsverbundes nach dem Vorbild einer Cash-Flow-Rechnung privatwirtschaftlicher Unternehmen vertretbar. Dafür können innerhalb des doppischen Systems getrennte Konten für verschiedene Teilbestände von Zahlungsmitteln geführt werden.
Besonders positiv ist zu bewerten, daß kalkulatorische Kosten und interne Verrechnungen im doppischen System gebucht werden, ohne daß dadurch die Bilanzstruktur oder der Periodenerfolg beeinflußt werden. Dadurch, daß der Verwaltungshaushalt neuer Art auf diese Weise unmittelbar die Kosten eines Produkts, ihre Struktur und ihre Deckung ausweist, wird die Transparenz für seine Adressaten deutlich erhöht.
Wenngleich die Variante von Lüder unabhängiger von Veränderungen der gesetzlichen Rahmenbedingungen ist, scheint die Variante der KGSt insgesamt zukunftsweisender zu sein. Sie soll daher als Grundlage für die folgenden Überlegungen dienen.

7.3.2. Bewertungsproblematik

Nach dem Handelsrecht werden die Vermögensgegenstände in der Bilanz höchstens mit den Anschaffungs- bzw. Herstellungskosten, vermindert um Abschreibungen, ausgewiesen[748]. Entsprechend werden die in der Gewinn- und Verlustrechnung ausgewiesenen Abschreibungen auf Basis von Anschaffungs- bzw. Herstellungswerten vorgenommen. Im Unterschied dazu werden in der betriebsinternen Kostenrechnung die Abschreibungen oft auf Basis von

747) Freudenberg, Dierk (1995), S. 8.
748) Vgl. § 253 HGB; Moxter, Adolf (1986), S. 52-53; Ordelheide, Dieter (1990), S. 165.

Wiederbeschaffungswerten angesetzt, ebenso die kalkulatorischen Zinsen[749]. Für die Bestandteile der Kostenrechnung integrierende Variante der KGSt besteht die Bewertungsproblematik insofern aus zwei Teilproblemen: Erstens ist zu klären, auf welcher Basis das Sachanlagevermögen in der kommunalen Bilanz bewertet und infolgedessen Abschreibungen in der Erfolgsrechnung bzw. dem Verwaltungshaushalt neuer Art berücksichtigt werden sollen. Zweitens ist zu klären, ob für Zwecke der Kostenrechnung eine davon abweichende Bewertung erfolgen soll und inwieweit die dadurch abweichenden Abschreibungen und die kalkulatorischen Zinsen in der Erfolgsrechnung bzw. dem Verwaltungshaushalt neuer Art transparent gemacht werden sollen.

Die Bewertungsproblematik war Gegenstand einer kontroversen Diskussion des KGSt-Gutachterausschusses im Rahmen der Erstellung des neuen kommunalen Haushalts- und Rechnungsmodells. So stellte sich dem Ausschuß die Frage, ob als Bemessungsgrundlage für kalkulatorische Zinsen und Abschreibungen *im Verwaltungshaushalt neuer Art* die historischen Anschaffungs- bzw. Herstellungswerte oder die Wiederbeschaffungszeitwerte dienen sollen. Als wichtigste Gründe *für* die Verwendung von Wiederbeschaffungszeitwerten werden von der KGSt die Übereinstimmung des Haushalts mit den Kostenrechnungen für die Kalkulation von auf Basis von Wiederbeschaffungszeitwerten zu berechnenden Gebühren, der Bedarf einer Ressourcenverbrauchsermittlung auf Basis aktueller Preise zu Zwecken von Marktvergleichen und die Vermeidung einer Unterbewertung des Ressourcenverbrauchs in Zeiten steigender Preise genannt. Außerdem wird darauf hingewiesen, daß private Unternehmen ihre Substanzerhaltung durch Verstärkung der Rücklagen durch nicht ausgeschüttete Gewinne erreichen können und müssen. In Kommunen könnte dies durch Abschreibungen von Wiederbeschaffungszeitwerten erfolgen. Als Gründe *gegen* die Verwendung von Wiederbeschaffungszeitwerten werden in dem KGSt-Bericht die erforderliche Abweichung von den sich aus dem Handelsrecht ergebenden Bewertungsgrundsätzen, der höhere Schwierigkeitsgrad der Ermittlung von Abschreibungen auf Basis von Wiederbeschaffungszeitwerten, verbunden mit einer höheren Anfälligkeit für Fehler und Manipulationen, sowie das Problem der Finanzierbarkeit der verbesserten Substanzerhaltung in der aktuellen Situation genannt. Vor allem mit Blick auf das Ziel der Substanzerhaltung in Zeiten steigender Preise hat sich die Mehrheit des Gutachterausschusses unter Abwägung der Vor- und Nachteile für die Verwendung von Wiederbeschaffungszeitwerten als Bemessungsgrundlage für die kalkulatorischen Zinsen und Abschreibungen ausgesprochen.[750]

Eine entsprechende Empfehlung wird an anderer Stelle des Berichts auch für die Bewertung der Vermögensgegenstände *in der Bilanz* gegeben. Die KGSt legt diesbezüglich dar, daß „mit dem Rechnungswesen ... ein den „tatsächlichen Verhältnissen“ entsprechendes Bild der Vermögens- und Schuldenlage zum Stichtag sowie des Ressourcenverbrauchs und des Ressourcenaufkommens innerhalb der Planungs- und Rechnungsperiode vermittelt werden“[751] soll. Während die Bewertung im Handelsrecht primär auf den Gläubigerschutz abstelle und daher strikt nach dem Vorsichtsprinzip erfolge, sei „die Bewertungsfrage im kommunalen Rechnungswesen dagegen primär nach dem Informationsbedarf der Entscheidungsträger in den politischen Gremien und in der Verwaltung und im Hinblick auf die Informationsinteressen von Öffentlichkeit und Aufsichtsinstanzen sowie hinsichtlich der Anforderungen des jeweili-

749) Vgl. Hummel, Siegfried / Männel, Wolfgang (1986), S. 166-167; Kilger, Wolfgang (1992), S. 114-116.
750) Vgl. KGSt (1995b), S. 20-21.
751) Vgl. KGSt (1995b), S. 28.

gen KAG usw. zu entscheiden. Mit Blick auf diese Informationsziele ... sollte die Bewertung des Vermögens auf der Grundlage aktualisierter Werte (Wiederbeschaffungszeitwerte) zumindest zugelassen werden"[752]. Damit nicht realisierte Bewertungsgewinne nicht die Ausgabenfähigkeit der Gemeinde bzw. des für das jeweilige Produkt zuständigen Amtes erhöhen, fordert die KGSt die Sicherstellung deren erfolgsneutraler Behandlung im Verwaltungshaushalt durch eine entsprechende Ausgestaltung der Buchungsregeln[753].

Eine von der Mehrheit des KGSt-Gutachterausschusses abweichende Auffassung hinsichtlich der Bewertung des Sachanlagevermögens und damit der Basis für die Abschreibungen vertritt Lüder. Er verweist in seiner Schrift „Konturen eines neuen kommunalen Haushalts- und Rechnungsmodells" darauf, daß in der Betriebswirtschaftslehre überwiegend die Meinung vertreten werde, die Bewertung mit Anschaffungswerten sei der Bewertung mit Wiederbeschaffungswerten vorzuziehen; dies entspreche auch der gängigen Praxis im europäischen Ausland[754]. Das Hauptargument für die Bewertung mit Anschaffungswerten sieht Lüder in der Verwirklichung des Prinzips der interperiodischen Gerechtigkeit; demnach sollen die Abgabepflichtigen mit dem Verbrauch der in der Periode genutzten Ressourcen belastet werden und nicht künftigen Ressourcenverbrauch vorfinanzieren[755]. Eine Abweichung vom Anschaffungswertprinzip läßt sich nach Lüders Auffassung nur für finanzielle Ressourcen oder kurzfristig in finanzielle Ressourcen transformierbares Vermögen (freies Vermögen) rechtfertigen: „Sie stellen eine Liquiditätsreserve dar, deren Höhe sich nach dem aktuellen Veräußerungswert (realisierbarer Wert) bemißt. Demzufolge sind z. B. verwertbare Grundstücke mit dem Verkehrswert und zinsverbilligte Darlehen mit dem Barwert anzusetzen."[756] Das Problem der Bemessungsgrundlage für kalkulatorische Zinsen und Abschreibungen im Rahmen der Kostenrechnung wurde in Lüders Schrift nicht explizit behandelt, da seine Variante eine Integration von Bestandteilen der Kostenrechnung in die Doppik nicht vorsieht.

Die Diskussion über die Bewertungsgrundlage für kalkulatorische Zinsen und Abschreibungen ist für den kommunalen Bereich keineswegs neu. Seit vielen Jahren wird in der Literatur intensiv über die korrekte Ermittlung der Kosten kommunaler Einrichtungen gestritten, die die als Obergrenze für die Erhebung von Benutzungsgebühren nach den Kommunalabgabengesetzen der Länder darstellen[757]. Dabei geht es nicht nur um Bewertungsfragen, sondern auch um die Höhe von Kalkulationszinssätzen sowie um zu unterschiedlichen Ergebnissen führende Verfahren zur Berechnung der kalkulatorischen Kosten, vor allem der Zinsen[758]. Wenngleich inzwischen höchstrichterliche Urteile zu dieser Thematik existieren[759], konnte in der wissenschaftlichen Diskussion bisher keine Einigung erzielt werden[760]. Das Kommunalabga-

752) Vgl. KGSt (1995b), S. 28.

753) Vgl. KGSt (1995b), S. 29.

754) Vgl. Lüder, Klaus (1995), S. 9. Die Erkenntnisse über die Bewertung von Sachanlagevermögen im öffentlichen Rechnungswesen in den Ländern der Europäischen Union ergeben sich aus eigenen Untersuchungen von Lüder. Vgl. vor allem Lüder, Klaus / Hinzmann, Christiane / Kampmann, Brigitte / Otte, Ralph (1993); Lüder, Klaus / Kampmann, Brigitte (1995).

755) Vgl. Lüder, Klaus (1995), S. 11.

756) Lüder, Klaus (1995), S. 11. Zur Unterscheidung von freiem und gebundenem Vermögen vgl. auch Lüder, Klaus (1994), S. 170. Kritik zur Möglichkeit der Unterscheidung in der Praxis vgl. KGSt (1995b), S. 28.

757) Vgl. z. B. Gawel, Erik (1994a); o. V.: Kassieren Kommunen 1 Milliarde Mark zuviel ?, in: Kommunalpolitische Blätter, 45. Jg., 1993, S. 673; Deutscher Städtetag (1993), S. 674; Nordrhein-Westfälischer Städte- und Gemeindebund (1993), S. 675.

758) Vgl. z.B. Klümper, Bernd (1994); Rau, Thomas (1993); ders. (1994a); Zahradnik, Stefan (1995b).

759) Vgl. insbes. OVG Lüneburg: Urteil vom 9.10.1990; OVG Münster: Urteil vom 5.8.1994.

760) Vgl. z. B. Adam, Dietrich / Hering, Thomas (1995); Brüning, Gert (1994); Gawel, Erik (1994b); Gawel, Erik (1994c); Ostholthoff, Karl Heinz / Wirz, Heinz (1996); Zahradnik, Stefan (1995b).

benrecht der Länder ist im übrigen uneinheitlich; zum Beispiel dürfen in Bayern und Baden-Württemberg die Abschreibungen nur auf Basis von Anschaffungswerten vorgenommen werden, während in den übrigen Bundesländern alternativ auch die Verwendung von Wiederbeschaffungszeitwerten zulässig ist[761)]. Eine Umfrage der KGSt unter 138 deutschen Städten über 50.000 Einwohner ergab, daß für das Jahr 1995 als Basis für kalkulatorische Abschreibungen 36 Städte ausschließlich Anschaffungswerte und 102 Städte auch Wiederbeschaffungswerte für bestimmte Einrichtungen zugrunde gelegt haben[762)]. Als Basis für kalkulatorische Zinsen wurden in 82 Städten Anschaffungswerte, in 53 Städten Wiederbeschaffungswerte als Basis gewählt; die zugrunde gelegten Zinssätze schwankten zwischen 5 % und 8 %[763)]. In Hessen werden sowohl den kalkulatorischen Abschreibungen als auch den kalkulatorischen Zinsen mehrheitlich Anschaffungswerte zugrunde gelegt[764)].

Im Hinblick auf die Unterschiedlichkeit der Auffassungen, die in der Literatur zur Bewertungsproblematik vertreten werden, und der zur Zeit nicht vorhandenen und für die nächsten Jahre auch nicht abzusehenden Einheitlichkeit der zum Zwecke der Gebührenkalkulation heute schon partiell bestehenden Kostenrechnungen der Kommunen ist es schon alleine aus Gründen der Akzeptanz eines Reformvorschlags ratsam, nach einer Möglichkeit zu suchen, den offenbar unterschiedlichen Informationsbedürfnissen möglichst umfassend gerecht zu werden. Hierzu bietet es sich an, wie folgt zu verfahren:

In der Bilanz sollte das Sachanlagevermögen auf Basis von Anschaffungswerten ausgewiesen werden. Aufgrund des doppischen Buchungsverbundes zwischen Bestands- und Erfolgsrechnung sind dann die Abschreibungen in der Erfolgsrechnung bzw. dem Vermögenshaushalt neuer Art zunächst ebenfalls auf Basis von Anschaffungswerten vorzunehmen. Ebenfalls auf Basis von Anschaffungswerten werden die kalkulatorischen Zinsen als zusätzliches Kalkül der Kostenrechnung in der bereits dargestellten, den Periodenerfolg nicht beeinflussenden Verfahrensweise[765)] in der Erfolgsrechnung bzw. dem Verwaltungshaushalt neuer Art gebucht. Auf die gleiche Weise können zusätzliche, über die bereits berücksichtigten Abschreibungen und kalkulatorischen Zinsen hinausgehende kalkulatorische Kosten gebucht werden. Wegen der geforderten Transparenz sind sie auf anderen Konten zu verbuchen als die auf Basis von Anschaffungswerten ermittelten Abschreibungen und kalkulatorischen Zinsen und im Verwaltungshaushalt neuer Art zu den einzelnen Produkten gesondert auszuweisen. Ergänzend sollte der den kalkulatorischen Zinsen zugrunde liegende Zinssatz und gegebenenfalls die zugrunde liegenden Wiederbeschaffungswerte in den Erläuterungen angegeben werden.

Bei Anwendung dieses Verfahrens informieren die Rechenwerke sowohl über den Ressourcenverbrauch auf Basis von Anschaffungswerten, als auch - soweit in der Gemeinde ermittelt - auf Basis von Wiederbeschaffungswerten. Der Periodenerfolg bei Berücksichtigung von Abschreibungen auf Basis von Wiederbeschaffungswerten kann durch eine unkomplizierte Nebenrechnung ermittelt werden: Von dem im doppischen System ermittelten Periodenerfolg braucht lediglich die Summe der kalkulatorischen, über die bilanziellen Abschreibungen hinausgehenden, Abschreibungen, die sich aus den entsprechenden Konten entnehmen lassen, abgezogen werden.

761) Vgl. Meyer-Renschhausen, Martin (1994), S. 47-49; Rose, Joachim (1996), S. 25.

762) Vgl. KGSt (1995a), S. 68.

763) Vgl. KGSt (1995a), S. 68. Vier Städte machten hierzu keine Angaben.

764) Vgl. KGSt (1992b), S. 286.

765) Vgl. Abschnitt 7.3.1.2.

7.3.3. Überwachung des Haushaltsvollzugs

Im derzeitigen Rechnungswesen der Verwaltung erfolgt die Überwachung des Haushaltsvollzugs durch sogenannte „Haushaltsüberwachungslisten", in denen zu jeder Haushaltsstelle alle Inanspruchnahmen der bewilligten Mittel vermerkt werden[766]. Hierdurch soll sichergestellt werden, daß nicht mehr verausgabt wird als für die Haushaltsstelle veranschlagt wurde. Eine solche haushaltsstellenbezogene Betrachtung ist nicht mehr notwendig, sofern zukünftig die detaillierte Vorgabe des Mitteleinsatzes zugunsten einer Portefeuillebewirtschaftung, also der Bindung an globale Mittelzuweisungen (Budgets) statt an einzelne Haushaltsstellen, aufgegeben werden soll. Gleichwohl muß sichergestellt sein, daß die dann vorgegebenen Budgets nicht überschritten werden. Eine Überwachung des Haushaltsvollzugs ist also in jedem Fall erforderlich. Sie findet nur auf unterschiedlichen Gliederungsebenen des Haushalts statt.

Die kaufmännische Buchführung beschränkt sich - auch mit den in Abschnitt 7.3.1. beschriebenen buchungstechnischen Ergänzungen von Lüder bzw. der KGSt - im Kern auf die Dokumentation der Auswirkungen des Verwaltungshandelns auf das Vermögen und die Schulden bzw. die Veränderung des Ressourcenbestandes. Ein permanenter Vergleich der bereits gebuchten und der durch Mittelverfügungen absehbaren, aber wegen des Realisationsprinzips noch nicht gebuchten, Auswirkungen einerseits mit den diesbezüglichen Planvorgaben andererseits muß durch zusätzliche Rechnungen erfolgen. In den beiden vorgestellten Varianten des neuen kommunalen Haushalts- und Rechnungsmodells sind lediglich die Schnittstellen hierfür vorhanden.

In Anbetracht der zunehmenden Nutzung der EDV in den Kommunalverwaltungen kann davon ausgegangen werden, daß die Haushaltsüberwachung der Zukunft in jedem Fall EDV-gestützt erfolgen wird. Mit Blick auf die geforderte Wirtschaftlichkeit sollte das zu entwickelnde Verfahren mit dem doppischen System so verknüpft sein, daß zum Zwecke der Haushaltsüberwachung erfaßte Daten unmittelbar für die doppelte Buchführung verwendet werden können, mithin der Buchungsaufwand minimal gestaltet wird. Außerdem sollte das Verfahren eine Haushaltsüberwachung sowohl auf Basis einzelner Haushaltsstellen als auch auf Basis von sich auf mehrere Haushaltsstellen beziehenden Budgets ermöglichen. Ein Verfahren, das diesen Forderungen Rechnung trägt, könnte folgendermaßen gestaltet sein:

Für jedes Budget wird im Rechner eine Vollzugsübersicht geführt, die durch Eingabe der Budgetbezeichnung, praktischerweise in Form einer Nummer, auf dem Bildschirm erscheint. Die vorgeschlagene Gestaltung ist Abbildung 7-4 zu entnehmen.

Oben rechts stehen die Nummer des Budgets und seine Bezeichnung. Dieser Teil der Übersicht könnte auch um weitere Informationen zum Budget ergänzt werden, zum Beispiel den Namen des verantwortlichen Mitarbeiters oder die Dezernatszugehörigkeit.

Oben links befindet sich eine Tabelle, aus der die Höhe des Budgets und der aktuelle Stand des Budgetvollzugs zu entnehmen sind. In ihr wird zunächst die Zusammensetzung des Gesamtbudgets des laufenden Jahres dargestellt. Die Position „Budgetrest aus Vorjahren" entspricht den in den Vorjahren nicht verbrauchten und in das laufende Haushaltsjahr übertragenen Budgetmitteln. Soweit nicht verbrauchte Budgetmittel generell übertragen werden sollen, kann dieser Betrag stets der Position „noch verfügbarer Budgetrest" der Vollzugsübersicht des Vorjahres übernommen werden. Ansonsten darf er nur durch Beschluß des zuständigen Organs (derzeit der Gemeindevorstand) verändert werden. Die Position „Budget laut Haushalts-

---

766) Vgl. Abschnitt 3.6.3.

Abbildung 7-4: Überwachung des Haushaltsvollzugs

	Budgetrest aus Vorjahren	345,70
+	Budget laut Haushaltsplan	22.500,00
+	nachträgliche Budgetveränderungen	-1.000,00
=	Gesamtbudget	21.845,70
-	Verfügungen mit Anordnungen	15.490,46
-	Verfügungen ohne Anordnungen	2.420,40
=	noch verfügbarer Budgetrest	3.934,84

Nummer des Budgets:
464-1
Bezeichnung des Budgets:
Sachaufwand für Kindergarten

Buchungs-Nummer	Datum		Buchungstext	Soll		Haben	
	Verfügung	Anordnung		Konto(-Nr.)	Betrag	Konto(-Nr.)	Betrag
1	2	3	4	5	6	7	8
⋮	⋮	⋮	⋮	⋮	⋮	⋮	⋮
001320	***24.08.96***	***06.09.96***	***Reparatur einer Tür***	***464.500***	***300,00***		
					- 60,00	***(Verb.L+L.)***	***240,00***
001465	03.09.96		Büromaterial	464.650	345,00		
001479	***05.09.96***	***05.09.96***	***Fernmeldegebühren***	***464.652***	***53,52***	***(Verb.L+L.)***	***53,52***
001579	21.09.96		Spiele für Kinder	464.520	875,40		
001583	21.09.96		Fensterreinigung	464.500	1.200,00		

plan“ entspricht den durch die Gemeindevertretung im Haushaltsplan des laufenden Jahres veranschlagten Budgetmitteln. In der Position „nachträgliche Budgetveränderungen“ werden die während des Haushaltsjahres beschlossenen bzw. vereinbarten Abweichungen vom Haushaltsplan erfaßt. Grundlage für solche Abweichungen können nach dem derzeitigen Stand des Haushaltsrechts die Nutzung von Deckungsfähigkeiten oder Beschlüsse des Gemeindevorstands oder der Gemeindevertretung über außer- bzw. überplanmäßige Ausgaben sein oder entsprechend des Neuen Steuerungsmodells zwischen Budgetverantwortlichen vereinbarte Verschiebungen von Mitteln zwischen Budgets. Von dem durch Addition der drei genannten Positionen ermittelten Gesamtbudget werden die bisherigen Verfügungen in Abzug gebracht, so daß sich der im Haushaltsjahr noch verfügbare Budgetrest ergibt.
Die bereits erfolgten Verfügungen werden im unteren Teil der Vollzugsübersicht dargestellt. An dieser Stelle werden auch neue Verfügungen erfaßt, die mit Anordnungen verbundenen Verfügungen zugleich in der Doppik gebucht. Das Verfahren sei im folgenden an dem der Abbildung 7-4 zu entnehmenden Beispiel für das Budget des Sachaufwands eines Kindergartens erläutert: Wird etwa Büromaterial bestellt, liegt eine Inanspruchnahme von Haushaltsmitteln vor. Diese wird im unteren Teil der Vollzugsübersicht mit Datum (Spalte 2), Buchungstext (Spalte 4), der betreffenden Kontonummer bzw. Haushaltsstelle (Spalte 5) und dem Betrag (Spalte 6) erfaßt. Rechnerintern können eingegebene Kontonummern bzw. Haushaltsstellen auf ihre Vereinbarkeit mit dem Budget geprüft und gegebenenfalls die Annahme des Datensatzes verweigert werden. Im übrigen wird durch den Rechner zu jeder Verfügung eine fortlaufende Buchungsnummer (Spalte 1) vergeben.
Die beschriebene Datenerfassung hat zur Folge, daß der Betrag der Position „Verfügungen ohne Anordnungen“ der in der Vollzugsübersicht oben links befindlichen Tabelle durch den Rechner um den Betrag der Inanspruchnahme des Budgets erhöht und der „noch verfügbare Budgetrest“ um den gleichen Betrag vermindert wird. Die erfaßten Daten stellen noch keinen vollständigen Buchungssatz dar, da die Angabe des Gegenkontos noch fehlt. Dies ist auch so beabsichtigt, da die Buchung in der Doppik nach dem Realisationsprinzip erst zum Zeitpunkt der einseitigen Erfüllung des Vertrages mit dem Lieferanten, also der Lieferung des Büromaterials, nicht aber bereits zum Zeitpunkt der Bestellung zu erfolgen hat.
Wurde nach Lieferung die sachliche Richtigkeit der Rechnung geprüft, wird die Vollzugsübersicht erneut aufgerufen, und der Buchungssatz wird vervollständigt und mit dem aktuellen Datum versehen (Spalten 3, 7 und 8). Stimmt der Rechnungsbetrag nicht mit dem bei der Inanspruchnahme erfaßten Betrag überein, kann unmittelbar in Spalte 6 eine Korrektur erfolgen (siehe „Reparatur eine Tür“ in Abbildung 7-4). Als Gegenkonto dürfte in den meisten Fällen das Konto „Verbindlichkeiten aus Lieferungen und Leistungen“ bzw. ein lieferantenbezogenes Unterkonto angegeben werden. Der Buchungssatz wird, sobald er vollständig ist, durch den Rechner in die Doppik übernommen. Mit der Buchung der Verbindlichkeit gilt deren Begleichung durch die Gemeindekasse als angeordnet. Der Betrag der Position „Verfügungen mit Anordnungen“ der in der Vollzugsübersicht oben links befindlichen Tabelle wird durch den Rechner entsprechend erhöht und der Betrag der Position „Verfügungen ohne Anordnungen“ um den gleichen Betrag vermindert.
Ob beim erneuten Aufruf der Vollzugsübersicht in deren unterem Teil auch die Verfügungen mit Anordnungen (in Abbildung 7-4 fett und kursiv gedruckt) erscheinen sollen, oder nur die unvollständigen, später noch zu ergänzenden Buchungssätze der Verfügungen ohne Anordnungen, kann mittels Programmparameter in das Ermessen des Benutzers gestellt werden. Im

Hinblick auf die Übersichtlichkeit der Vollzugsübersicht scheint eine Beschränkung auf die Verfügungen ohne Anordnungen sinnvoll. Die abgeschlossenen Buchungen können bei Bedarf der Buchhaltung entnommen werden.
Die Überwachung von einzelnen, nicht zu einem Budget gehörenden Haushaltsstellen kann methodisch auf die gleiche Weise erfolgen. Bedingung ist lediglich, daß im unteren Teil der Vollzugsübersicht die für den Sachaufwand einzutragende Kontonummer bzw. Haushaltsstelle vorbestimmt ist. Aus Gründen der Verständlichkeit bietet es sich an, für diese Fälle eine zweite, terminologisch angepaßte Version der Vollzugsübersicht zu verwenden.

7.4. Dokumentation und Kontrolle der Zielerreichung

Das kommunale Rechnungswesen soll unter anderem Informationen über die Erreichung vorgegebener Sach- und Formalziele vermitteln[767)]. Dies kann durch eine Kombination aus Leistungsrechnung, Kostenrechnung und Indikatorenrechnung erfolgen[768)]. Diese Rechnungen sind untereinander eng verzahnt. So sind die entstandenen Kosten den erbrachten Leistungen zu Zwecken der Kostenkontrolle gegenüberzustellen. Sowohl Leistungs- als auch kosteninformationen fließen wiederum in die Indikatorenrechnung ein, um unter Berücksichtigung weiterer verwaltungsinterner und -externer Informationsquellen Aussagen über die durch die Leistungserstellung bewirkten Sachzielerreichungsgrade zu ermöglichen[769)].
Während solche Rechnungen in der Privatwirtschaft allenfalls in Ergänzung zur kaufmännischen Buchführung „statistisch", also außerhalb der Doppik, geführt werden, sind in der zur Umsetzung vorgeschlagenen KGSt-Variante des neuen kommunalen Haushalts- und Rechnungsmodells bereits wesentliche Bestandteile einer Kosten- und Leistungsrechnung in das doppische System integriert[770)]. Diesbezüglich wird im folgenden zu klären sein, wie sich die Bestandteile der aus der Privatwirtschaft bekannten Kosten- und Leistungsrechnung in der KGSt-Variante wiederfinden und inwiefern darüber hinausgehende Methoden der Kosten- und Leistungsrechnung auf die Kommunalverwaltung übertragen werden sollten.

7.4.1. Leistungsrechnung

Unter dem Begriff „Leistung" wird in der von den Erfordernissen der Privatwirtschaft geprägten betriebswirtschaftlichen Literatur zumeist die sachzielbezogene *bewertete* Güterentstehung verstanden[771)], so daß die Leistungsrechnung das zur Ermittlung des Betriebsergebnisses notwendige Gegenstück zur Kostenrechnung darstellt[772)]. Für den Bereich der öffentlichen Verwaltung ist jedoch zu berücksichtigen, daß eine ertragsorientierte Bewertung der Güterentstehung in der Regel nicht möglich ist und daß eine statt dessen mögliche kostenorientierte

767) Vgl. Abschnitt 4.7.

768) Vgl. Schmidberger, Jürgen (1993), S. 239; Weber, Jürgen (1990), S. 261; Wissenschaftliche Kommission „Öffentliche Unternehmen und Verwaltungen" im Verband der Hochschullehrer für Betriebswirtschaft e.V. (1988), S. 317-318.

769) Vgl. Schmidberger, Jürgen (1993), S. 239.

770) Vgl. KGSt (1995b), S. 15, 37, 20; Abschnitt 7.3.1.2.

771) Vgl. Schmidberger, Jürgen (1993), S. 241; Schweitzer, Marcell / Küpper, Hans-Ulrich (1991), S. 44. Inhaltlich entsprechend: Kilger, Wolfgang (1987), S. 8; Wöhe, Günter (1990), S. 960, 977.

772) Vgl. Schmidberger, Jürgen (1993), S. 242; Schweitzer, Marcell / Küpper, Hans-Ulrich (1991), S. 45; Kilger, Wolfgang (1987), S. 9-19.

Bewertung die Leistungen auf die ohnehin im Rahmen der Kostenrechnung zu ermittelnden leistungsbezogenen Kosten reduzieren würde[773]. Mit Blick auf die Dominanz der unentgeltlichen Abgabe der Güter durch die öffentliche Verwaltung schlägt Schmidberger daher zu Recht vor, „vom Leistungsbegriff als Wertbegriff Abstand zu nehmen und den Mengenbegriff zu favorisieren“[774]. Dies mag sich bislang zwar nicht mit dem gängigen Begriffsverständnis in der Betriebswirtschaftslehre decken, findet zumindest aber in Teilen der Literatur Zustimmung[775] und erscheint insbesondere für den Bereich der öffentlichen Verwaltung zweckmäßig.

Im Vordergrund der kommunalen Leistungsrechnung soll also die Ermittlung der Leistungsmengen stehen. Soweit für die erbrachten Leistungen Entgelte erhoben werden, ist es gleichwohl sinnvoll, zusätzlich eine Bewertung auf Basis der Entgeltsätze vorzunehmen, so daß - insbesondere zum Nachweis der Kostendeckung - eine Betriebsergebnisrechnung, für die Kommunalverwaltung besser als Produktergebnisrechnung bezeichnet, erstellt werden kann[776]. Zur präzisen terminologischen Abgrenzung des Wertbegriffs vom Mengenbegriff ist es dann aber erforderlich, für die bewerteten Leistungen eine andere Bezeichnung zu verwenden, etwa „Produktertrag“. Die Ermittlung dieser Produkterträge bedarf bei Umsetzung der KGSt-Variante des neuen kommunalen Haushalts- und Rechnungsmodells keiner gesonderten Rechnung, da die Erträge der einzelnen produktorientierten Gliederungseinheiten des Haushalts neuer Art eben jenen Produkterträgen im Sinne einer betriebswirtschaftlichen Leistungsrechnung entsprechen. Die Zuordnung zu Leistungsarten, -stellen und -trägern erfolgt analog der Zuordnung der gegenüberstehenden Kosten zu den Kostenarten, -stellen und -trägern. Insofern sei auf die folgenden Ausführungen zur Kostenrechnung verwiesen.

In Anbetracht der Planungs- und Kontrollfunktion des kommunalen Rechnungswesens ist es naheliegend, die Leistungsrechnung nicht nur auf die Ermittlung der tatsächlich erbrachten Leistungen (Ist-Leistungen) zu beschränken, sondern auch eine Planung für die zukünftig zu erbringenden Leistungen (Plan-Leistungen) durchzuführen.

7.4.2. Kostenrechnung

Betrachtet man die KGSt-Variante des neuen kommunalen Haushalts- und Rechnungsmodells, so läßt sich zunächst feststellen, daß neben den Grundkosten auch die kalkulatorischen Kosten vollständig im doppischen System gebucht werden. Die Kostenarten werden somit vollständig erfaßt. Allerdings wird in den Rechnungen zusätzlich auch solcher Aufwand nachgewiesen, der keine Kosten darstellt, nämlich außerordentlicher, betriebsfremder und periodenfremder Aufwand. Dies ist aber unproblematisch, da bei der Zuordnung zu den produktorientierten Gliederungseinheiten des Haushalts eine Aussortierung dieses kostenneutralen Aufwands erfolgen kann.

Im nächsten Schritt ist zu untersuchen, inwieweit Kostenstellen- und Kostenträgerrechnung durch das neue kommunale Haushalts- und Rechnungsmodell abgedeckt sind. Diesbezüglich

773) Vgl. Schmidberger, Jürgen (1993), S. 242.

774) Schmidberger, Jürgen (1993), S. 242.

775) Vgl. Männel, Wolfgang (1990), S. 3; Moews, Dieter (1987), S. 13; Oechsler, Walter A. / Steinebach, Nikolaus (1983), S. 8.

776) Zur Notwendigkeit einer Betriebsergebnisrechnung für die öffentliche Verwaltung („Verwaltungsergebnisrechnung“) vgl. Mitschke, Joachim (1990), S. 90-91.

stellt sich zunächst die Frage, welche Funktion die produktorientierte Gliederung des Haushalts erfüllt. Die KGSt weist in ihren Veröffentlichungen darauf hin, daß die Produkte die Kostenträger der Verwaltung darstellen[777)]. Insofern vermitteln die in den Gliederungseinheiten ausgewiesenen Zahlen jene Informationen, die für eine Kostenträger*zeit*rechnung üblich sind. Sowohl die Reihenfolge der Abrechnungsschritte als auch die vollständige interne Verrechnung von Leistungen zwischen den Gliederungseinheiten legt andererseits aber auch eine Interpretation der Gliederungseinheiten als Kostenstellen dar. Diese doppelte Interpretationsmöglichkeit mag verwundern. Tatsächlich stimmen aber die kosten*stellen*gerechte und die kosten*träger*gerechte Abgrenzung des Ressourcenverbrauchs und -ertrags in dem von der KGSt vorgeschlagenen Modell überein. Dies resultiert aus dem spezifischen Produktbegriff der KGSt. Während als Kriterium für die Abgrenzung eines Kostenträgers von einem anderen in der Privatwirtschaft vor allem die Einzelveräußerbarkeit auf dem Absatzmarkt herangezogen wird[778)], werden in dem von der KGSt vorgeschlagenen Modell solche Leistungen zusammengefaßt, deren Differenzierung als nicht zum Zwecke der Steuerung notwendig erachtet wird und nicht den „Erwartungen der Bürger an zusammengehörige Leistungen“[779)] entspricht. Auch um den „Aufwand für die Beschreibung von Produkten, die Kostenrechnung und das Berichtswesen für das Controlling in angemessenen Grenzen zu halten“[780)], wird es von der KGSt nicht als zweckmäßig betrachtet, „die nahezu unübersehbare Vielzahl von Arbeitsergebnissen einzeln zu beschreiben und als Steuerungsgrößen zu definieren“[781)]. Anhand der in Kapitel 6 beschriebenen Reformbeispiele ist erkennbar, daß dieses Vorgehen dazu führt, daß in der Regel die von einer aufbauorganisatorischen Teileinheit insgesamt zu erbringenden Leistungsarten als Produkt definiert werden, wobei versucht wird, die Verwaltung in so viele produktverantwortliche Teileinheiten zu gliedern, wie die Anforderungen an Kostenstellen[782)] dies erlauben. Auf eine Kostenträgerrechnung in der aus der Privatwirtschaft bekannten Form wird verzichtet. Mit Blick auf die geforderte Wirtschaftlichkeit des Rechnungswesens scheint es zweckmäßig, die Entscheidung für oder gegen eine über das KGSt-Modell hinausgehende Kostenträgerrechnung für jedes Produkt von den jeweiligen Informationsbedürfnissen der Adressaten und dem Aufwand einer solchen Rechnung abhängig zu machen. Dabei spricht die Notwendigkeit der Festsetzung eines Entgelts für eine erbrachte Leistung für eine Kostenträgerrechnung nach privatwirtschaftlichem Vorbild.

Im KGSt-Bericht über das neue kommunale Haushalts- und Rechnungsmodell zwar nicht ausdrücklich als Modellbestandteil erwähnt, aber im Rahmen einer insbesondere zur Wirtschaftlichkeitskontrolle geforderten Kostenrechnung von grundsätzlicher Bedeutung, sind ergänzende Rechnungen zur Kostenkontrolle. Die angefallenen Kosten müssen also anhand eines Vergleichsmaßstabs einer Beurteilung unterzogen werden.

777) Vgl. KGSt (1994), S. 10; KGSt (1995b), S. 38. Übereinstimmend Schöneich, Michael (1996), S. 451.

778) Darauf deuten etwa die Ausführungen von Kilger hin, der die Aufgabe der Kostenträgerstückrechnung darin sieht, „für alle Wirtschaftsgüter, die ein Unternehmen herstellt und verkauft, die auf eine Auftrags- oder Produkteinheit entfallenden Stückkosten zu ermitteln“ (Kilger, Wolfgang (1987), S. 15).

779) KGSt (1994), S. 11.

780) KGSt (1994), S. 12.

781) KGSt (1994), S. 11.

782) Jede Kostenstelle soll einen selbständigen Verantwortungsbereich darstellen, es sollen eindeutige proportionale Beziehungen zwischen den anfallenden Kosten und den von der Kostenstelle erstellten Leistungen feststellbar sein, und die Kostenbelege sollen sich genau zuordnen lassen. Dabei sollte prinzipiell nur so weit differenziert werden, wie dies wirtschaftlich gerechtfertigt erscheint und die Übersichtlichkeit nicht gefährdet. Vgl. Hummel, Siegfried / Männel, Wolfgang (1986), S. 198; Wöhe, Günter (1990), S. 1240.

An anderer Stelle wurde bereits darauf hingewiesen, daß sich hierfür Vergleiche der leistungsbezogenen Ist-Kosten mit denen aus Vorperioden oder anderer Gemeinden anbieten[783)]. Diese Auffassung wird auch durch den hessischen Gesetzgeber vertreten, indem er den zwischenbehördlichen Vergleich als Möglichkeit der Wirtschaftlichkeitskontrolle der in den Zuständigkeitsbereich des Landesrechnungshofes fallenden überörtlichen Prüfung kommunaler Körperschaften in Betracht gezogen hat[784)]. Zwischenbehördliche Kostenvergleiche können in das Rechnungswesen der einzelnen Gemeinden jedoch nur dann Einzug halten, wenn die Produkte und die Methoden der Kostenermittlung (Bewertung etc.) standardisiert werden, die Ermittlung der Kosten für diese standardisierten Produkte für eine ausreichende Anzahl von Vergleichsgemeinden erfolgt und die Ergebnisse ausgetauscht bzw. veröffentlicht werden. Die im Rahmen dieser Arbeit durchgeführte Befragung 100 hessischer Gemeinden nach dem derzeitigen Stand der Wirtschaftlichkeitskontrolle zeigt, daß ein systematischer, regelmäßiger Austausch solcher Daten - gleich welchen Aussagegehalts - bisher kaum erfolgt[785)]. Dies hängt vermutlich auch damit zusammen, daß die Beschaffung von Daten anderer Gemeinden mit einem nicht unerheblichen Aufwand verbunden sein kann. Als Voraussetzung für die effiziente Abwicklung zwischenbehördlicher Kostenvergleiche ist zu fordern, daß die im Rechnungswesen ausgewiesenen Kostendaten ähnlich der Daten der Finanzplanung der Gemeinden an eine zentrale Stelle weitergeleitet werden, etwa das Statistische Landesamt. Dieses kann die Kostendaten dann sammeln und publizieren, zum Beispiel in die in Hessen jährlich veröffentlichte Gemeindestatistik aufnehmen. Für eine beschleunigte Bereitstellung der Kostendaten bietet sich alternativ oder zusätzlich eine Verbreitung durch elektronische Medien, etwa das Internet, an.

An dieser Stelle sei nochmals ausdrücklich darauf hingewiesen, daß sowohl zwischenbehördliche Vergleiche als auch intertemporale Vergleiche immer die Gefahr bergen, Unwirtschaftliches mit Unwirtschaftlichem zu vergleichen[786)]. Dies spricht keineswegs gegen die Durchführung solcher Vergleiche, bedeutet aber, daß sich die Adressaten der Kosteninformationen stets darüber bewußt sein sollten, daß ein „gutes Abschneiden" einer Verwaltung nicht schon zwingend Wirtschaftlichkeit im Sinne minimaler Produktionskosten bedeuten muß.

Eine andere Möglichkeit der Kostenkontrolle stellt die Plankostenrechnung dar, die im Wege des Soll-Ist-Vergleichs die Differenzen zwischen den für eine Kostenstelle geplanten und den tatsächlich angefallenen Kosten für eine Abrechnungsperiode feststellt und die Differenzen in eine Anzahl von Abweichungen aufspaltet, aus denen die Ursachen für die Abweichungen erkennbar sind. In der heute bevorzugten Form der *flexiblen* Plankostenrechnung (im Gegensatz zur früheren *starren* Plankostenrechnung) werden die in der Abrechnungsperiode gegenüber der Planung festgestellten Abweichungen des Beschäftigungsgrades, also der mengenmäßigen Leistungserstellung, berücksichtigt und die Plankosten in die der Istbeschäftigung entsprechenden Kosten, die sogenannten Sollkosten, umgerechnet. Voraussetzung hierfür ist eine strikte Trennung von Fixkosten und proportionalen (variablen) Kosten.[787)]

Die Vorgehensweise der flexiblen Plankostenrechnung ist in Abbildung 7-5 graphisch dargestellt. Die Beschäftigungsabweichung ergibt sich dadurch, daß bei niedrigerer Beschäftigung

783) Vgl. Abschnitt 4.7. unter Bezugnahme auf Breunig, Dietmar (1995), S. 248; Janning, Hermann (1995), S. 9; Mergen, Margit (1995), S. 10.

784) Vgl. Breunig, Dietmar (1995), S. 248; § 3 Abs. 1 ÜPKKG.

785) Vgl. Abschnitt 5.2.7.4.

786) Vgl. Abschnitt 5.7.4. unter Bezugnahme auf Mitschke, Joachim (1990), S. 105.

787) Vgl. Wöhe, Günter (1990), S. 1289.

als der Planbeschäftigung die die Fixkosten verursachenden Produktionsmittel geringer genutzt werden, ohne daß dadurch weniger Kosten entstehen. Die Verbrauchsabweichung resultiert dagegen aus einem von der Beschäftigung unabhängigen Mehr- oder Minderverbrauch an Ressourcen.

Abbildung 7-5: Vorgehensweise der flexiblen Plankostenrechnung[788)]

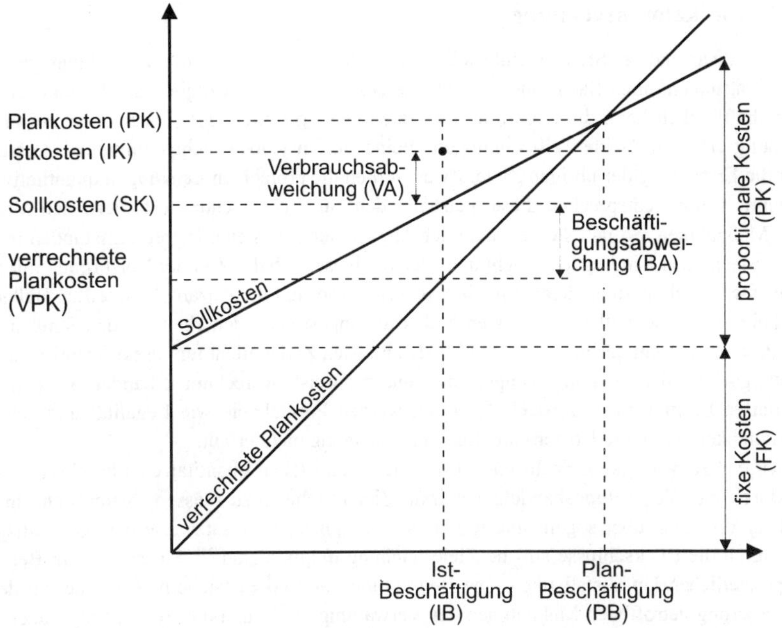

$$SK = FK + \frac{PK(PB)}{PB} \cdot IB \qquad VA = IK - SK$$

$$VPK = \frac{FK+PK(PB)}{PB} \cdot IB \qquad BA = SK - VPK$$

Der Vorteil der Plankostenrechnung besteht in einem geschlossenen Regelkreis zwischen Kostenplanung, Kostenermittlung und Kostenkontrolle[789)]. Durch die Abweichungsanalyse können die spezifischen Mängel der Wirtschaftlichkeit einer Kostenstelle aufgedeckt werden[790)]. Im Hinblick auf den Nutzen der Plankostenrechnung ist jedoch auch zu bedenken, daß insbesondere in den Verwaltungen kleinerer Gemeinden - 82 % der hessischen Gemeinden haben weniger als 15.000 Einwohner - viele Kostenstellen eine nur geringe Beschäftigtenzahl auf-

788) Ähnliche Darstellungen finden sich etwa in: Kilger, Wolfgang (1992), S. 62; Schmalen, Helmut (1990), S. 555; Wöhe, Günter (1990), S. 1302.

789) Vgl. Schmidberger, Jürgen (1993), S. 281.

790) Vgl. Mitschke, Joachim (1990), S. 105.

weisen. In diesen Fällen sind die Personalkosten als nicht kurzfristig beeinflußbar und damit als Fixkosten zu betrachten. Der Nutzen einer flexiblen Plankostenrechnung wird dann entscheidend vom Umfang der noch verbleibenden variablen Gemeinkosten abhängen. Insofern ist eine einzelfallbezogene Entscheidung für oder gegen die Durchführung einer flexiblen Plankostenrechnung anzuraten.

7.4.3. Indikatorenrechnung

Wie bereits an anderer Stelle ausführlich erläutert, lassen sich die an die Verwaltung gerichteten Erwartungen durch Sach- und Formalziele beschreiben[791)]. Bezüglich des Formalziels der Wirtschaftlichkeit kann die Kontrolle der Zielerreichung mittels der Kosten- und Leistungsrechnung erfolgen. Beide Teilrechnungen alleine treffen jedoch nicht unmittelbar Aussagen über die Erreichung der übrigen Ziele. Zwar werden die erbrachten Leistungen quantitativ dokumentiert, doch entsprechen diese meist nur den zur Zielerreichung erforderlichen Mitteln bzw. Maßnahmen. So läßt sich etwa an der Angabe der geleisteten Betreuungsstunden in den gemeindeeigenen Kindergärten nicht unmittelbar ablesen, ob das Ziel der Versorgung mit ausreichenden Kindergartenplätzen erreicht wurde. Ebenso sagt die Anzahl der erteilten Bußgeldbescheide für zu schnelles Fahren wenig über die angestrebte Sicherheit auf den Straßen aus. Das Problem besteht darin, daß es sich bei den meisten Zielen nicht um direkt quantifizierbare Leistungsziele, also Leistungsmengen im Sinne der Leistungsrechnung, handelt, sondern um qualitative Leistungs*wirkungs*ziele[792)]. Auch werden Formalziele wie Legalität und Bürgerfreundlichkeit durch die Kosten- und Leistungsrechnung nicht erfaßt.
Wegen der Schwierigkeit, Sach- und Formalziele unmittelbar quantitativ zu beschreiben und die durch das Verwaltungshandeln bewirkte Zielerreichung zu messen, bietet sich ein indirektes Vorgehen über sogenannte Indikatoren an. Dies sind ersatzweise meßbare Hilfsgrößen, durch die Rückschlüsse auf die Zielerreichung möglich sind[793)]. So lassen zum Beispiel die polizeilichen Unfallstatistiken eine Beurteilung der Verkehrssicherheit und der zu deren Verbesserung getroffenen Maßnahmen der Verwaltung zu[794)], und die Bearbeitungsdauer von Anträgen gibt Auskunft über einen Teilaspekt der Bürgerfreundlichkeit. Exemplarisch sei auch der Umfang erfolgreicher Widersprüche und Klagen gegen Verwaltungsakte, etwa Gebührenbescheide, genannt, der Rückschlüsse auf die Rechtmäßigkeit des Verwaltungshandelns ermöglicht. Zu dem gleichen Zweck wurde in einer durch den Präsidenten des Hessischen Rechnungshofes beauftragten Prüfung von Sozialämtern die Beanstandungsquote bei stichprobenartigen Einzelfallprüfungen durch die kommunalen Rechnungsprüfungsämter herangezogen[795)].

---

791) Vgl. insbes. Abschnitt 4.3.1.

792) Vgl. Schmidberger, Jürgen (1993), S. 295.

793) Vgl. Schmidberger, Jürgen (1993), S. 296; Weber, Jürgen (1983), S. 97-98.

794) Vgl. Institut für Landes- und Stadtentwicklungsforschung des Landes Nordrhein-Westfalen (Hrsg., 1991), S. 25. Als Beleg für den Zusammenhang sind hier die Entwicklung der Anzahl von Straßenverkehrstoten in der Bundesrepublik Deutschland von 1953 bis 1988, differenziert nach inner- und außerörtlichen Unfällen, sowie die Zeitpunkte gesetzlicher Maßnahmen zur Erhöhung der Verkehrssicherheit (Einführung von Tempo 100 auf Landstraßen, Einführung der Anschnallpflicht etc.) dargestellt. Analog ist eine Beurteilung *kommunaler* Maßnahmen zur Förderung der Verkehrssicherheit (etwa innerörtliche „Verkehrsberuhigung") denkbar, so zum Beispiel in Karben im Wetteraukreis durchgeführt (vgl. Magistrat der Stadt Karben (Hrsg., 1996)).

795) Vgl. Präsident des Hessischen Rechnungshofes (Hrsg., 1996), S. 35-36.

Neben dem Aufwand der Datengewinnung, der im Hinblick auf die Wirtschaftlichkeit des Rechnungswesens möglichst gering sein sollte, sind als Entscheidungskriterien für die Auswahl geeigneter Indikatoren vor allem die Reliabilität und die Validität der Indikatoren zu nennen. Reliabilität bedeutet, daß die Indikatoren gleiche Gegebenheiten möglichst gleich abbilden sollen. Dies schließt die Objektivität der Indikatoren ein. Validität bedeutet, daß die Indikatoren die Wirklichkeit so vollständig wie möglich abbilden sollen. Die Validität erfordert einen möglichst engen Zusammenhang zwischen dem Indikator und dem korrespondierenden Ziel, wobei in der Praxis vielfach auf bloße Vermutungen hinsichtlich des Zusammenhangs zurückgegriffen werden muß. Da ein einzelner Indikator die Wirklichkeit nur ausschnittsweise abzubilden vermag, sollte im Interesse der Validität stets aus mehreren, im Zusammenhang stehenden Indikatoren ein Indikatorensystem gebildet werden.[796)]

Schmidberger stellt zu Recht fest, daß die Reliabilität, die Validität und die möglichst wenig aufwendige Datengewinnung häufig als Ziele konkurrieren[797)]. Ein eindeutiges Beispiel hierfür stellen etwa die Daten des derzeitigen Rechnungswesens der Verwaltung dar. Folgt man der einschlägigen Literatur, sollen sich in den Einnahmen und Ausgaben des Haushalts die kommunalpolitischen Absichten bzw. die Aufgabenerfüllung der Gemeinde widerspiegeln[798)]. Die Rechengrößen werden also als Indikatoren für die Erreichnung von Sachzielen genutzt. Wenngleich diese Indikatoren im Hinblick auf den Aufwand der Datengewinnung und die Reliabilität bzw. Objektivität äußerst geeignet erscheinen, so sind sie doch unter dem Gesichtspunkt der Validität von sehr geringer Qualität, da nur selten Schlußfolgerungen bezüglich der erzielten Wirkungen möglich sind.

7.4.4. Adressatenbezogene Darstellung der Teilrechnungen

Für den Aufbau von Haushaltsplan und Haushaltsrechnung empfiehlt sich aus Gründen der Übersichtlichkeit und damit niedriger Informationskosten der Adressaten eine gestalterische Zusammenführung der Ergebnisse der dargestellten Teilrechnungen. Auf ein bis zwei Seiten sollten für jedes Produkt die Leistungen der Verwaltung und die dafür entstandenen bzw. geplanten Kosten ausgewiesen und die Kosten zum Zwecke der Transparenz in die wichtigsten Kostenarten aufgeschlüsselt werden. Daten zur Kostenkontrolle, etwa Vergleichswerte anderer Behörden oder die Ergebnisse einer flexiblen Plankostenrechnung, sind in komprimierter Form zu ergänzen. Außerdem sollten die Ziele und die zur Vorgabe und Messung der Zielerreichung benutzten Indikatoren einschließlich ihrer Plan- und Ist-Werte ausgewiesen und wesentliche Abweichungen erläutert werden.

Zum besseren Überblick über die Entwicklung der Leistungen, Kosten und Indikatoren im Zeitablauf empfiehlt sich, die Darstellungen im Haushaltsplan von drei auf vier Haushaltsjahre auszudehnen, indem auch die Ergebnisse des dritten dem zu planenden Haushaltsjahr vorangehenden Jahres ergänzt werden.

Eine größere Kostentransparenz kann zudem durch eine bessere Darstellung der inneren Verrechnungen erfolgen, deren Erläuterung zwar im derzeitigen Haushaltsrecht bereits vorgeschrieben ist, in der Praxis aber kaum erfolgt[799)]. Auf einfache Art könnte dies etwa durch eine

796) Vgl. Schmidberger, Jürgen (1993), S. 301.
797) Vgl. Schmidberger, Jürgen (1993), S. 301.
798) Vgl. etwa Fuchs, Manfred (1975), S. 3; Pagenkopf, Hans (1976), S. 3, 222; Schmid, Hansdieter (1990), S. 9.
799) Vgl. Abschnitt 5.2.7.1.

Verflechtungsmatrix erfolgen. In den Zeilen- und Spaltenköpfen der Matrix sind die einzelnen Kostenstellen auszuweisen, im Inneren der Matrix die zwischen den Kostenstellen jeweils verrechneten Kosten.
Um einen schnellen Überblick über den Haushalt der Gemeinde zu ermöglichen, ist ferner empfehlenswert, die wichtigsten Leistungs- und Kostendaten sowie Indikatoren auf einigen wenigen Seiten zusammenzufassen. Vor dem Hintergrund der Principal-Agent-Problematik sollte hierfür ein landeseinheitlicher Mindeststandard geschaffen werden. Je nach den Bedürfnissen der einzelnen Gemeinde können dann weitere Informationen ergänzt werden.

7.5. Flexible Bewirtschaftung der Ressourcen

Eine flexiblere Bewirtschaftung der Ressourcen kann durch globale Mittelzuweisungen, auch Budgets genannt[800)], erfolgen. Dieser Reformbaustein wurde im Zusammenhang mit den vorgestellten Reformprojekten in Abschnitt 6.3. bereits ausführlich und wiederholt dargestellt. Ergänzend lohnt sich noch zu überlegen, ob nur die Summe der Kosten oder aber der Saldo aus Kosten und Erlösen, in der Regel ein Fehlbetrag und damit Zuschußbedarf, budgetiert werden soll[801)] und welche Konsequenzen sich daraus für die Haushaltsüberwachung ergeben. Bei der Budgetierung der Kosten beeinflussen Mindererlöse die Ermächtigung zum Ressourcenverbrauch nicht. Diese Art der Budgetierung bedeutet für die Gemeinde ein Fehlbetragsrisiko für den gesamten Haushalt und - soweit unterstellt wird, daß die kurzfristig veränderlichen Erlöse und Kosten überwiegend im gleichen Haushaltsjahr zahlungswirksam sind - ein Liquiditätsrisiko für die Gemeinde. Diese Risiken entsprechen übrigens dem Status quo, der im Regelfall keine Kopplung der Ausgabeermächtigungen der einzelnen Haushaltsstellen an die erfolgten Einnahmen vorsieht[802)]. Die Budgetierung des Zuschußbedarfs hat dagegen den Vorteil, daß die jeweils zu einem Budget gehörenden Produkte oder Teileinheiten der Verwaltung den Jahresüberschuß -bzw. fehlbetrag des gesamten Haushalts im Vergleich zur Planung nicht verschlechtern können. Außerdem erhalten die bewirtschaftenden Ämter Anreize, nicht nur auf die Kosten, sondern auch auf die Erzielung von Erlösen zu achten. Bei der Budgetierung der Kosten können solche Anreize zwar auch erreicht werden, indem geregelt wird, daß entstandene, über die Planung hinausgehende Mehrerlöse die Ermächtigung zum Ressourcenverbrauch erhöhen; soweit es sich bei den Mehrerlösen um zweckgebundene Einnahmen handelt, besteht diese Möglichkeit nach § 17 GemHVO zur Zeit sogar schon. Jedoch sind die genannten Anreize auf die Fälle beschränkt, in denen sicher erscheint, daß Mehrerlöse erzielbar sein werden, während sie bei der Budgetierung von Zuschußbedarfen in jedem Fall bestehen.

---

800) Für globale Mittelzuweisungen hat sich in der Literatur inzwischen der Begriff „Budget" eingebürgert; die Vorgabe solcher Budgets wird als „Budgetierung" bezeichnet. Sogar im Titel der Veröffentlichung findet sich einer der Begriffe zum Beispiel in Bechtel, Klaus (1995); Brückmann, Friedel / Walther, Norbert (1994); Gravemann, Klaus (1993b); Impel, Jürgen van (1995); KGSt (1993b); Meier, Hardi (1994); Oestreich, Harald (1994); Strauß, Wolfgang (1994); Walther, Norbert / Volz, Jürgen (1994). Es sei angemerkt, daß diese Bezeichnungen nicht befriedigend sind, da in der Finanzwissenschaft der Haushalt traditioneller Art auch als Budget bezeichnet wird (vgl. Andel, Norbert (1992), S. 52; Brückmann, Friedel (1995), S. 90. Belege hierfür finden sich etwa in den Titeln von Erkes, Hubert (1988); Neumark, Fritz (1952); Strehl, Franz (1995).). So können leicht Mißverständnisse entstehen. Aber im Interesse einer einheitlichen Terminologie ist es vertretbar, diese Bezeichnungen auch im Rahmen dieser Arbeit zu gebrauchen. Welches Budget gemeint ist, ergibt sich regelmäßig aus dem Sachzusammenhang.

801) Zu dieser Diskussion vgl. Gravemann, Klaus (1993), S. 217; Impel, Jürgen van (1995), S. 271.

802) Eine Ausnahme gilt lediglich in dem sehr engen Rahmen des § 17 GemHVO („Zweckgebundene Einnahmen").

Es ist offensichtlich, daß eine Budgetierung des Zuschußbedarfs der Budgetierung der Kosten grundsätzlich vorzuziehen ist[803]. Allerdings kann dieses Verfahren für solche Produkte oder Teileinheiten der Verwaltung, die überwiegend durch spezielle Deckungsmittel, insbesondere Leistungsentgelte, finanziert werden und daher über ein im Verhältnis zu den Kosten nur geringes Budget verfügen, eine Änderung der laufenden Überwachung des Haushaltsvollzugs erfordern. Die Überwachung im klassischen Sinne bedeutet nämlich, daß Ausgaben nur in dem Umfang möglich sind, in dem die bereits getätigten Ausgaben unter der Budgetgrenze liegen. Übertragen auf die Budgetierung des Zuschußbedarfs dürften somit keine Ressourcen mehr verbraucht werden, wenn der bisher entstandene Überschuß der Kosten über die Erlöse bereits die Budgetgrenze erreicht hat. Dann müßte entweder eine nachträgliche Erhöhung des Budgets vorgenommen oder auf die Realisation weiterer Erlöse gewartet werden. Es ist offensichtlich, daß dies ein erhebliches Arbeitshemmnis für die mittelbewirtschaftende Teileinheit bedeutet, wenn - zum Beispiel aufgrund der Eigenart des Betriebs - zunächst Kosten entstehen und erst zu einem späteren Zeitpunkt die korrespondierenden Erlöse. Dies könnte vermieden werden, indem den Teileinheiten mit dieser spezifischen Problemlage gestattet wird, in einem festzulegenden Umfang innerhalb eines Rechnungsjahres das Budget zu überschreiten, falls erwartet werden kann, daß bis zum Jahresende eine entsprechende Deckung durch Erlöse erfolgen wird. Im Ergebnis bedeutet dies einen Mittelweg zwischen der Budgetierung der Kosten und der Budgetierung des Zuschußbedarfs, wobei das Risiko des Arbeitshemmnisses für die Teileinheit einerseits und das Fehlbetrags- bzw. Liquiditätsrisiko andererseits durch die Festlegung des Umfangs der zulässigen Budgetüberschreitung steuerbar ist.

7.6. Publizität der Rechenwerke

Wird die kommunale Selbstverwaltung als Zusammenspiel von Regelungsprozessen begriffen, kommt es für ihre Funktionsfähigkeit ganz wesentlich auf die Geschlossenheit der Regelkreise an. Dies bedeutet, daß die Principale, für den verwaltungsexternen Bereich die Gemeindevertretung und die Bürger, als Rückkopplung möglichst umfangreiche Informationen über die Handlungen ihrer Agenten und deren Wirkungen erhalten sollten. Daher ist eine möglichst gute Publizität der Rechenwerke bzw. der durch sie zu vermittelnden Informationen bei niedrigen Informationskosten für die Adressaten zu fordern. Auf die grundlegenden Ausführungen in Kapitel 4 sei verwiesen.

Im Zuge der Überprüfung des bestehenden Rechnungswesens war festzustellen, daß die derzeitigen Rechtsnormen keine ausreichende Publizität gewährleisten[804]. Darüber hinaus ergab die Befragung der Rechnungsprüfungsämter der 21 hessischen Landkreise, daß die Frist für die Vorlage und Offenlegung der Jahresrechnung in vielen Fällen überschritten wird[805], so daß in der Praxis eine noch weitergehende Beeinträchtigung der Regelungsprozesse erfolgt.

Um dem Transparenzproblem abzuhelfen, sind vielfältige Maßnahmen denkbar. So sollten die Gemeinden durch entsprechende Änderung des § 97 Abs. 2 und 5 HGO und des § 112 Abs. 2 HGO dazu verpflichtet werden, die Entwürfe und beschlossenen Fassungen von Haushaltssat-

803) Hierfür sprechen auch die Darstellungen in Brückmann, Friedel / Walther, Norbert (1994), S. 142, 146; Gravemann, Klaus (1993), S. 217; Impel, Jürgen van (1995), S. 271; Müller, Reinhard (1995), S. 222; Strauß, Wolfgang (1994), S. 170.

804) Vgl. Abschnitt 5.1.3.1.

805) Vgl. Abschnitt 5.2.2.2.

zungen und -plänen sowie die Jahresrechnungen stets zur Einsicht für jedermann bereitzuhalten. Entsprechende Regelungen bestehen etwa nach § 12 BauGB für die Einsichtnahme in Bebauungspläne und nach § 4 UIG für den Zugang zu Umweltdaten. Für die derzeitige Beschränkung der öffentlichen Auslegung der Rechenwerke auf jeweils sieben Tage ist kein akzeptabler Grund erkennbar. Soweit eine Gemeinde über eine öffentliche Bibliothek verfügt, bietet es sich mit Blick auf die zu fordernde Wirtschaftlichkeit an, mindestens ein Exemplar jedes Rechenwerks in den Bestand der Bibliothek aufzunehmen, so daß die Einsichtnahme ohne Beeinträchtigung des Verwaltungsbetriebs möglich ist. Durch diese Art des Informationszugangs würde auch die prohibitive Wirkung eventueller Hemmschwellen, bei einer Behörde mit einem Anliegen vorstellig zu werden,[806)] deutlich vermindert.

Völlig unbefriedigend ist die nach Abschluß der Rechnungsprüfung erfolgende und damit sehr späte Vorlage der Jahresrechnung an die Gemeindevertretung und öffentliche Auslegung derselben. Wünschenswert wäre eine zeitnahe Prüfung, so daß die Gemeindevertretung über die Rechnung eines abgelaufenen Jahres noch vor der Beratung des Haushalts für das zweite Folgejahr Beschluß fassen kann. In der Privatwirtschaft ist eine Testierung durch den Wirtschaftsprüfer innerhalb weniger Monate nach Aufstellung des Jahresabschlusses eines Unternehmens gängige Praxis. Ob derart kurze Prüfungszeiträume auf die öffentliche Verwaltung übertragbar sind, ist wegen zum Teil abweichender Prüfungsziele[807)] und des daraus folgenden Prüfungsumfangs fraglich. Zum Zwecke der frühzeitigen Information der Adressaten wäre aber in jedem Fall eine Vorlage der ungeprüften Fassung der Jahresrechnung an die Gemeindevertretung und öffentliche Auslegung derselben unmittelbar nach ihrer Aufstellung durch den Gemeindevorstand möglich. Auch hier sollte der Gesetzgeber tätig werden und eine entsprechende Änderung des § 113 HGO vornehmen. Öffentlich ausgelegt werden sollte im übrigen auch der Schlußbericht des Rechnungsprüfungsamtes; dies sieht § 113 HGO bisher nicht vor.

Zu unterstützen sind Streim sowie von Zwehl und Zupancic, die mit dem Hinweis auf die Senkung von Kosten der Informationsbeschaffung und den Bringschuld-Charakter einer jeden Rechenschaftslegung die Erstellung und Verteilung eines kommunalen Lageberichtes an die Haushalte der Gemeinde fordern[808)]. Mit Blick auf die Principal-Agent-Problematik muß dabei jedoch sichergestellt werden, daß der Bericht nicht „zu einem Instrument der Imagewerbung und der beschönigenden Selbstdarstellung [des Verfassers] degeneriert“[809)]. Streim sowie von Zwehl und Zupancic schlagen daher vor, den Bericht einer Pflichtprüfung durch unabhängige sachverständige Dritte, etwa durch das Rechnungsprüfungsamt, zu unterziehen, „damit ... die Grundsätze ordnungsgemäßer Rechenschaft, insbesondere die Grundsätze der Wahrheit und Vollständigkeit, beachtet werden“[810)]. Ob dies ausreicht, um die erkannte Gefahr zu bannen, muß jedoch bezweifelt werden, da diese Form der Rechenschaftslegung auch bei Beachtung der Grundsätze ordnungsgemäßer Rechenschaft weite Ermessensspielräume zuläßt, deren Ausnutzung durch die Rechnungsprüfung kaum einer Beanstandung zugänglich sein dürfte. Es ist daher zu fordern, zumindest Teile der Lageberichte im Sinne einer Kurzfassung des Haushalts landeseinheitlich zu standardisieren.

806) Vgl. Kirsch, Guy (1983), S. 47; Istel, Werner (1981), S. 6; bereits zit. in Abschnitt 4.7.3.
807) Vgl. § 317 Abs. 1 HGB und § 321 Abs. 2-3 HGB im Gegensatz zu § 121 HGO.
808) Vgl. Streim, Hannes (1987), S. 309; Zwehl, Wolfgang von / Zupancic, G. Michael (1990b), S. 269.
809) Streim, Hannes (1987), S. 320.
810) Streim, Hannes (1987), S. 320. Vgl. auch Zwehl, Wolfgang von / Zupancic, G. Michael (1990b), S. 269. Zu den Grundsätzen ordnungsgemäßer Rechenschaft vgl. Moxter, Adolf (1976), S. 87-100.

Abschließend sei darauf hingewiesen, daß der Gemeindevorstand bereits heute gesetzlich verpflichtet ist, „die Bürger in geeigneter Weise, insbesondere durch öffentliche Rechenschaftsberichte, über wichtige Fragen der Gemeindeverwaltung zu unterrichten und das Interesse der Bürger an der Selbstverwaltung zu pflegen"[811)]. Die Bereitstellung von Informationen über den Haushalt der Gemeinde sollte insofern eine Selbstverständlichkeit darstellen. Die Möglichkeiten hierzu sind auch vielfältig. So werden - um nur zwei Beispiele zu nennen - in Tilburg die Rechenwerke an Interessierte zum Selbstkostenpreis abgegeben[812)], und manche amerikanische Städte bieten bereits Informationen über ihren Haushalt über das Internet an[813)].

7.7. Einführungsstrategie

Nachdem die Bausteine einer Reform in den vorangehenden Abschnitten in ihren Einzelheiten vorgestellt und erläutert wurden, seien abschließend einige Anmerkungen zur Einführungsstrategie erlaubt.

Hierzu ist zunächst festzustellen, daß der Reformprozeß in seinem zeitlichen Ablauf und der Reihenfolge der umzusetzenden Reformbestandteile in jedem Fall an die individuellen Voraussetzungen der einzelnen Gemeinde anzupassen ist. Dabei muß vor allem berücksichtigt werden, daß während der Einführungsphase die Funktionsfähigkeit der Verwaltung möglichst wenig beeinträchtigt und die Einführung möglichst wirtschaftlich, d.h. mit minimalen Kosten, bewältigt werden sollte. Außerdem lassen die in der Literatur geführten Diskussionen über Notwendigkeit und Inhalte von Reformen, etwa die Frage „Doppik oder Kameralistik"[814)], die Schlußfolgerung zu, daß mancherorts Akzeptenzprobleme bestehen dürften. Diese müssen gegebenenfalls überwunden werden.

Das größte Hemmnis für die Durchführung der Reform dürfte das Qualifikationsproblem sein. Denn die Beamten des gehobenen Dienstes, von denen die Praxis des Rechnungswesens vornehmlich gestaltet wird, wurden bisher in Kameralistik, insbesondere der Verwaltungskameralistik, ausgebildet, so daß die erforderlichen Kenntnisse der kaufmännischen Buchführung erst angeeignet werden müssen[815)]. Ein sofortiger Umstieg auf die Doppik würde vielerorts zusätzliches Personal erfordern oder eine hohe Fehlerdichte in der Umsetzung verursachen. Dies ist schon alleine aus Gründen der Wirtschaftlichkeit und der Ordnungsmäßigkeit des Rechnungswesens nicht vertretbar. Insbesondere wegen der Langfristigkeit des erforderlichen Qualifikationsprozesses muß dieser schnellstmöglich angestoßen werden. Dies bedeutet einerseits, daß in den Gemeinden entsprechende Maßnahmen der Weiterbildung einzuleiten sind. Andererseits ist - auch vor dem Hintergrund der heute vielerorts schon vorhandenen Eigenbetriebe mit kaufmännischer Buchführung - eine Anpassung der Ausbildungspläne dringend erforderlich.

811) § 66 Abs. 2 HGO.

812) Vgl. KGSt (1992a), S. 107; Abschnitt 6.1.3.

813) Als Beispiele können Seattle im US-Bundesstaat Washington (http://www.ci.seattle.wa.us/seattle/budget/default.htm), Seaside im US-Bundesstaat Californien (http://bbs.ci.seaside.ca.us/bbsmenu.htm), Lancaster im US-Bundesstaat Californien (http://city.lancaster.ca.us/budgetf.htm) und Fayetteville im US-Bundesstaat Arkansas (http://cavern.uark.edu/ALLADIN/cityinfo/cityfiles/96budmes.html) genannt werden. Stand: 13.10.1996.

814) Vgl. zum Beispiel Titel von Bauer, Siegfried (1994a); Bauer, Siegfried (1994b); Budäus, Dietrich (1994); Hafner, Wolfgang (1995).

815) Vgl. Abschnitt 7.2.3., dort bezugnehmend auf Budäus, Dietrich (1995), S. 24; Jannig, Hermann (1995), S. 9.

Auch ohne Einführung der kaufmännischen Buchführung können jedoch bereits andere Reformbausteine in die Praxis umgesetzt werden. So wählten die Gemeinden, die inzwischen mit Reformen begonnen haben, als Einstieg zumeist Maßnahmen zur Flexibilisierung der Ressourcenbewirtschaftung[816]. Wegen des geringen Verwaltungsaufwands solcher Reformmaßnahmen ist dies auch sinnvoll. Damit nicht die Gefahr einer andauernden und nachhaltigen Beeinträchtigung der Steuerung und Kontrolle der Verwaltung eintritt, sollte mit diesem Einstieg auch der Weg zu einer Umgestaltung der Rechenwerke in der dargestellten Form eingeschlagen werden. Erste Maßnahmen können hier etwa darin bestehen, die Leistungen und Produkte der Verwaltung zu definieren, im Haushaltsplan unter Angabe von Leistungsmengen darzustellen, eine Bewertung des Vermögens vorzunehmen, den Rechnungsstoff im ganzen Haushalt darauf aufbauend um kalkulatorische Kosten zu ergänzen und Leistungsströme zwischen Teileinheiten intern zu verrechnen.

Neben den Reformen der einzelnen Gemeinden sind überregionale Maßnahmen erforderlich. Hierbei spielen Gesetz- und Verordnungsgeber eine ganz wesentliche Rolle, der sie bisher jedoch nur in Ansätzen gerecht wurden. So wurde nach Einführung der Experimentierklausel in die Hessische Gemeindeordnung zum 01.01.1995 mit Verordnung vom 08.07.1996 die Gemeindehaushaltsverordnung in einigen wenigen Punkten geändert. Aus der Voraussetzung für die Deckungsfähigkeit von Ausgaben im Verwaltungshaushalt („... wenn sie sachlich eng zusammenhängen") wurde das Wort „eng" gestrichen. Für die Deckungsfähigkeit im Vermögenshaushalt ist nicht mehr die Zugehörigkeit zum gleichen Abschnitt bzw. Unterabschnitt erforderlich, sondern ein sachlicher Zusammenhang. Außerdem wurde verordnet, daß Einrichtungen, die in der Regel nicht überwiegend aus Entgelten finanziert werden oder als Hilfsbetriebe ausschließlich der Deckung des Eigenbedarfs der Gemeinde dienen, wie kostenrechnende Einrichtungen geführt werden sollen. Zuvor war die Veranschlagung kalkulatorischer Kosten für solche Einrichtungen unzulässig, nun wird sie gefordert. [817]

Verständlich ist einerseits, daß Gesetz- und Verordnungsgeber während der Experimentierphase noch keine grundlegende Reform des Gemeindehaushaltsrechts durchführen. Andererseits erfordert der Reformvorschlag die rechtzeitige Koordination der in den Gemeinden erprobten Ansätze und vor allem der definierten Produkte und angewandten Rechenmethoden (z. B. Bewertung und Abschreibung von Anlagevermögen), um landesweite Standards und damit ein Mindestmaß an Objektivität und Vergleichbarkeit der Daten des Rechnungswesens zu erreichen. Außerdem ist unabhängig von der Gestaltung der Rechenwerke in jedem Fall eine bessere Publizität erforderlich, die durch eine entsprechende Änderung der Hessischen Gemeindeordnung kurzfristig erreicht werden kann.

---

816) Vgl. Abschnitt 6.3.6.

817) Vgl. Art. 1 Nr. 2-3 der Verordnung zur Änderung der Gemeindehaushaltsverordnung vom 8. Juli 1996.

8. Zusammenfassung der wichtigsten Ergebnisse

Die Organisation der kommunalen Selbstverwaltung ist geprägt durch Principal-Agent-Beziehungen zwischen Bürgern, Politikern und der Verwaltung, in dieser auch zwischen den einzelnen ihrer Hierarchieebenen. Während Bürger an einer wirtschaftlichen, gerechten und bürgerfreundlichen Verwaltung sowie der Verwirklichung der von ihnen individuell präferierten Sachziele interessiert sind, wird den Politikern im allgemeinen unterstellt, daß sie die Erreichung einer maximalen oder zumindest ausreichenden Stimmenzahl verfolgen, um Prestige, Macht und Einfluß zu erlangen. Die Verwaltungsmitarbeiter streben vor allem nach Einkommenszuwachs und Beförderung sowie Befriedigung durch die geleistete Arbeit. Aufgrund von Informationsasymmetrie ist zu erwarten, daß die jeweiligen Agenten bestrebt sind, Handlungsspielräume eher zu ihrem eigenen Vorteil als zu dem ihrer Principale zu nutzen.

Das kommunale Rechnungswesen hat vor allem die Funktion, den Principalen Einfluß- und Informationsmöglichkeiten zu gewährleisten, um dadurch eine bestmögliche Aufgabenwahrnehmung in deren Sinne zu erreichen. Damit das Rechnungswesen dieser Funktion gerecht wird, sollten sich die Vorgaben der Planungsrechnungen und die durch Kontrollrechnungen vermittelten Informationen auf die zu verfolgenden Ziele beziehen und keinesfalls Anreize verursachen, diesen Zielen zuwiderzuhandeln. Außerdem müssen die Rechenwerke gut zugänglich sowie leicht und schnell verständlich sein, um die Informationskosten der Adressaten möglichst gering zu halten. Normensetzung und -überwachung sollten mit Blick auf die Principal-Agent-Problematik durch eine unabhängige Instanz erfolgen. Dabei ist auf Stetigkeit und landesweite Einheitlichkeit des Rechnungswesens zu achten, damit Zeit- und Behördenvergleiche, insbesondere zu Zwecken der Wirtschaftlichkeitskontrolle, durchführbar sind. Im übrigen ist zu fordern, daß das Rechnungswesen selbst wirtschaftlich ist.

Die Überprüfung des bestehenden kameralistischen Rechnungswesens der Verwaltung hat ergeben, daß es den genannten Anforderungen in konzeptioneller Hinsicht nicht gerecht wird. So orientieren sich weder die Vorgaben der Planungsrechnungen noch die durch Kontrollrechnungen vermittelten Informationen an den zu verfolgenden Zielen. Die einzusetzenden Mittel werden im produktionstechnischen Sinne vorgegeben und kontrolliert, ohne jedoch die Produkte in Menge und Qualität zu benennen. Durch die derzeitigen Regeln der Mittelbewirtschaftung fehlt den Bediensteten nicht nur die erforderliche Flexibilität, um auf sich ändernde Rahmenbedingungen im Sinne einer wirtschaftlichen Verwaltungsführung angemessen reagieren zu können. Ihnen werden zum Teil sogar Anreize zu verschwenderischem Verhalten gegeben. Unwirtschaftlichkeit aufzudecken läßt der Rechnungsstoff nicht einmal zu, da statt der Kosten fast ausschließlich der Geldverbrauch ausgewiesen wird. Zu kritisieren sind auch die eingeschränkte Zugänglichkeit der Rechenwerke sowie deren schwere Verständlichkeit.

Nach der Überprüfung der konzeptionellen Aspekte des Rechnungswesens wurde die Umsetzung des Haushaltsrechts in die Praxis untersucht. Dazu wurden die Haushaltspläne 100 zufällig ausgewählter hessischer Gemeinden ausgewertet und eine Befragung der Aufsichtsbehörden und Rechnungsprüfungsämter der hessischen Landkreise durchgeführt. Als Ergebnis der Untersuchung waren zahlreiche Abweichungen zwischen den Vorgaben des Haushaltsrechts und der kommunalen Praxis festzustellen. Diese mögen zum Teil auf die Absicht zurückzuführen sein, erkannte konzeptionelle Mängel beseitigen zu wollen. Überwiegend bewirkten die Abweichungen jedoch eine über die konzeptionellen Mängel hinausgehende Beeinträchtigung der dem Rechnungswesen zugedachten Funktionen. Unter Bezugnahme auf die Principal-Agent-Problematik ist zu vermuten, daß das mangelnde Interesse der die Rechenwerke erstellenden Verwaltung, beeinflußt und kontrolliert zu werden, eine der Hauptursachen hierfür ist. Eine Reform des Rechnungswesens zugunsten einer besseren Kontrolle der Verwaltung kann insofern nur dann erfolgreich sein, wenn sich die Verwaltung der Kontrolle nicht durch Verletzung des Haushaltsrechts entzieht. Dies ist durch die Aufsichtsbehörden und Rechnungsprüfungsämter sicherzustellen. Insbesondere der Verwirklichung einer zeitnahen Haushaltskontrolle kommt besondere Bedeutung zu.

Die derzeitigen Pilotprojekte zur Modernisierung von Kommunalverwaltungen sind durch das Neue Steuerungsmodell geprägt. Pate standen insbesondere die Reformen der niederländischen Stadt Tilburg. Das Neue Steuerungsmodell zeichnet sich dadurch aus, daß die Steuerung der Verwaltung nicht mehr vorwiegend durch verhaltensdeterminierende Normen, sondern durch ergebnisbezogene Ziele erfolgt. Durch die Zusammenführung von fachlicher Produktverantwortung, Ressourcenverantwortung und aufbauorganisatorischer Leitungsverantwortung wird die persönliche Verantwortung der Mitarbeiter für die Ergebnisse ihres Handelns erreicht. Die gewünschten Leistungen werden durch Verhandlungen zwischen den einzelnen Hierarchieebenen von Politik und Verwaltung festgelegt. Dabei bringt die jeweils übergeordnete Ebene die Leistungserwartungen und die ihr untergeordnete Ebene den dafür aus ihrer Sicht benötigten Ressourcenbedarf ein. Auf diese Weise entsteht ein „Konzern Stadt", bestehend aus einzelnen, eigenständig wirtschaftenden Einheiten, die auf Bestellung bestimmte Dienstleistungen erbringen. Der outputorientierten Steuerung wird auch das Kontollinstrumentarium angepaßt. Mit seiner Hilfe sollen die festgelegten Ziele mit dem Erreichten verglichen, Abweichungen hinsichtlich ihrer Ursachen analysiert und die Voraussetzungen für die zukünftige Annäherung von Soll und Ist ermittelt werden. Eine exemplarische Untersuchung der bisherigen Reformen in fünf deutschen Städten mit „Vorreiterfunktion" hat ergeben, daß die Flexibilisierung der Mittelbewirtschaftung stets am Anfang des Reformprozesses stand, während bisher nur marginale Änderungen des Rechnungsstoffes und keinerlei Änderungen des Rechnungsstiles zu verzeichnen sind. Diesbezüglich sind insofern noch weitere Reformbemühungen erforderlich.

Abschließend wurden auf Grundlage der an das Rechnungswesen zu stellenden Anforderungen und der darauf aufbauenden Mängelanalyse sowie unter Berücksichtigung der Überlegungen zu einem Neuen Steuerungsmodell mögliche Bausteine einer Reform des kommunalen Rechnungswesens vorgestellt. Neben einer Flexibilisierung der Ressourcenbewirtschaftung durch globale Mittelzuweisungen mit Übertragbarkeit in das folgende Haushaltsjahr sollte - vor allem, um eine Kontrolle der Wirtschaftlichkeit zu ermöglichen - der Rechnungsstoff vom Geldverbrauch auf den Ressourcenverbrauch umgestellt werden. Buchungstechnisch ließe sich dies zwar auch durch die Ergänzung der Verwaltungskameralistik zur Betriebskameralistik oder Erweiterten Kameralistik erreichen, vorgeschlagen wird jedoch die Einführung der kaufmännischen doppelten Buchführung. Diese ist einfacher zu handhaben und bietet eine hohe formale Zuverlässigkeit. Außerdem hat sie durch ihren Gebrauch in der Privatwirtschaft bereits eine wesentlich größere Verbreitung gefunden als die Kameralistik, so daß sie für einen viel breiteren Adressatenkreis verständlich ist und ein vielfältiges Angebot leistungsfähiger, weltweit bewährter und vergleichsweise kostengünstiger Software zur Verfügung steht. Zur Anpassung der kaufmännischen Buchführung an die kommunalen Bedürfnisse wird die KGSt-Variante des neuen kommunalen Haushalts- und Rechnungsmodells zur Umsetzung vorgeschlagen. Die Überwachung des Haushaltsvollzugs kann durch eine ergänzende Vollzugsübersicht erfolgen; ein Gestaltungsvorschlag hierfür wurde unterbreitet. Die erforderliche

Dokumentation und Kontrolle der Zielerreichung sollte durch eine Kombination aus Leistungsrechnung, Kostenrechnung und Indikatorenrechnung erfolgen. Zur Wirtschaftlichkeitskontrolle werden die flexible Plankostenrechnung sowie zwischenbehördliche und intertemporale Kostenvergleiche empfohlen. Die Ergebnisse der Rechnungen sind so zu komprimieren und zusammenzufassen, daß eine einfache und schnelle Informationsaufnahme durch die Adressaten möglich ist. Als Maßnahmen zur Verbesserung der Publizität der Rechenwerke bzw. der durch sie zu vermittelnden Informationen wurden insbesondere eine Erweiterung des Rechts auf Einsichtnahme in die Rechenwerke, die Vorlage der Jahresrechnung an die Gemeindevertretung unverzüglich nach deren Aufstellung durch den Gemeindevorstand sowie die Erstellung und Verteilung eines kommunalen Lageberichtes vorgeschlagen.

Literaturverzeichnis

Monographien, Artikel in Fachzeitschriften

Adam, Dietrich / Hering, Thomas: Kalkulation von Abwassergebühren, in: Zeitschrift für öffentliche und gemeinwirtschaftliche Unternehmen, Band 18, 1995, S. 259-276

Amerkamp, Kurt: Das gemeindliche Haushaltsrecht im Lande Hessen, in: Praxis der Gemeindeverwaltung, 166. Lfg., Wiesbaden 1989

Andel, Norbert: Finanzwissenschaft, 3. Aufl., Tübingen 1992

Arnim, Hans Herbert von: Wirtschaftlichkeit als Rechtsprinzip, Berlin 1988

Ballwieser, Wolfgang: Ergebnisse der Informationsökonomie zur Informationsfunktion der Rechnungslegung, in: Stöppler, Siegmar (Hrsg.): Information und Produktion: Beiträge zur Unternehmenstheorie und Unternehmensplanung, Stuttgart 1985, S. 21-40

Baltzer, Klaus: Kommunalpolitik gegen Kommunalverwaltung ?, in: Verwaltungsrundschau, 35. Jg., 1989, S. 1-5

Bamberger, Ingolf: Budgetierungsprozesse in Organisationen, Diss., Mannheim 1971

Banner, Gerhard: Neues Steuerungsmodell für die Kommunalverwaltung, in: Hessische Städte- und Gemeindezeitung, 44. Jg., 1994, S. 42-44

Barthel, Christian: Lean Production. Ein Organisationsentwicklungskonzept für die Kommunalverwaltung, in: Archiv für Kommunalwissenschaften, 33. Jg., 1994, S. 295-316

Bastiansen, Bruno: Die Beurteilung der finanziellen Leistungsfähigkeit der Gemeinden nach den haushaltsrechtlichen Vorschriften, in: Der Gemeindehaushalt, 79. Jg., 1978, S. 1-2

Bauer, Siegfried: Die „pro-Kopf-Verschuldung" als Kennziffer und Maßstab im interkommunalen Vergleich, in: Der Gemeindehaushalt, 89. Jg., 1988, S. 178-180

Bauer, Siegfried: Privatisierung kommunaler Einrichtungen, Reduzierung der Pro-Kopf-Verschuldung, Doppik statt Kameralistik, „Tilburger Modell" und was noch ?, in: Der Gemeindehaushalt, 95. Jg., 1994, S. 128-133 (a)

Bauer, Siegfried: Kameralistik oder Doppik ? - Eine Kontroverse ohne Ende ?, in: Zeitschrift für Kommunalfinanzen, 44. Jg., 1994, S. 266-273 (b)

Bea, Franz Xaver: Informationsbedarf für Entscheidungen in öffentlichen Verwaltungen, in: Eichhorn, Peter (Hrsg.): Doppik und Kameralistik, Baden-Baden 1987, S. 17-28

Bechtel, Klaus: Funktion und Bedeutung der Budgetierung im Rahmen des neuen Steuerungsmodelles der Stadt Herten, unveröffentlichtes Skript 1995

Beisse, Heinrich: Zum neuen Bild des Bilanzrechtssystems, in: Ballwieser, Wolfgang et al.: Bilanzrecht und Kapitalmarkt, Festschrift zum 65. Geburtstag von Professor Dr. Dr. h.c. Dr. h.c. Adolf Moxter, Düsseldorf 1994

Bennemann, Gerhard: Möglichkeiten und Grenzen der Kontrolle des Magistrats durch die Stadtverordneten, in: Hessische Städte- und Gemeindezeitung, 44. Jg., 1994, S. 322-329

Berkenhoff, Hans Albert / Wenig, Siegfried: Das Haushaltswesen der Gemeinden, 8. Aufl., Herford 1986

Bernhardt, Horst: Haushaltsrechtliche und betriebswirtschaftliche Steuerung der kommunalen Finanzen, in: Der Gemeindehaushalt, 94. Jg., 1993, S. 145-147

Blume, Michael: Zur Diskussion um ein neues Steuerungsmodell für Kommunalverwaltungen - Argumente und Einwände, in: Der Gemeindehaushalt, 94. Jg., 1993, S. 1-8

Blume-Beyerle, Wilfried: München und das „Neue Steuerungsmodell" - Ein Bericht über den Stand der Verwaltungsreform, in: Verwaltung & Management, 1. Jg., 1995, S. 235-239

Borchert, Hartmut: Kommunalaufsicht und kommunaler Haushalt, Siegburg 1976

Bothe, Klaus: Wie ließt man den Haushaltsplan einer Gemeinde ?, 3. Aufl., Göttingen 1989

Braybrooke, David/Lindblom, Charles E.: A Strategy of Decision. Policy Evaluation as a Social Process, London 1963

Bräunig, Dietmar: Das Modell der überörtlichen Prüfung kommunaler Körperschaften in Hessen, in: Der Gemeindehaushalt, 96. Jg., 1995, S. 248-252

Brede, Helmut / Buschor, Ernst: Einleitung zu Brede, Helmut / Buschor, Ernst (Hrsg.): Das neue Öffentliche Rechnungswesen: Betriebswirtschaftliche Beiträge zur Haushaltsreform in Deutschland, Österreich und der Schweiz, Baden-Baden 1993

Brommer, Harald: Haushaltsausgleich und Fehlbetragsausweisung, in: Der Gemeindehaushalt, 85. Jg., 1984, S. 1-4

Brückmann, Friedel / Walther, Norbert: Budgetierung: Eine neue Form der Haushaltssteuerung, in: Kommunale Steuer-Zeitschrift, 43. Jg., 1994, S. 141-147

Brückmann, Friedel: Ein neues Steuerungssystem für die Kommunalverwaltung - Ein Überblick -, in: Hessische Städte- und Gemeinde-Zeitung, 44. Jg., 1994, S. 222-228

Brückmann, Friedel: Ein neues Steuerungssystem für die Kommunalverwaltung in Fragen und Antworten, 3. Aufl., Wettenberg 1995

Brüning, Gert: Gebührenkalkulation: Verdeckte Gewinne sind weiterhin möglich - Bemerkungen zum Urteil des OVG Münster vom 5.8.1994 aus betriebswirtschaftlicher Sicht -, in: Kommunale Steuer-Zeitschrift, 43. Jg., 1994, S. 201-208

Buchanan, James M. / Tullock, Gordon: The Calculus of Consent, Ann Arbor 1962

Buckhorst, Jutta K.: Öffentliche Güter und die These von der Konsumentensouveränität, Duisburg 1986

Budäus, Dietrich: Doppik versus Kameralistik - Sinn und Unsinn einer Kontroverse, in: Die innovative Verwaltung, 1. Jg., 1994, S. 19-24

Bund der Steuerzahler Hessen e. V. (Hrsg.): Tips zum Sparen in der Gemeinde, 2. Aufl., 1988

Bundeszentrale für politische Bildung (Hrsg.): Informationen zur politischen Bildung, Nr. 197, Politik in der Gemeinde, Bonn 1983

Bundeszentrale für politische Bildung (Hrsg.): Informationen zur politischen Bildung, Nr. 242, Kommunalpolitik, Bonn 1994

Christner, Thomas: Entschädigungsregelungen für Mitglieder kommunaler Vertretungskörperschaften, Frankfurt am Main u. a. O. 1991

Cube, Felix von: Was ist Kybernetik?, 3. Aufl., München 1970

Dabringhausen, Gerhard: Einwendungen gegen den Entwurf des Haushaltssatzung gemäß § 66 Abs. 3 GO NW, in: Der Gemeindehaushalt, 94. Jg., 1993, S. 201-204

Deckert, Klaus: Organisationen organisieren, Bonn/Erfurt 1991

Depiereux, Stefan: Grundriß des Gemeindehaushaltsrechts, 3. Aufl., Siegburg 1982

Derlien, Hans Ulrich / Gürtler, Christoph / Holler, Wolfgang / Schreiner, Hermann Josef: Kommunalverfassung und kommunales Entscheidungssystem: Eine vergleichende Untersuchung in vier Gemeinden, Meisenheim/Glan 1976

Deutscher Städtetag: Wer würde nicht gerne weniger zahlen?, in: Kommunalpolitische Blätter, 45. Jg., 1993, S. 674

Downs, Anthony: Ökonomische Theorie der Demokratie, Tübingen 1968

Dreyfack, Raimond / Seibel Johannes J.: Zero-Base-Budgeting. Das Budget als Führungsinstrument in Wirtschaft und Verwaltung, 2. Aufl., Zürich 1978

Eichelhardt, Horst: Die örtliche Rechnungsprüfung: Leitfaden für die Praxis in den kommunalen Vertretungskörperschaften und Rechnungsprüfungsausschüssen, Köln 1992

Ellwein, Thomas: Parteien und kommunale Öffentlichkeit, in: Archiv für Kommunalwissenschaften, 10. Jg., 1971, S. 11-25

Elschen, Rainer: Agency-Theorie, in: Die Betriebswirtschaft, 48. Jg., 1988, S. 248-250

Engelhardt, Gunter: Programmbudgetierung als Antwort auf die Haushaltskrise, in: Mäding, Heinrich (Hrsg.): Haushaltsplanung - Haushaltsvollzug - Haushaltskontrolle, Baden-Baden 1986, S. 132-152

Erkes, Hubert: Der kommunale Budgetkreislauf, in: Zeitschrift für Kommunalfinanzen, 38. Jg., 1988, S. 26-31 und 152-156

Färber, Gisela: Produktivitätsorientierte Haushaltsreform - Ein Beitrag zur Dämpfung des Anstiegs der öffentlichen Personalausgaben -, in: Die öffentliche Verwaltung, 43. Jg., 1992, S. 1045-1052

Fleischer, Jürgen: Modell der Struktur eines marktorientierten öffentlichen Dienstleistungsbetriebes, in: Deutsche Verwaltungspraxis, 47. Jg., 1996, S. 135-142

Foerstemann, Friedhelm: Die Gemeindeorgane in Hessen, 4. Aufl., Mainz-Kostheim 1993

Freudenberg, Dierk: Öffentliches Rechnungswesen in Deutschland - Bestandsaufnahme und Bewertung aus der Sicht einer Landesmittelinstanz, in: Lüder, Klaus (Hrsg.): Öffentliches Rechnungswesen 2000, Berlin 1994, S. 97-106

Freudenberg, Dierk: Grundlage und Voraussetzung einer Verwaltungsreform: Erfassung von Kosten und Leistungen, in: Deutsche Verwaltungspraxis, 47. Jg., 1996, S. 3-9

Frey, Rainer: Das institutionelle Feld politischer Entscheidungen auf der Kommunalebene, in: Schimanke, Dieter (Hrsg.): Stadtdirektor oder Bürgermeister: Beiträge zu einer aktuellen Kontroverse, Basel u. a. O. 1989

Friedl, Uwe: Abgrenzung bei der Zuordnung von Haushaltsmitteln zum Verwaltungs- bzw. Vermögenshaushalt, in: Der Gemeindehaushalt, 82. Jg., 1981, S. 64-65

Fuchs, Manfred: Kommunales Haushaltswesen, Der Verwaltungsbeamte 4c, Göttingen 1975

Fuchs, Manfred: Das betriebliche Rechnungswesen in der Kommunalverwaltung, in: Eichhorn, Peter (Hrsg.): Doppik und Kameralistik, Baden-Baden 1987, S. 63-70

Fuchs, Manfred: Betriebskameralistik, in: Chmielewicz, Klaus / Eichhorn, Peter (Hrsg.): Handwörterbuch der Öffentlichen Betriebswirtschaft, Stuttgart 1989, Sp. 132-140

Fürst, Dietrich: Kommunale Entscheidungsprozesse: Ein Beitrag zur Selektivität politisch-administrativer Prozesse, Baden-Baden 1975

Gabele, Eduard: Buchführung, 6. Aufl., München/Wien 1996

Gawel, Erik: Zur Rechtfertigung von Wiederbeschaffungszeitwerten in der Kalkulation kommunaler Benutzungsgebühren, in: Kommunale Steuer-Zeitschrift, 43. Jg., 1994, S. 81-89 (a)

Gawel, Erik: Zur kalkulatorischen Verzinsung des Kapitals kommunaler Gebührenhaushalte, in: Der Gemeindehaushalt, 95. Jg., 1994, S. 222-232 (b)

Gawel, Erik: Zur Kostenrelevanz voll abgeschriebener Anlagegüter in der Kalkulation kommunaler Benutzungsgebühren, in: Zeitschrift für Kommunalfinanzen, 44. Jg., 1994, S. 248-251 (c)

Gassmann, Uwe: Kommunale Ausgaben als Ergebnis politisch-ökonomischer Entscheidungsprozesse: Der Kommunalbereich der Bundesrepublik Deutschland im Lichte der ökonomischen Theorie der Politik, Bern u. a. O. 1993

Gelhoff, Werner: Ist die Kameralistik als Instrument der Wirtschaftlichkeitskontrolle und Entgeltkalkulation im öffentlichen Bereich brauchbar ?, in: Der Gemeindehaushalt, 86. Jg., 1985, S. 5-7

Gerlach, Thomas: Kalkulation innerbetrieblicher Verwaltungsleistungen, in: Deutsche Verwaltungspraxis, 46. Jg., 1995, S. 228-230

Goebel, Eberhard: Der Vorbericht: Rahmenbedingungen und Spielräume zur Optimierung kommunaler Haushaltspläne, 4. Aufl., Helsa 1992

Goebel, Eberhard: GemHVO: Ländervergleich der rechtlichen Rahmenbedingungen zu den Erläuterungsteilen kommunaler Haushaltspläne, Helsa 1993

Göddeke, Dieter: Überblick über den Staats- und Verwaltungsaufbau der Niederlande, in: Verwaltungsrundschau, 30. Jg., 1984, S. 196-200

Gornas, Jürgen / Jüngel, Erwin: Der öffentliche Haushalt als Grundlage für die Effizienz und Effektivität des Verwaltungshandelns, in: Der Gemeindehaushalt, 94. Jg., 1993, S. 25-30

Grandke, Gerhard / Barthel, Christian / Weimer, Michael: Schlanke Verwaltung für fettes Stadtsäckel, in: Der Städtetag, 46. Jg., 1993, S. 264-268

Gravemann, Klaus: Freiräume für die Globalsteuerung, in: Kommunalpolitische Blätter, 45. Jg., 1993, S. 260-261 (a)

Gravemann, Klaus: Einführung der Budgetierung in Rheine - Praxisbericht aus einer Mittelstadt, in: Der Gemeindehaushalt, 94. Jg., 1993, S. 217-221 (b)

Gravemann, Klaus: Haushaltsvollzug in der dezentralen Ergebnisverantwortung in Rheine, in: Der Gemeindehaushalt, 95. Jg., 1994, S. 199-203

Hafner, Wolfgang: Kann die finanzielle Leistungskraft einer Gemeinde mit Kennzahlen beurteilt werden ?, in: Der Gemeindehaushalt, 90. Jg., 1989, S. 265-271

Hafner, Wolfgang: Kameralistik oder Doppik ?, in: Der Gemeindehaushalt, 96. Jg., 1995, S. 121-144

Harms, Jens / Naumann, Theodor: Globalhaushalte und das Problem der Wirtschaftlichkeit von Hochschulen, in: Die öffentliche Verwaltung, 43. Jg., 1992, S. 822-827

Hartung, Sven: Die Hessische Kommunalverfasung, in: Hessen einst und jetzt - Informationen zur politischen Landeskunde, hrsg. von der hessischen Landeszentrale für politische Bildung, o. J.

Haus, Wolfgang / Schmidt-Eichstaedt, Gerd / Schäfer, Rudolf: Wie funktioniert das ? Städte, Kreise und Gemeinden, Mannheim u. a. O. 1986

Heinen, Edmund: Handelsbilanzen, 12. Aufl., Wiesbaden 1996

Helms, Fritz P.: Öffentliche Güter, in: Verwaltungsrundschau, 29. Jg., 1983, S. 69-70

Henning, Max: Effektivität in der Kommunalpolitik, in: Demokratische Gemeinde, 24. Jg., 1972, S. 1-2

Hessisches Kultusministerium (Hrsg.): Rahmenlehrpläne für die beruflichen Schulen des Landes Hessen, Berufsschule, Berufsfeld Wirtschaft und Verwaltung, Verwaltungsfachangestellter/Verwaltungsfachangestellte, 2. Aufl., Wiesbaden 1985

Hessisches Statistisches Landesamt (Hrsg.): Hessische Gemeindestatistik 1993, Wiesbaden 1993

Hoffmann, Eberhard: Die Beurteilung der finanziellen Leistungsfähigkeit von Gemeinden anhand ausgewählter Kennzahlen, in: Der Gemeindehaushalt, 87. Jg., 1986, S. 245-354

Holler, Wolfgang / Naßmacher, Karl-Heinz: Entwicklungsplanung im kommunalen Entscheidungsfeld, in: Kevenhörster, Paul (Hrsg.): Lokale Politik unter exekutiver Führerschaft, Meisenheim/Glan 1977

Horstmann, Axel: Der Weg zu einer „kundenfreundlichen" Stadtverwaltung - Verlauf und derzeitiger Stand des Reorganisationsprozesses in Detmold -, in: Deutsche Verwaltungspraxis, 46. Jg., 1995, S. 285-291

Hummel, Siegfried / Männel, Wolfgang: Kostenrechnung, 4. Aufl., Wiesbaden 1990

Impel, Jürgen van: Der maßvolle Einstieg - Budgetierung in einer Stadt von 30.000 Einwohnern - Ein Erfahrungsbericht, in: Der Gemeindehaushalt 96. Jg., 1995, S. 268-275

Institut für Landes- und Stadtentwicklungsforschung des Landes Nordrhein-Westfalen: Kommunale Verkehrsentwicklungsplanung (Bd. 11 der Reihe „Bausteine für die Planungspraxis in Nordrhein-Westfalen"), Dortmund 1991

Istel, Werner: Bürgerfreundliche Verwaltung, Herford 1981

Jann, Werner: Verwaltung im politischen Prozeß, in: Verwaltungsrundschau, 30. Jg., 1984, S. 37-43

Janning, Hermann: Schlanke Verwaltung - Ein Thesenpapier, in: Verwaltungsrundschau, 40. Jg., 1994, S. 24-26

Janning, Hermann: Doppik als Reformmotor?, in: Die innovative Verwaltung, 1. Jg., 1995, S. 8-9

Jordan, Wilhelm / Ott, Hans: Hessisches Gemeindewirtschaftsrecht, 3. Aufl., 4. Lfg., Wiesbaden 1982

Kanitz, Horst: Bürger und Gemeinde, erschienen als Heft 1 der Reihe Dill, Günter / Kanitz, Horst: Grundlagen praktischer Kommunalpolitik, Sankt Augustin 1994

Karl-Bräuer-Institut des Bundes der Steuerzahler (Hrsg.): Forderungen zur Verwaltungsreform (Stellungnahmen Nr. 26), 1995

Karrenberg, Hans / Münstermann, Engelbert: Talfahrt der Städtischen Finanzen. Gemeindefinanzbericht 1994, in: Der Städtetag, 47. Jg., 1994, S. 143-220

Kelling, Otto: Im Spannungsfeld von Rat und Verwaltung: Haushaltsplanung und -führung, in: Der Gemeindehaushalt, 85. Jg., 1984, S. 201-208

Kiener, Stefan: Die Principal-Agent-Theorie aus informationsökonomischer Sicht, Heidelberg 1990

Kilger, Wolfgang: Einführung in die Kostenrechnung, 3. Aufl., Wiesbaden 1987

Kinzel, Hans Georg: Ein neues Profil für die Verwaltung, in: Kommunalpolitische Blätter, 45. Jg., 1993, S. 176-179 (a)

Kinzel, Hans Georg: Die Kameralistik gehört auf den Prüfstand, in: Kommunalpolitische Blätter, 45. Jg., 1993, S. 256-257 (b)

Kirsch, Guy: Neue Politische Ökonomie, 2. Aufl., Düsseldorf 1983

Kirsten, Karl: Gemeindefinanzen, Siegburg 1954

Klages, Helmut: Verwaltungsmodernisierung durch „neue Steuerung" ?, in: Archiv für Kommunalwissenschaften, 34. Jg., 1995, S. 203-228

Klümper, Bernd: Die Bedeutung der Öffentlichen Betriebswirtschaftslehre für die Kommunalverwaltung, in: Verwaltungsrundschau, 30. Jg., 1984, S. 364-367

Klümper, Bernd: Zur Berechnung der kalkulatorischen Zinsen, in: Der Gemeindehaushalt, 95. Jg., 1994, S. 51-55

Köcher, Renate: Der Bürger als Konsument - Die Malaise der Kommunalpolitik, Dokumentation des Beitrags in der Frankfurter Allgemeinen Zeitung Nr. 136 vom 16. Juni 1993, Allensbach 1993

Koglin, Heinz: Sammelnachweise - ein Rationalisierungsmittel in der Kommunalverwaltung, in: Der Gemeindehaushalt, 79. Jg., 1978, S. 190-191

Kommunale Gemeinschaftsstelle: KGSt-Bericht Nr. 12/1991 „Dezentrale Ressourcenverantwortung - Überlegungen zu einem neuen Steuerungsmodell", Köln 1991

Kommunale Gemeinschaftsstelle: KGSt-Bericht Nr. 19/1992 „Wege zum Dienstleistungsunternehmen Kommunalverwaltung - Fallstudie Tilburg", Köln 1992 (a)

Kommunale Gemeinschaftsstelle: KGSt-Mitteilungen Nr. 17 vom 17.09.92, in Auszügen zit. in: Zeitschrift für Kommunalfinanzen, 42. Jg., 1992, S. 286 (b)

Kommunale Gemeinschaftsstelle: KGSt-Bericht Nr. 5/1993 „Das Neue Steuerungsmodell: Begründung, Konturen, Umsetzung", Köln 1993 (a)

Kommunale Gemeinschaftsstelle: KGSt-Bericht Nr. 6/1993 „Budgetierung: Ein neues Verfahren der Steuerung kommunaler Haushalte", Köln 1993 (b)

Kommunale Gemeinschaftsstelle: KGSt-Bericht Nr. 8/1994 „Das neue Steuerungsmodell: Definition und Beschreibung von Produkten", Köln 1994

Kommunale Gemeinschaftsstelle: KGSt-Mitteilungen Nr. 23 vom 10.12.94, in Auszügen zit. in: Zeitschrift für Kommunalfinanzen, 45. Jg., 1995, S. 68 (a)

Kommunale Gemeinschaftsstelle: KGSt-Bericht Nr. 1/1995 „Vom Geldverbrauchs- zum Ressourcenverbrauchskonzept: Leitlinien für ein neues kommunales Haushalts- und Rechnungsmodell auf doppischer Grundlage", Köln 1995 (b)

Kommunale Gemeinschaftsstelle: KGSt-Mitteilungen Nr. 14 vom 25.07.95, in: Zeitschrift für Kommunalfinanzen, 45. Jg., 1995, S. 226-227 (c)

Krähmer, Rolf: Das Konzernmodell der Verwaltungsorganisation und Verwaltungsführung, in: Der Gemeindehaushalt, 94. Jg., 1993, S. 415-422

Krüger, Ingo: Das Wirtschaftlichkeitsprinzip in betriebswirtschaftlicher und finanzwirtschaftlicher Sicht, in: Verwaltungsrundschau, 38. Jg., 1992, S. 26-30

Kuhn, Thomas / Maurer, Andrea: Ökonomische Theorie der Zeit, in: Wirtschaftswissenschaftliches Studium, 24. Jg., 1995, S. 16-20

Langner, Peter: Zero-Base-Budgeting und Sunset Legislation: Instrumente zur Rückgewinnung öffentlicher Handlungsspielräume ?, Baden-Baden 1983

Laux, Helmut / Liermann, Felix: Grundlagen der Organisation, 2. Aufl., Berlin u. a. O. 1990

Lavies, Ralf-Rainer: Können unsere lokalen Parlamente überhaupt ihre Aufgabe erfüllen? - Ergebnisse einer Umfrage über die konkrete Lage, in: Hessische Städte- und Gemeindezeitung, 39. Jg., 1989, S. 191-194

Lehmann, Helmut: Kybernetik, in: HWB, Bd. 2, Stuttgart 1975, Sp. 2413.

Leue, Rudolf: Bemessung der Zuführung vom Verwaltungs- zum Vermögenshaushalt, in: Der Gemeindehaushalt, 80. Jg., 1979, S. 80-85

Lindblom, Charles E.: The science of „muddling through", in: Public Administration Review 1959, vol. 19, S. 79-88

Löhr, Ulrike / Schöneich, Michael: Verwaltungsmodernisierung und notwendige Änderungen des Dienstrechtes, in: Verwaltungsrundschau, 41. Jg., 1995, S. 188-193

Löw, Edgar: Die externe Rechnungslegung der öffentlichen Verwaltung: Rechtlich-normative Anforderungen, Baden-Baden 1994

Lüder, Klaus: Ein kaufmännisches Rechnungswesen für die öffentliche Verwaltung ? - Plädoyer für das Überdenken der Zweckmäßigkeit des staatlichen Rechnungswesens in der Bundesrepublik Deutschland, in: Eichhorn, Peter (Hrsg.): Doppik und Kameralistik, Baden-Baden 1987, S. 245-261

Lüder, Klaus: Bedarf es einer Reform des staatlichen Rechnungswesens in der Bundesrepublik Deutschland?, in: Die Öffentliche Verwaltung, 42. Jg., 1989, S. 1005-1013

Lüder, Klaus: Verwaltungscontrolling, in: Die öffentliche Verwaltung, 44. Jg., 1993, S. 265-272

Lüder, Klaus: Finanzielles Rechnungswesen, in: Lüder, Klaus (Hrsg.): Rechnungswesen 2000, Berlin 1994, S. 164-177

Lüder, Klaus: Konturen eines neuen kommunalen Haushalts- und Rechnungsmodells, Reihe „Speyerer Arbeitshefte" Nr. 103, Speyer 1995

Lüder, Klaus / Hinzmann, Christiane / Kampmann, Brigitte / Otte, Ralph: Vergleichende Analyse öffentlicher Rechnungssysteme - Querschnittsanalyse -, 2. Aufl., Speyer 1993

Lüder, Klaus / Kampmann, Brigitte: Harmonisierung des öffentlichen Rechnungswesens in der Europäischen Gemeinschaft, 3. Aufl., Speyer 1995

Mahnkopf, Rudolf: Rechnungswesen auf kaufmännischer Basis für Kommunen - Voraussetzung für wirtschaftliches Verwaltungshandeln, in: Die innovative Verwaltung, 1. Jg., 1995, S. 25-31

Männel, Wolfgang: Leistungs- und Erlösrechnung, 2. Aufl., Lauf a. d. P. 1990

Magistrat der Stadt Karben (Hrsg.): „Karben atmet auf" - Sachstandsbericht über die Auswirkungen und Akzeptanz der flächenhaften Verkehrsberuhigung (Tempo-30-Zonen) in der Stadt Karben, Karben 1996.

Marcus, Paul: Das kommunale Finanzsystem der Bundesrepublik Deutschland, Darmstadt 1987

Meier, Hardi: Zauberformel: Budgetierung, in: Kommunale Steuer-Zeitschrift, 43. Jg., 1994, S. 221-225

Mergen, Margit: Doppik als Voraussetzung zur Einführung einer Kosten- und Leistungsrechnung?, in: Die innovative Verwaltung, 1. Jg., 1995, S. 10-13

Meyer-Renschhausen, Martin: Verursachergerechte Gestaltung von Abwassergebühren, in: Zeitschrift für öffentliche und gemeinwirtschaftliche Unternehmen, Band 17, 1994, S. 39 -59

Miller, Manfred: Bemerkungen zur betriebswirtschaftlichen Modernisierung der öffentlichen Verwaltung, in: Deutsche Verwaltungspraxis, 45. Jg., 1994, S. 278-289

Mitschke, Joachim: Wirtschaftliches Staatsmanagement: Anmerkungen zur Organisation, Rechnungslegung und Wirtschaftskontrolle staatlicher Einrichtungen, Baden-Baden 1990

Mitschke, Joachim: Unternehmesorientiertes Verwaltungsmanagement - Antwort auf eine neue Aufgabenstruktur, Rede auf einem Forum der Konrad-Adenauer-Stiftung e. V., 1993

Mitschke, Joachim: Staatsverwaltung und Betriebswirtschaft. Wege zur Wirtschaftlichkeit der öffentlichen Verwaltung, in: Morath, Konrad (Hrsg.): Wirtschaftlichkeit der öffentlichen Verwaltung, Bad Homburg 1994, S. 11-24

Mock, Arno: Wirtschaftskybernetische Erfahrungen in der Wirtschaftspraxis, in: Witte, Thomas (Hrsg.): Systemforschung und Kybernetik für Wirtschaft und Gesellschaft, Berlin 1986

Moews, Dieter: Kosten- und Leistungsrechnung, 2. Aufl., München und Wien 1987

Morath, Konrad: Tilburger Modell macht auch in Deutschland Schule: Die Stadt als Dienstleister, in: Kommunalpolitische Blätter, 45. Jg., 1993, S. 669-672

Moxter, Adolf: Fundamentalgrundsätze ordnungsgemäßer Rechenschaft, in: Baetge, Joerg / Moxter, Adolf / Schneider, Dieter (Hrsg.): Bilanzfragen, Festschrift für Ulrich Leffson, Düsseldorf 1976

Moxter, Adolf: Bilanzlehre, Bd. 1: Einführung in die Bilanztheorie, 3. Aufl., Wiesbaden 1984

Moxter, Adolf: Bilanzlehre, Bd. 2: Einführung in das neue Bilanzrecht, 3. Aufl., Wiesbaden 1986

Müller, Reinhard: Neue finanzwirtschaftliche Steuerungsmodelle im kommunalen Bereich - Stand der Entwicklung und haushaltsrechtlicher Änderungsbedarf, in: Verwaltungsrundschau, 41. Jg., 1995, S. 217-228

Munzert, Eberhard: Öffentliches Rechnungswesen in Deutschland - Bestandsaufnahme und Bewertung aus Sicht eines Landesrechnungshofes, in: Lüder, Klaus (Hrsg.): Öffentliches Rechnungswesen 2000, Berlin 1994, S. 85-94

Müskens, Egon Th.: Kommunales Haushaltsrecht: Anleitung zur Erstellung eines Haushaltsplans, Bonn 1990

Neuffer, Martin: Entscheidungsfeld Stadt, Stuttgart 1973

Neumark, Fritz: Theorie und Praxis der Budgetgestaltung, in: Neumark, Fritz / Andel, Norbert / Haller, Heinz (Hrsg.): Handbuch der Finanzwissenschaft, 2. Aufl., Bd. 1, Tübingen 1952, S. 572

Nordrhein-Westfälischer Städte- und Gemeindebund: Abwassergebühren sind nicht überzogen, sondern kostendeckend, in: Kommunalpolitische Blätter, 45. Jg., 1993, S. 675

Oechsler, Walter A. / Steinebach, Nikolaus: Leistungs- und Leistungsbegriff im höheren Dienst, in: Verantwortung und Leistung, Heft 8/1983, S. 8.

Oestreich, Harald: Budgetierung mit dem Haushaltsmanagementsystem, in: Der Gemeindehaushalt, 95. Jg., 1994, S. 204-206

Oettle, Karl: Betriebswirtschaftliche Beiträge zur öffentlichen Finanzwirtschaft, Baden-Baden 1991

Oettle, Karl: Kameralistisches Rechnungswesen - Entwicklung, Stand, Reformen, in: Mäding, Heinrich (Hrsg.): Haushaltsplanung - Haushaltsvollzug - Haushaltskontrolle, Baden-Baden 1986, S. 168-178

Ordelheide, Dieter: Externes Rechnungswesen, in: Vahlens Kompendium der Betriebswirtschaftslehre, Bd. 2, 2. Aufl., München 1990, S. 209-304

Ossadnik, Wolfgang: Entwicklung eines Controlling für öffentliche Verwaltungen, in: Die Verwaltung, 26. Bd., 1993, S. 57-58

Ossadnik, Wolfgang: Unternehmenslenkung durch Budgetierung ?, in: Der Betrieb, 43. Jg., 1990, S. 1673-1676

Ostholthoff, Karl Heinz / Wirz, Heinz: Zur Höhe der Zinskosten bei kommunalen Benutzungsgebühren, in: Der Gemeindehaushalt, 97. Jg., 1996, S. 32-34

o. V.: Kassieren Kommunen 1 Milliarde Mark zuviel ?, in: Kommunalpolitische Blätter, 45. Jg., 1993, S. 673

Pagenkopf, Hans: Kommunalrecht, Bd. 2: Wirtschaftsrecht, 2. Aufl., Köln 1976

Paptistella, Adolf / Steinmann, Horst: Probleme der Liquiditätsplanung im kommunalen Bereich und ihre Lösung mit Hilfe der EDV, in: Der Gemeindehaushalt, 78 Jg., 1977, S. 242-251

Pegelow, Holger: „Rede-Schlacht mit dem »Schnee von gestern«", in: Wetterauer Zeitung vom 14.11.94

Picot, Arnold / Lange, Bernd: Synoptische versus inkrementale Gestaltung des strategischen Planungsprozesses - Theoretische Grundlagen und Ergebnisse einer Laborstudie, in: Schmalenbachs Zeitschrift für betriebswirtschaftliche Forschung, 31. Jg., 1979, S. 569-596

Piduch, Erwin A.: Bundeshaushaltsrecht, 30. Lfg., 1993

Präsident des Hessischen Rechnungshofes (Hrsg.): Zweiter Zusammenfassender Bericht des Präsidenten des Hessischen Rechnungshofes - Überörtliche Prüfung kommunaler Körperschaften - über die Feststellungen von allgemeiner Bedeutung für die Zeit vom 1. Juli 1995 bis zum 31. Dezember 1995, Darmstadt 1996

Rau, Thomas: Zur Berechnung der kalkulatorischen Zinsen in der Gebührenkalkulation, in: Der Gemeindehaushalt, 94. Jg., 1993, S. 198-201

Rau, Thomas: Zur Berechnung der kalkulatorischen Zinsen - Eine Replik der Replik, in: Der Gemeindehaushalt, 95. Jg., 1994, S. 55-56 (a)

Rau, Thomas: Betriebswirtschaftslehre für Städte und Gemeinden, München 1994 (b)

Reding, Kurt: Effizienz, in: Chmielewicz, Klaus / Eichhorn, Peter (Hrsg.): Handwörterbuch der öffentlichen Betriebswirtschaft, Stuttgart 1989, Sp. 277-282

Reichard, Christoph: Betriebswirtschaftslehre der öffentlichen Verwaltung, 2. Aufl., Berlin 1987

Reichard, Christoph: Kommunales Management im internationalen Vergleich, in: Der Städtetag, 92. Jg., 1992, S. 843-848

Reinkemeier, Alfons: Münster: Kameralistik mit möglichem Umstieg auf die Doppik, in: Die innovative Verwaltung, 1. Jg., 1995, S. 58-60

Richter, Heinz: Der Kommunale Haushaltsplan: Wie wird er erarbeitet ?, Berlin 1990

Rieger, Martin: Einführung in die Kostenvergleichs- und Amortisationsrechnung, in: Verwaltungsrundschau, 31. Jg., 1985, S. 132-140

Röck, Werner: Öffentliche Güter - Wohltaten für die Bürger ?, in: Der Gemeindehaushalt, 96. Jg., 1995, S. 73-77

Rose, Joachim: Vom Sachbuch zur Haushaltsrechnung, in. Der Gemeindehaushalt, 94. Jg., 1993, S. 127-132

Rose, Joachim: Controlling-Ansätze in der Gemeindeverwaltung, in: Zeitschrift für Kommunalfinanzen, 44. Jg., 1994, S. 242-248

Rose, Joachim: Zur Berechnung von Abschreibung und Verzinsung in kommunalen Regiebetrieben, in: Der Gemeindehaushalt, 97. Jg., 1996, S. 25-32

Rossa, Kurt: Rechtsstaatliche Verwaltung im Spannungsfeld der Politik, in: Verwaltungsrundschau, 37. Jg., 1991, S. 1-5

Rürup, Bert: Die Programfunktion des Bundeshaushaltsplanes. Die Deutsche Haushaltsreform im Lichte der amerikanischen Erfahrungen mit dem PPBS, Berlin 1971

Schauer, Reinbert: Die Eignung verschiedener Rechnungsstile für den managementorientierten Informationsbedarf in öffentlichen Verwaltungen, in: Brede, Helmut / Buschor, Ernst (Hrsg.): Das neue Öffentliche Rechnungswesen: Betriebswirtschaftliche Beiträge zur Haushaltsreform in Deutschland, Österreich und der Schweiz, Baden-Baden 1993, S. 143 -166

Scheel, Werner / Steup, Johannes: Gemeindehaushaltsrecht Nordrhein-Westfalen, 6. Aufl., Köln 1990

Scheuch, Erwin K. / Scheuch, Ute: Cliquen, Klüngel und Karrieren. Über den Verfall der politischen Parteien - eine Studie, Reinbek bei Hamburg 1992

Schildbach, Thomas: Der handelsrechtliche Jahresabschluß, 3. Aufl., Herne/Berlin 1992

Schlempp, Hans / Schlempp, Dieter: Kommentar zur Hessischen Gemeindeordnung, 19. Lfg., Wiesbaden 1993

Schmalen, Helmut: Grundlagen und Probleme der Betriebswirtschaft, 7. Aufl., Köln 1990

Schmid, Hansdieter: Veranschlagung und Abwicklung von Verpflichtungsermächtigungen, in: Zeitschrift für Kommunalfinanzen, 34. Jg., 1984, S. 206-210

Schmid, Hansdieter: Der Haushaltsplan - kein Buch mit sieben Siegeln, Stuttgart 1990

Schmid, Hansdieter: A-Z der Gebühren und Beiträge in Hessen, Wiesbaden 1991

Schmid, Hansdieter / Mäule, Dieter: A-Z des Gemeindehaushalts in Hessen, Wiesbaden 1990

Schmid, Karl-Rolf: Kommunale Verwaltungsleistungen und ihre interne Verrechnung, Baden-Baden 1991

Schmidberger, Jürgen: Controlling für öffentliche Verwaltungen, Wiesbaden 1993

Schmidt, Hans-Jürgen: Betriebswirtschaftslehre für die Verwaltung, 3. Aufl., Heidelberg 1995

Schmidt-Eichstaedt, Gerd: Die Machtverteilung zwischen der Gemeindevertretung und dem Hauptverwaltungsbeamten im Vergleich der deutschen Kommunalverfassungssysteme, in: Archiv für Kommunalwissenschaften, 24 Jg., 1985, S. 20-37

Schmidt-Sicking, Karl-Dieter: Die Verpflichtungsermächtigung im kommunalen Haushaltsrecht - neu, aber reformbedürftig ?, in: Der Gemeindehaushalt, 79. Jg., 1978, S. 97-99

Schneider, Gerhard / Jordan, Wilhelm: Hessische Gemeindeordnung. Kommentar, 11. Lfg., Mainz-Kostheim 1993

Schnoor, Herbert: „Was wird aus dem kommunalpolitischen Ehrenamt?“, in: Der Landkreis, 59. Jg., 1989, S. 363-364

Schöneich, Michael: Produkte - und was dann?, in: Der Städtetag, 96. Jg., 1996, S. 451-452

Schwarting, Gunnar: Kommunale Haushaltskennzahlen - Ergänzungen zu einem Beitrag von E. Hoffmann -, in: Der Gemeindehaushalt, 88. Jg., 1987, S. 57-60

Schweitzer, Marcell / Küpper, Hans-Ulrich: Systeme der Kostenrechnung, 5. Aufl., Landsberg 1991

Smith, Adam: Eine Untersuchung über Natur und Wesen des Volkswohlstandes. Unter Zugrundelegung der Übersetzung Max Stirners, aus dem englischen Original nach der Ausgabe letzter Hand (4. Aufl. 1786) ins Deutsche übertragen von Dr. Ernst Grünfeld, Jena 1908

Stargardt, Hans-Joachim: Hessisches Kommunalverfassungsrecht, Herford 1987

Stargardt, Hans-Joachim: Kommunalverfassung und politischer Willensbildungsprozeß - Eine vergleichende Beobachtung am Beispiel der Budgetaufstellung, in: Der Gemeindehaushalt, 92. Jg., 1991, S. 60-72

Stargardt, Hans-Joachim: Bürgerbegehren und Bürgerentscheid in Gemeinden und Kreisen, in: Hessische Städte- und Gemeindezeitung, 44. Jg., 1994, S. 275-283 (a)

Stargardt, Hans-Joachim: Mittelbare und unmittelbare Formen der Bürgerbeteiligung in den Gemeinden und Kreisen, in: Deutsche Verwaltungspraxis, 45. Jg., 1994, S. 407-418 (b)

Steenbock, Reimer: Verpflichtungsermächtigungen nach dem kommunalen Haushaltsrecht, in: Der Gemeindehaushalt, 78. Jg., 1977, S. 169-173

Steenbock, Reimer: Jahresrechnung nach dem kommunalen Haushaltsrecht, 5. Aufl., Köln 1988

Steger, Johann: Kosten- und Leistungsrechnung, München/Wien 1996

Stein, Frank: Abschied von der Kameralistik - Überlegungen zur Modernisierung des kommunalen Haushaltswesens, in: Städte- und Gemeinderat, 1995, S. 346-350

Steinebach, Nikolaus: Verwaltungsbetriebslehre, 4. Aufl., Regensburg 1991

Stockel-Veltmann, Christoph: Das Gemeindehaushaltsrecht - Funktionsbedingte Anforderungen und Reformansätze, in: Der Gemeindehaushalt, 95. Jg., 1994, S. 29-37

Strauß, Wolfgang: Konsolidierung durch Budgetierung und aufgabenkritisches Verfahren - Die Erfahrungen mit dem Duisburger Modell -, in: Zeitschrift für Kommunalfinanzen, 94. Jg., 1994, S. 170-175

Strehl, Franz: Das Verhalten von Verwaltungseinheiten im Falle von Budgetkürzungen, in: Lüder, Klaus (Hrsg.): Betriebswirtschaftliche Organisationstheorie und öffentliche Verwaltung, Speyer 1985. S. 79-99

Streim, Hannes: Der kommunale Lagebericht als Ergänzung der Rechnungslegung von Gemeinden, in: Eichhorn, Peter (Hrsg.): Doppik und Kameralistik, Baden-Baden 1987, S. 308-27

Streitferdt, Lothar/Kruse, Jörn: Agency-Probleme und Mitbestimmung in öffentlichen Unternehmen in der Bundesrepublik, in: Lücke, Wolfgang: Betriebswirtschaftliche Steuerungs- und Kontrollprobleme, Wiesbaden 1988, S. 321-340

Tacke, Walter: Umfrage: Die wichtigsten politischen Aufgaben am Wohnort. Bürger drückt der Schuh - was tun ?, in: Kommunalpolitische Blätter, 1993, S. 878-879

Thieme, Werner: Der Sparhaushalt, in: Die öffentliche Verwaltung, 37. Jg., 1984, S. 129-140

Treuarbeit (Hrsg.): Jahresabschlüsse '87: Ausweis, Gestaltung, Berichterstattung; Ergebnisse einer Untersuchung von 100 großen Kapitalgesellschaften, Düsseldorf 1989

Treuarbeit (Hrsg.): Jahres- und Konzernabschlüsse '88: Ausweis, Gestaltung, Berichterstattung; Ergebnisse einer Untersuchung von 100 großen Kapitalgesellschaften und Konzernen, Düsseldorf 1990 (a)

Treuarbeit (Hrsg.): Konzernabschlüsse '89: Ausweis, Gestaltung, Berichterstattung; Ergebnisse einer Untersuchung von 100 großen Konzernen, Düsseldorf 1990 (b)

Volz, Jürgen: Woran krankt die (traditionelle) deutsche Budgetierungspraxis ?, in: Verwaltungsrundschau, 33. Jg., 1987, S. 177-180

Walther, Klaus: Die Wirtschaftlichkeit als haushaltsrechtlicher Grundsatz und als verfassungsrechtlicher Maßstab, in: Verwaltungsrundschau, 39. Jg., 1993, S. 14-19

Walther, Norbert / Volz, Jürgen: Budgetierung und Budgetsteuerung bei der Stadt Offenbach a. M., in: Zeitschrift für Kommunalfinanzen, 94. Jg., 1994, S. 122-128.

Weber, Helmut Kurt: Betriebswirtschaftliches Rechnungswesen, 4. Aufl., München 1993

Weber, Jürgen: Einführung in das Controlling, 2. Aufl., Stuttgart 1990

Weber, Jürgen: Zielorientiertes Rechnungswesen öffentlicher Betriebe - dargestellt am Beispiel von Studentenwerken, Baden-Baden 1983

Welge, Helmut: Kommunales Haushalts- und Kassenrecht, Berlin 1982

Welge, Helmut: Der Haushaltsplan der Gemeinde, in: Dill, Günter / Kanitz, Horst: Grundlagen praktischer Kommunalpolitk, Band 2: Haushalt und Finanzen, Sankt Augustin 1994

Wenger, Ekkehard / Terberger, Eva: Die Beziehung zwischen Agent und Principal als Baustein einer ökonomischen Theorie der Organisation, in: Wirtschaftswissenschaftliches Studium, 17. Jg., 1988, S. 506-514

Wildavsky, Aaron: A Budget for all Seasons? Why Traditional Budget Lasts, in: Public Administration Review 1978, S. 501-509

Wilmer, Lothar: Kostenrechnung in der öffentlichen Verwaltung, Herford 1979

Wissenschaftliche Kommission „Öffentliche Unternehmen und Verwaltungen" im Verband der Hochschullehrer für Betriebswirtschaft e. V.: Leitlinien für die Reform des öffentlichen Rechnungswesens, in: Verwaltungsrundschau, 34. Jg., 1988, S. 316-318

Wissenschaftliche Kommission „Öffentliche Unternehmen und Verwaltungen" im Verband der Hochschullehrer für Betriebswirtschaft e.V.: Empfehlungen für das öffentliche Rechnungswesen im Rahmen der Haushaltsreform, in: Brede, Helmut / Buschor, Ernst (Hrsg.): Das neue Öffentliche Rechnungswesen: Betriebswirtschaftliche Beiträge zur Haushaltsreform in Deutschland, Österreich und der Schweiz, Baden-Baden 1993, S. 287-294

Wittmann, Waldemar: Unternehmen und unvollkommene Information, Köln u. a. O. 1959

Wöhe, Günter: Einführung in die allgemeine Betriebswirtschaftslehre, 17. Aufl., München 1990

Wolters, Gerrit Jan: Das Tilburger Modell - Leistungsorientierte Steuerung der niederländischen Verwaltungen und der Kameralistik, in: Der Gemeindehaushalt, 93. Jg., 1992, S. 217-218.

Zahradnik, Stefan: Grundzüge der Haushaltsplanung hessischer Gemeinden, Vieselbach/Erfurt u. a. O. 1992

Zahradnik, Stefan: „Einnahmen" und „Ausgaben" im kommunalen Haushaltsrecht, in: Verwaltungsrundschau, 41. Jg., 1995, S. 161-165 (a)

Zahradnik, Stefan: Beurteilung kalkulatorischer Kosten kommunaler Gebührenhaushalte mit Methoden der Investitionsrechnung: Ein Plädoyer für die Neuregelung des Kommunalabgabenrechts, in: Zeitschrift für Kommunalfinanzen, 45. Jg., 1995, S. 50-55 (b)

Zwehl, Wolfgang von / Zupancic, G. Michael: Die kommunale Rechnungslegung - Anspruch und Wirklichkeit, in: Die öffentliche Verwaltung, 41. Jg., 1990, S. 223-229 (a)

Zwehl, Wolfgang von / Zupancic, G. Michael: Der kommunale Lagebericht - ein Instrument zur Verbesserung der kommunalen Rechnungslegung, in: Die öffentliche Verwaltung, 41. Jg., 1990, S. 265-270 (b)

Gesetze, Verordnungen, Erlasse

Baugesetzbuch (BauGB) in der Fassung der Bekanntmachung vom 8. Dezember 1986 (BGBl. I, S. 2253), zuletzt geändert durch Art. 2 Magnetschwebebahnplanungsgesetz vom 23. November 1994 (BGBl. I, S. 3486)

Bundeshaushaltsordnung (BHO) vom 19. August 1969 (BGBl. I, S. 1284), zuletzt geändert durch Art. 28 des Gesetzes vom 29. Juli 1994 (BGBl. I, S. 1890)

Eigenbetriebsgesetz (EigBGes) in der Fassung vom 9. Juni 1989 (GVBl. I, S. 154) mit Änderung durch Gesetz vom 26. April 1992 (GVBl. I, S. 170)

Einkommensteuerrichtlinien (EStR) 1987 in der Fassung vom 24. Februar 1988 (BStBl. I Sondernummer 1)

Gemeindeordnung für Baden-Württemberg in der Fassung der Bekanntmachung vom 3. Oktober 1983 (GBl., S. 578, 720), zuletzt geändert durch Art. 1 des Gesetzes vom 8. November 1993 (GBl., S. 657)

Gemeindeordnung für das Land Nordhein-Westfalen in der Fassung der Bekanntmachung vom 14. Juli 1994 (GV NW S. 666 / SGV NW 2023)

Gemeindeordnung für den Freistaat Bayern in der Fassung der Bekanntmachung vom 6. Januar 1993 (GVBl., S. 65), zuletzt geändert durch § 1 des Gesetzes zur Regelung von Fragen kommunaler Entschädigungen und Vergütungen sowie zur Änderung des Sparkassengesetzes vom 10. August 1994 (GVBl., S. 761)

Gesetz über die Dienstaufwandsentschädigungen der hauptamtlichen Wahlbeamten auf Zeit der Gemeinden, der Landkreise, des Landeswohlfahrtsverbandes Hessen und des Umlandverbandes Frankfurt (Hessisches Wahlbeamten-Aufwandsentschädigungsgesetz - HWB-AufwEntschG) in der Fassung der Bekanntmachung vom 6. Februar 1990 (GVBl. I, S. 31)

Gesetz über die Grundsätze des Haushaltsrechts des Bundes und der Länder (Haushaltsgrundsätzegesetz - HGrG) vom 19. August 1969 (BGBl. I, S. 1273), zuletzt geändert durch Art. 29 des Gesetzes vom 29. Juli 1994 (BGBl. I, S. 1890)

Gesetz über kommunale Abgaben (KAG) vom 17. März 1970 (GVBl. I, S. 225), zuletzt geändert durch Art. 1 des Änderungsgesetzes vom 31. Oktober 1991 (GVBl. I, S. 333)

Gesetz über kommunale Gemeinschaftsarbeit (KGG) vom 16. Dezember 1969 (GVBl. I, S. 307), zuletzt geändert am 24. Juni 1978 (GVBl. I, S. 420)

Gesetz zur Änderung kommunalrechtlicher Vorschriften vom 20. Mai 1992 (GVBl. I, S. 170)

Gesetz zur Änderung kommunalrechtlicher Vorschriften vom 21. Dezember 1994 (GVBl. I, S. 816)

Gesetz zur Regelung der überörtlichen Prüfung kommunaler Körperschaften in Hessen vom 22. Dezember 1993 (GVBl. I, S. 708)

Gesetz zur Umsetzung der Richtlinie 90/313/EWG des Rates vom 7. Juni 1990 über den freien Zugang zu Informationen über die Umwelt (UIG) vom 8. Juli 1994 (BGBl. I, S. 1490)

Grundgesetz für die Bundesrepublik Deutschland (GG) vom 23. Mai 1949 (BGBl., S. 1), zuletzt geändert durch Gesetz vom 20. Dezember 1993 (BGBl. I, S. 2089)

Hessische Gemeindeordnung (HGO) in der Fassung vom 1. April 1992 (GVBl. I, S. 534), zuletzt geändert durch Art. 1 des Gesetzes zur Änderung kommunalrechtlicher Vorschriften vom 21. Dezember 1994 (GVBl. I, S. 816)

Hessisches Beamtengesetz (HBG) in der Fassung vom 11. Januar 1989 (GVBl. I, S. 26), zuletzt geändert durch Art. 4 des Gesetzes vom 20. Mai 1992 (GVBl. I, S. 170)

Reichsversicherungsordnung in der Fassung der Bekanntmachung vom 15. Dezember 1924 (RGBl. I, S. 779)

Verordnung über die Aufstellung und Ausführung des Haushaltsplans der Gemeinden (Gemeindehaushaltsverordnung - GemHVO) vom 13. Juli 1973 (GVBl. I, S. 275), zuletzt geändert durch die Gemeindekassenverordnung - GemKVO - vom 8. März 1977 (GVBl. I, S. 125)

Verordnung über die Kassenführung der Gemeinden (Gemeindekassenverordnung - GemKVO) vom 8. März 1977 (GVBl. I, S. 125)

Verordnung über die Wahrnehmung der Obliegenheiten der obersten Dienstbehörde, des Dienstvorgesetzten und der Einleitungsbehörde gegenüber den Bediensteten der Gemeinden, Landkreise und des Landeswohlfahrtsverbandes Hessen (Dienstaufsichtsverordnung - DAVO) vom 12. September 1963 (GVBl. I, S. 137)

Verordnung über die Zuordnung der Ämter der hauptamtlichen Wahlbeamten auf Zeit der Gemeinden, Landkreise, des Landeswohlfahrtsverbandes Hessen und des Umlandsverbands Frankfurt (Hessische Kommunalbesoldungsverordnung - HKomBesV) vom 20. September 1979 (GVBl. I, S. 219), zuletzt geändert durch VO vom 4. November 1980 (GVBl. I, S. 404)

Verordnung zur Änderung der Gemeindehaushaltsverordnung vom 8. Juli 1996 (GVBl. I, S. 334)

Verwaltungsvorschriften zur Gemeindehaushaltsverordnung vom 17. Dezember 1973 (StAnz., S. 2338)

Verwaltungsvorschriften zur Hessischen Gemeindeordnung vom 17. Dezember 1973 (StAnz., S. 2338)

Vorläufige Verwaltungsvorschriften zur Bundeshaushaltsordnung vom September 1970 (MinBlFin. 1969, S. 728; 1970, S. 210), zuletzt geändert durch Erlaß vom 16. September 1993 (GMBl., S. 475)

Vorschriften über die Gliederung und die Gruppierung der Haushaltspläne der Gemeinden und der Gemeindeverbände, Erlaß des HMdI vom 13. Juli 1973 (StAnz., S. 1347, 1550)

Urteile

BVerwG: Urteil vom 02.12.59, AZ: VC 106.58, in: Deutsches Verwaltungsblatt, 75. Jg., 1960, S. 252-253

OVG Lüneburg: Urteil vom 09.10.90, AZ: 9 L 279/89, in: Der Gemeindehaushalt, 92. Jg., 1991, S. 237

OVG Münster: Urteil vom 19.12.78, AZ: XV A 1031/77, in: Der Städtetag, 79. Jg., 1979, S. 528-529

OVG Münster: Urteil vom 20.09.79, AZ: XV A 2589/78, in: Deutsches Verwaltungsblatt, 95. Jg., 1980, S. 72-74

OVG Münster: Urteil vom 05.08.94, AZ: 9 A 1248/92, in: Der Städtetag, 94. Jg., 1994, S. 681-687; Zeitschrift für Kommunalfinanzen, 44. Jg., 1994, S. 227-230

VG Wiesbaden: Beschluß vom 30.07.93, AZ: 3/3 G 595/93, in: Hessische Städte- und Gemeindezeitung, 44. Jg., 1994, S. 101-103

VG Gießen: Urteil vom 22.07.87, AZ: II/2 E 759/86, in: Hessische Städte- und Gemeindezeitung, 39. Jg., 1989, S. 257-258

VGH Kassel: Beschluß vom 25.05.87, AZ: 2 TG 1355/87, in: Hessische Städte- und Gemeindezeitung, 37. Jg., 1987, S. 361

VGH Kassel: Beschluß vom 12.12.88, AZ: 6 TG 4657/88, in: Hessische Städte- und Gemeindezeitung, 41. Jg., 1991, S. 489-490

Sonstige Quellen

Haushaltspläne der 100 untersuchten Gemeinden (siehe Abbildung 5-3)
Haushaltsbuch der Stadt Herten für das Jahr 1995
Haushaltsbuch der Stadt Herten für das Jahr 1996 (Entwurfsfassung)
Haushaltsplan der Stadt Herten für das Jahr 1995
Haushaltsplan der Stadt Herten für das Jahr 1996 (Entwurfsfassung)
Haushaltsplan der Stadt Mühlheim am Main für das Jahr 1996 (Entwurfsfassung)
Haushaltsplan der Stadt Rheine für das Jahr 1995
Haushaltssanierungskonzept 1996, Stadt Offenbach a. M.
Leistungshaushalt der Stadt Maintal für das Jahr 1996
Schreiben des Bundes der Steuerzahler Hessen e. V. vom 05.01.93
Schreiben der Aufsichtsbehörde beim Landrat des Wetteraukreises vom 19.02.93 - AZ I/2-051-901-40/12
Schlußbericht des Rechnungsprüfungsamtes des Wetteraukreises zur Prüfung der Jahresrechnungen der Stadt Karben für die Haushaltsjahre 1987, 1988 und 1989

Anhang 1

FRAGEBOGEN

(Bitte leere Linien bzw. Kästchen ausfüllen bzw. zutreffende Antworten ankreuzen!)

1. Wieviele kreisangehörigen Städte und Gemeinden unterstehen Ihrer Finanzaufsicht ?
   Anzahl: ____________

2. In welchen Zeiträumen wurden die von den Gemeindevertretungen/Stadtverordnetenversammlungen beschlossenen Haushaltssatzungen für das Jahr 1994 (mit Haushaltsplänen) bei Ihnen eingereicht ?

Zeitraum	im Nov. 93 oder früher	im Dez. 1993	im Jan. 1994	im Feb. 1994	im März 1994	im April 1994	im Mai 94 oder später
Anzahl der Satzungen							

3. Wieviele der eingereichten Haushaltssatzungen für das Jahr 1994 enthielten genehmigungsbedürftige Teile ?
   Anzahl: ____________

4. Wieviele Satzungen davon wurden ohne/mit Auflagen genehmigt / nicht genehmigt ?
   Anzahl ohne Auflagen genehmigter Satzungen: _____ Anzahl mit Auflagen genehmigter Satzungen: _____ Anzahl nicht genehmigter Satzungen: _____

5. Wann wurden die Genehmigungen für die genehmigten Haushaltssatzungen für das Jahr 1994 den Gemeinden zugestellt ?

Zeitraum	im Dez. 93 oder früher	im Jan. 1994	im Feb. 1994	im März 1994	im April 1994	im Mai 1994	im Juni 1994	im Juli 94 oder später
Anzahl der Satzungen								

6. Bei wievielen der genehmigten Haushaltssatzungen für das Jahr 1994 wurden Verstöße gegen die Gemeindehaushaltsverordnung (die die Genehmigungsfähigkeit nicht beeinträchtigten) festgestellt ?
   Anzahl: ____________

7. Bei wievielen der genehmigten Haushaltssatzungen für das Jahr 1994 wurden die Gemeinden auf Verstöße gegen die Gemeindehaushaltsverordnung (die die Genehmigungsfähigkeit nicht beeinträchtigten) hingewiesen ?
   Anzahl: ____________

Anhang 2

FRAGEBOGEN

(Bitte leere Linien bzw. Kästchen ausfüllen!)

1. Für insgesamt wieviele kreisangehörigen Städte und Gemeinden fällt die Prüfung der Jahresrechnung in Ihre Zuständigkeit? Bei wievielen dieser Städte und Gemeinden ist diese Prüfung bereits abgeschlossen? (bitte getrennt nach Haushaltsjahren angeben)

geprüfte Jahresrechnungen	Haushaltsjahr 1988	Haushaltsjahr 1989	Haushaltsjahr 1990	Haushaltsjahr 1991	Haushaltsjahr 1992
Anzahl der Gemeinden, für die die Prüfung der Jahresrechnung in Ihre Zuständigkeit fällt					
Anzahl der Gemeinden, bei denen die Prüfung bereits abgeschlossen ist					

2. Von wievielen Städten oder Gemeinden wurden Sie seit 1992 über die Aufgaben des § 131 HGO hinaus beauftragt, den Haushaltsplan auf Konformität mit den haushaltsrechtlichen Vorschriften zu überprüfen?

   Anzahl: _______

3. Von wievielen Städten oder Gemeinden (bzw. den in § 131 Abs. 2 HGO genannten Vertretern) wurden Ihnen seit 1992 die folgenden (in § 131 Abs. 2 HGO genannten) Aufgabenarten übertragen?

   Anzahl: _______ Prüfung der Vorräte und Vermögensbestände

   Anzahl: _______ Prüfung von Anordnungen vor Ihrer Zuleitung an die Kasse

   Anzahl: _______ Prüfung von Auftragsvergaben

   Anzahl: _______ Prüfung der Verwaltung auf Zweckmäßigkeit und Wirtschaftlichkeit

   Anzahl: _______ Prüfung der Wirtschaftsführung der Eigenbetriebe

   Anzahl: _______ Prüfung der Betätigung der Gemeinde bei Unternehmen in einer Rechtsform des privaten Rechts, an denen die Gemeinde beteiligt ist

   Anzahl: _______ Kassen-, Buch- und Betriebsprüfung, die sich die Gemeinde bei einer Beteiligung, bei der Hingabe eines Kredits oder sonst vorbehalten hat

Anhang 3

FRAGEBOGEN

(Bitte leere Linien ausfüllen bzw. zutreffende Antworten ankreuzen!)

1. Wann hat der Gemeindevorstand den Entwurf der Haushaltssatzung für das Jahr 1994 der Gemeindevertretung vorgelegt ?

   Datum: __________

2. Wann wurde die Haushaltssatzung für das Jahr 1994 durch die Gemeindevertretung beschlossen ?

   Datum: __________

3. Wann wurde von der Aufsichtsbehörde die Genehmigung für die genehmigungsbedürftigen Teile der Haushaltssatzung für das Jahr 1994 erteilt ?

   Datum: __________ bzw. ○ Eine Genehmigung war nicht erforderlich.

4. Aus welchen Fraktionen besteht die Gemeindevertretung ?

   Fraktion: SPD Anzahl der Mitglieder: _____
   Fraktion: CDU Anzahl der Mitglieder: _____
   Fraktion: ______________ Anzahl der Mitglieder: _____
   Fraktion: ______________ Anzahl der Mitglieder: _____
   Fraktion: ______________ Anzahl der Mitglieder: _____
   Fraktion: ______________ Anzahl der Mitglieder: _____

5. Welcher Rechts- oder Organisationsformen für besondere Betriebe oder Tätigkeitsbereiche bedient sich die Gemeinde Abtsteinach ?

Name des Betriebs *z. Bsp. Stadtwerke*	Tätigkeit in Stichworten *z.B. Abwasserbeseitigung, Wasserversorgung, Kläranlage, Verkehr, Kultur etc.*	Rechts- oder Organisationsform *z.B. Eigenbetrieb, GmbH, Zweckverband, AG etc.*	Höhe der Beteiligung in Prozent *z.B. 100 %*

6. Wie wird verwaltungsintern die Wirtschaftlichkeit der folgenden kommunalen Einrichtungen kontrolliert ? (Mehrfachnennungen möglich)

	Kindergarten	Friedhof	Abfallbeseitigung	Abwasserbeseitigung	Einwohnermeldeamt	Bauhof	
1	O	O	O	O	O	O	Eine solche Einrichtung ist nicht vorhanden.
2	O	O	O	O	O	O	Eine Wirtschaftlichkeitskontrolle wird nicht durchgeführt.
							<u>Bei Wirtschaftlichkeitskontrolle:</u> Es werden Daten über die Wirtschaftlichkeit mit denen anderer Gemeinden verglichen, und zwar:
3	O	O	O	O	O	O	durch Vergleich im einzelnen Bedarfsfall,
4	O	O	O	O	O	O	durch regelmäßigen, organisierten Datenaustausch mit anderen Gemeinden (zum Beispiel innerhalb des Landkreises).
5	O	O	O	O	O	O	Die Wirtschaftlichkeit wird auf anderem Weg, also ohne Vergleich mit Daten anderer Gemeinden kontrolliert.
							<u>Falls die Zeilen 3 oder 4 angekreuzt wurden:</u> Bei den Daten handelt es sich in erster Linie um:
	O	O	O	O	O	O	Gebührensätze für die erbrachten Leistungen
	O	O	O	O	O	O	Kosten pro erbrachter Leistungseinheit
	O	O	O	O	O	O	Kostendeckungsgrade
	O	O	O	O	O	O	Sonstige Daten: ______

<u>Falls Zeile 5 angekreuzt wurde:</u>
Die Wirtschaftlichkeitskontrolle erfolgt so (in Stichworten):

______

______

______

______

______

______

Stichwortverzeichnis